QUESTÕES INCENDIÁRIAS

MARGARET ATWOOD

QUESTÕES INCENDIÁRIAS
ENSAIOS E OUTROS ESCRITOS DE 2004 A 2021

Tradução de Maira Parula

Rocco

Título original
BURNING QUESTIONS
Essays and Occasional Pieces
2004-2021

Primeira publicação em 2022 no Reino Unido pela Chatto & Windus.

Copyright © 2022 *by* O. W. Toad Ltd.

O direito de O. W. Toad Ltd de ser identificada como autora desta obra foi assegurado em conformidade com o Copyright, Designs and Patents Act 1988.

Todos os direitos reservados.
Nenhuma parte desta obra pode ser reproduzida no todo ou em parte sob qualquer forma sem a devida autorização.

PROIBIDA A VENDA EM PORTUGAL

Direitos para a língua portuguesa reservados
com exclusividade para o Brasil à
EDITORA ROCCO LTDA.
Rua Evaristo da Veiga, 65 – 11º andar
Passeio Corporate – Torre 1
20031-040 – Rio de Janeiro – RJ
Tel.: (21) 3525-2000 – Fax: (21) 3525-2001
rocco@rocco.com.br
www.rocco.com.br

Printed in Brazil/Impresso no Brasil

preparação de originais
MANU VELLOSO

CIP-BRASIL. CATALOGAÇÃO NA PUBLICAÇÃO
SINDICATO NACIONAL DOS EDITORES DE LIVROS, RJ

A899q

  Atwood, Margaret
    Questões incendiárias : ensaios e outros escritos de 2004 a 2021 / Margaret Atwood ; tradução Maira Parula. - 1. ed. - Rio de Janeiro : Rocco, 2024.

    Tradução de: Burning questions : essays and occasional pieces 2004-2021
    ISBN 978-65-5532-414-3
    ISBN 978-65-5595-243-8 (recurso eletrônico)

    1. Ensaios canadenses - Crítica e interpretação. I. Parula, Maira. II. Título.

24-88173	CDD: 814.009
	CDU: 82-3.09(71)

Gabriela Faray Ferreira Lopes - Bibliotecária - CRB-7/6643

O texto deste livro obedece às normas do
Acordo Ortográfico da Língua Portuguesa.

Para Graeme
E para minha família

Sumário

>>><<<

Introdução / XI

PARTE I: 2004 A 2009. E AGORA, O QUE VAI ACONTECER?

O romance científico / 23
Congelados no tempo / 37
From Eve to Dawn / 45
Polônia / 51
Somebody's Daughter / 59
Cinco visitas ao cabedal das palavras / 65
Ecos da mente / 80
Charcos / 94
Árvores da vida, árvores da morte / 103
Ryszard Kapuściński / 117
Anne de Green Gables / 123
Alice Munro: uma apreciação / 134
Balanços do passado / 149
Scrooge / 167
Uma vida de escrita / 173

PARTE II: 2010 A 2013. A ARTE É NOSSA NATUREZA

O escritor como agente político? Sério? / 181
A escrita e o meio ambiente / 187
Alice Munro / 201
A dádiva / 204
Tragam os corpos / 211
Aniversário de Rachel Carson / 216

O mercado de futuros / 227
Por que escrevi *MaddAddão* / 245
Sete narrativas góticas / 250
Doutor Sono / 257
Doris Lessing / 262
Como mudar o mundo? / 265

PARTE III: 2014 A 2016. QUEM SERÁ O MESTRE
Na Tradutolândia / 283
Sobre a beleza / 300
O verão dos estromatólitos / 305
Kafka / 307
A biblioteca do futuro / 315
Reflexões sobre *O conto da aia* / 318
Somos duplamente sem liberdade / 335
Botões ou laços? / 344
Gabrielle Roy / 351
Shakespeare e eu / 379
Marie-Claire Blais / 394
Kiss of the Fur Queen / 400
Penduradas por um fio / 403

PARTE IV: 2017 A 2019. O QUÃO ABAIXO VAI ESSA LADEIRA?
Que arte com Trump? / 413
O homem ilustrado / 418
Serei eu uma má feminista? / 427
Perdemos Ursula Le Guin quando mais precisávamos dela / 433
Três cartas de tarô / 437
Um Estado escravagista? / 458
Oryx e Crake / 460

Saudações, terráqueos! O que são esses direitos humanos de que vocês tanto falam? / 467
Payback: a dívida e o lado sombrio da riqueza / 482
Memória do fogo / 486
Diga. A. Verdade. / 490

PARTE V: 2020 A 2021. PENSAMENTO E MEMÓRIA

Crescendo na Quarentenalândia / 497
The Equivalents / 503
As inseparáveis / 508
Nós / 515
A escrita de *Os testamentos* / 522
The Bedside Book of Birds / 534
Perpetual Motion e *Gentleman Death* / 537
Apanhados na correnteza do tempo / 545
Big Science / 554
Barry Lopez / 559
A trilogia do mar / 561

Agradecimentos / 567
Créditos / 569

Introdução

>>><<<

Questões incendiárias é minha terceira coletânea de ensaios e outros escritos. A primeira foi *Second Words*, que começou em 1960, quando passei a publicar resenhas de livros, e terminou em 1982. A segunda foi *Alvos em movimento*, que reúne materiais de 1983 a meados de 2004. *Questões incendiárias* reúne textos de meados de 2004 a meados de 2021. Ficando assim, vinte anos, mais ou menos, para cada volume.

Cada um desses períodos foi tumultuado a sua própria maneira. A escrita ocasional normalmente é de textos criados para ocasiões específicas e que, portanto, estão diretamente ligados a seu tempo e lugar — ou pelo menos os meus estão. Também têm relação com a minha idade na época em que os escrevi e com as minhas circunstâncias externas. (Eu tinha emprego? Era estudante? Precisava do dinheiro? Já era uma escritora conhecida e estava satisfazendo meus próprios interesses? Estava trabalhando de graça em resposta a um pedido de ajuda?)

Em 1960, eu tinha 20 anos, era solteira, nunca havia publicado um livro, era estudante de graduação e tinha um guarda-roupa limitado. Em 2021, eu era uma escritora bem conhecida de 81 anos, tendo aprendido por meio de inúmeras experiências fracassadas que existem coisas que são ótimas quando não são vestidas por mim.

Naturalmente, eu mudei —, meu cabelo agora tem uma cor diferente —, mas o mundo também mudou. Os últimos sessenta anos foram uma montanha-russa, com muitos conflitos e revoltas, muitos levantes e reviravoltas. No ano de 1960 estávamos havia apenas uma década e meia do fim da Segunda Guerra Mundial. Para a nossa geração, a guerra parecia ao mesmo tempo próxima — passamos por ela, nossas famílias tinham veteranos e baixas, alguns dos nossos professores haviam estado nela — e muito distante. Entre 1950 e 1960, vieram ao mesmo tempo o macarthismo, dando-nos um vislumbre da fragilidade da democracia, e Elvis, subvertendo música e dança. As roupas também mudaram radicalmente: os anos 1940 foram sóbrios, duráveis, militares, quadrados; os anos 1950, cheios de babados, sem alças, bufantes, pastel, floridos. A feminilidade era enaltecida. Os carros deixaram de ser os sedãs escuros e fechados dos anos da guerra e passaram a conversíveis com detalhes cromados e cores exuberantes. O radiotransistor estava entre nós. Pipocaram cinemas drive-in. O plástico chegou.

Então, em 1960, veio outra mudança. Para os jovens mais sérios, canções folk substituíram os bailes formais. Nos pequenos círculos artísticos que então existiam em cafeterias de Toronto — que eram muito mais inclinados ao existencialismo francês do que aos beatniks —, golas rulê pretas e delineadores tão escuros quanto elas estavam na moda.

Ainda assim, o início dos anos 1960 tinha em si a essência dos anos 1950. A Guerra Fria seguia seu curso. Kennedy ainda não tinha sido assassinado. Não havia pílula anticoncepcional acessível. Não havia minissaias, embora tivéssemos shorts curtos. Não havia hippies. Não havia a segunda onda do movimento feminista. Foi naquele período que escrevi minhas primeiras críticas literárias, minha primeira coletânea de poemas, meu primeiro romance — que segue em uma gaveta, felizmente — e meu primeiro romance publicado, *A mulher comestível*. Quando foi lançado — em 1969 —, o mundo descrito nele já havia acabado.

O final dos anos 1960 trouxe tumulto. Grandes marchas pelos direitos civis nos Estados Unidos, protestos contra a guerra do Vietnã, as centenas de milhares de americanos migrando para o Canadá para escapar do alistamento militar obrigatório. Eu mesma estive constantemente em trânsito: durante parte destes anos, fui estudante de pós-graduação em Cambridge, Massachusetts; em outros anos, assumi cargos acadêmicos menores em lugares como Montreal e Edmonton. Mudei-me dezesseis ou dezessete vezes. Este período também viu a formação de várias iniciativas editoriais no Canadá, muitas ligadas à luta pós-colonial em um país que ainda tentava descobrir e entender a si mesmo. Meu envolvimento com uma delas deu ensejo à redação de muitos artigos, tanto na época quanto posteriormente.

E então vieram os anos 1970: a efervescência da segunda onda do movimento feminista, seguida pela reação e pelo desgaste mais para o fim; no Canadá, o separatismo de Quebec ocupava o centro do palco político. Naquela época houve a chegada de vários regimes autoritários: Pinochet, no Chile, e a Junta Militar argentina, com seus assassinatos e desaparecimentos; o regime de Pol Pot no Camboja, com seus massacres em larga escala. Alguns eram "de direita", outros "de esquerda", mas nenhuma ideologia, isso era claro, teve o monopólio das atrocidades.

Continuei escrevendo crítica literária, bem como romances, contos e poemas, que sentia serem meu verdadeiro trabalho, mas também me ramifiquei para artigos e discursos. Boa parte deles tratava de temas que ainda ocupam meu cérebro que encolhe: "questões femininas", literatura e escritores, direitos humanos. Me tornei membra da Anistia Internacional, que trabalhava para libertar "prisioneiros de consciência", em grande parte por meio de campanhas de redação e envio de cartas.

Em 1972, eu não estava mais em nenhuma posição acadêmica e passei a ser freelancer, assim fazia qualquer trabalho remunerado que conseguisse pegar. Morávamos em uma fazenda, tínhamos uma filha pequena e um orçamento curto. Não éramos pobres, apesar de uma visita ter dito às pessoas que "não tínhamos nada além de uma cabra". (Não eram cabras, na realidade; eram ovelhas.) Mas não estávamos nadando em dinheiro. Cultivávamos muitas hortaliças e tínhamos galinhas e outros moradores não humanos. Aquele miniagronegócio consumia tempo e também dissipava dinheiro, então, se eu arrumasse uma graninha escrevendo em lugar de vender ovos, tanto melhor.

A década de 1980 começou com nossa mudança da fazenda para Toronto (por motivos escolares, entre outros), com a eleição de Ronald Reagan nos Estados Unidos e a ascensão da direita religiosa. Em 1981, comecei a pensar em *O conto da aia*, mas não comecei a escrevê-lo até 1984, porque o conceito me parecia muito forçado. Minha produção de "escritos ocasionais" se acelerou, em parte porque teve espaço para isso — com minha filha na escola, eu tinha mais tempo livre durante o dia — e em parte porque eu estava recebendo mais propostas. Verificando os diários pouco informativos que eu mantinha mal e esporadicamente, noto que um dos meus temas recorrentes era uma lamúria constante sobre assumir coisas demais. "Isto precisa parar", eu me via dizendo. Alguns escritos em que eu trabalhava eram em resposta a pedidos de ajuda, e assim tudo continuou igual.

"É só dizer não", as pessoas me diziam e eu reforçava a mim mesma. Porém, se te pedem dez artigos ocasionais por ano e você diz não a 90% deles, acaba com um ensaio por ano. Mas, se é solicitada a escrever quatrocentos artigos e ainda diz não a 90% deles — quão consciente e virtuoso de sua parte! —, ainda são quarenta artigos por ano. Fiquei na média de quarenta nas últimas duas décadas. Existe um limite. Isto precisa parar.

Voltando à nossa cronologia: a Guerra Fria e o sistema soviético desmoronaram em 1989, com a queda do Muro de Berlim. O fim da história havia chegado, nos disseram: o capitalismo era o rumo a seguir, o consumismo reinava, nossas opções de estilo de vida nos definiam e o que mais as mulheres podiam querer? Para não falar nas "minorias", referidas no Canadá entre políticos e burocratas do governo — ou assim me contaram meus espiões — como "multi-eths" (pessoas que falavam línguas diferentes do francês e do inglês) e "visi-mins" (pessoas que não eram "brancas"). Ambas podiam querer um pouco mais, como logo ficou evidente; mas não era tão evidente assim nos anos 1990. Havia agitações e ruídos; havia guerras, golpes políticos e conflitos em todo canto; mas ainda não tinham acontecido explosões. "Não pode acontecer aqui" ainda era a atitude.

Depois de 2001, com os ataques terroristas às Torres Gêmeas e ao Pentágono, tudo mudou. Pressupostos foram contestados, confortos existentes até então voaram pela janela, truísmos não eram mais verdadeiros. O medo e a suspeita estavam na ordem do dia.

E é aí que começa *Questões incendiárias*.

Por que o título? Talvez porque as questões que tivemos de enfrentar até agora no século XXI sejam mais que urgentes. Todo período pensa dessa forma sobre suas próprias crises, naturalmente, mas é certo que esta era parece diferente. Primeiro, o planeta. Será que o mundo está em chamas? E fomos nós que ateamos fogo a ele? Será que somos capazes de apagar o incêndio?

E o que dizer da distribuição de riqueza imensamente desigual, não só na América do Norte, mas praticamente em toda parte? Será que um arranjo tão instável e desproporcional quanto este pode durar? Quanto falta até que 99% fiquem fartos e ateiem fogo na Bastilha figurativa?

E ainda tem a questão da democracia. Será que ela está em perigo? O que queremos dizer com "democracia", afinal? Será que ela um dia realmente existiu, no sentido de direitos iguais para todos os cidadãos? Será que falamos sério quando dizemos *todos*? Todos os gêneros, todas as religiões, todas as origens étnicas? Será que o sistema que chamamos de democracia realmente merece ser preservado? O que queremos dizer por liberdade? O quanto da expressão deve ser livre, e quem tem o direito de se expressar, e sobre o quê? A revolução das redes sociais deu um poder sem precedentes a conglomerados virtuais de pessoas que são chamados de "movimentos" por quem gosta deles e de "mobs" por quem não gosta. Isto é bom, ruim ou apenas uma extensão das boas e velhas multidões em movimento?

"Queimem tudo" — um popular grito de guerra em nossos tempos — significa tudo mesmo?

Por exemplo, *tudo* significa todas as palavras? E "os criativos", como alguns têm o hábito de chamar? E os escritores e a escrita? Serão eles — seremos nós — meros porta-vozes, desenrolando platitudes aceitáveis que pretendem ser boas e úteis em sentido social, ou teremos alguma outra função? Se for uma função que outros reprovam, nossos livros então devem ser queimados? E por que não? Já foi feito antes. Não há nada de inerentemente sacrossanto em um livro.

Estas são algumas das questões incendiárias que me fizeram, e que tenho feito a mim mesma também, no decorrer das últimas duas décadas. Aqui estão algumas respostas. Ou devo dizer algumas tentativas? É o que significa *ensaio*, afinal: uma tentativa. Um esforço.

Organizei este livro em cinco partes. Cada uma delas é marcada por um acontecimento ou ponto de inflexão.

A Parte Um começa em 2004. Após os ataques às Torres Gêmeas e ao Pentágono, a Guerra do Iraque estava em curso. Eu ainda viajava promovendo *Oryx e Crake* (2003), o primeiro livro da trilogia MaddAddão, com uma trama em torno de uma crise dupla: a crise climática e a extinção da espécie precipitada por ela, e uma peste pandêmica possibilitada por manipulação genética. Em 2003-2004, tais premissas pareciam remotas; agora, nem tanto. A Parte Um termina em 2009, quando o mundo ainda saía aos tropeços do grande colapso financeiro de outubro de 2008 — o exato momento em que eu publicava *Payback: A dívida e o lado sombrio da riqueza*. (Algumas pessoas acharam que eu tinha uma bola de cristal. Não tinha.)

A Parte Dois vai de 2010 a 2013. Durante estes quatro anos, Obama foi presidente dos Estados Unidos e o mundo se recuperou lentamente da crise financeira. Eu me ocupava principalmente com a escrita de *MaddAddão*, o terceiro romance da trilogia. Quando publicamos um livro, em geral perguntam por que fizemos isso — como se a gente tivesse roubado um cinzeiro —, e você me encontrará, em um destes ensaios, tentando devidamente explicar meu crime.

Minha vida de escritora de ensaios foi bem diversa. Continuei a produzir críticas, introduções e, infelizmente, obituários. A crise climática passava a ser um tema ainda mais premente e me vi escrevendo sobre isso com mais frequência.

Em 2012, meu parceiro, Graeme Gibson, foi diagnosticado com demência. "Qual é o prognóstico?", perguntou ele. "Evoluirá lentamente, evoluirá rapidamente, ficará na mesma, ou não sabemos", disseram a ele. Era quase o mesmo sobre o estado do mundo. Foi um período inquieto, desassossegado, sem nenhuma catástrofe abaladora isolada. As pessoas tinham medo, mas esse medo não tinha um foco. Estávamos prendendo a respiração. Tocando a vida. Fingíamos que as coisas estavam normais. Mas os sopros de uma mudança para pior já estavam no ar.

A Parte Três reúne ensaios de 2014 a 2016. A corrida eleitoral de 2016 nos Estados Unidos já começava. Ao mesmo tempo, a série de televisão de *O conto da aia* estava em produção — seria lançada em agosto de 2016 — e uma minissérie de *Vulgo*

Grace, sobre uma prisioneira do século XIX e possível assassina, também era filmada.

A liberdade e seus opostos, portanto, estavam bastante em minha mente. Mais ou menos nessa época comecei a trabalhar em *Os testamentos*, a sequência de *O conto da aia* que seria lançado em 2019.

No final de 2016, sem dúvida uma mudança no zeitgeist pairava sobre nós. Com a eleição de Donald Trump para a presidência dos Estados Unidos, entramos completamente na estranha terra da pós-verdade — uma terra em que viveríamos até 2020; embora alguns, pelo visto, estejam decididos a continuar vivendo nela.

A Parte Quatro começa em 2017, quando a América teve medo de que *O conto da aia* não fosse ficção, afinal. A posse do presidente Trump foi imediatamente seguida por uma imensa Marcha das Mulheres internacional. Esta foi uma época de muito estresse e angústia nos Estados Unidos: e agora? O quanto estamos perto de um retrocesso nos direitos das mulheres? Temos um regime autoritário a caminho? Quando a série de TV de *O conto da aia* foi lançada, em abril, encontrou um público que não precisava convencer. No mesmo ano, a minissérie *Vulgo Grace* entrou nas plataformas de streaming. *Vulgo Grace* falava de como fomos, *O conto da aia* de como podíamos ser.

Depois que hackers fizeram uma longa tentativa de roubar os originais pela internet — um dos episódios mais bizarros de minha vida de escritora —, *Os testamentos* foi lançado em 10 de setembro de 2019.

Este período também viu a ascensão do movimento #MeToo. O efeito geral do #MeToo foi, creio eu, positivo, um aviso prévio de que o comportamento de Harvey Weinstein da vida não iria mais acontecer sem reprovação. Mas os prós e contras das denúncias nas redes sociais ainda são debatidos e as "guerras culturais" são contínuas. Contra este pano de fundo, escrevi sobre a necessidade da verdade, da verificação dos fatos e da justiça, como fizeram os cronistas do caso Weinstein, do caso Bill Cosby e de muitos outros.

Esses três anos foram difíceis para Graeme e para mim. O estado de saúde de Graeme piorou gradualmente em 2017 e 2018, depois de forma mais precipitada na primeira metade de 2019. Sabíamos que só nos restava um limitado tempo de vida juntos — meses, e não anos. Graeme desejava partir enquanto ainda era ele mesmo, e teve seu desejo atendido. Um dia e meio após o lançamento de *Os testamentos*, no National Theatre em Londres, na Inglaterra, ele teve acidente vascular cerebral massivo, entrou em coma e morreu cinco dias depois.

Alguns podem ter ficado surpresos por eu continuar com a turnê de lançamento de *Os testamentos* depois da morte de Graeme. Mas tendo de escolher entre quartos de hotel, eventos e gente de um lado, e uma casa vazia e uma poltrona desocupada do outro, o que você teria escolhido, caro leitor? É claro que a casa vazia e a poltrona desocupada apenas foram adiadas. Voltariam à minha vida depois; esse tipo de coisa sempre volta.

A Parte Cinco começa em 2020. Este foi um ano eleitoral nos Estados Unidos, e que ano eleitoral bizarro — agravado pela covid-19, que atacou em cheio em março.

Fui requisitada a escrever vários artigos relacionados com a covid — o que eu andava fazendo, quais eram nossas perspectivas?

O totalitarismo me preocupava; a deriva mundial nesta direção era alarmante, como foram os vários movimentos autoritários que começavam nos Estados Unidos. Iríamos mais uma vez testemunhar a desintegração da democracia?

No outono de 2020, foi publicada minha coletânea *Poemas tardios*; incluí um dos artigos que escrevi sobre o livro. Graeme esteve muito em minha mente: foi um prazer escrever o prefácio para o seu *Bedside Book of Birds* e a introdução a seus dois últimos romances, ambos sendo relançados.

Termino *Questões incendiárias* com escritos sobre dois conservacionistas fundamentais — Barry Lopez e Rachel Carson — cujo trabalho, prevejo, tornar-se-á cada vez mais importante à medida que nós, no planeta Terra, enfrentarmos um futuro cada vez mais incerto. Os herdeiros de Lopez e Carson e das muitas outras vozes iniciais que nos alertaram sobre a crescente crise climática são as gerações jovens de pós-millennials, cuja voz mais conhecida é a de Greta Thunberg. Em meados do século XX, quando Rachel Carson foi publicada pela primeira vez, era conveniente negar, evitar e adiar, mas isto não é mais possível. Isto é, se quisermos permanecer como uma espécie neste planeta.

Os pós-millennials logo alcançarão posições de poder. Vamos torcer para que usem seu poder com sabedoria. E o quanto antes.

PARTE I

>><<

2004 a 2009

E AGORA, O QUE VAI ACONTECER?

O romance científico

>>><<<

(2004)

É uma grande honra ter sido convidada a ministrar a Conferência Kesterton aqui, na Faculdade de Jornalismo e Comunicação da Universidade de Carleton.

Observo que sou a quarta desta série e que fui precedida por três homens bastante respeitados. Jamais gostei muito do número 4, visto que tenho preferência pelo número 3. Assim, dividi o dúbio número 4 em dois conjuntos: um com três, um conjunto aluado de sorte, que inclui pessoas da natureza masculina, mas me exclui; e um segundo conjunto de um, que inclui pessoas do gênero feminino e também, por acaso, eu. Sou, portanto, a primeira em um conjunto que, tenho confiança, contará com muito mais indivíduos em breve.

Isso é tudo de feminismo por hoje, e, como podem ver, combinei-o astuciosamente com a embromação inicial para que vocês não se sintam muito ameaçados por ele. Nunca entendi por que as pessoas às vezes se sentiam ameaçadas por mim. Afinal de contas, sou bem baixinha, e, tirando Napoleão, que pessoa baixinha algum dia foi ameaçadora? Em segundo lugar, sou um ícone, como vocês sem dúvida já ouviram falar, e depois que viramos ícone, estamos praticamente mortas e só o que precisamos fazer é ficar bem imóveis em parques, transformadas em bronze enquanto pombos e outros bichos se empoleiram em nossos ombros e defecam em nossa cabeça. Terceiro, sou — astrologicamente falando — de escorpião, um dos signos mais gentis e amáveis do zodíaco. Gostamos de levar uma vida tranquila na escura e pacífica ponta dos sapatos, onde nunca criamos nenhum problema, a não ser que alguém tente meter um pé de unhas amareladas e agressivamente grandes em cima de nós. E o mesmo ocorre comigo: não incomodo em nada a não ser que me pisem, e neste caso não posso responder pelas consequências.

O título de minha pequena palestra desta noite é "O romance científico". Seu disfarce é de que se trata de ficção científica. Seu subtexto provavelmente é algo como: *Para que serve a ficção?* O subtexto deste subtexto conterá alguns parágrafos sobre os dois romances de ficção científica que eu mesma escrevi. E o sub-sub-subtexto pode vir a ser *O que é um ser humano?*. Assim, esta palestra parece um daqueles doces redondos que antigamente podiam acabar com seus dentes por 2 cents: cobertura de açúcar por fora, com camadas descendentes de cores variadas, até que se chega a um grão estranho e indecifrável bem no miolo.

Primeiro, vou abordar a forma peculiar da ficção em prosa em geral chamada de "ficção científica", um rótulo que une dois termos que pensaríamos ser mutuamente excludentes, já que a *ciência* — que vem de *scientia*, que significa "conhecimento" — supostamente deve se preocupar com fatos demonstráveis, e a *ficção* — que deriva de uma raiz verbal com o significado de "moldar", como na argila — denota uma coisa que é fingida ou inventada. Com *ficção científica*, costuma-se pensar que um termo anula o outro. O livro é avaliado como algo que pretende ser uma declaração da verdade, com a parte da ficção — a história, a invenção — tornando-o inútil para qualquer um que realmente queira ter uma noção de, digamos, nanotecnologia. Ou é tratado como W.C. Fields tratava o golfe quando falava nele como uma boa caminhada desperdiçada — isto é, o livro é visto como uma estrutura narrativa atolada de muito material geek esotérico quando deveria se ater a descrever as interações sociais e sexuais entre Bob e Carol e Ted e Alice.

Júlio Verne, um vovô da ficção científica do lado paterno e autor de obras como *Vinte mil léguas submarinas*, ficou horrorizado com as liberdades tomadas por H.G. Wells, que, ao contrário de Verne, não se limitou a máquinas que estivessem no reino da possibilidade — como o submarino —, mas criou outras máquinas — como a Máquina do Tempo — que obviamente não se mantinham nesse escopo. "*Il invente!*", é o que dizem por aí que exclamou Júlio Verne, com imensa reprovação.

Assim, o nó desta parte de minha palestra — um nó que às vezes é algo desagradável que fica em suas cordas vocais por dar tantas palestras, mas eu o uso aqui em outro sentido, um ponto de interseção — é este *locus* curioso onde se encontram ciência e ficção. De onde vem esse tipo de coisa e por que as pessoas a escrevem e leem, e para que serve, afinal de contas?

Antes de o termo *ficção científica* aparecer, na América, nos anos 1930, durante a era de ouro dos monstros de olhos esbugalhados e garotas em roupas diáfanas, histórias como *A guerra dos mundos*, de H.G. Wells, eram chamadas de "romances científicos". Em ambas as expressões — *romance científico* e *ficção científica* —, o elemento da ciência é adjetivo. Os substantivos são *romance* e *ficção*, e a palavra *ficção* cobre muito terreno.

Caímos no hábito de chamar todos os exemplos de prosa de ficção longa de *novels*[1], ou romances literários, e de julgá-los por padrões desenvolvidos para avaliar um tipo específico de prosa de ficção longa, isto é, o tipo que ameaça indivíduos incorporados em um meio social de descrição realista, e que surge com a obra de Daniel Defoe — que tentava fazê-la passar por jornalismo — e a de Samuel Richardson, Fanny Burney e Jane Austen,

---

[1] Na língua inglesa o termo *novel* distingue-se do conceito de romance. Romance refere-se mais a fabulações, fantasias.

durante o século XVIII e início do XIX, e que depois foi desenvolvida por George Eliot, Charles Dickens, Flaubert, Tolstói, e muitos outros, em meados e no final do século XIX.

Este tipo de obra é considerado superior se tem personagens "redondos" em vez de "planos", sendo os redondos considerados de maior profundidade psicológica. Qualquer coisa que não se encaixe nesta modalidade tem sido jogada em uma área de menor solenidade chamada "ficção de gênero", ou ficção comercial, e é aqui que o thriller de espionagem, a história policial, a história de aventura, a narrativa sobrenatural e a ficção científica, mesmo escritos com excelência, devem residir, mandados para seus quartos — por assim dizer — como castigo por serem agradáveis de um jeito que é considerado frívolo. Eles inventam, e todos sabemos que inventam, pelo menos até certo ponto, e por isso eles não são sobre a Vida Real, que deve carecer de coincidências, estranheza e ação/aventura — a menos que fale de guerra, é claro —, portanto, não são sólidos.

A ficção literária propriamente dita sempre reivindicou certo tipo de verdade, a verdade sobre a natureza humana, ou como as pessoas realmente se comportam completamente vestidas, menos no quarto. Isto é, em condições sociais observáveis. As ficções "de gênero", ou populares/comerciais, como se pensava, tinham outros desígnios para nós. Queriam entreter, como algo ruim e escapista, em vez de apenas esfregar nosso nariz no cascalho cotidiano produzido pela trituração cotidiana. Infelizmente para os autores literários, a maior parte do público leitor preferia ser entretida. Há um escritor assolado pela pobreza na obra-prima de George Gissing, *New Grub Street*, que comete suicídio depois do fracasso de seu livro *slice-of-life*, um romance sobre experiências cotidianas, intitulado *Mr. Bailey, Grocer*. *New Grub Street* saiu no auge da loucura pela novidade dos romances de aventura como *Ela*, de Rider Haggard, e os romances científicos de H.G. Wells, e *Mr. Bailey, Grocer* — se fosse um romance literário de verdade — teria encontrado dificuldades. Se vocês acham que isto não pode acontecer agora, deem uma olhada nas vendas de *A vida de Pi* e *O código Da Vinci*, ambos puros romances de aventura, e os longos vampiramas de Anne Rice.

O ambiente do romance literário realista adequado é a Terra Média, e o centro da Terra Média é a classe média, e o herói e a heroína costumam ser as normas desejáveis, ou podiam aparecer — por exemplo — em versões trágicas como em Thomas Hardy, se o Destino e a sociedade não fossem tão antagônicos. Como dizem os editores, "Nós *gostamos* desse pessoal". Existem variações grotescas das normas desejáveis, é claro, só que essas não assumem as formas de moluscos falantes e malvados, lobisomens ou alienígenas do espaço sideral, mas de pessoas com falhas de caráter ou narizes estranhos. As ideias, por exemplo, sobre o romance literário e modelos não experimentados de organização social são introduzidas por conversas entre os personagens, ou na forma de diário ou devaneio e não são dramatizadas, como na utopia e na distopia. Os personagens principais são colocados no espaço social por pais e parentes, mesmo que possam ser insatisfatórios ou mortos no início da história. Protagonistas não aparecem apenas como adultos plenamente formados, mas recebem um passado, uma história. Esse tipo de ficção se preocupa com o estado de vigília consciente e, se um homem se transforma em um artrópode em um livro desses, só o fará em pesadelos.

Mas nem toda ficção em prosa é um romance literário no sentido preso-ao-realismo da coisa. Um livro pode ser uma ficção em prosa sem ser um romance literário. *O peregrino*, de John Bunyan, embora seja uma narrativa em prosa e uma ficção, não pretendia ser um "romance literário" quando foi escrito, essas coisas ainda não existiam. É um *romance*, em sentido amplo — uma fábula sobre a aventura de um herói —, combinado com uma alegoria — as fases da vida cristã. (Também é um dos precursores da ficção científica, apesar de não ser reconhecido como tal com muita frequência.) Aqui estão outras formas de ficção em prosa que não são romances literários propriamente ditos. A confissão. O simpósio. A sátira menipeia, ou a anatomia. A utopia e sua gêmea do mal, a distopia.

Nathaniel Hawthorne chamava deliberadamente parte de suas ficções de romances para distingui-los dos romances literários. O que ele talvez pensasse era na tendência do *romance* de usar uma forma um tanto mais óbvia de padrão do que se pensava que o *romance literário* fazia — a heroína loira contra seu alter ego moreno, por exemplo. Os franceses têm duas palavras para as histórias mais curtas — *contes* e *nouvelles*, "contos" e notícias —, e esta é uma descrição útil. O conto pode ser ambientado em qualquer lugar e pode transitar por reinos que são interditados para o romance literários — nos porões e sótãos da mente, onde figuras que só podem aparecer em romances literários nos sonhos e fantasias assumem uma forma real e andam sobre a terra. As notícias, porém, são notícias de nós; são as notícias cotidianas, como na "vida diária". Podem acontecer acidentes de carro e naufrágios nas notícias, mas não é provável que apareça algum monstro de Frankenstein; isto é, não antes que alguém na "vida diária" realmente consiga criar um.

Mas existe mais nas notícias do que somente "notícias". A ficção pode nos trazer outro tipo de notícia; pode falar do que é passado e do que está passando, e também do que está por vir. Quando você está escrevendo sobre o que está por vir, pode acabar se envolvendo com o jornalismo do tipo "alerta terrível", que antigamente era conhecido como profecia e às vezes recebe o nome de agit-prop — eleja aquele canalha, construa aquela represa, largue aquela bomba e será um inferno ou, em sua forma mais branda, tsc-tsc —, mas, como uma pessoa que ouve com frequência demasiada a pergunta "Como você sabia?", gostaria de deixar claro que eu não pratico a profecia, não desse tipo.

Ninguém pode prever o futuro. Existem variáveis demais. No século XIX, Tennyson escreveu um poema chamado "Locksley Hall", que parecia prever — entre outras coisas — a era dos aeroplanos e que continha o verso "Porque mergulhei no futuro, até onde o olho humano pode ver"; mas ninguém realmente pode fazer isto. Você pode, porém, mergulhar no presente, que contém as sementes do que pode vir a ser o futuro. Como disse William Gibson, o futuro já está conosco, só está distribuído de forma desigual. Assim, você pode olhar um cordeiro e fazer uma conjectura informada, por exemplo: se nada de inesperado acontecer com ele pelo caminho, este cordeiro mais provavelmente se tornará (a) um carneiro ou (b) seu jantar, provavelmente excluindo (c) um monstro gigante coberto de lã que esmagará Nova York.

Se você estiver escrevendo sobre o futuro sem fazer jornalismo de previsão, mais provavelmente estará escrevendo algo que as pessoas chamarão ou de ficção científica ou de ficção especulativa. Prefiro fazer uma distinção entre ficção científica propriamente dita — para mim, este rótulo denota livros que contêm coisas que ainda não fazemos ou começamos a fazer, como passar através de um buraco de minhoca no espaço e ir parar em outro universo — e ficção especulativa, que emprega os meios que já estão mais ou menos à mão, como cartões de crédito, e acontecem no planeta Terra. Mas as expressões são fluidas. Alguns usam *ficção especulativa* como um guarda-chuva que cobre a ficção científica e todas as suas formas híbridas — ficção fantástica e assim por diante — e outros escolhem o contrário.

Aqui estão algumas coisas que narrativas como essas podem fazer e que os "romances literários", como costumam ser definidos, não podem:

- Podem explorar as consequências de tecnologias novas e propostas de uma forma detalhada, mostrando-as plenamente operacionais.

- Podem explorar a natureza e os limites do que significa ser humano de forma detalhada, desafiando os limites até onde for possível.
- Podem explorar a relação do homem com o universo, o que costuma nos levar na direção da religião e pode tranquilamente se mesclar com a mitologia — mais uma vez, uma exploração que só pode acontecer dentro das convenções do realismo por meio de conversas, devaneios e solilóquios.
- Podem explorar mudanças propostas na organização social, mostrando para aqueles que nela vivem o que realmente aconteceria se essas mudanças ocorressem, como na utopia e na distopia.
- Podem explorar os reinos da imaginação levando-nos audaciosamente aonde nenhum homem jamais foi. Às espaçonaves; ao espaço interior de *Viagem fantástica*; às viagens no ciberespaço de William Gibson; e à *Matrix* — este último, a propósito, um romance de aventura com fortes conotações da alegoria cristã e, portanto, mais estreitamente relacionado com *O peregrino* do que com *Orgulho e preconceito*.

Vários críticos mencionaram que a ficção científica como forma está onde foi parar a narrativa teológica depois de *Paraíso perdido*, e isto sem dúvida é verdade. Não é provável encontrarmos criaturas sobrenaturais com asas e sarças ardentes e falantes em um romance literário sobre corretores de ações, a não ser que os corretores de ações tenham ingerido uma boa quantidade de substâncias psicotrópicas, mas eles não ficam deslocados no planeta X.

Eu mesma escrevi duas obras de "ficção científica" ou, se preferirem, "ficção especulativa": *O conto da aia* e *Oryx e Crake*. Embora tenham sido colocadas na mesma pilha por críticos que viram o que elas têm em comum — não são "romances literários" no sentido de Jane Austen e ambos são ambientados no futuro —, na verdade são bem diferentes. *O conto da aia* é uma distopia clássica, que se inspira, pelo menos em parte, em *1984*, de George Orwell — em particular no epílogo. Em um artigo para a BBC que escrevi em junho de 2003 por ocasião do centenário do nascimento de Orwell, eu disse:

> Orwell foi acusado de amargura e pessimismo — de nos deixar com uma visão do futuro em que o indivíduo não tem nenhuma chance, e em que a bota totalitarista e brutal do onisciente Partido triturará a face humana, para sempre.
>
> Mas esta visão de Orwell é contradita pelo último capítulo do livro, um ensaio na Novilíngua — a língua do duplipensar elaborada pelo regime. Ao expurgar todas as palavras que podiam ser problemáticas — "mau" não é mais permitida, mas passa a ser "não bom" —, e ao fazer com que outras palavras significassem o contrário do que costumavam significar — o lugar onde as pessoas são torturadas é o Ministério do Amor, o prédio onde o passado é destruído é o Ministério da Informação —, os governantes de Pista de Pouso Um desejam tornar literalmente impossível que as pessoas raciocinem direito.
>
> Porém, o ensaio sobre a Novilíngua é escrito em inglês padrão, na terceira pessoa, e no pretérito, o que só pode significar que o regime caiu, e que a língua e a individualidade sobreviveram. Para quem escreveu o ensaio sobre a Novilíngua, o mundo de *1984* acabou. Assim, é minha opinião que Orwell tinha muito mais fé na capacidade de resistência do espírito humano do que costumam lhe creditar.

Orwell tornou-se um modelo direto para mim mais tarde — no 1984 real, o ano em que comecei a escrever uma distopia um tanto diferente, *O conto da aia*.

A maioria das distopias foi escrita por homens, e o ponto de vista em geral era masculino. Quando apareciam mulheres ali, ou eram autômatos assexuados, ou rebeldes que desafiavam as regras sexuais do regime. Agiam como sedutoras dos protagonistas homens, por mais bem-vindas que essas tentações fossem aos próprios homens: Julia, em *1984*; Lenina, que usava lingeries sedutoras e gostava de orgias, e acaba por seduzir Selvagem, em *Admirável mundo novo*; I-330, a *femme fatale* subversiva do clássico seminal de Yevgeny Zamyatin *Nós*, de 1924. Eu quis experimentar uma distopia do ponto de vista feminino — o mundo segundo Julia, por assim dizer. Porém, isto não faz de *O conto da aia* uma "distopia feminista", a não ser no sentido de dar a uma mulher uma voz e uma vida interior que sempre será considerada "feminista" por aqueles que pensam que as mulheres não devem ter estas coisas.

Em outros aspectos, o despotismo que descrevo é idêntico a todos os despotismos reais e à maioria dos imaginários. Tem um pequeno grupo poderoso no topo que controla — ou tenta controlar — todos os outros, e fica com a maior parte dos bens de valor disponíveis. Os porcos em *A revolução dos bichos* ficam com o leite e as maçãs, a elite de *O conto da aia* fica com as mulheres férteis. A força que se opõe à tirania em meu livro é aquela a que o próprio Orwell — apesar de sua crença na necessidade de organização política para combater a opressão — sempre deu muita importância: a decência humana comum, a mesma que ele elogiou em seu ensaio sobre Charles Dickens.

No final de *O conto da aia*, há uma parte que deve muito a *1984*. É o relato de um simpósio ministrado várias centenas de anos no futuro, em que o governo repressor descrito no livro é meramente tema de uma análise acadêmica. Os paralelos com o ensaio de Orwell sobre a Novilíngua devem ser evidentes.

Sendo assim, *O conto da aia* é uma distopia. E *Oryx e Crake*? Eu argumentaria que não é uma distopia clássica. Embora tenha elementos distópicos, nele não temos realmente uma visão geral da estrutura da sociedade; em vez disso, vemos seus personagens centrais levando a vida em pequenos cantos desta sociedade. O que eles podem apreender do resto do mundo lhes chega pela televisão e pela internet e, sendo editado, é, portanto, suspeito.

Eu diria em vez disso que *Oryx e Crake* é um romance de aventura combinado com uma sátira menipeia, a forma literária que lida com a obsessão intelectual. A Laputa ou a porção da ilha flutuante de *As viagens de Gulliver* é uma delas. Assim como os capítulos do Instituto Watson-Crick, de *Oryx e Crake*. O fato de que Laputa nunca existiu e jamais poderia existir — embora Swift tenha apontado corretamente para a vantagem da superioridade do ar —, mas que o Instituto Watson-Crick esteja muito próximo de uma realidade não tem muita relação com suas funções numa forma literária.

Em *Oryx e Crake*, existem algumas pessoas que foram projetadas, e foram projetadas como um aprimoramento do modelo corrente: nós mesmos. Qualquer um que se envolva em um projeto desses — e projetar gente está muito próximo de ser algo que realmente somos capazes de fazer —, um projetista desses tem de perguntar: até que ponto você vai no quesito alteração? Que características estão no cerne de nosso ser? O que é ser humano? Que obra de arte é o homem, e agora que nós mesmos podemos ser os artífices, que peças devemos cortar?

O que me traz de volta ao nó de que falei antes — o ponto de interseção entre ciência e ficção. "Você é contra a ciência?", às vezes me perguntam. É uma pergunta curiosa. Contra a ciência, em oposição a que, e em favor do quê? Sem isto que chamamos de "ciência", muitos de nós teríamos morrido de varíola, para não falar na tuberculose. Fui criada entre cientistas; conheço seus métodos. Quase me tornei eu mesma cientista, e assim teria feito se não tivesse sido sequestrada pela literatura. Alguns de meus melhores amigos são cientistas. Nem todos eles são como o dr. Frankenstein.

Mas a ciência, como eu disse, é sobre conhecimento. A ficção, por outro lado, é sobre sentimentos. A ciência como tal não é uma pessoa e não tem um sistema de moralidade embutido mais do que teria uma torradeira. É apenas uma ferramenta — uma ferramenta para factualizar o que desejamos e nos defender do que tememos — e, como qualquer outra ferramenta, pode ser usada para o bem ou para o mal. Podemos construir uma casa com um martelo e podemos usar o mesmo martelo para assassinar nosso vizinho. Os ferramenteiros humanos sempre fazem ferramentas que nos ajudarão a conseguir o que queremos, e isso não muda há milhares de anos porque, até onde sabemos, a natureza humana também não mudou.

Como sabemos disso? Sabemos disso ao consultarmos os mitos e as histórias. Eles nos dizem como e o que sentimos, e como e o que sentimos determina o que queremos.

O que queremos? Eis aqui uma lista parcial. Queremos aquela bolsa que sempre estará cheia de ouro. Queremos a Fonte da Juventude. Queremos voar. Queremos a mesa que se cobrirá de uma comida deliciosa sempre que mandarmos e que se limpará sozinha depois. Queremos servos invisíveis que não precisaremos pagar. Queremos as botas de sete léguas para podermos chegar aos lugares com rapidez. Queremos A Capa da Invisibilidade para podermos xeretar a vida dos outros sem sermos vistos. Queremos a arma que jamais erra e que destruirá completamente nossos inimigos. Queremos punir a injustiça. Queremos poder. Queremos emoção e aventura e também queremos proteção e segurança. Queremos ser imortais. Queremos ter um grande número de parceiros ou parceiras sexualmente atraentes. Queremos que aqueles que amamos nos amem reciprocamente e que sejam leais a nós. Queremos filhos fofos e inteligentes que nos tratarão com o respeito que merecemos e que não vão amassar o carro. Queremos estar cercados de música, de aromas inebriantes e objetos visuais atraentes. Não queremos que faça calor demais. Não queremos que faça frio demais. Queremos dançar. Queremos beber muito sem ter ressaca depois. Queremos falar com os animais. Queremos ser invejados. Queremos ser como deuses.

Queremos sabedoria. Queremos esperança. Queremos ser bons. Por isso, às vezes nos contamos histórias que lidam com o lado mais obscuro de todos os nossos outros desejos.

Um sistema educacional que nos ensine apenas sobre nossas ferramentas — o guia prático delas, sua criação, sua manutenção —, e não sobre sua função como mediadoras de nossos desejos, não passa, de modo geral, de uma escola de consertar torradeiras. Você pode ser o melhor técnico em torradeiras do mundo, mas deixará de ter um emprego se a torradeira não for mais um objeto desejável no cardápio do café da manhã humano. "As artes" — como passamos a denominá-las — não são uma frescura. São o coração da matéria, porque são sobre nossos corações, e nossa inventividade tecnológica é gerada por nossas emoções, não apenas por nossas mentes. Uma sociedade sem as artes teria quebrado seu espelho e arrancado seu próprio coração. Não seria mais o que agora reconhecemos como humana.

Como observou William Blake muito tempo atrás, a imaginação humana move o mundo. No início moveu apenas o mundo humano, que antigamente era muito pequeno em comparação com o mundo natural imenso e poderoso em torno dele. Agora estamos perto de ter o controle de tudo, menos do clima. Mas ainda é a imaginação humana, e toda sua diversidade, que dirige o que fazemos. A literatura é uma expressão, ou externalização, da imaginação humana. Ela deixa que as formas obscuras do pensamento e do sentimento — Céu, Inferno, monstros, anjos e tudo — venham para a luz, onde podemos dar uma boa olhada e talvez chegar a uma compreensão melhor de quem somos e o que queremos, e quais são os limites que esses quereres podem ter. Compreender a imaginação não é mais apenas um passatempo ou mesmo um dever, mas uma necessidade; porque cada vez mais, se podemos imaginar algo, seremos capazes de fazê-lo.

Ou seremos capazes de tentar, pelo menos. Sempre fomos bons em revelar esqueletos em armários, esfregar gênios para fora de suas lâmpadas e libertar pragas de caixas de Pandora. Só não fomos muito bons em colocá-los de volta em seu lugar. Mas somos filhos da narrativa, cada um de nós. Talvez o que nos impulsione e, sim, nos tire da cama e nos faça descer a escada para ler o jornal de manhã seja aquela simples pergunta com a qual cada escritor de ficção e cada jornalista — notem que fiz distinção — precisa lidar o tempo todo na escrita. A pergunta é:

E agora, o que vai acontecer?

Congelados no tempo

>>><<<

**INTRODUÇÃO
(2004)**

Congelados no tempo, de Owen Beattie e John Geiger, é um desses livros que se recusam a sair de nossa imaginação depois que entram. Ele causou grande impacto, por ser dedicado às impressionantes revelações feitas pelo dr. Owen Beattie — inclusive a probabilidade alta de que o envenenamento por chumbo tenha contribuído para a aniquilação da Expedição Franklin, em 1845.

Li *Congelados no tempo* quando foi lançado, em 1987; as fotografias nele me deram pesadelos. Incorporei a história e as imagens como um subtexto e uma metáfora ampliada em um conto de título "A era do chumbo", publicado em uma coletânea de 1991 chamada *Dicas da imensidão*. E então, cerca de nove anos depois, durante uma viagem de barco ao Ártico, conheci John Geiger, um dos autores do livro. Não só eu tinha lido seu livro como ele havia lido o meu, e isto o fez pensar ainda mais no chumbo como um fator na exploração ao Norte e nas azaradas viagens marítimas do século XIX de modo geral.

Franklin, disse Geiger, foi o canário na mina de carvão, ou seja, deu sinais de alerta antes de todos, embora a princípio não tenha sido reconhecido como tal: até os últimos anos do século XIX, as tripulações de viagens longas continuavam a adoecer fatalmente pelo chumbo contido na comida enlatada. Ele incluiu os resultados de suas pesquisas nesta versão ampliada de *Conge-*

lados no tempo. O século XIX, disse ele, foi verdadeiramente a "era do chumbo". Assim a vida e a arte se entrelaçam.

Mas vamos voltar ao ponto principal. No outono de 1984, uma fotografia hipnótica chamou a atenção nos jornais do mundo todo. Mostrava um jovem que não parecia nem totalmente morto, nem vivo de verdade. Usava vestes arcaicas e estava num invólucro de gelo. O branco dos olhos entreabertos tinha cor de chá. Sua testa era azul-escura. Apesar dos adjetivos suaves e respeitosos dirigidos a ele pelos autores de *Congelados no tempo*, nunca teríamos confundido este homem com um sujeito que estivesse pegando no sono. Em vez disso, ele parecia uma mistura de extraterrestre de *Star Trek* com a vítima de alguma maldição de um filme B: não era alguém que você quisesse como vizinho próximo, especialmente em noites de lua cheia.

Sempre que encontramos o corpo bem preservado de alguém que morreu há muito tempo — como uma múmia egípcia, o corpo de um sacrifício inca, um homem-do-pântano escandinavo curtido, o famoso homem do gelo dos Alpes europeus —, o fascínio é o mesmo. Aqui está alguém que desafiou a regra geral de das-cinzas-às-cinzas, do-pó-ao-pó e continuou reconhecível como um indivíduo humano por muito mais tempo depois do que a maioria já teria virado ossos e terra. Na Idade Média, resultados não naturais significavam causas não naturais, e um corpo desses teria sido ou reverenciado como uma santidade ou recebido uma estaca cravada no coração. Em nossa época, embora sejamos tentados à racionalidade, perdura algo do horror clássico: a múmia anda, o vampiro desperta. É tão difícil acreditar que aquele que parece estar tão perto de estar vivo não está consciente de nós. Certamente — achamos — um ser desses é um mensageiro. Ele viajou no tempo, desde sua época à nossa, para nos contar algo que desejamos saber.

* * *

O homem na fotografia sensacional era John Torrington, um dos três primeiros a morrerem durante a malfadada Expedição Franklin, em 1845. Seu objetivo declarado era descobrir a Passagem Noroeste para o Oriente e reivindicá-la para a Grã-Bretanha, mas o resultado alcançado foi a morte de todos os seus integrantes. Torrington foi sepultado em uma cova cuidadosamente cavada, bem fundo no pergelissolo na margem da ilha Beechey, base de Franklin durante o primeiro inverno da expedição. Outros dois homens — John Hartnell e William Braine — receberam túmulos adjacentes. Os três foram cuidadosamente exumados pelo antropólogo Owen Beattie e sua equipe, numa tentativa de resolver um mistério antigo: por que a Expedição Franklin teve um fim tão desastroso?

A busca de Beattie por evidências nos restos mortais da Expedição Franklin, sua escavação dos três túmulos conhecidos e as subsequentes descobertas deram origem a um documentário para a televisão, e então — três anos depois da divulgação da fotografia — a *Congelados no tempo*. Que a história gere um interesse tão difuso 140 anos depois de Franklin encher seus barris de água fresca em Stromness, nas Ilhas Órcades, antes de zarpar para seu destino misterioso é um tributo ao extraordinário poder de persistência da lenda de Franklin.

Por muitos anos, o mistério desse destino foi a principal atração. No início, parecia que dois navios de Franklin, sinistramente chamados *Terror* e *Erebus*, tinham evaporado. Não se encontrou nenhum vestígio deles, mesmo depois de os túmulos de Torrington, Hartnell e Braine terem sido encontrados. Há algo de enervante nas pessoas que não podem ser localizadas, mortas ou vivas. Elas perturbam nosso senso de espaço — certamente os desaparecidos têm de estar em algum lugar, mas onde? Entre os gregos antigos, os mortos que não eram recuperados e não recebiam cerimônias fúnebres adequadas não chegavam ao Mundo Inferior; ficavam no mundo dos vivos como fantasmas inquietos. E o mesmo ainda acontece com os desaparecidos: eles nos assombram. A era vitoriana tendia especialmente a essas assombrações; como testemunha, o longo poema "In Memoriam", de Alfred Tennyson, seu tributo mais exemplar a um homem desaparecido no mar.

O que torna a história de Franklin ainda mais atraente é a paisagem ártica que devorou líder, navios e homens. No século XIX, pouquíssimos europeus — além dos baleeiros — já haviam estado no Extremo Norte. Era uma daquelas regiões perigosas atraentes a um público ainda sensível ao espírito do romantismo literário — um lugar onde um herói podia desafiar as probabilidades, sofrer absurdamente e testar sua alma descomunal contra forças dominadoras. Aquele Ártico era lúgubre, solitário e vazio, como as charnecas ventosas e as montanhas proibitivas que os aficionados pelo Sublime preferiam. Mas o Ártico também era um Outro Mundo poderoso, imaginado como um reino das fadas belo e sedutor, porém potencialmente maligno; um reino da Rainha da Neve completo com efeitos luminosos sobrenaturais, palácios de gelo cintilante, animais fabulosos — narvais, ursos-polares, morsas — e habitantes parecidos com gnomos usando peles exóticas. Existem numerosos desenhos do período que atestam este fascínio pela região. Os vitorianos eram interessados por fadas de toda sorte; eles as pintavam, escreviam histórias sobre elas e às vezes chegavam ao ponto de acreditar nelas. Eles conheciam as regras: ir ao Outro Mundo representava um grande risco. A pessoa podia ser capturada por seres não humanos. Podia ficar aprisionada. Talvez nunca mais saísse de lá.

Desde o desaparecimento de Franklin, cada época criou um Franklin que combinasse com suas necessidades. Antes da partida de sua expedição, existiu alguém que podemos chamar de o "verdadeiro" Franklin, ou até o Ur-Franklin — um homem visto por seus companheiros como talvez não o biscoito mais crocante do pacote, mas alguém e experiente, mesmo que parte dessa experiência tenha sido conquistada pelo mau discernimento (como testemunha a malfadada viagem pelo rio Coppermine, de 1819). Aquele Franklin sabia que sua carreira ativa estava caminhando para o final e viu na oportunidade de descobrir a Passagem Noroeste a última possibilidade de fama duradoura. Envelhecido e gorducho, ele não era exatamente uma visão dos sonhos do herói romântico.

E houve o Franklin intermediário, que passou a existir depois que o primeiro Franklin não voltou e as pessoas na Inglaterra perceberam que algo devia ter dado terrivelmente errado. Aquele Franklin não estava nem morto nem vivo, e a possibilidade de que ele pudesse estar morto ou vivo fez com que ele se agigantasse na mente do povo britânico. Durante aquele período, ele recebeu o adjetivo *bravo*, como se estivesse envolvido em uma exploração militar. Ofereceram-se recompensas, grupos de busca foram enviados. Alguns dos homens também não retornaram.

O Franklin seguinte, aquele que podemos chamar de Franklin Elevador, surgiu depois que ficou claro que Franklin e todos os seus homens tinham morrido. Não só morrido, mas perecido, e não só perecido, como perecido miseravelmente. Mas muitos europeus sobreviveram no Ártico em condições igualmente extremas. Por que aquele grupo em particular fracassara, principalmente levando-se em conta que *Terror* e *Erebus* eram os navios mais bem equipados de sua época, oferecendo o que havia de mais moderno em avanços tecnológicos?

Uma derrota daquela magnitude exigia uma negação de igual magnitude. Relatos no sentido de que vários homens de Franklin tinham comido vários outros foram vigorosamente esmagados; aqueles que traziam os relatos — como o intrépido John Rae, cuja história foi contada no livro de 2002 de Kevin McGoogan,

Fatal Passage — foram atacados na imprensa; e os inuítes que viram as provas macabras foram difamados como selvagens perversos. O esforço para inocentar destas acusações Franklin e todos que navegaram com ele foi liderado por Lady Jane Franklin, cujo status social estava por um fio: uma coisa é ser viúva de um herói, outra bem diferente é ser viúva de um canibal. Graças ao lobby empenhado de Lady Jane, Franklin, *in absentia*, foi inflado ao tamanho de um dirigível. Recebeu o crédito — duvidoso — da descoberta da Passagem Noroeste, uma placa na Abadia de Westminster e um epitáfio de Tennyson.

Depois daquele engrandecimento exagerado, certamente se seguiu a reação. Por algum tempo na segunda metade do século XX, deram-nos o Franklin Parvo, um imbecil tão burro que mal conseguia amarrar os próprios cadarços. Franklin fora vítima do mau tempo (o gelo que em geral derretia no verão não derreteu, não só em um ano, mas em três); porém, na leitura do Franklin Parvo, aquilo pouco contava. A expedição foi enquadrada como o puro exemplo da arrogância europeia diante da Natureza: Sir John foi outro daqueles Nanoodles do Norte que bateu as botas porque não vivia sob as regras indígenas e não seguiu o conselho de indígenas — "Não vá até lá" sendo, em muitas ocasiões, o Conselho Nº 1.

Mas a lei das reputações é como uma corda de bungee jump: você mergulha, é arremessado para cima, mas a profundidades e alturas menores em cada rodada. Em 1983, Sten Nadolny publicou *A descoberta da lentidão*, um romance que nos dá um Franklin ponderado, não exatamente um herói, mas um talento incomum, e certamente não um vilão. A reabilitação estava a caminho.

E então vieram as descobertas de Owen Beattie e a descrição delas em *Congelados no tempo*. Agora estava claro que Franklin não era um idiota arrogante. Em vez disso, ele passou a ser a vítima quintessencial do século XX: uma vítima de um acondicionamento ruim. As latas de comida a bordo dos navios haviam envenenado seus homens, enfraquecendo-os e toldando sua capacidade crítica. As latas eram uma grande novidade em 1845 e eram desleixadamente lacradas com chumbo, que tinha contaminado a comida. Mas os sintomas de envenenamento por chumbo não eram reconhecidos na época, sendo facilmente confundidos com os de escorbuto. Franklin não pode ser culpado de negligência e as revelações de Beattie constituem uma espécie de absolvição de Franklin.

Houve também absolvição dos outros dois tipos. Indo aonde os homens de Franklin foram, a equipe de Beattie pôde viver as condições físicas enfrentadas pelos membros sobreviventes das tripulações de Franklin. Mesmo no verão, a Ilha do Rei Guilherme é um dos lugares mais difíceis e mais desolados da Terra. Ninguém podia ter conseguido fazer o que aqueles homens estavam tentando — uma expedição por terra até a segurança. Enfraquecidos e confusos como estavam, eles não tinham nenhuma chance. Não podem ser culpados por não conseguirem.

A terceira absolvição talvez tenha sido — da perspectiva da justiça histórica — a mais importante. Depois de uma busca meticulosa de entorpecer os dedos, a equipe de Beattie encontrou ossadas humanas com marcas de faca e crânios sem rostos. John Rae e suas testemunhas inuítes, tão injustamente atacados por terem dito que os últimos membros da tripulação de Franklin haviam praticado canibalismo, afinal de contas tinham razão. Grande parte do mistério de Franklin estava resolvido.

Desde então, surgiu outro mistério: por que Franklin passou a ser um ícone canadense? Como contam Geiger e Beattie, no início, os canadenses não ficaram muito interessados: Franklin era britânico e o Norte ficava muito longe, e o público canadense preferia excentricidades como o Pequeno Polegar. Mas, com o passar das décadas, Franklin foi adotado pelos canadenses como um deles. Por exemplo, fizeram canções folk, como a tradicional e frequentemente cantada "Ballad of Sir John Franklin" — uma música não muito lembrada na Inglaterra — e a conhecida "Northwest Passage", de Stan Rogers. Depois vieram as contribuições dos escritores. A radionovela de Gwendolyn MacEwen, *Terror and Erebus*, foi transmitida pela primeira vez no início dos anos 1960; o poeta Al Purdy era fascinado por Franklin; o romancista e satirista Mordecai Richler o considerou um ícone pronto para a iconoclastia e, em seu romance *Solomon Gursky Was Here*, acrescentou um estoque de roupas femininas para travestis ao conteúdo dos navios de Franklin. O que explica uma apropriação dessas? Será que nos identificamos com os não gênios bem-intencionados que foram tragicamente perturbados pelo mau tempo e por suprimentos de comida ruins? Talvez sim. Ou talvez seja porque — como dizem nas lojas de porcelanas — se você quebrar, é seu. O norte do Canadá quebrou Franklin, um fato que parece ter conferido uma espécie de título de propriedade.

É um prazer receber de volta às estantes *Congelados no tempo*, nesta nova edição revisada e ampliada. Hesito em chamá-lo de um livro pioneiro, pois sei que serei acusada de trocadilho, mas ele foi pioneiro. Contribuiu imensamente para nosso conhecimento de um evento importante na história das viagens ao Norte. Também representa um tributo à atração duradoura da história — uma que atravessou todas as formas que uma história pode ter. A saga de Franklin foi mistério, conjectura, boato, lenda, aventura heroica e iconografia nacional; e aqui, em *Congelados no tempo*, torna-se uma história de detetive, ainda mais envolvente por ser verídica.

From Eve to Dawn

>>><<<

(2004)

From Eve to Dawn é um compêndio enorme da história das mulheres, com três volumes e 1.600 páginas, escrito por Marilyn French. Vai desde a pré-história ao período contemporâneo e abrange todo o globo: só o primeiro volume cobre Peru, Egito, Suméria, China, Índia, México, Grécia e Roma, assim como religiões, do judaísmo ao cristianismo e ao islamismo. Examina não só atos e leis, mas também o pensamento por trás deles. Às vezes é irritante, da mesma forma que *Amelia,* de Henry Fielding, é irritante — chega de sofrimento! —, e às vezes enlouquecedor de tão reducionista; mas não pode ser descartado. Como obra de referência, é inestimável: só a bibliografia vale o preço. E, como alerta sobre os extremos pavorosos do comportamento humano e da bizarrice masculina, é indispensável.

Em especial hoje em dia. Houve um momento no início dos anos 1990 em que a história, acreditava-se, tinha acabado e a utopia chegara, muito parecida com um shopping center, e as "questões feministas" foram dadas mortas. Mas aquele momento foi breve. Os fundamentalismos islâmico e da extrema direita americana estão em ascensão e um dos primeiros objetivos de ambos é a repressão às mulheres — aos seus corpos, às suas mentes, aos resultados de seus trabalhos (as mulheres, ao que parece, fazem a maior parte do trabalho em todo o planeta) — e, por fim, mas não menos importante, aos seus guarda-roupas.

From Eve to Dawn tem um ponto de vista que será familiar aos leitores do best-seller de French de 1977, *The Women's Room*. "As pessoas que oprimiam as mulheres eram homens", alega French. "Nem todos os homens oprimiram as mulheres, mas a maioria se beneficiou (ou achava se beneficiar) desta dominação, e a maioria contribuiu para isso, no mínimo por não fazer nada para impedir ou atenuar o problema."

As mulheres que lerem este livro o farão com horror e uma raiva crescente: *From Eve to Dawn* está para *O segundo sexo*, de Simone de Beauvoir, como um lobo está para um poodle. Os homens que o lerem talvez fiquem desinteressados graças à descrição do homem coletivo como um psicopata brutal, ou confusos com a ideia de French de que os homens devem "assumir a responsabilidade pelo que seu gênero fez". (Como você pode ser responsável por monarcas sumérios, faraós egípcios ou por Napoleão Bonaparte?) Porém, ninguém conseguirá evitar o acúmulo incansável de detalhes e acontecimentos — os costumes bizarros, as estruturas judiciais de ódio às mulheres, os absurdos ginecológicos, o abuso infantil, a violência sancionada, as atrocidades sexuais — milênio após milênio. Como explicá-los? Todos os homens são perversos? Todas as mulheres estão condenadas? Existe esperança? French é ambivalente com a parte perversa, mas — por ser um tipo peculiar de ativista norte-americana — insiste na esperança.

Seu projeto começou como uma ampla série de televisão. Teria conseguido uma audiência espetacular. Pense nos aspectos visuais — queima de bruxas, estupros, mortes por apedrejamento, clones de Jack, o Estripador, cortesãs vestidas de forma espalhafatosa e mártires, de Joana d'Arc a Rebecca Nurse. A série de televisão saiu dos trilhos, mas French insistiu, escrevendo e pesquisando com uma dedicação feroz, consultando centenas de fontes e dezenas de especialistas e estudiosos, embora tenha sido interrompida por uma batalha com o câncer que quase a matou. A coisa toda lhe consumiu vinte anos.

Sua intenção era reunir uma resposta narrativa a uma pergunta que a incomodava havia muito tempo: como os homens acabaram com todo o poder nas mãos — especificamente, com todo o poder sobre as mulheres? Será que sempre foi assim? Se não, como este poder foi obtido e depois imposto? Nada que ela leu abordava diretamente esta questão. Nas histórias mais convencionais, as mulheres simplesmente não estavam presentes. Ou apareciam em notas de rodapé. Sua ausência parece o canto sombreado em uma pintura em que algo está acontecendo, mas não conseguimos enxergar bem.

French pretendia lançar alguma luz sobre aquele canto. Seu primeiro volume — *Origins* — é o mais curto. Começa por especulações sobre o tipo de sociedades caçadoras-coletoras igualitárias que também foi descrito por Jared Diamond em seu clássico *Armas, germes e aço*. Nenhuma sociedade, diz French, já chegou a ser um matriarcado — isto é, uma sociedade em que as mulheres são todo-poderosas e fazem coisas ignóbeis com os homens. Mas no passado existiram sociedades matrilineares: isto é, pensava-se que as crianças descendiam da mãe, e não do pai. Muitos têm se perguntado por que esse sistema mudou, mas o fato é que a mudança aconteceu; e à medida que a agricultura dominava e o patriarcado se estabelecia, mulheres e crianças passaram a ser vistas como propriedade — propriedade dos homens, para serem compradas, vendidas, negociadas, roubadas ou mortas.

Como os psicólogos nos disseram, quanto mais você maltrata as pessoas, mais premente é sua necessidade de explicar por que suas vítimas merecem seu destino. Muito se escreveu sobre a inferioridade "natural" das mulheres, grande parte pelos filósofos e teólogos cujas ideias sustentam a sociedade ocidental. Grande parte daquele pensamento era fundamentada no que French chama, com um eufemismo espantoso, de "preocupação insistente dos homens com a reprodução feminina". A autoestima dos homens, pelo visto, dependia de os homens não serem mulheres. E, ainda mais necessário, que as mulheres fossem forçadas a ser o mais "femininas" possível, mesmo quando — especialmente quando — a definição de "feminino" criada pelos homens incluía o poder de conspurcar, seduzir e enfraquecer os homens.

Com o advento de reinos maiores e religiões estruturadas e complexas, os costumes e a decoração de interiores melhoraram, mas as coisas pioraram para as mulheres. Os sacerdotes — depois de indiscutivelmente terem desalojado as sacerdotisas — inventaram decretos dos deuses que indiscutivelmente tinham desalojado as deusas, e reis responderam com códigos e penalidades legais. Houve conflitos entre os manipuladores dos poderes espiritual e temporal, mas a principal tendência de ambos era a mesma: por definição, homens são bons, mulheres são más. Algumas informações de French nos fazem hesitar: o "sacrifício do cavalo" da antiga Índia, por exemplo, durante o qual os sacerdotes forçavam a esposa do rajá a copular com um cavalo morto. O relato da criação do Islã é particularmente fascinante: no início, era simpático às mulheres, como o cristianismo, e era apoiado e difundido por mulheres. Mas isso não durou muito.

The Masculine Mystique (Volume Dois) não é mais animador. Dois tipos de feudalismo são descritos rapidamente: o europeu e o japonês. E então ele prossegue com a apropriação, por europeus, da África, da América Latina, da América do Norte e, daí, ao escravagismo estadunidense das pessoas negras, com as mulheres na base da pirâmide em todos os casos. É de pensar que o Iluminismo teria afrouxado as coisas, pelo menos teoricamente, mas nos salões literários organizados por mulheres instruídas e inteligentes os filósofos ainda debatiam — enquanto adejavam perto dos aperitivos — se as mulheres tinham ou não alma, ou eram apenas uma espécie mais avançada de animal. No século XVIII, contudo, as mulheres começaram a encontrar sua voz. Elas também passaram a escrever, um hábito do qual ainda não desistiram.

E então veio a Revolução Francesa. No início, as mulheres, como casta, foram esmagadas pelos jacobinos, apesar do papel fundamental que tiveram na ação de derrubada da aristocracia. Para os revolucionários homens, "A Revolução só era possível se as mulheres fossem inteiramente excluídas do poder".

Liberdade, igualdade e fraternidade não incluíam a sororidade. Quando Napoleão assumiu o controle, "revogou cada direito que as mulheres tinham conquistado". Ainda assim, a partir desse ponto, segundo French, "as mulheres nunca mais voltaram a se calar". Depois de participar da derrubada da antiga ordem, elas queriam alguns direitos para si mesmas.

Infernos and Paradises é o terceiro e mais longo volume. Leva-nos pelo movimento crescente pela emancipação das mulheres nos séculos XIX e XX, com os ganhos e reveses, os triunfos e os *backlashes*, desenrolados contra um pano de fundo de imperialismo, capitalismo e guerras mundiais. A Revolução Russa é particularmente impactante — as mulheres foram essenciais para seu sucesso — e particularmente desanimadora nos resultados. "Liberdade sexual significava liberdade para os homens e maternidade para as mulheres", diz French. "Querendo o sexo sem responsabilidades, os homens acusavam as mulheres que os rejeitavam de 'puritanismo burguês'. [...] Tratar as mulheres como iguais aos homens sem referência à reprodução feminina [...] é colocar as mulheres na situação impossível de esperar que elas façam tudo que os homens fazem, e reproduzam a sociedade e a mantenham, tudo ao mesmo tempo e sozinhas."

É nos três últimos capítulos que French chega ao território que é seu lar, o reino de seu conhecimento mais pessoal e os entusiasmos mais profundos. "The History of Feminism", "The Political Is Personal, The Personal Is Political" e "The Future of Feminism" compõem o prometido "amanhecer" do título geral da obra. Estas partes são minuciosas. Nelas, French cobre o terreno contemporâneo, inclusive as opiniões de mulheres antifeministas e conservadoras que, argumenta ela, veem o mundo em grande parte como as feministas — metade da humanidade agindo como predadora da outra metade —, mas diferem no grau de seu idealismo ou de sua esperança. (Se as diferenças de gênero são "naturais", nada se pode fazer além de manipular o homem moralmente inferior com seus estratagemas femininos, caso existam.) Mas quase todas as mulheres, acredita ela — feministas ou não —, estão "avançando na mesma direção por caminhos diferentes".

Se você vai ou não compartilhar dessa conclusão otimista, dependerá de acreditar se o *Titanic* da Terra já está afundando. Chances justas e diversão na pista de dança para todos seria ótimo, na teoria. Na prática, pode ser uma disputa pelos botes salva-vidas. Mas pense o que quiser das conclusões de French, as questões que ela levanta não podem ser ignoradas. As mulheres, afinal, ao que parece, não são uma nota de rodapé: são o centro indispensável em torno do qual gira a roda do poder; ou, visto de outra forma, são a base ampla do triângulo que sustenta alguns oligarcas no topo. Depois de French, nenhuma história que você ler jamais voltará a parecer a mesma.

Polônia

>>><<<

(2005)

Que conselho eu daria aos mais jovens? Tenho dificuldades para responder a esta pergunta. Eis o motivo.

Às vésperas do Natal, eu estava em uma queijaria quando um homem muito jovem — ah, digamos, entre quarenta e cinquenta anos — entrou, parecendo desorientado. A esposa havia pedido que ele comprasse algo chamado "açúcar de merengue", com instruções rigorosas de não comprar nenhum outro tipo, e ele não sabia o que era aquilo nem fora capaz de encontrá-lo, e ninguém de nenhuma das lojas onde estivera tampouco sabia.

Ele não disse nada disso a mim. Disse à atendente da queijaria. Ela parecia não ter a menor pista sobre o mistério do açúcar de merengue.

Eu não tinha nada a ver com o assunto. Eu podia — devia — simplesmente ter cumprido meu objetivo pessoal de aquisição de queijo. Em vez disso, vi-me dizendo: "Não compre açúcar de confeiteiro, não é isso que sua esposa quer. O que ela provavelmente quer é algo parecido com frutose ou açúcar ultrafino, que às vezes é chamado de açúcar em pó, mas não é realmente em pó, tem uma granulação mais fina do que o açúcar refinado comum, mas você terá dificuldade de encontrar nesta época do ano. Mas na verdade o açúcar refinado comum funciona bem para mim quando faço merengues, desde que seja batido bem devagar, eu sempre o uso, e ajuda se você acrescentar um tiquinho de creme de tártaro e talvez meia colher de chá de vinagre branco e..."

A essa altura minha filha — que tinha conseguido identificar o queijo de que precisávamos — pegou-me em uma chave de braço e me arrastou para a caixa registradora, onde se formava uma fila. "O vinagre de vinho branco, não o tinto", exclamei para concluir. Mas eu já estava horrorizada comigo mesma. Por que eu tinha vomitado todos esses conselhos que ninguém pedira a um completo estranho, ainda que um estranho desamparado e confuso?

É coisa da idade. Algum tipo de hormônio é ativado no cérebro quando você vê uma pessoa mais nova paralisada em confusão por conta de um açúcar de merengue, ou como tirar a tampa dos vidros, ou as manchas de beterraba das toalhas de mesa, ou qual seria o jeito certo de largar um namorado ruim que deve ser imediatamente descartado porque, como qualquer idiota pode ver, o homem é um psicopata, ou que candidato é a melhor aposta nas eleições locais, ou quaisquer outras coisas sobre as quais você acha que tem uma enorme quantidade de conhecimento útil que pode desaparecer do planeta se você não distribuí-lo a torto e a direito, imediatamente, aos que precisam dele. Este hormônio assume o controle automaticamente — como o hormônio em uma mamãe tordo que a obriga a enfiar minhocas e larvas pelas goelas escancaradas dos filhotes que piam queixosamente — e um monte de dicas úteis se desenrolam da sua boca como um rolo de papel higiênico desgovernado caindo escada abaixo. Não há como deter este processo. Simplesmente acontece.

Isto vem acontecendo há séculos; não, há milênios. Desde que desenvolvemos o que é superficialmente chamado de cultura humana, os jovens têm estado na posição de receptores de instruções dos mais velhos, quer queiram, quer não. Onde crescem as melhores raízes e bagas? Como fazer uma ponta de flecha? Que peixe é abundante, onde e quando? Que cogumelos são venenosos? As instruções devem ter sido feitas de formas agradáveis ("Ótima ponta de flecha! Agora experimente desse jeito!") ou desagradáveis ("Seu idiota! Isso não é jeito de esfolar um mamute! Faça assim!"). Como ainda temos o mesmo hardware do homem de Cro-Magnon, ou assim nos disseram, são apenas os detalhes que mudaram, e não o processo. (Levante a mão todo mundo que já colou instruções de lavagem na secadora de roupas para os filhos adolescentes.)

Há uma montanha de livros de autoajuda testemunhando o fato de que os jovens — e não apenas os jovens — gostam de receber conselhos sobre cada assunto possível, de como se livrar das espinhas ao jeito certo de lidar com outros jovens com dificuldades de compromisso, passando por como cuidar da cólica em bebês, como fazer o waffle perfeito, negociar um salário maior, planejar a aposentadoria ou um funeral realmente extraordinário. Os livros de receitas são uma das formas mais antigas de livro de autoajuda. O imenso volume do século XIX do *Livro de administração doméstica da sra. Beeton* amplia a tradição e inclui não só receitas, mas conselhos sobre tudo, desde como distinguir um desmaio verdadeiro de um fingido até quais cores caem bem em loiras e morenas ou que assuntos são seguros para a conversa com visitas vespertinas. (Fique longe da controvérsia religiosa. As condições meteorológicas sempre são aceitáveis.) Martha Stewart, Ann Landers e Judith Martin (Miss Manners) são as bisnetas da sra. Beeton, assim como Marion Rombauer Becker, com seu livro de culinária *Joy of Cooking*, e cada faz-tudo doméstica, decoradora de interiores e especialista em sexo que já vimos na televisão. Veja os programas de TV e leia os livros rapidamente, em sequência, e você sentirá a necessidade de algum algodão para meter nos ouvidos como defesa contra o eterno fluxo do que pareceria um incansável, prepotente e irritante dedo apontado para a sua cara, se essas pessoas não tivessem entrado em sua casa por sua escolha.

Com os livros de passo a passo e os programas de autoajuda, você pode absorver os conselhos se e quando quiser, mas parentes, amigos, conhecidos ou mães não podem ser tão facilmente abertos e depois fechados e recolocados na estante. Com o passar dos séculos, romances e peças de teatro nos deram um personagem-modelo, que pode ser feminino ou masculino: o intrometido volúvel que inunda os jovens com conselhos não solicitados de como conduzir a sua vida, combinados com críticas afiadas quando os conselhos não são seguidos. A sra. Rachel Lynde, em *Anne de Green Gables*, é um exemplo. Às vezes esse tipo de gente pode ter um bom coração — a sra. Lynde tem —, mas, com igual frequência, ele ou ela será um maníaco sinistro por controle como a Rainha da Noite na ópera *A flauta mágica*, de Mozart. Mas, seja bom ou mau, o intrometido não é inteiramente simpático. Por quê? Porque gostamos quando os outros — sejam ou não bem-intencionados — cuidam da própria vida, e não da nossa. Mesmo um conselho útil pode ser indistinguível do autoritarismo quando é você quem o recebe.

Minha própria mãe era da escola da não interferência, a não ser que fosse uma questão de vida ou morte. Se nós, crianças, estivéssemos prestes a fazer algo verdadeiramente perigoso e ela descobrisse, ela nos impediria. Caso contrário, deixava que aprendêssemos por experiência própria. Menos trabalho para ela, se pensarmos bem, embora naturalmente houvesse o trabalho de autocontrole. Mais tarde ela me confessaria que tivera de sair da cozinha enquanto eu preparava minha primeira massa de torta porque a visão era dolorosa demais para ela. Passei a valorizar esses silêncios de minha mãe, embora ela sempre conseguisse dar uma pílula condensada de conselho sensato quando solicitada. Ainda mais intrigante, então, que eu seja do tipo que deixa escapar instruções a estranhos em queijarias. Talvez eu tenha herdado isso do meu pai, que era incansavelmente informativo, apesar de sempre temperar a força de seus pronunciamentos começando por "Como sei que você deve saber..."

Fui secundarista em uma época em que os estudantes precisavam decorar tudo. Aquele trabalho fazia parte da prova: esperava-se que você não só recitasse os trabalhos estudados em voz alta, mas os regurgitasse no papel, perdendo pontos por erros ortográficos. Um item padrão era o discurso em *Hamlet* do velho conselheiro da corte Polônio a seu filho Laertes, que está de partida em uma viagem à França. Aqui está o discurso, caso você tenha se esquecido, como descobri quando tentei me recordar dele todo:

> *Ainda aqui, Laertes? Corre a bordo! Que vergonha!*
> *O vento já enche as velas,*
> *Só estão esperando por ti. Eis a minha bênção.*
> *E procure gravar na memória estes poucos preceitos.*
> *Não dês língua a toda ideia,*
> *Nem forma a qualquer pensamento descabido.*
> *Sê afável sem ser vulgar.*
> *Os amigos comprovados,*
> *Procura prendê-los ao teu coração com garras de aço,*
> *Mas sem ficar com mão dormente*
> *Ao deixar entrar sem critério qualquer novo e impune camarada.*
> *Evita as brigas, mas se entrares,*
> *Faz com que o adversário se lembre de ti.*
> *Presta ouvido a todos, mas a poucos dá conversa;*
> *Ouve a opinião dos outros, mas reserva o teu próprio julgamento.*
> *Que o teu traje seja tão rico quanto o teu bolso pode comprar,*
> *Mas não extravagante;*
> *Às vezes o vestuário revela o homem,*

E na França as pessoas educadas, de gosto requintado,
Prestam muita atenção nestes detalhes.
Não sejas agiota nem pedinte,
Pois emprestando corres o risco de perder dinheiro e amigo;
E se pedires, embotarás as normas da poupança.
E sobretudo: sê fiel a ti mesmo,
Pois este tipo de lealdade fará com que não possa ser fingido com os outros.
Adeus. Que a minha bênção faça frutificar em ti estes conselhos.

O método é agressivo — Polônio repreende Laertes porque ele ainda não está no navio, então o atrasa ainda mais com uma longa lista do que pode ou não fazer —, mas são todos bons conselhos. Uma pessoa racional não pode discordar de nenhum deles. Entretanto, em cada apresentação de *Hamlet* a que assisti, Polônio é interpretado como um velho pedante e tedioso, embora cômico, e Laertes o ouve com uma impaciência que mal consegue esconder, apesar de ele mesmo ter acabado de servir um prato abarrotado de seus próprios conselhos à irmã mais nova, Ofélia. Se olharmos para isso de forma objetiva, Polônio não pode ter sido o idiota chato que costuma ser exibido: é conselheiro-chefe de Cláudio, que é um vilão, mas não um tolo. Cláudio não teria mantido Polônio por perto se este tivesse vários parafusos a menos. Por que então a cena sempre é representada desse jeito?

Um dos motivos é que seria uma chatice se fosse feito de outra forma porque conselhos não solicitados são sempre um saco, e são particularmente chatos se a pessoa que dá o conselho é velha e você é jovem. É como aquela tirinha com a legenda "O que as pessoas dizem, o que os gatos ouvem": acima da cabeça do gato está um balão sem nada. O conselho ao gato pode ser perfeitamente bom — "Não mexa com aquele enorme gato de rua lá na esquina" —, mas o gato não é receptivo. Ele seguirá o próprio conselho porque é o que os gatos fazem. E é o que os jovens fazem também, a não ser que haja algo específico que queiram que você conte a eles.

    E esse é meu jeito de me esquivar da pergunta. Que conselhos eu daria aos jovens? Nenhum, a não ser que eles pedissem. Ou isto é o que aconteceria em um mundo ideal. No mundo em que realmente habito, infrinjo esta regra virtuosa diariamente, porque à mais leve desculpa me vejo tagarelando sobre todo tipo de coisa, devido ao hormônio de mamãe tordo de que já falei. Portanto:

    Como sei que você sabe, o vaso sanitário mais ecologicamente correto é de caixa acoplada. Você pode declarar sua posição e defendê-la sem ser grosseiro. Um toldo reduz o calor do verão pela sua janela em no mínimo 70%. Se quiser ser romancista, faça exercícios para as costas diariamente — vai precisar deles no futuro. Não ligue para ele, deixe que ele te ligue. Pense globalmente, aja localmente. Depois de ter um filho, você perde os miolos e parte do cabelo, mas eles crescerão de novo. Não deixe para amanhã o que pode fazer hoje. Existe um novo tipo de crampon que você pode prender em suas botas que vem bem a calhar quando as calçadas estão cobertas de gelo. Não meta um garfo na tomada. Se você não limpar o filtro da secadora, ela pode pegar fogo. Se os pelos de seus braços se arrepiarem durante uma tempestade, pule. Não entre em uma canoa quando estiver atracada na praia. Nunca deixe ninguém servir sua bebida em um bar. Às vezes o único jeito de sair de uma situação é mergulhando completamente nela. Na floresta do Norte, pendure sua comida a certa distância da área em que estiver dormindo e não use perfume. Sobretudo, isto: sê fiel a ti mesmo. As pinças de sobrancelhas são ótimas para retirar chumaços grandes do ralo da pia do banheiro. Toda casa deve ter uma lanterna de emergência. E não se esqueça de acrescentar um pouquinho de vinagre, para os merengues. Vinagre de vinho branco, não do tinto.

Mas aqui está o melhor conselho de todos: *às vezes os jovens não querem conselhos dos mais velhos.* Eles não querem que você se transforme em uma Polônia. Eles se viram sem a parte principal do discurso — a lista longa de instruções. Mas acolhem bem a parte final, que é uma espécie de bênção:

Adeus. Que a minha bênção faça frutificar em ti estes conselhos.

Eles querem que você os veja partindo para a própria viagem, que é — afinal de contas — uma viagem que eles farão sozinhos. Talvez venha a ser uma viagem perigosa, talvez você conseguisse lidar com o perigo melhor do que eles, mas você não pode fazer isso por eles. Tem de ficar para trás, acenando de um jeito encorajador, meio melancólico: *Adeus! Boa viagem!*

Mas eles querem boa vontade de sua parte. Querem a bênção.

Somebody's Daughter

>>><<<

(2005)

Poucos se lembram de que aprender a ler e escrever é uma das grandes vitórias da vida.
— BRYHER, THE HEART TO ARTEMIS

Akluniq ajuqsarniqangilaq: Em tempos de escassez, há muitas oportunidades para o pensamento inovador.
— DITADO INUÍTE, DE NUNAVUT, CANADÁ

A vida nunca foi fácil para as pessoas do Extremo Norte. Durante muitos séculos, elas viveram em um dos climas mais implacáveis do planeta: sem árvores, sem agricultura, em um frio extremo e na escuridão por muitos meses do ano. Usando ferramentas feitas de pedra e osso, vestindo roupas feitas de peles e sobrevivendo principalmente da pesca e da carne de foca, rena, urso-polar, morsas e baleias, elas tinham uma cultura bem sintonizada com o seu meio ambiente. Naquela cultura, homens e mulheres eram independentes: os caçadores forneciam a maior parte da comida, mas as roupas eram feitas pelas mulheres, e se não fossem muito bem-feitas o caçador podia morrer: uma *kamik* (bota tradicional feita de pele) furada podia significar um pé congelado. Sabia-se que todas as habilidades eram necessárias à sobrevivência de todos e cada um deles era respeitado.

E então chegaram os europeus, e o agrupamento de nômades em povoados e a exposição a muitos dos aspectos mais negativos da cultura "branca", inclusive excessos na bebida e violência contra mulheres; houve uma ruptura com o estilo tradicional e um aumento acentuado nos suicídios. As crianças foram obrigadas a frequentar internatos com o intuito de metê-las à força no século XX, e duas gerações sofreram um choque cultural extremo. Um dos piores efeitos disto foi a fratura de famílias. Na antiga cultura, os filhos homens aprendiam suas habilidades de caça com os pais e tios; as filhas, suas habilidades de costura com as mães e tias; agora, muitos jovens são órfãos culturais. Mas ainda existem vários idosos — tesouros vivos que se lembram dos velhos costumes.

O Somebody's Daughter, um acampamento de duas semanas que acontece em Nunavut, no Ártico canadense, tem como objetivo uma reconexão geracional. É organizado por Bernadette Dean, coordenadora de desenvolvimento social do distrito de Nunavut. O nome inuíte de Bernadette, Miqqusaaq — mica, ou pedra cintilante — descreve-a bem: cintilante e clara, mas com um núcleo bem duro. Como muitos que enfrentam problemas sociais semelhantes, Bernadette sabe que para melhorar a saúde geral de uma comunidade e de suas famílias é preciso melhorar o bem-estar e a confiança das mulheres.

O acampamento Somebody's Daughter é para mulheres na casa dos 20, 30 e 40 anos que nunca tiveram a chance de aprender a costura tradicional inuíte. A maioria delas passou por tragédias, violência ou separação de suas famílias. Bernadette me explicou o nome do programa (que em tradução livre significa "filha de alguém"): "Nem todas são esposas, nem todas são mães, nem todas são avós; mas toda mulher é filha de alguém." Imediatamente as participantes encontram um senso de pertencimento.

As "filhas" vão a campo com um grupo de anciãs e professoras. Vivem em tendas e fazem uma peça de roupa do jeito antigo, raspando, costurando e amaciando primeiro a pele do animal, depois cortando o modelo com uma faca curva de mulher ou *ulu*, e costuram com tendões — o melhor fio, já que se expande na água e torna o traje hermético. É difícil descrever a alegria que aprender essas habilidades pode trazer a essas mulheres.

Mas melhorar a competência nas letras também faz parte do plano, porque Nunavut existe no mesmo século XXI de todos nós. Computadores e empregos de escritório são comuns, e para que se possa ter acesso a eles e ao dinheiro que podem trazer, é necessário ler e escrever bem. Por isso duas escritoras foram convidadas a se juntar ao grupo: eu e a autora de livros infantis Sheree Fitch, que já esteve lá nos dois verões anteriores. Nós duas nos sentimos muito privilegiadas por estarmos envolvidas no projeto.

Mas como ensinar escrita a mulheres cuja experiência dessa prática na escola pode muito bem ter sido negativa? Sheree me explicou que pode ser muito complicado conseguir que essas mulheres ponham a caneta no papel: elas podem ser tímidas, ou talvez tenham medo de escrever, ou até não vejam nenhuma utilidade em aprender isso.

O acampamento deste ano aconteceu nos arredores da ilha Southampton, que fica no alto da baía de Hudson e tem a mesma extensão da Suíça. Lá há um povoado, Coral Harbour, com menos de mil habitantes. Também tem duas mil renas e uma boa quantidade de ursos-polares. Viajamos de Coral Harbour para o local do acampamento em um barco de 30 pés — uma viagem de 60 milhas que levou cinco horas devido às ondas altas.

Armamos nossas barracas em um local espetacular — austero e bonito, cercado pelo mar de um lado e com a terra se elevando atrás de nós em uma série de praias antigas. Na crista mais alta havia algumas habitações da Tradição Dorset de muitos séculos de idade — rochas engastadas no terreno em um círculo, com entradas em formato de túnel e algumas armadilhas para raposas e túmulos ao redor. O terreno em nosso local era de pedras de calcário lisas e brancas, então nossas barracas não puderam ser presas a estacas. Em vez disso, foram amarradas a rochedos; um bom plano, já que logo experimentamos ventos de até 130 quilômetros por hora.

Tínhamos três caçadores especialistas conosco, para nos ajudar com o local, fornecer comida e defender o acampamento. Eles imediatamente abateram uma rena, que foi esfolada e cortada; parte dela virou um ensopado, parte logo foi transformada em luvas e *kamiks*; nada seria desperdiçado. Mas não éramos os únicos caçadores com fome por ali: no crepúsculo apareceu um urso-polar macho, querendo jantar. Os caçadores o afugentaram com seus quadriciclos, depois se revezaram montando guarda a noite toda — ainda bem, porque o urso voltou quatro vezes. "Da próxima vez ele vai virar jantar", disse um caçador. O urso deve ter escutado. "As anciãs dizem que devemos ficar alertas o tempo todo", éramos instruídas.

No dia seguinte as mulheres se reuniram com as anciãs e professoras em uma barraca comunitária redonda, onde receberam as peles nas quais trabalhariam. "O que você quer fazer?", perguntavam-lhes as anciãs, no dialeto inuctitute. Depois, "para quem será?". (Os tamanhos variavam segundo a idade, os modelos, de acordo com o gênero.) Aquela pergunta — "para quem será?" — deu a mim e a Sheree um fio a seguir. Durante nossa primeira sessão de escrita, dissemos que escrever, assim como costurar, era pegar uma coisa e transformá-la em outra; e que escrever, como costurar, sempre era *para* alguém, mesmo que este alguém fosse você mesma no futuro. Era como colocar sua voz no papel e enviá-la — a alguém que você pode conhecer ou a alguém que você nunca conheceu, mas que mesmo assim seria capaz de te ouvir.

Depois expliquei que eu ia escrever um artigo sobre a viagem. O Somebody's Daughter, expliquei, fazia parte de um movimento muito maior — um movimento para melhorar a vida de mulheres do mundo todo. Algumas dessas mulheres — diferentemente das presentes ali — talvez não conseguissem escrever ainda o próprio nome. Assim, para a primeira tarefa de escrita, pedi que elas mandassem uma mensagem àquelas outras mulheres. Eu seria a carteira. Falei: eu entregaria a mensagem delas.

Cada mulher ali escreveu uma mensagem. Cada uma delas era positiva e encorajadora. Eis aqui uma amostra:

> *Não importa quem você seja. Eu sou uma mulher. Tenho orgulho de ser eu. Você pode se orgulhar de quem você é e se orgulhar de si mesma.*

> *Nunca pense que não somos nada. Mas nós, as mulheres, somos mais bonitas por dentro e por fora porque sempre ajudamos nossas famílias e os outros. Pense de si mesma que você pode fazer qualquer coisa.*

> *Esta mensagem vem do Norte. Às mulheres do mundo todo, cuidem bem de si mesmas porque vocês são muito necessárias em uma família, vocês são um lar para elas, então cuidem bem de vocês. Nós, mulheres, somos todas iguais e somos uma só.*

> *Lembre-se, todo mundo é criado igualmente e isto significa que, se ele não pode ser maltratado, você também não pode, mas por favor lembre-se de que temos de ajudar e amar o nosso próximo.*

> *Eu adoraria ensinar quando aprendesse mais.*

> *Uma mensagem às mulheres no mundo. Lembrem-se de que vocês são muito amadas e que não estão sozinhas.*

> *Por favor, deixem que sua vida seja boa e não se esqueçam de que vocês são fortes e que ajudam muito.*

A todas as mulheres do mundo, de alguém do Norte — não importa como é sua aparência, você é muito especial. Sempre tenha isto em mente.

E por fim:

O aprendizado começa quando o aprendiz se sente seguro e confortável; proporcione uma atmosfera de segurança e conforto. E continue tentando!

Escrever mensagens encorajadoras foi em si encorajador para quem as escrevia. A tenda grande e redonda tornou-se um lugar de segurança, conforto e cura para as mulheres presentes, e sua escrita ainda se tornou — para a maioria, acredito — um lugar de segurança, conforto e cura. Na tenda, e também na escrita, as mulheres riram, fizeram piada e contaram histórias, e também lamentaram: nesta cultura, a tristeza deve ser manifestada — segundo dizem — em voz alta e com outras pessoas. Lamentar deste jeito leva à cura, é o que dizem.

Cada uma das mulheres, com a ajuda de sua professora ou anciã particular, completou o projeto de costura que havia escolhido. Cada uma delas continuou a escrever — a expandir seu domínio da palavra escrita em diários, cartas e pequenos poemas. A confiança veio pela identidade e pela realização, e no último dia, por sugestão de uma das mulheres, as "filhas" escreveram um poema comunitário, cada uma delas contribuindo com um verso.

Usarei o último verso deste poema para mostrar como a costura, a escrita e a cura se unem neste programa tão inspirador:

Quando termino de costurar a parte difícil do kamik *me sinto uma águia, tão livre, voando para onde posso ir.*

Cinco visitas ao cabedal das palavras

>>><<<

(2005)

O título de minha palestra é um tributo ao maravilhoso livro de Robert Bringhurst com suas traduções do poeta Skaay, de origem Haida — *Nine Visits to the Mythworld* —, e também um tributo aos poetas anglo-saxões distantes da nossa tradição literária. O "cabedal das palavras" era como eles chamavam seu poço de inspiração, que coincidia com a própria língua; e "cabedal" significava "tesouro", "suprimento". Um tesouro é um local guardado, protegido e mantido em segredo, e as palavras eram vistas como bens misteriosos: deviam ser valorizadas. E assim as guardo.

Para colocar isso de forma mais direta, estou falando de atos de escrita — meus próprios atos de escrita, que são o único tipo de que posso falar — e como os abordei com o passar dos anos. Esta é uma área da qual eu costumo fugir nos programas de entrevistas. Quando as pessoas dizem "Como você escreve?", respondo "Com um lápis" ou algo igualmente conciso. Quando elas dizem "*Por que* você escreve?", respondo "Por que o sol brilha?" ou, se estiver me sentindo ranzinza, digo "As pessoas nunca perguntam a dentistas por que eles fuçam a boca dos outros por dentro".

Deixem-me explicar por que sou tão evasiva.

Não, deixem-me não explicar por quê. Em vez disso, contarei a vocês uma história verídica. Como os professores de escrita criativa sempre dizem "Mostre, não conte".

A história é a seguinte: tenho um amigo que é mágico. Ele começou quando era adolescente e fez espetáculos de mágica em palcos, depois no rádio e, por fim, na televisão. E ganhou muito dinheiro. Mas em seu coração ele continua um mágico, inventou muitos truques e contribuiu imensamente para a literatura da mágica. Todo ano acontece um congresso de mágicos em Toronto que gira em torno dele. Mágicos vêm de longe e de perto, e depois da parte pública do congresso, há uma festa para eles. Às vezes não mágicos também estão presentes. Nesta festa você pode ouvir os mágicos conversando entre si.

Entre eles, não é nada muito diferente de como é entre observadores de pássaros, ou entre poetas, ou entre músicos de jazz, ou entre escritores em um evento de escritores, ou entre os membros de qualquer grupo de pessoas que valorizam uma arte, um ofício ou habilidade: isto é, a hierarquia social de sempre — com base na riqueza, ou antiguidade, ou posição na empresa ou coisa assim — se dissolve, e indivíduos são valorizados por seus pares de acordo com seu nível de realização.

O que os mágicos dizem uns aos outros? Eles falam de trabalho. Às vezes se dividem em duplas e trocam segredos, um por um. Os segredos que trocam são segredos de ofício: eles trocam truques.

Vocês já devem ter visto aqueles programas de TV em que mágicos contam Como Se Faz. São imorais, na minha opinião, porque as pessoas vão a espetáculos de mágica para ficarem deslumbradas, admiradas e serem enganadas — assim como leem romances para entrar em outro mundo e serem convencidas de que tudo aquilo é real, pelo menos naquele espaço entre a capa e a quarta capa do livro. As pessoas não querem saber Como Se Faz uma mágica porque isso estraga a ilusão. Às vezes tem uma criança inteligente na plateia que diz: "Eu sei como você fez isso!" E talvez, se pensarmos bem sobre a coisa, nós saibamos. (Mas não com frequência, no meu caso.) Mas a questão é: mesmo que saibamos, ou achemos que saibamos, *não somos capazes de fazer aquilo nós mesmos.*

Existe o saber o "que" e existe o saber "como", e o "como" vem de anos de prática, e de fracasso, e de deixar cair o ovo que deveria sair da cartola, e de fazer uma bola de papel com o Capítulo Um pela vigésima vez e jogá-la no cesto de lixo. Robert Louis Stevenson queimou três romances acabados antes de produzir, como que por mágica, *A ilha do tesouro.* Aqueles romances incinerados foram os três ovos que ele deixou cair. Mas os três ovos quebrados não foram um desperdício, porque ao deixar cair ele aprendeu a fazer com que o ovo seguinte surgisse do que parecia ser o nada.

É claro que às vezes isso nunca acontece. Não há garantia. Você pode trabalhar por anos, mas — lamentavelmente, e para voltar à metáfora do mágico — ou você pega o jeito ou não, e se você não pegar o jeito, nunca ultrapassará o nível do meramente competente. Às vezes é apenas uma omelete no ponto errado atrás da outra.

Mas também: você pode ter o jeito — o talento — mas não a motivação. Neste caso, você abandonará sua arte muito em breve porque não estava preparado para investir no trabalho — o trabalho da arte. Certa vez tomei um café da manhã maravilhoso em uma pequena hospedaria irlandesa. Quando elogiado, o homem que preparou o prato disse que havia trabalhado como chef em um restaurante que, naquele momento, ia de mal a pior. Por coincidência, tínhamos jantado lá na noite anterior. Eu disse a ele que a refeição havia sido muito boa.

"Ah, sim", disse ele. "Qualquer um pode preparar uma boa refeição… uma vez na vida."

Todos nós encontramos aqueles primeiros romances que brilham com o frescor do orvalho, e os segundos romances que perdem a força, e até mesmo terceiros romances que ressuscitam um autor de seu túmulo. Depois vêm os quartos romances, e os quintos, e os sextos — estes são os que separam os velocistas dos maratonistas. Mas a arte é cruel e não há nada de necessariamente mais virtuoso em um sexto romance extraordinário — mais virtuoso, quero dizer, do que um primeiro romance extraordinário. Talvez demonstre o caráter e a perseverança de quem escreve — sua capacidade de se olhar no espelho e dizer "por que estou fazendo isto?" e continuar escrevendo mesmo assim —, mas é só isso. Como acontece na mágica, um desempenho inesquecível é um desempenho inesquecível, seja seguido de outro ou não.

Dylan Thomas tem um poema que começa com o verso "Em meu ofício ou arte taciturna". Ele nomeia ambos, arte e ofício: a arte, que exige certo talento antes de tudo, e por isso eu jamais serei e jamais poderia ter sido uma cantora de ópera; e o ofício, que requer que o talento seja afiado e polido por uma disciplina focada, e é por isso que algumas pessoas com vozes maravilhosas também nunca serão cantoras de ópera.

Vejam Robertson Davies, em seu romance *O quinto personagem*. Seu protagonista é um jovem que se apaixonou pela mágica — do tipo que conjura — e anseia por ser capaz de realizá-la. Mas é desajeitado, enquanto Paul, o garoto muito menor que o vê praticar seus truques, não é.

> Nem sei dizer agora há quantas semanas tenho trabalhado no truque chamado A Aranha. [...] Tente você! Tente com mãos escocesas vermelhas e nodosas, enrijecidas por cortar a grama e retirar a neve com uma pá, e veja que habilidade você vai desenvolver! É claro que Paul queria saber o que eu estava fazendo e, sendo no fundo um professor, contei a ele.
>
> "Desse jeito?", perguntou ele, pegando a moeda da minha mão e fazendo o truque com perfeição.

Fiquei estupefato e me senti humilhado, mas, pensando bem agora, acho que me comportei muito bem.
"Sim, desse jeito", falei. [...] Ele podia fazer qualquer coisa com as mãos. [...]
Não tem sentido ter inveja dele; ele tem as mãos e eu não tenho, apesar de às vezes, quando penso em matá-lo, só para livrar o mundo de um estorvo precoce, eu não ser capaz de ignorar este fato.

É o mesmo para qualquer tipo de arte — você precisa das mãos. Mas também precisa de mais do que as mãos. Vejam Alice Munro, em um conto intitulado "A ilha de Cortes":

... parecia que, além de leitora, eu precisaria ser escritora. Comprei um caderno escolar e tentei escrever — escrevi — páginas que começavam com segurança e logo depois perdiam o impulso, obrigando-me a rasgá-las e amassá-las como forma de punição, jogando-as na lata de lixo. Fiz isso muitas e muitas vezes, até que só sobrou a capa do caderno. Comprei outro e comecei tudo de novo. O mesmo ciclo: entusiasmo e desespero, entusiasmo e desespero. Era como ter uma gravidez secreta e um aborto a cada semana.
Na verdade, não inteiramente secreta. Chess sabia que eu lia bastante e tentava escrever. Não me desencorajava. Achava se tratar de algo razoável, que eu possivelmente aprenderia a fazer. Exigiria muito treino, mas poderia ser dominado, como o bridge ou o tênis. Eu não lhe agradecia por essa fé generosa. Ela apenas aumentava a farsa de meus desastres.

Ambos, a narradora e seu marido, Chess, têm razão: você pode se esforçar em algo, e pode aprender a fazê-lo. Mas só até certo ponto. Para além deste ponto entra o talento, que é um dom. Ou existe ou não existe, em quantidades variáveis, e não pode ser previsto nem exigido, e não é plausível nem previsível, e pode estar com você a certa altura de sua vida e depois sumir.

Praticar um ofício pode despertar um talento latente. Por outro lado, praticar demais pode matá-lo. Estas questões são incalculáveis e muita coisa depende de coincidência e sorte.

Muita coisa também depende de mestres, porque todos os escritores possuem mestres. Às vezes são pessoas vivas — escritores ou não — e às vezes — com mais frequência — são escritores mortos, ou escritores conhecidos da pessoa aspirante só por intermédio de seus livros. Em geral, quando pensam na vida que tiveram, os escritores podem se lembrar do livro exato que estavam lendo — o exato momento — quando chegou o chamado de seu talento. Com muita frequência isto acontece na juventude. Mas nem sempre, porque cada vida é diferente, cada livro é diferente e cada futuro é imprevisível.

Assim, o que posso lhes dizer que será de utilidade para vocês, se quiserem escrever ou já estiverem escrevendo? Leiam muito. Escrevam muito. Observem, escutem, trabalhem e esperem.

Além disso, não posso lhes dizer o que fazer. Só posso lhes contar um pouco sobre o que eu mesma fiz. Então agora passarei a descrever cinco das minhas visitas ao cabedal das palavras. Não vou falar muita coisa sobre os ovos caídos. Vocês terão de confiar em mim neste caso: às vezes paredes inteiras acabavam cobertas de ovos.

Meu primeiro romance a ser publicado não foi o primeiro a ser escrito. Este nunca viu a luz do dia, o que também é algo bom. Era um livro bem sombrio, para não dizer lúgubre, e terminava com a heroína se perguntando se deveria ou não empurrar o protagonista de um telhado. Eu tinha 23 anos quando o escrevi, morava em um pensionato — o quarto custava uns 70 dólares por mês — e preparava meus jantares em um fogareiro de uma boca só. Eles tinham pacotes de plástico que podíamos ferver na época e era o que eu fazia. O resto da comida eu guardava em uma gaveta da escrivaninha. O banheiro era compartilhado e também onde tínhamos de lavar os pratos, o que às vezes ocasionava uma estranha ervilha congelada ou fio de macarrão na banheira. Eu tinha um emprego diário — era como pagava pelo quarto do pensionato. Tinha uma máquina de escrever no emprego e podia fazer o trabalho em si na metade do horário do expediente, então depois que eu terminava o que exigiam de mim, simplesmente encaixava meu romance na máquina de escrever e datilografava. O que com certeza me fazia parecer satisfatoriamente diligente.

Quando terminei aquele romance, enviei a editoras, do tipo que existiam no Canadá na época. Várias expressaram interesse. Um editor até me levou para beber, no topo do Hotel Vancouver. Ele sugeriu que talvez eu pudesse mudar o final para algo um pouco mais alegre. Eu disse que não, não achava que pudesse fazer isso. Ele se inclinou sobre a mesa e deu um tapinha na minha mão: "Tem alguma coisa que possamos *fazer*?", disse, como se eu tivesse alguma doença crônica.

Aquela foi a Visita Número Um. Aqui está a Visita Número Dois.

Meu emprego enquanto eu escrevia o primeiro romance malsucedido era em uma empresa de pesquisa de mercado de excentricidade considerável, e foi aquele material — sim, material, assim como na costura, é qualquer coisa que você use para fazer a coisa que está fazendo —, do escritório de pesquisa de mercado, que entrou no romance seguinte. Naquela época eu tinha um emprego diferente: estava na Colúmbia Britânica, em um cargo acadêmico no degrau mais baixo da escada. Dava um curso generalista — de Chaucer a T.S. Eliot em pedacinhos bem mínimos — e também ensinava gramática a estudantes de engenharia às oito e meia da manhã em um barracão Quonset que tinha sobrado da Segunda Guerra Mundial. Na época o resultado do *baby boom* estava chegando às universidades — isso foi entre

1964 e 1965 — e faltava espaço. Eu fazia os engenheiros redigirem exercícios com base em parábolas curtas de Kafka, o que era bom para eles, achava eu, uma vez que eu tinha certeza de que seria de utilidade em sua futura carreira.

Enquanto isso, continuava com minha vida secreta, que era a de escritora. Como os vampiros, eu precisava viver a outra vida à noite. Naquele momento, já tinha uma pia de verdade só minha em que colocar os pratos. Como muitos jovens, usava cada prato até que todos estivessem sujos e mofo estivesse surgindo nos que tinham sido colocados na pia primeiro. (Vancouver é um lugar úmido.) Depois eu lavava todos de uma vez, em uma explosão de energia e desespero. Não há muito sobre macarrão Kraft Dinner com salsicha picada que eu não saiba. O resto do tempo eu comia em Smitty's Pancake Houses da vida, principalmente pela manhã, quando não precisava estar no barracão Quonset com os engenheiros. Às vezes, em um surto de hedonismo imprudente, eu ia esquiar.

Comecei meu segundo romance na primavera de 1965. Escrevi cada capítulo à mão, em cadernetas de provas vazias que sobravam de meus deveres de ensino. Elas tinham um tamanho conveniente — uma espécie de "tamanho de capítulo". Sentava-me a uma mesa de armar para fazer esta escrita, ao lado de uma janela que dava para o porto e as montanhas — nem sempre é bom para um escritor ter uma vista linda, pode ser uma distração. Se o texto empacava ou eu não conseguia começar, às vezes ia ao cinema. Por sorte, não tinha um aparelho de televisão — na verdade, quase não tinha móvel nenhum. Não via sentido nisso naqueles tempos — mobília era coisa de casa dos pais e, de todo modo, eu não podia pagar por ela.

Eu escrevia nas páginas da direita e, nas páginas da esquerda, desenhava pequenas ilustrações, quando queria visualizar melhor o que um dos personagens vestia, ou tomava notas. Depois datilografava as páginas manuscritas, uma etapa mais complicada pelo fato de eu não datilografar bem. (Eu costumava contratar uma datilógrafa para as versões finais dos romances até o computador pessoal se tornar disponível. O último livro que escrevi à moda antiga foi *O conto da aia*, em 1985.)

Usando esses métodos imperfeitos, produzi meu romance em aproximadamente seis meses. Uma dica útil: é mais fácil ficar sem dormir quando você é mais jovem. Depois eu mandei a versão datilografada a um editor que mostrara interesse naquele primeiro livro. (Não tínhamos agentes literários no Canadá na época; agora é preciso passar por um agente, sem dúvida, uma vez que tem muito mais gente escrevendo e os editores usam os agentes como uma espécie de peneira.) O editor aceitou o livro, para minha surpresa. Mas então não ouvi uma palavra que fosse sobre o assunto por alguns meses.

Naquela época eu estava de volta a Harvard estudando para minha defesa de tese. (Eu sabia que teria de sustentar minha escrita de algum jeito, financeiramente, e os professores universitários estavam em falta na época. Achei que seria melhor do que ser garçonete, o que eu já experimentara, e também melhor do que as outras poucas coisas que eu talvez fosse capaz de fazer. Notem que eu tinha sido rejeitada pela Bell Telephone Company, e também pelas duas editoras que mais tarde passaram a me publicar. Todas estavam certas ao me rejeitar: eu não era uma boa escolha para as vagas que estavam oferecendo.)

Depois de ter a defesa aprovada, fui em busca de meu romance desaparecido. Por acaso a editora o havia perdido. Mas o encontraram e fiz uma revisão em outro local: Montreal, em 1967-68, enquanto dava aulas diurnas e noturnas de literatura romântica vitoriana e americana lá. Ele foi publicado no outono de 1969 — bem a tempo para alguns, embora não para outros, o aclamarem como um produto do movimento feminista recém-forjado. Não era, é claro. Sua composição antedatava em quatro anos o advento *en masse* do movimento. Mas de certo modo o livro se encaixou nele, uma vez que acaba com… bom, nunca se deve contar o final.

Por volta daquela época, me mudei de novo, para um lugar onde nem se ouvira falar no movimento feminista — Edmonton, em Alberta. Foi ali que fiz minha primeiríssima sessão de autógrafos, no departamento de meias e roupas íntimas masculinas da Hudson's Bay Company. Sentei-me a uma mesa perto da escada rolante com minha pequena pilha de livros, com uma placa proclamando o título: *A mulher comestível*. O título assustou muitos homens — fazendeiros e magnatas do petróleo, gosto de pensar — que andavam por ali ao meio-dia para comprar suas cuecas. Fugiram em bandos. Vendi dois exemplares.

Não era assim que eu imaginara a vida de escritora. Proust nunca teve de vender seus livros em um departamento de lingerie feminina, refleti. Perguntei-me se eu teria dado uma guinada errada na minha carreira. Talvez não fosse tarde demais para entrar no setor de seguros, ou imóveis, ou qualquer outra coisa que não fosse escrever. Porém, como disse Samuel Beckett quando perguntaram por que ele havia se tornado escritor, "Não presto para mais nada".

A experiência de escrita do terceiro romance que vou descrever é um tanto mais complexa. Ela ocorreu durante o ano de 1994 e eu havia virado uma adulta, pelo menos nas aparências. Na primavera, enquanto fazia uma turnê de lançamento pela Europa, em Zurique, cidade de Jung, hospedada em um hotel com vista para a água — sempre muito conducente a alucinações controladas, como eu descobri —, comecei a escrever o primeiro capítulo de um livro. Não pretendia iniciar um livro naquele momento, mas a escolha da época nunca parece estar sob o controle do escritor. Outra dica útil: se você ficar esperando pelas circunstâncias perfeitas, provavelmente jamais começará.

Como acontecia com frequência no passado, eu estivera tentando escrever outro livro bem diferente antes daquele. Mas me vi no livro que por fim viria a ser meu romance de 1996,

Vulgo Grace. Àquela altura, eu tinha evoluído para o seguinte método de trabalho: escrevia à mão dez ou quinze páginas. Depois passava metade do dia digitando aquelas páginas, enquanto ainda avançava, à mão, no que vocês podem pensar como a linha de frente do livro. Era uma espécie de técnica de barragem móvel militar. Assim eu podia manter a mente onde eu estivera, enquanto cobria mais território novo ao mesmo tempo.

Quando havia avançado umas cem páginas do livro — nossa família passava algum tempo de escrita na França, no outono —, percebi que tinha começado errado. Isto aconteceu no trem para Paris, onde eu ia fazer uma promoção para um livro anterior. Na época eu mantinha um diário e aqui está o que escrevi naquele dia:

> Tive uma espécie de tempestade elétrica no cérebro — veio a mim no trem que o romance não estava dando certo —, mas depois de dois dias (aqui há um desenho de nuvens e raios) acho que tenho a solução — significa me livrar de alguns personagens e coisas e reorganizar, mas é o único jeito, acho —, o problema é e sempre foi — qual é a conexão entre A e B?

Vendo aquelas anotações agora, não consigo lembrar exatamente o que eram A e B. Acho que eu estava tentando usar uma daquelas estruturas de transição entre presente e passado — e acabei me livrando da linha do tempo presente para entrar direto no passado, o que era muito mais interessante e peculiar, uma vez que *Vulgo Grace* se baseava em um duplo homicídio da vida real que acontecera em 1843. (Como vim a saber daquele homicídio é outra história.) Eu também mudei a pessoa em que o livro era escrito, da terceira para a primeira, e aqui está outra dica útil: se estiver com um bloqueio, tente mudar o tempo verbal ou a pessoa. Em geral dará certo. E também: se tiver uma dor de cabeça das grandes, vá dormir. Em geral você terá uma resposta pela manhã.

Em 4 de abril de 1995, eu tinha 177 páginas de *Vulgo Grace*. Em setembro de 1995, tinha 395 páginas. Vocês podem ver que eu avançava, reescrevendo enquanto prosseguia. Apresentei o livro aos editores em janeiro de 1996 e bem nessa época fui à Irlanda e adoeci. Isto costuma acontecer quando você termina um período intenso de qualquer tipo de trabalho: o corpo pede descanso por algum tempo e quando você não lhe dá descanso, ele espera pacientemente por uma chance e então se vinga.

Voltando aos métodos. Como regra, começo a escrever devagar, ou tateando a entrada da caverna, se você preferir. Depois ganho velocidade e aumento a carga horária até que, no fim, estou escrevendo oito horas por dia e mal consigo andar sem me recurvar, e não consigo mais enxergar direito. Não recomendo nada disso. Acho que todo mundo deveria, em vez disso, participar de campeonato de natação, ou patinação de velocidade, ou dança de salão. É muito melhor para sua saúde do que escrever. A última coisa que quis ser na vida era modelo para alguém, então não tome nada do que eu disse sobre meus métodos como um exemplo a ser seguido.

O quarto livro de que vou falar é *O assassino cego*, publicado no ano 2000. Parti de uma espécie de visão, provavelmente induzida por álbuns de fotos de família: eu pretendia escrever sobre minha avó e minha mãe — as duas gerações, que juntas cobriram o século XX —, mas minha avó e minha mãe na vida real eram boazinhas demais para serem colocadas em um livro meu. Então comecei a escrever sobre uma senhora mais problemática que estava morta, e teve uma vida secreta que era descoberta por um personagem ainda vivo por meio de algumas cartas encontradas em uma caixa de chapéu. Aquilo não deu certo, então joguei fora a caixa de chapéu e as cartas, mas fiquei com a vida secreta.

Em seguida eu estava escrevendo sobre a mesma senhora, mas em uma versão em que ela ainda estava viva. Era descoberta por outros dois personagens — uns enxeridos, era isso que eles eram —, e havia um recipiente naquele livro também: era uma maleta, e dentro dela estava um álbum de fotografias. Mas aquilo também não deu certo — os outros dois personagens começaram a ter um caso e o homem era casado e tinha acabado de ter gêmeos, então você pode ver que o caso ia dominar o livro e eclipsar a velha senhora, e era sobre ela que eu queria escrever. Então lá foi para uma gaveta o casal de adúlteros e adeus à maleta — mas fiquei com as fotos.

Por fim a velha senhora começou a falar por si mesma. E então o livro pôde avançar. A terceira versão também tinha um recipiente — era uma mala, e dentro dela estavam todas as coisas que você pode encontrar dentro dela hoje mesmo, no capítulo de título "A Mala".

Estou ciente de que o jeito como conto essa história parece muito "Cachinhos Dourados e os Três Ursos", mas tem uma razão para isso. É preciso continuar experimentando uma cadeira depois de outra até encontrar a cadeira certa — aquela que encaixa — e torcer para que não saiam ursos demais da floresta enquanto estiver fazendo isso.

A quinta visita ao cabedal das palavras aconteceu no verão de 2005, resultando em um livro que faz parte da coleção *Myths*, que envolve uma dúzia de escritores e 34 editoras pelo mundo. A ideia era pegar um mito — qualquer mito — e recontá-lo em um livro animado e relevante de mais ou menos cem páginas. Isto é muitíssimo mais difícil de fazer do que você pensa, como logo descobri.

Eu tentei. Tentei desse jeito e daquele, sem resultado algum. Parecia que eu não conseguia fazer o carro andar. Como todo escritor sabe, uma trama é só uma trama, e uma trama como tal é bidimensional, a não ser que possa ganhar vida, e ela só ganha vida pelos personagens nela; e para tornar os personagens vivos, deve haver algum sangue na mistura. Não vou me entristecer detalhando as tentativas fracassadas. Digamos apenas que foram tantas que fiquei a ponto de desistir inteiramente da coisa.

Sendo o desespero a mãe da invenção, por fim comecei a escrever *A odisseia de Penélope*. Não me pergunte por quê, eu não sei. Digamos apenas que o enforcamento das 12 "donzelas" — na verdade, escravizadas — no final da *Odisseia* me pareceu injusto à primeira leitura, e ainda me parece. Todas foram enforcadas com a mesma corda, que frugal; como diz *A odisseia*, seus pés se contorceram um pouco, mas não por muito tempo. Assim, embora a própria Penélope, esposa de Ulisses, seja a principal narradora de *A odisseia de Penélope*, as Donzelas fazem a segunda narração. Elas interrompem constantemente: como o coro em uma tragédia grega, elas comentam a ação principal e agem como contraponto. Às vezes fazem isso em música popular. Receio tê-las chamado de *Chorus Line*.

Agora eu contei o suficiente sobre como escrevo. Ou sobre como escrevi até agora. Tudo pode mudar. Tudo pode parar. A página em branco sempre é puro potencial, para todos, inclusive para mim. Sempre que você começa, é igualmente assustador, e igualmente um risco.

Encerrarei contando outra história verídica. Eu estava em uma cafeteria outro dia, comprando um café para viagem. Um bom número de pessoas me reconhecem, em especial porque eu me deixei ser convencida a imitar um goleiro no programa do comediante Rick Mercer, e um homem que trabalhava na cafeteria me reconheceu. Ele era das Filipinas, pelo que me disse. "Você é a escritora", disse ele. "Escrever é talento?"

"Sim", respondi. "Mas você precisa trabalhá-lo muito."

"E deve precisar ter paixão também", disse ele.

"Sim", eu falei. "Você precisa de paixão. Deve ter todas as três coisas: o talento, o trabalho árduo e a paixão. Se só tiver duas, não vai se sair muito bem."

"Acho que é assim com tudo", disse ele.
"Sim", respondi. "Acho que é."
"Boa sorte."
"Boa sorte para você também", falei.

E agora que penso nisso, esta é outra coisa de que todos precisamos. Precisamos de sorte.

Ecos da mente

>>><<<

(2006)

Ecos da mente é o nono romance de Richard Powers. O primeiro, o aclamado *Three Farmers on Their Way to a Dance*, foi lançado em 1985. Nesses 21 anos desde então, Powers tem sido um vulcão de atividade, produzindo obras variadas como *Prisoner's Dilemma, Galatea 2.2, The Gold Bug Variations, Plowing the Dark, Gain* e *The Time of Our Singing*. Foi indicado três vezes ao National Book Critics Circle Award e recebeu os dois prêmios considerados "prêmios de gênios" — uma bolsa MacArthur e um Lannan Literary Award. Enquanto escrevo isto, ele acaba de ser indicado para um National Book Award, pelo mesmo livro que agora resenho.

Esse tipo de coisa chama a atenção de um crítico, e, na verdade, Powers angariou críticas que a maioria dos escritores mataria as avós para ter. "Powers é um escritor de intelecto abrasador", disse o *Los Angeles Times Book Review*. "Ele só precisa pensar em um tema e a tinta se desenrola. É um romancista de ideias e um romancista de perspicácia, e nesse aspecto ele tem poucos concorrentes americanos." Há outros nesse tom, muitos outros.

Então, se ele é tão bom, por que não é mais conhecido? Vou reformular: por que seus livros não ganharam mais prêmios? É como se os jurados tivessem reconhecido o talento prodigioso, a realização impressionante e o colocassem entre os finalistas, mas depois voltassem atrás, como se de repente sentissem que estavam correndo o risco de dar um prêmio a alguém que não é lá muito humano — ao sr. Spock, de *Star Trek*, por exemplo. É verdade que ele tem um elo mental vulcano com a crítica, mas será que ele, no fundo, só não é confortável o suficiente — talvez seja contestador demais, ou intimidante, ou (que horror de palavra) sombrio demais?[2]

Por outro lado, existem livros que você lê uma vez e existem outros livros que você lê mais de uma vez porque são saborosos demais, e existem ainda outros livros que você *precisa* ler mais de uma vez. Powers pertence à terceira categoria: a segunda vez é necessária para pegar todas as pistas ocultas da caça ao tesouro que você pode ter deixado passar no primeiro galope. E você galopa mesmo, porque Powers sabe montar uma trama. Sobre alguns livros, você não pergunta, *Como isso tudo vai acabar?*, porque o sentido não é este. Certamente faz parte do sentido quando se trata de Powers. Mas é só uma parte.

Se ele fosse um escritor americano do século XIX, que escritor teria sido? Provavelmente teria sido o Herman Melville, de *Moby Dick*. Ele é gigante a este ponto. *Moby Dick* afundou feito uma pedra quando foi lançado: teve de esperar quase um século para que sua verdadeira importância fosse reconhecida. Em vista do interesse anterior de Powers por dispositivos como cápsulas temporais, eu arriscaria que ele tem em mente a visão de longo prazo: abra-o daqui a cem anos e ali, dispostos diante de você em um romance depois de outro, estarão as preocupações, as obsessões, os padrões de fala, as piadas, os erros horrendos, os hábitos alimentares, as ilusões, as burrices, os amores, os ódios e as culpas de sua própria época. Todos os romances são cápsulas temporais, mas os romances de Powers são cápsulas maiores e mais inclusivas do que a maioria.

---

[2] Mas ele ganhou o prêmio Pulitzer, em 2019, pelo seu 12º romance, *The Overstory*.

Mas duvido que Richard Powers tenha de esperar cem anos. Os estudantes de literatura americana chegarão a ele com suas picaretas e pás muito em breve. Ele é material para mil teses de doutorado, ou eu serei o Mágico de Oz.

Porém, falarei mais do Mágico de Oz depois.

Ecos da mente talvez seja o melhor romance de Powers até agora. Digo "talvez" porque não é possível para Powers escrever um livro desinteressante, e também porque isso é uma questão de gosto. Tentar descrevê-lo é meio parecido com os quatro cegos tentando descrever um elefante — por qual ponta começar, com algo tão grande e com vários membros?

Sobre seu romance de 2000, *Plowing the Dark*, Powers — quando solicitado a resumir o tema — disse: "É sobre uma artista desiludida, recrutada para trabalhar em um projeto de realidade virtual, um refém americano em confinamento solitário no Líbano por quatro anos e a sala branca e vazia onde eles se conhecem. Discute se a imaginação tem poder suficiente para nos salvar de seu próprio poder". Desilusão, realidade virtual, solidão, imaginação, poder — tudo isso é uma chave para o seu mundo. Também é típica a forma como ele aglutina elementos radicalmente díspares em uma espécie de bomba atômica — o que ele quer é fissão, depois fusão e então um big bang no final.

Os elementos radicalmente díspares em *Ecos da mente* são os grous-canadenses, em risco de extinção — conhecidos pelos povos indígenas como "os criadores de eco", devido a seu canto específico —, e sua parada migratória no rio Platte, no tão chato Nebraska; e Mark Schluter, um doce e preguiçoso jovem que sofre um acidente espetacular e misterioso enquanto dirige à noite por esse mesmo território assombrado pelas aves, e que sofre um trauma encefálico que desencadeia nele a síndrome de Capgras. A doença faz o enfermo pensar que o espírito dos entes mais próximos e mais queridos foi levado e substituído por simulacros ardilosos. Mark, assim, se torna uma espécie de criador de eco. Ele pensa, por exemplo, que sua casa, "The HomeStar", e seu cachorro, Blacky, foram levados para outro lugar e que uma falsa HomeStar e um falso Blacky existem em seus lugares exatos em cada detalhe, embora falsos. (É bem difícil para o cachorro.)

Acrescente a isto os três conjuntos de marcas de pneus na cena do acidente — quem mais esteve ali, o que fez Mark pisar no freio e bater? — e um bilhete na mesa de cabeceira do hospital de Mark que ninguém admite ter escrito, e que diz:

Não sou Ninguém
mas esta Noite na North Line Road
DEUS me levou a você
para que Você possa Viver
e trazer de volta outra pessoa.

As cinco linhas deste bilhete dão os títulos das cinco partes do livro.

Tudo e todos os outros no romance ligam-se a este conjunto de fatores. Karin Schluter, irmã amorosa de Mark e sua única parente próxima — os pais fanáticos religiosos que espancavam os filhos já morreram —, chega para cuidar de Mark e é prontamente denunciada por ele como impostora. Dr. Weber, um neurocientista no estilo Oliver Sacks e autor famoso de livros populares sobre as esquisitices do cérebro, é atraído ao caso de Mark por Karin na esperança desesperada de que ele possa operar alguma neuromancia e trazer Mark de volta a ela. Ali ele conhece Barbara, uma enfermeira que esteve cuidando de Mark. Ela é uma estranha na bagunçada cidade de Kearney, no Nebraska, e parece trabalhar abaixo de seu nível de competência. É a única pessoa em quem Mark confia inequivocamente, embora a chame de "Boneca Barbie", adicionando-a assim a seu crescente elenco de replicantes.

E tem também a animada namorada de Mark, Bonnie, cujo emprego é representar uma pioneira, com fantasia e tudo. "Ninguém é exatamente o que diz ser", reflete Mark sobre Bonnie, "e ele só devia rir e entrar no jogo." A observação de Mark sobre Bonnie — sobre o descompasso entre a fachada que ela mostra e a realidade de difícil apreensão por trás dela — é verdadeira em algum nível em relação a todos os outros no romance.

Quanto aos grous-canadenses, são o eixo de outra nebulosa espiral da trama. Os dois ex-namorados de Karin são ligados a eles. O asceta Daniel, um amigo de infância de Mark, é um conservacionista dedicado a preservar o habitat tradicional dos grous. Robert Karsh é um atraente empreiteiro e vigarista que quer explorá-los construindo uma instalação cara para turistas de grous — na realidade, uma apropriação de terras disfarçada que levará à destruição dos grous.

Karin se arrastou para longe de Kearney com unhas e dentes, de um emprego a outro, e agora é sugada de volta a sua órbita sufocante não por opção, só para descobrir que o amor com que esperava salvar o irmão do Capgras é ineficaz. Em desespero, ela se associa contra os dois homens, traindo o dócil, mas fraco Daniel como fez no passado, caindo na farra durante encontros ilícitos com o encantador e polígamo Robert, cujo apelo é — ou parece ser — o de não proporcionar ilusões. (Daniel a enfureceu por olhar uma garçonete, e então negar ter feito qualquer coisa. "O amor não era o antídoto para o Capgras", reflete ela. "O amor era uma forma dele, fazendo e negando os outros, ao acaso.") O leitor não pode julgá-la com muita severidade por sua infidelidade, embora ela se autoflagele bastante por isso: a coitada tem apenas necessidade de conforto e qualquer porto lhe serve.

Quem deixou o misterioso bilhete, que Mark vê ao mesmo tempo como uma maldição e um conjunto de instruções? Por que sua vida foi salva, quem ele precisa "trazer de volta"? Quem dirigia os outros dois carros, aqueles que deixaram marcas de pneus? Que objeto branco — ave, fantasma, humano — Mark viu naquela noite na estrada, levando-o a girar o volante bruscamente para evitar o impacto e acabar destruindo completamente sua picape? Será que Mark um dia terá sua verdadeira identidade de volta?

Em outro nível: o que queremos dizer por "sua verdadeira identidade"? O dr. Weber pode nos dar (e dá) algumas opiniões sobre o assunto — e nada nelas é muito tranquilizador, porque quem quer ser reduzido a um conjunto de ligações eletroquímicas em um amontoado de massa cinzenta corrugada? Diante de seu bombardeio de conhecimento, você se sente um pouco como o dr. Johnson, que alegou poder refutar os argumentos de Berkeley sobre a inexistência de fenômenos chutando uma pedra. Não nos anima nada ouvir, como uma glosa sobre o fenômeno do membro-fantasma, "Até o corpo intacto era em si um fantasma, equipado de neurônios como um arcabouço pronto. O corpo é o único lar que temos e até isto mais parece um cartão-postal que um lugar".

Mesmo à parte dessas informações desanimadoras, o dr. Weber não serve muito de muleta porque está vivendo um problema com sua própria identidade, e especialmente com seu alter ego inventado, o "Famoso Gerald", a versão dele mesmo que figura em seus livros. Sua última obra, *The Country of Surprise*, apanha dos críticos, que acusam Weber de superficialidade, de frieza para com seus objetos de estudo, de invasão de privacidade e — o pior de tudo — de metodologia ultrapassada; de ser, em outras palavras, uma fraude. Tais acusações ressoam em seu senso cada vez menor de valor pessoal, e, por conseguinte, ele começa a viver um colapso da identidade, bem ali no Kearney MotoRest, onde tudo parece uma imitação de si mesmo — até as maçãs na mesa da recepção, "reais ou decorativas, ele não seria capaz de dizer até cravar a unha em uma delas". Nesta mansão de simulacros, até os grous-canadenses aparecem apenas como fotos em folhetos para turistas. Não admira que ele comece a desejar Barbara, a insondável profissional de saúde, enquanto a rocha eterna de seu casamento vira gelatina em sua mente.

O que é sólido, o que é confiável, o que é autêntico? Será o amor que torna as coisas "reais", como em *O coelho de veludo: Quando uma coisa de mentira vira algo de verdade*, de Margery Williams? É possível, mas só para quem ama. Mesmo assim, de onde vem o "amor"? Do mesmo amontoado duvidoso de gosma cinzenta e enrugada dentro de nosso crânio? Se não é dali, de onde mais será?

Mas *Ecos da mente* pode ser lido em outro nível ainda: qual é o problema de identidade da América? Será que a verdadeira América foi levada, substituída por uma América falsa? Estarão os personagens — e, por extensão, o leitor — situados em uma espécie de América de Stepford: estaremos "vivendo na era da hipnose em massa", como diz a esposa de Weber sobre a América corporativa e suas cortinas de fumaça econômicas com as da Enron? Será a "América" agora um membro-fantasma, como aqueles discutidos por Weber — há muito desaparecido, mas ainda doendo? Quais são os ingredientes essenciais que conferem a um lugar ou a um país sua identidade, e que fazem de uma pessoa uma versão verdadeira de si mesma?

E aqui é onde gostaria de especular sobre *O maravilhoso Mágico de Oz* e sua possível ligação com *Ecos da mente*.

Essa especulação não saiu do nada, já que estruturar um romance na planta baixa de outro romance (ou história, ou obra de arte) é o tipo de coisa que Richard Powers gosta de fazer. (Pense, por exemplo, em *Prisoner's Dilemma*, baseado em uma fantasia sobre Walt Disney, e *The Gold Bug Variations* — temas primeiro, variações em segundo. As estruturas musicais interessam a Powers.) Na verdade, existem algumas pistas das intenções de Powers levemente salpicadas no texto: a certa altura, a esposa de Weber, Sylvie, diz: "Oi, cara... cheguei!... Não há lugar como nosso lar!" E cinco páginas depois, Weber reflete: "A completa estranheza disto: *tenho uma sensação de que não estamos mais em Nova York.*" Os originais destes fragmentos são conhecidos: o primeiro lembra o refrão de Dorothy na Terra de Oz, o segundo faz eco ao que ela diz ao cachorrinho Totó, para explicar o caráter estranho do que ambos estão encontrando.

O maravilhoso Mágico de Oz em geral é classificado como o primeiro conto de fadas verdadeiramente americano. É um daqueles livros que duraram porque dizem mais do que sabem. Foi escrito em 1900, em uma época em que a ascensão do feminismo e o advento do darwinismo — daí aquelas bruxas poderosas e macacos alados — perturbavam o sono de muita gente.

Dorothy, a garotinha heroína, é uma órfã que mora com os grisalhos e nem um pouco sorridentes tios Em e Henry em um Kansas muito chato e cinzento. Ela é levada para a Terra de Oz por um tornado e quando chega lá conhece três companheiros: um espantalho sem cérebro, um homem de lata sem coração e um leão sem coragem. (Analistas políticos têm um ditado segundo o qual um grande líder precisa de três coisas: miolos, coração e nervos, ou sua variante moderna, colhões. Churchill, por exemplo, tinha os três. Agora, comece a fazer suas contas: Franklin Roosevelt certamente tinha os três; Nixon tinha miolos e nervos, mas não muito coração. Reagan tinha um bom simulacro de coração, mas não tinha muitos miolos. E assim por diante.)

A Terra de Oz, nos contam, tem um grande mágico e também algumas bruxas, boas e más. Os quatro amigos partem para a Cidade das Esmeraldas de Oz para ter seus desejos realizados pelo Mágico. Os três companheiros do sexo masculino querem as partes que lhes faltam, e Dorothy quer ir para casa porque não há lugar como o nosso lar.

Quando encontrado, Oz, o Grande e Terrível, faz uma boa imitação de Deus, manifestando-se como uma bola de fogo, um animal feroz, uma dama adorável, uma cabeça gigante — tudo isso tem seus precedentes bíblicos ou teológicos — e, por fim, como uma voz sem corpo que anuncia "Estou em toda parte". Mas é revelado um impostor — ele é só um ventríloquo e artista de circo de Omaha, no Nebraska, que foi levado sobre os desertos que cercam Oz em um balão desgovernado. Até a cor da Cidade das Esmeraldas é uma ilusão, produzida pelos óculos verdes que todo mundo ali usa. Então o Mágico não tem nenhum poder mágico; mas as bruxas têm, e o Mágico finge ser Deus para assustá-las.

Figuras masculinas deficientes, figuras femininas poderosas, em uma terra de imitações, no coração do interior da América. Na versão para o cinema de 1939, a Terra de Oz — a Terra do Deslumbramento, certamente — fica dentro da cabeça de Dorothy, que ficou inconsciente durante o tornado e esteve sonhando. Oz, como o "país da surpresa" no livro do dr. Weber, é uma terra de episódios cerebrais. O Reino de Oz — como o Reino de Deus, como o Paraíso interior de Milton e como a realidade-como-a-vivemos e o corpo-como-um-cartão-postal de Weber — fica dentro.

Se *O maravilhoso Mágico de Oz* é o esquema subjacente de *Ecos da mente* — se o primeiro é o tema sobre o qual o último monta suas variações —, então a irmã de Mark, Karin, é uma Dorothy irônica. Ela não está "no lar" porque quer estar ali — muito pelo contrário, ela se esforçou bastante para sair de Kearney. Sua dificuldade não é a de que "não há lugar como nosso lar" no velho sentido, mas de que não há lugar disponível para ela que se pareça mesmo que remotamente com a ideia de lar. "Não há lugar como nosso lar" assumiu um significado moderno e sinistro; não há, literalmente, nenhum lar confiável.

Mark corresponderia ao espantalho, aquele sem o cérebro; Daniel, o vegetariano de barba rala (o não leão na toca do leão), é aquele a quem faltam colhões; e Robert Karsh, o empreiteiro, é o homem de lata chamativo, sem coração. (Os macacos alados — destrutivos ou úteis, dependendo da situação — talvez possam ser representados pelos dois parceiros de videogame de mente primitiva de Mark, os companheiros viajantes de outro reino de realidade virtual.)

É claro que o dr. Weber é o Mágico como fraude; ele também vem e vai pelo ar, embora use um avião, e não um balão. Como o Mágico, ele também encontra uma força insuspeita e oculta por trás de sua própria falsidade. Barbara — que parece ter algum poder mágico — pode ser um misto de Glinda, a Bruxa Boa, com a Bruxa Má do Oeste.

Que vazio compartilhado une Weber e Barbara? O que eles estão fazendo deitados e entrelaçados no chão com todos aqueles grous-canadenses em volta, naquele campo frio, na calada da noite? Será Glinda, a Boa, na verdade Glinda, a Má? Por que a cordial Boneca Barbie é tão vazia e deprimida, e como ficou assim? Foi por um excesso de notícias do mundo, ou algo mais pessoal? As duas coisas, pelo que se vê, porque nos romances de Powers a mini-história sempre está ligada à visão do todo.

Não estamos mais no Kansas. Nem mesmo em Oz. Estamos no Nebraska, o coração arruinado do interior da América, e as coisas parecem sombrias. Como resposta à pergunta hipotética "O que aconteceu com a América?", *Ecos da mente*, a princípio, não oferece muito consolo, mas se esforça para nos dar algum. Pode ainda existir uma espécie de encanto no país da surpresa. Existe um perdão que pode ao menos ser experimentado. Existem reparações a fazer.

No fim, as reparações a serem feitas têm algo a ver com os grous-canadenses, porque Powers prestou atenção à observação de

Tchekhov de que, se houver uma pistola na mesa no primeiro ato, ela precisa ser disparada no terceiro. Há grous na primeira página do livro e no início de cada uma das quatro partes seguintes, então sabemos que alguma coisa será feita — mais provavelmente — a respeito desses grous no fim do livro. Eles são dependentes do largo rio Platte, mas ele está encolhendo devido às depredações beberronas de homens como Robert.

É sempre difícil fundir o mundo da natureza ao mundo humano nos romances. Se você não introduzir coelhinhos falantes ou seus equivalentes — castores domesticados, talvez —, é difícil encobrir o fato de que os habitantes selvagens da natureza não se importam realmente com as pessoas, a não ser que possam comê-las, ou a não ser que sejam caçados por elas. E as pessoas — inclusive os leitores — se importam mais com outras pessoas, assim como os cupins se importam mais com outros cupins. Coisas como grous-canadenses podem inspirar assombro, e admiração, e alegria, e curiosidade, e um prazer transcendente, mas não inspiram sentimentos fofos. É bem o contrário.

Powers não encobre esta parte. Em vez disso, ele a enfatiza. "O desfecho das corujas orquestrará a noite", diz ele, "milhões de anos depois de as pessoas operarem por seu próprio fim. Nada sentirá a nossa falta." Mas os grous selvagens no coração do país são ameaçados porque as pessoas não os reconhecem pelo sangue espiritual e essencial que eles são. A humanidade pode dar cabo de si mesma, mas o fará com muitas outras criaturas primeiro.

A preocupação do livro com a destruição da natureza pode parecer muito moderna — até na moda —, mas na verdade é uma cepa muito antiga na literatura americana. *The Leatherstocking Tales* de James Fenimore Cooper — uma série que indiscutivelmente foi a primeira tentativa importante de usar o romance como método de explorar a realidade e a psique americanas — começou com o romance de 1823, *The Pioneers*. Nele, Natty

Bumppo, o morador da floresta e companheiro dos indígenas, é um velho caricato e vitimizado. Cooper bebeu da fonte dos romances de Walter Scott e Waverley, e a versão dos *Pioneers* de Natty é o equivalente aos highlanders falantes de dialeto maluco mas engraçado, selvagens mas nobres, cômicos mas trágicos dos romances de Scott. Em livros posteriores da série *Leatherstocking*, Natty fica cada vez mais novo enquanto recua cada vez mais na imensidão imaculada e incólume de uma época anterior. Ele passa a acumular títulos muito mais heroicos — Desbravador, Matador de Cervos, Olho de Águia —, como se Cooper desejasse que ele não tivesse inicialmente dado ao pobre homem um nome tão pueril como "Bumppo".

É em *The Pioneers*, porém, que Natty tem a primeira atitude eloquente contra a ganância que ameaça destruir a abundância da natureza. Deus fez o homem e as outras criaturas, afirma Natty. Deus permite que o homem mate e coma suas outras criaturas — assim como elas matam e comem umas às outras —, mas essas mortes e esse consumo devem ser feitos somente para satisfazer a fome e suprir necessidades imediatas, e devem ser tratados como uma dádiva. Os colonos que chegam, contudo, entregam-se a uma chacina indiscriminada — matando não porque devem, mas porque podem. São glutões ávidos, que buscam lucro. Não têm respeito pela criação de Deus e a consequência de seus excessos será a fome.

O Natty de Cooper se preocupa com a destruição da pesca e da caça. O pombo-passageiro ainda não tinha sido varrido da face do planeta, então não ocorre a ele que as mesmas forças que eliminavam os cervos das florestas podiam mais tarde eliminar do mundo espécies inteiras. Enojado com as incursões dos gananciosos assassinos em massa, Natty por fim desaparece na mata, onde se sente mais à vontade. A contemplação de Daniel do grou-canadense em desaparecimento não está longe do espírito de Natty Bumppo, e, no fim do romance, ele toma um curso de ação semelhante, mudando-se mais para o Norte, mais distante da praga de Kearney e, por extensão, da América. "Não quer estar por perto quando finalmente destruirmos o lugar", como coloca Mark.

Os grous mais provavelmente estão condenados pelo homem; são fósseis vivos, mas nós muito possivelmente também somos. Por que pessoas como Daniel devem dedicar a vida a salvá-los? Talvez porque as aves sempre tenham representado a alma humana, na nossa imaginação. A epígrafe de *Ecos da mente* é "Para encontrar a alma é necessário perdê-la". Este é um livro sobre almas perdidas, mas também sobre almas que são reencontradas. As linhas do estranho bilhete anônimo que tanto atormentam Mark acabam por conter alguma verdade: para encontrar a própria alma perdida, é preciso "trazer outra pessoa de volta". A solução para o mundo assustador e duplo de Mark pode ser encontrada na maleta de trecos químicos do médico, mas também está em outro reino inteiramente diferente.

É irrelevante que a neurociência considere "a alma" apenas uma ilusão cerebral. Nestes termos, tudo é uma ilusão cerebral, inclusive o corpo, assim, se pensamos que temos "almas", nós as temos. O antigo truísmo da autoajuda — você pode mudar o mundo pelo modo como pensa nele — pode ser correto, afinal de contas. Devemos viver como se as réplicas fossem os originais — como se valesse a pena economizar e melhorar — porque não existe outra opção disponível para nós. Como Mark enfim é capaz de dizer "É tão bom quanto... quer dizer, nós. Você. Eu. Aqui... Como quer que chame tudo isso. Tão bom quanto a realidade".

Ecos da mente é um grande romance — grande no alcance, grande em seus temas, grande na configuração. Talvez seja inevitável que isto às vezes possa desviar a linha para o grandioso: Powers não é um pintor de miniaturas. Dos dois extremos do estilo maneirista americano, o minimalista ou estilo shaker (Dickinson, Hemingway, Carver) e o maximalista ou Era de Ouro (Whitman, James, Jonathan Safran Foer), Powers se inclina para o último. Obtém seus efeitos pela repetição, por uma elaboração no estilo Variações Goldberg de motivos, aumentando o volume e retirando todas as pausas.

Tudo isso compõe um enorme episódio cerebral como um oratório. Você sai trôpego do romance, feliz por se descobrir, como Scrooge na manhã seguinte, agarrado à estrutura da própria cama, "Não há lugar como nosso lar", e torcendo para ainda ter uma chance de acertar as coisas. Como um fragmento de realidade virtual, *Ecos da mente* é tão bom quanto a realidade — ou, como diz Mark Schluter, "Em alguns sentidos, ainda melhor".

Charcos

>>><<<

(2006)

É um enorme prazer estar com vocês aqui esta noite, no Charles Sauriol Environmental Dinner. A renda deste jantar será revertida ao Oak Ridges Moraine Land Trust e à Conservation Foundation of Greater Toronto. Juntas, estas duas organizações têm protegido milhares de hectares de terra, e fazem parte de um movimento que cresce cada vez mais — cresce na conscientização das pessoas, na eficácia, em seu poder ativista —, impulsionado por pessoas que sabem que grandes carvalhos crescem de pequenas sementes e que, sem elas, não podem crescer. E que todas as árvores e de fato toda a vida em terra seca — o que incluiria a nós, bípedes falantes — precisam de solo, água, ar limpo e um cuidado minucioso e bem informado. Incontáveis horas de reflexão e de serviço voluntário têm sido realizadas nestas organizações. Todos aqui aplaudem este trabalho e é um orgulho ter feito parte dele.

Se organizações como estas conseguirem fazer o seu trabalho, vocês respirarão com mais facilidade, de muitas maneiras. Sentirão que fizeram algo para ajudar em uma luta muito maior — a luta contra o aquecimento global e a imensa destruição que ele trará, e já vem trazendo. Vocês dormirão melhor à noite, em parte — assim esperamos — porque não estarão tossindo tanto.

Não sou política, então vocês podem estar se perguntando o que estou fazendo aqui, discursando sobre um assunto que já virou uma batata quente política. Quente em muitos sentidos:

segundo aqueles que medem essas coisas, inclusive a NASA, a Terra está agora mais quente do que esteve em milênios. Se ficar muito mais quente do que isso, logo estaremos em um ponto irreversível.

"Ah, sim, aquela Margaret", às vezes dizem. "Ela é só uma escritora de ficção." Sim, sou uma escritora de ficção e isso me dá uma grande vantagem na arena da ficção-ou-realidade: ao contrário de certos políticos, sei a diferença entre as duas coisas. Aqui está parte de um artigo que escrevi para a revista *Granta* no ano passado — desta vez, não ficção. O tema era o derretimento do gelo ártico, uma situação que vi com meus próprios olhos.

"Pode-se escrever um romance de ficção científica sobre isso", escrevi, "só que não seria ficção científica. Poderia ter o título de *O derretimento*. De repente não existem mais pequenos organismos, sendo assim não há mais peixe ali e, portanto, não existem focas. Isso não afetaria muito nosso habitat de apartamentos urbanos. O nível ascendente do mar — digamos — por causa do derretimento da Groenlândia e das calotas de gelo da Antártida chamariam a atenção. Afinal, lá se iria Long Island, ou a Flórida, lá se iria Bangladesh, e algumas ilhas desapareceriam — mas as pessoas podiam simplesmente migrar, não é verdade? Ainda não é um motivo imenso para alarme, a não ser que você tenha um imóvel à beira-mar.

"Mas espere aí: existe gelo sob a terra, assim como em cima do mar. É o pergelissolo, por baixo da tundra. Tem muito dele e muita tundra também. Depois que o pergelissolo começa a derreter, a turfa na tundra — milhares de anos de matéria orgânica — começará a se decompor, liberando grandes quantidades de gás metano. E aí sobe a temperatura do ar, desce a proporção de oxigênio. E depois, quanto tempo levará para que todo mundo morra asfixiado e queimado?"

Às vezes as pessoas me dizem que posso ser meio agressiva. "Poxa, Margaret", dizem. "Isso não é meio agressivo?" Como se, ao dizer que o imperador nu na verdade não veste roupa nenhuma, eu tivesse pisado em um gatinho ou coisa parecida.

Então sou agressiva, para acordar os sonâmbulos de seu transe. Todo mundo preferiria ouvir que as coisas estão ótimas, que o mundo está seguro, que todos somos pessoas legais e nada é culpa de ninguém — sobretudo, que podemos continuar fazendo exatamente o que quisermos, sem parar para pensar ou fazer qualquer mudança em nosso, como dizem, estilo de vida, no mínimo, e não haverá consequências ruins. Eu gostaria de ouvir isso também. O problema é que não é verdade. Então talvez esteja na hora de ser um pouco agressiva. A situação que estamos enfrentando não pode ser abordada com nada menos que o discurso franco.

Já há algum tempo tenho o hábito de recortar coisas de jornais e revistas, ou baixá-las da internet. Quando estava escrevendo meu romance de 2003, *Oryx e Crake*, ambientado em um futuro não muito distante (em que o aquecimento global já elevou o nível dos mares de tal modo que Nova York está submersa e não há mais outono de folhas vermelhas na Nova Inglaterra porque o clima ali tornou-se semitropical), reuni uma pequena pilha de artigos para corroborar esses detalhes, caso alguém me acusasse de estar alucinando. Na época — apenas alguns anos atrás — eu obtinha esses artigos em revistas de orientação científica, ou em seções sobre ciência nos jornais. Era preciso procurar para encontrar coisas deste tipo.

Mas no ano passado não fui capaz de me manter atualizada. Foi um dilúvio. As más notícias saíram das páginas científicas para as capas de revistas como a *Newsweek*, que em outubro publicou uma edição inteira dedicada ao aquecimento global. "Última chance para pescar" proclamava uma manchete; outro artigo falava dos sapos, outro de corais, outro de danos a florestas tropicais. Na primeira campanha presidencial que George

Bush meio que venceu, seu adversário Al Gore foi ridicularizado por sua visão ambientalista. Não é mais assim.

Junto com as más notícias, havia algumas boas — projetos de recuperação que tiveram sucesso, novas tecnologias que podem nos ajudar a viver uma vida mais ecológica. Tudo está acontecendo com muita, mas muita rapidez. Por exemplo, sabemos que os albatrozes enfrentam problemas devido aos métodos de pesca humanos. Até sabemos como salvá-los. Não teria um custo assim tão alto. Só precisamos do dinheiro.

O problema de levantar dinheiro para a preservação ambiental, inclusive de aves e outros animais, é que as pessoas têm dificuldade de ver a ligação entre os seres humanos e o resto do planeta. Se você cresceu atrás de vidraças, se todo seu alimento vem do supermercado, se você acha que a água é gerada pela torneira, terá dificuldades para somar dois e dois — isto é, até que uma enchente atinja Nova Orleans, ou suas próprias luzes se apaguem, ou você morra por causa de espinafre contaminado ou da *E. coli* no abastecimento de água de sua cidade.

De todas as doações para organizações filantrópicas, só 3% vão para causas relacionadas a animais e, destes 3%, metade vai para animais domésticos como cães e gatos. Preferimos doar aos pobres, ou a hospitais com fundações para doentes cardíacos e renais. Porém, como todos sabem, se degradarmos o meio ambiente — degradarmos a nível mundial, como acontece agora —, teremos muito mais pessoas pobres do que conseguiremos manejar. Já chegamos a esse ponto, pensando bem — porque toda a riqueza humana, no fim das contas, é baseada na terra. Como alguém ironizou recentemente, "A economia é uma subsidiária de propriedade total do meio ambiente". Destrua a Terra e você destruirá a si mesmo, e depois não importará quanto dinheiro der para corações e rins, porque ninguém terá corações e rins mesmo.

Eu mesma não cresci atrás de vidraças. Quando criança, levei o tipo de vida dupla que costumava ser mais típico dos canadenses — parte do tempo na floresta boreal, parte nas cidades. Na floresta, sempre tínhamos uma horta, porque esse era o único jeito de termos vegetais frescos — cultivando-os. E para termos peixe fresco precisávamos pescá-lo. Assim eu tinha muita consciência de onde vinham esses alimentos.

Graças à minha crença de que vivemos tempos decisivos e que as pequenas escolhas fazem diferença, recentemente comecei a escrever uma série de protocolos ecológicos a serem usados em minha própria casa e em meu escritório. Para tanto, tive de fazer um balanço — mais uma vez — de como eu de fato vivia. É incrível aonde nos leva uma análise dessas.

Em nossa casa, já fazíamos algumas coisas — um carro com baixo consumo energético, a lista de peixes permitidos que carregávamos conosco e pedíamos em restaurantes e na peixaria, a eliminação do ar-condicionado de nossa casa, a instalação de alguns painéis solares, o descarte de produtos de limpeza maléficos, a máquina de lavar de baixo consumo de energia e água, a reciclagem e o reúso, o apoio ao papel certificado pelo Conselho de Manejo Florestal para nossos livros —, mas à medida que fazíamos o balanço percebíamos que havia muito mais a ser feito.

Viver ecologicamente é exigente como um dogma religioso implacável — é acompanhado de uma espécie de catequese e uma lista abrangente de pecados. Tente evitar toalhas de papel em banheiros ou aquelas secadoras de ar quente para mãos que são um grande desperdício e nem funcionam mesmo. Dá para ser feito — você carrega um lenço, usa, descobre-o semanas depois embolado em um canto mofado da bolsa —, mas é difícil. Porém, depois de algum tempo você pega o jeito. Como quase tudo na vida, é questão de hábito.

O problema é que as pessoas que passam por essa tentativa difícil sentem que o fazem sozinhas. Elas não têm muita ajuda oficial, certamente não do governo federal. Os ganhos individuais estão sendo anulados por desperdícios públicos.

Se um asteroide estivesse mergulhando para a Terra, ameaçando provocar um impacto imenso, com enormes nuvens de poeira capazes de alterar o clima, incêndios, inundações e toda a apavorante bola de cera cataclísmica, e se soubéssemos como impedi-lo e tivéssemos este poder, é de pensar que tomaríamos as medidas necessárias. Mas o que está vindo para nós agora terá muitos dos mesmos efeitos funestos. O que exatamente arrancará alguma ação real de nossos supostos líderes, que se comportam cada vez mais como os bons e velhos avestruzes com as cabeças na areia? Quando é que o primeiro-ministro Stephen Harper vai perceber que as pessoas não querem mais ouvi-lo dando muxoxos sobre a hipocrisia e a inação anterior do Partido Liberal sobre as questões ambientais — e que não somos tão burros como ele pensa, e portanto sabemos que seus muxoxos na verdade não vão encobrir sua própria hipocrisia e inação? As coisas estão se acelerando, sr. Harper. Depois não é agora, e a diferença é que agora é o senhor que está no poder, e não os liberais. O nada que está sendo feito é o *seu* nada.

É injusto dizer que o senhor não está fazendo nada. Tem a Lei de Controle de Emissões — pelo menos é alguma coisa, embora não seja das grandes. Porém, se o senhor a exibir bastante por aí, talvez ganhe algum tempo.

O senhor está cumprindo uma de suas promessas, de todo modo — a promessa de construir uma barreira corta-fogo em torno de Alberta. Mas o povo de Alberta também não é burro, e começa a perceber que um planeta mais quente vai significar secas e escassez de água, mesmo para eles. Um monte de gado morrendo de sede. Um grande desequilíbrio entre o suprimento de água necessário e o disponível. O que acontecerá quando o lugar pegar fogo no lado de *dentro* da barreira, e não de fora? E aí, meu caro?

Há muito tempo o Canadá é considerado um lugar razoavelmente ecológico. Mas estamos descansando demais em nossos louros, porque o Canadá não tem cumprido as metas de redução de gases de efeito estufa estabelecidas no Protocolo de Quioto. Existe a promessa de se elaborar alguma forma de legislação melhor, em algum momento, mas não é tranquilizador que o atual governo não pareça entender a ligação entre a qualidade do ar e a mudança climática. A Lei de Controle de Emissões será inútil se a atmosfera continuar a esquentar. Que parte de "Planeta Mais Quente Significa Ar Pior Que Significa Mais Ar-Condicionado Que Significa Planeta Mais Quente Que Significa Ar Pior" eles não estão entendendo?

É uma mensagem que os eleitores — cada vez mais — entendem. Mas uma coisa é a mensagem e outra é como as pessoas reagem à mensagem. Se for tudo tristeza e ruína, sem esperanças à vista, as pessoas se desligam porque sentem que não há nada que possam fazer. Ou ficam cínicas e gananciosas — se todo mundo vai descer pelo ralo, raciocinam elas, por que não pegar o que puder e desfrutar nesse meio-tempo?

É instrutivo ler sobre a Peste Negra — durante seus primeiros surtos mortais, quando as pessoas pensavam que o mundo estava acabando. As reações variaram. Alguns fugiram para a segurança — deixando cidades onde a peste se alastrava, escapando para a área rural ou para outras cidades, sem perceber que na verdade levavam a peste consigo e infectavam os outros. Alguns procuraram quem culpar — a peste era causada por bruxas, ou leprosos, ou judeus envenenando os poços, ou havia sido enviada por Deus como punição pelos pecados dos homens. Este impulso ainda existe, como prova parte da reação da extrema direita ao surgimento da AIDS e à inundação de Nova Orleans. Os pecados dos homens e a represália de Deus foram imputados aos dois, como quem brinca de prender o rabo no burro.

Durante a Peste Negra, alguns passaram a se autoflagelar. Outros ficaram onde estavam e tentaram cuidar das vítimas, com resultados em geral fatais para eles. E ainda outros ensandeceram, saqueando, estuprando e criando tumultos, porque a ordem civil tinha entrado em colapso. Alguns se enclausuraram em castelos, na esperança de que a peste não entrasse neles. Alguns continuaram com a vida normal da melhor maneira possível. Mas ninguém disse: "Isto não está acontecendo." Em pouco tempo, ninguém será capaz de dizer isso sobre o aquecimento do planeta e a catástrofe ambiental. Mesmo agora, poucos o são.

A propósito, tudo tem um lado positivo. Depois que a peste matou um terço da população europeia, os salários dos trabalhadores aumentaram. E, também, nos campos abandonados, cresceram florestas, inaugurando — dizem alguns — uma Pequena Era do Gelo, uma vez que campos abertos refletem mais calor na atmosfera do que as florestas. A Peste Negra — como a Zona Neutra entre as Coreias do Norte e do Sul — foi ótima para a vida selvagem. Vamos olhar para o lado positivo.

Outro efeito colateral foi a repercussão no mundo da arte. A Peste Negra deu início àquelas lápides com crânios e ampulhetas com as inscrições MEMENTO MORI, e às pinturas da Dança da Morte, nas quais cidadãos de todos os níveis sociais apareciam sendo liderados, na dança, pela própria Morte. Em um mundo de epidemia ou catástrofe em massa, ter muito dinheiro e um plano de saúde privado não vai lhes adiantar de nada.

A diferença entre nós e aqueles que sofreram com a peste é que temos pelo menos alguma ideia de como evitar o destino que se aproxima. Não falta conhecimento de nossa parte; o que falta é vontade política.

Parece ótimo dizer que as opções de consumo individuais serão o que fará a diferença — que o governo deve ficar fora dessa. Se você quiser comprar um soprador de folhas poluente, se quiser dirigir um tanque enorme, é problema seu. E se, por outro lado, você é consciente, e toma as decisões ambientais corretas, e paga mais por elas — como acontece com frequência —, também é uma decisão sua.

Mas isto está penalizando aqueles que tomam as decisões ambientais corretas e deixando os outros de fora.

O ar, a terra e a água são bens comuns e devem ser protegidos comunitariamente. Todos se beneficiarão se estes forem protegidos, assim como todos sofrerão se não forem. É necessária uma legislação que nivele este meio de campo. Estamos esperando por ela, sr. Harper. Se esperarmos muito tempo, será tarde demais. Fim da história.

É aqui que normalmente eu espero ouvir a palavra *alarmista*. Mas ser alarmista é bom quando um prédio está em chamas. Você soa o alarme, depois torce para que alguém ajude a apagar o fogo. Neste sentido, todo mundo nesta sala é alarmista. Todos nós enxergamos as chamas.

Terminarei com uma velha história. O rei Midas teve direito a um desejo, mas não pensou bem nele. Desejou meramente a riqueza como era medida na época — desejou que tudo em que tocasse virasse ouro. E tudo virou ouro, inclusive qualquer comida que ele tentasse comer e qualquer água que tentasse beber. Ele morreu de inanição.

Existem outros tipos de riqueza além do dinheiro. Em vez de transformar tudo na Terra em ouro, temos a chance de transformar o ouro novamente naqueles antigos Quatro Elementos — as coisas necessárias para a vida. Boa água, ar puro, terra saudável, energia limpa. Minha esperança é que todos nós aproveitemos esta chance enquanto ainda podemos.

Árvores da vida, árvores da morte

>>><<<

(2007)

É com grande satisfação que presto este tributo em comemoração ao centenário do Department of Forestry. Dividirei minha palestra em três partes e até lhes direi quais são, assim vocês saberão o que vem pela frente.

A Parte Um trata de minha própria história com as árvores e florestas. A Parte Dois fala do significado mitológico e simbólico das árvores e florestas. A Parte Três trata da atual situação, em um mundo em que as florestas estão desaparecendo. Quão feia é a situação, afinal? E o que devemos fazer?

Tenho uma longa relação com o Department of Forestry e, na verdade, também com as florestas, o que não foi exatamente uma escolha pessoal. Por exemplo: neste mês de março por acaso estive em Okinawa. Enquanto seguíamos de carro para o norte, rumo à floresta de Yanbaru — lar da muito rara saracura de Okinawa, que não conseguimos localizar —, vi um longo trecho de coníferas que pareciam em condições ruins, ou mortas ou à beira da morte.

"Vocês estão com uma infestação", falei a nosso amigo japonês. "É algum inseto?"

Sim, era uma infestação e sim, era um inseto — um besouro, na verdade. (Como J.B.S. Haldane notoriamente observou, parece que Deus tinha uma predileção descomunal por besouros, tendo criado tantos deles; e, como Haldane não acrescentou, muitos devoram árvores.) Mas nosso amigo ficou espantado por eu ter notado aquela infestação. "Como você sabe?", perguntou.

Bom, se tem uma coisa que, em geral, consigo localizar, é uma infestação. Meu pai, o dr. Carl Atwood, era pesquisador entomologista nos anos 1930 e início dos 1940 no que na época era chamado de Department of Lands and Forests. Normalmente estávamos pela estrada durante nossas numerosas viagens ao Norte e de repente ele parava no acostamento. "Uma infestação!", exclamava. Lá ia ele com uma lona e o machado. A lona era aberta sob uma árvore infestada; meu pai batia no tronco com o cabo do machado e coisas — em geral lagartas — caíam em cascata dos galhos. Então nós, crianças, ajudávamos a recolhê-las, e depois podíamos voltar à viagem, até que a próxima infestação tentadora nos levasse a interromper o caminho, de súbito, de novo.

Outras famílias paravam para tomar sorvetes de casquinha. A nossa parava para lidar com infestações.

Naquela época, as especialidades de meu pai eram a mariposa do abeto e a mosca-serra, além de um olhar atento para lagartas do gênero malacosoma. Ele tinha o hábito de recolher os ninhos das lagartas nos galhos, como se fossem rosas, e colocar os caules desses buquês de lagartas em potes com água. Mas às vezes se esquecia de acrescentar folhas frescas e, a essa altura, as lagartas podiam pôr-se em marcha em busca de alimento, subindo pelas paredes e atravessando o teto, depois mergulhando na sopa. Era um momento empolgante para nós, crianças, principalmente se tivéssemos companhia.

Meu pai foi para o que, na época, em 1937, era uma área remota do norte de Quebec. A cidade mais próxima era Timiskaming, que já tinha uma serraria, embora a operação ainda não tivesse se tornado a indústria Tembec. Não havia estrada — o acesso era por uma diminuta ferrovia de bitola. Nas margens de um grande lago, ele montou um pequeno laboratório de insetos — construído de toras, por ele mesmo e ajudantes. Devido a suas próprias origens — fora criado no interior da Nova Escócia, onde o pai tinha uma pequena serraria —, ele era especialista no uso do machado.

Aquela não era uma mata intocada. A exploração da madeira tinha chegado lá, do jeito antigo: os lenhadores e seus cavalos trabalhavam no inverno, cortando árvores selecionadas e as arrastando pelo gelo. Quando o gelo derretia na primavera, os troncos eram coletados e puxados por um rebocador até um acesso ao rio, depois disparavam, correnteza abaixo, à serraria no rio Ottawa. Aqueles lenhadores não praticavam o desmatamento: cortar tudo seria desperdiçar todo o seu trabalho. Sou velha o bastante para ter visto esta forma de manejo da madeira em operação, quando criança. Às vezes encontrávamos troncos extraviados que podiam ser transformados em jangadas muito boas.

Fui pela primeira vez àquele local remoto de Quebec na primavera de 1940, mais ou menos cinco meses depois de ter nascido. Meu meio de transporte na época fora uma mochila. Daí em diante, passei muito tempo em florestas. Embora morássemos em cidades durante os invernos, quando os insetos ficavam em dormência, ficávamos na floresta de abril em diante, antes que o gelo derretesse — e às vezes até novembro, época em que já havia muita neve de novo.

Meu pai comandou o laboratório de Quebec até 1944, quando foi para Sault Ste. Marie para montar o laboratório de insetos lá. Depois disso — em 1946 — começou a lecionar silvicultura na Universidade de Toronto. Passei parte de minhas horas de juventude — durante os invernos do final da década de 1940 — no antigo prédio da zoologia, admirando globos oculares em frascos e baratas africanas brancas que eram características do lugar naqueles tempos. Não foi por acaso que meu primeiro romance — escrito aos 7 anos — falasse de uma formiga. Não posso dizer que aquela obra seja muito emocionante — não dá para extrair muito conflito das fases de larva e pupa —, mas teve um final feliz, envolvendo a captura, a picada, a derrota e o arrastar para o formigueiro comunitário de um inseto especialmente delicioso. Queria eu conseguir que os romances de minha fase mais recente terminassem em um tom tão otimista.

Meu pai era um ambientalista das antigas — um bem precoce. Por exemplo, ele tinha suas dúvidas sobre se a pulverização disseminada para infestações era uma estratégia inteligente, em uma época em que ter dúvidas desse tipo era o mesmo que rotular-se de louco; porém, como em muitas coisas, o tempo provou que ele tinha razão.

Uma semana atrás, recebi uma carta de Orie Loucks, que foi aluno de pós-graduação de meu pai no início dos anos 1950. Ele incluiu uma reimpressão de sua dissertação de mestrado: "Um estudo de reservas costeiras de pinheiros restantes nas águas limítrofes de Quetico na época do corte de árvores de 1942-43."

Quarenta e nove anos depois de seu primeiro estudo, em 2002, Orie Loucks voltou à região superior do Quetico para ver como o projeto tinha se saído. A faixa de reserva costeira de 60 metros — no fim das contas — tinha sido fundamental para a criação de "uma nova floresta de pinheiros de 18-29 metros de altura". Em seu diário de viagem, ele comenta as influências intergeracionais — de meu pai sobre ele mesmo e, depois, sobre os seus alunos. Quando recebi a carta, meu pai já estava morto havia dez anos. Em muitas áreas da vida, nem sempre é possível ver como as decisões que tomamos se desdobrarão no tempo. Isto é particularmente válido para a silvicultura, e também para a silvicultura no Canadá, porque a maioria das árvores em zonas decíduas, mistas e de coníferas deste país cresce com muita lentidão em relação a nós.

Aqui citarei as palavras de alguém que deve saber muito bem sobre isso: Barbárvore, o ent, de *O senhor dos anéis* — um personagem que ou é um hominídeo parecido com uma árvore ou uma árvore que parece hominídea. Ele está falando sobre o entês antigo, a língua das árvores falantes. "É uma língua adorável", diz ele, "mas demora muito para se dizer qualquer coisa nela, porque não dizemos nada nela, a não ser que valha a pena gastar um longo tempo para dizer, e para escutar."

No nível mitológico, pode-se dizer que a silvicultura é o estudo do entês antigo. É o estudo das árvores, mas também do que as árvores nos dizem sobre como e onde crescem, e sobre que mudanças elas podem trazer ao resto do mundo crescendo como e onde crescem. "Posso ver e ouvir (e cheirar e sentir) muita coisa desse, desse, *a-lalla-lalla-rumba-kamanda-lind-or-burúmë*", diz Barbárvore, usando uma palavra em entês antigo. "Desculpem, essa é parte de meu nome para essa coisa; não sei qual é a palavra nas línguas de fora: vocês sabem, a coisa na qual estamos, onde eu fico e olho ao redor nas manhãs agradáveis, e penso no sol, e na relva além da floresta, e nos cavalos, e nas nuvens, e no desabrochar do mundo." A palavra para essa coisa nas línguas de fora provavelmente é *ambiente*, ou algo parecido. Mas prefiro "o desabrochar do mundo".

Como vocês devem ter calculado, estamos na Parte Dois de minha palestra — a parte sobre mitologia e simbolismo —, e chegamos aqui por meios labirínticos: perder-se na floresta é a experiência labiríntica original, como saberá qualquer um que já tenha acabado andando em círculos na mata. Mas lembrem-se, a água sempre flui terreno abaixo. Uma coisa que aprendi quando criança foi como marcar uma trilha — deve-se fazer isso dos dois lados do tronco de uma árvore, para que, quando você olhar de qualquer sentido, saiba sempre por onde acabou de passar.

A relação do *Homo sapiens* com as árvores e florestas é muito antiga, e é uma relação que sempre envolveu emoções conflitantes. Uma história científica da origem fala de nossos ancestrais descendo das árvores e alguns de nossos parentes distantes ainda fazem ninhos noturnos nelas — no alto dos galhos, onde ficam mais seguros de predadores noturnos do que ficariam no chão. Por que tantas pessoas têm um medo irracional de cobras, felinos e aranhas? Uma teoria é a de que esses animais eram os únicos que conseguiam chegar a você, se você fosse um primata aninhado em uma árvore. Uma teoria recente supõe que saímos das florestas porque elas eram habitadas por um felino gigante — *Dinofelis*, ou "falso dentes-de-sabre", uma espécie mais ou menos do tamanho de um leopardo grande que aparentemente costumava espreitar em matas fechadas e era especializada em comer nossos parentes australopitecíneos.

Outra versão da história de nossa origem fala da floresta diminuindo devido à mudança climática, sendo então substituída por uma savana mais aberta, com os hominídeos assim obrigados a se adaptar a um ambiente muito diferente. As árvores ainda teriam sido importantes pela sombra e — depois da domesticação do fogo — pelo combustível, mas nossos ancestrais podem ter desenvolvido uma aversão a ficarem completamente cercados por elas porque estas proporcionavam uma boa cobertura para os predadores.

A área rural, com seus campos cultivados, campinas e bosques, é muito diferente da floresta densa. Poucas pessoas em épocas recentes escolhem viver dentro de florestas densas — os pigmeus das florestas africanas são uma exceção. Os indígenas norte-americanos se estabeleceram à margem de massas de água e usavam vias aquáticas para transportar o máximo que pudessem. Tinham toda uma rede de trilhas pelas matas, mas esse caminho só era seguido quando não havia alternativa. Os indígenas neozelandeses, da mesma forma, mantinham-se à beira da água. Nossos sentimentos pela floresta densa — expressos em histórias contemporâneas e antigas — são dominados pela inquietação e pelo medo.

No mais antigo poema escrito que conhecemos, "A epopeia de Gilgamesh", uma das grandes batalhas heroicas ocorre entre

Gilgamesh e seu amigo Enkidu contra um monstro da floresta chamado Humbaba, que é o guardião da floresta de cedros. Gilgamesh leva seu machado a esta floresta e Humbaba, embora enfurecido, perde o combate resultante e é então impiedosamente assassinado. (O que torna este assassinato ainda pior é que Gilgamesh e Enkidu o cometem depois de terem sido convidados à casa de Humbaba — na maioria das culturas, assassinar seu anfitrião contraria estritamente o código social.) O saque que Gilgamesh leva à cidade de Uruk consiste nos cedros que ele cortou — uma mercadoria valiosa para uma cidade construída em uma planície sem árvores. O deus Shamash fica satisfeito com o resultado, mas o deus Enlil fica furioso e amaldiçoa Gilgamesh. O conflito sobre a derrubada de árvores vem acontecendo desde então.

Nas histórias antigas, destruir uma floresta ou um bosque de árvores muitas vezes significa violar um tabu. Alguns bosques são sagrados — mas sagrados para que deus? Desmatar ou não desmatar — seja como for, em geral você se meterá em problemas com alguém. Jeová quer bosques derrubados; Astaroth, a deusa da Lua, quer que continuem de pé. Na mitologia grega, a deusa associada à Lua, Ártemis, também é a deusa das florestas e senhora dos animais. Destruir a floresta é desferir um golpe contra criaturas selvagens e em favor — ao menos costuma ser assim — dos pastorais, que querem pastagens, ou dos agricultores, que querem campos cultivados. Mas enfureça demais a senhora dos animais e você se arrependerá, porque ela também é Aquela-Que-Envia-Pragas. Isso lembra alguma coisa que possam ter ouvido a respeito de doenças interespécies como o ebola, Marburg e AIDS, e como se deslocam em busca de novos hospedeiros — como nós — quando os antigos hospedeiros desaparecem devido à destruição de seus habitats?

Os gregos contam uma história a respeito de Erisictão, que, apesar dos alertas, foi desmatar um bosque sagrado. Quando seu machado golpeou a primeira árvore, esguichou sangue — era o sangue da hamadríade que vivia na árvore. Seu crime foi punido por Deméter, deusa da fertilidade vegetal e das colheitas, que lhe infligiu a fome. De fato há uma relação complexa entre árvores e fertilidade do solo. Desnude de árvores uma paisagem — em particular uma paisagem montanhosa — e se seguirão inundações e erosão do solo pelo vento ou pela água, com consequente fome — algo que os gregos já haviam aprendido vários milhares de anos atrás.

As colunas dos templos gregos eram imitações de árvores; assim como as estruturas ramificadas das catedrais românicas. E a maioria das mitologias inclui uma árvore do mundo ou uma árvore da vida, que sustenta toda a vida na Terra. Na religião cristã, a árvore da vida cresce no Jardim do Éden — é aquela com as maçãs que Adão não comeu, tendo mastigado o fruto da árvore do conhecimento, em vez disso — e é por isso que somos inteligentes, mas não imortais, caso estejam se perguntando.

Porém, para cada símbolo positivo, existe uma contraparte negativa. Existe uma árvore da morte assim como uma árvore da vida. As versões poéticas de uma terra desolada em geral têm árvores mortas, ou não têm árvore nenhuma; ou as árvores foram destruídas e substituídas por pilastras de pedra ou de metal. Na religião cristã, a árvore da morte é representada pela cruz, uma árvore morta na qual a morte é infligida. Os ents que pastoreiam árvores em *O senhor dos anéis* estão do lado bom das coisas e castigam o mago que corta árvores, Saruman; mas no mundo inventado de Tolkien existem árvores selvagens e árvores más, assim como árvores boas — as más têm um coração ruim, e também existem florestas inteiras que ficaram más: suas árvores o agarrarão ou o aprisionarão nelas. Dorothy, em *O maravilhoso Mágico de Oz*, encontra este tipo de árvore má — existe, na estrada para Oz, uma floresta de árvores que lutam e que não a deixam passar, e o problema só é resolvido pelo decidido Homem de Lata, que ataca as feras com seu machado e abre caminho. O poderoso e destrutivo Salgueiro Lutador, na série Harry Potter, tem uma linhagem de ancestrais muito respeitável.

A divina comédia de Dante começa com uma metáfora do labirinto:

> *A meio caminhar de nossa vida*
> *fui me encontrar em uma selva sombria:*
> *estava a reta minha via perdida.*
>
> *Ah! que a tarefa de narrar é dura*
> *essa selva selvagem, bruta e forte,*
> *que volve o medo à mente que a figura.*

Somos levados a inferir que esta floresta representa o erro e o pecado — um desvio do caminho da verdade. É um lugar onde você se desgarra, onde se perde. Nos velhos tempos, ficar perdido na floresta costumava significar a morte por inanição, ou por um animal selvagem, um fato que ainda ocorre. Você pode ir para a floresta hoje para *ver* o Piquenique dos Ursinhos de Pelúcia, mas certamente preferirá não *ser* o piquenique; como pode muito bem acontecer, se demorar demais em sua visita.

As florestas de Shakespeare são menos temíveis que as de Dante, mas não são exatamente luz e alegria. Às vezes são lugares de encantamento e ilusão, habitados por criaturas não inteiramente humanas, como a floresta em *Sonho de uma noite de verão*, e às vezes são lugares de maior liberdade. A Floresta de Arden em *Como gostais* abriga exilados em fuga de um rei tirânico — como a Floresta de Sherwood abriga Robin Hood. Nessa medida, a floresta representa a comunhão com a natureza e a libertação das injustiças da civilização — como acontece, mais recentemente, na série de romances *The Leatherstocking Tales*, de Fenimore Cooper. Mas os fora da lei podem ser igualmente ladrões e assassinos, e muitos destes são encontrados na literatura, especialmente nos contos folclóricos. Pois a floresta é o reino de predadores — parece que não podemos nos esquecer inteiramente disto. É quando sai do seu caminho e entra na floresta escura que Chapeuzinho Vermelho encontra o lobo.

A passagem pela floresta escura quintessencial é descrita explicitamente no clássico das histórias infantis, *O vento nos salgueiros,* de Kenneth Grahame. O Bosque Selvagem é um lugar perigoso, e a pequena Toupeira devia ter dado ouvidos às advertências que recebeu a respeito de lá.

> Tudo já estava muito calmo. O crepúsculo avançava sobre ela com firmeza e rapidez, crescendo ao seu redor; e a luz parecia ser drenada como a água de uma enchente. […] [Por fim, enquanto a Toupeira] deitada ali, ofegante e trêmula, e ouvindo os assovios e as batidas lá fora, ela conheceu, finalmente, e completamente, aquela coisa pavorosa que os demais moradores do campo e das sebes já tinham encontrado ali e conhecido em seus momentos mais sombrios — aquela coisa da qual o Rato tentara em vão protegê-la: o Terror da Floresta Selvagem!

Quem vive em áreas abertas — em planícies ou no Extremo Norte, acima da linha das árvores — é muito mais observador do que ouvinte, porque qualquer coisa que vá alcançá-lo será vista antes de ser ouvida. Mas os que moram em florestas são ouvintes, porque qualquer coisa que vá alcançá-los será ouvida antes de ser vista. Por isso os assovios e o tamborilar são tão assustadores para a Toupeira.

O fato é que — não importa quantos relatórios ecológicos leiamos a respeito da importância de preservá-las — secretamente temos medo das florestas. E também nos sentimos maravilhados por elas, um fato de nossa natureza que continua expelindo versões fictícias como a mata onde todos os nomes se perdem, em *Alice através do espelho*, e a floresta dourada governada por elfos em Lothlórien, em *O senhor dos anéis*, onde você pode ficar "emaranhado", e a mata onde Merlin se deita em um sono encantado, na lenda arturiana. Fique por tempo demais numa floresta dessas e você se esquecerá de quem é. A floresta pode ser sedutora, mas entre nela por sua conta e risco.

    E.O. Wilson, em seu desconcertante livro *O futuro da vida*, define nossa relação com as florestas de um jeito interessante. Que tipo de local o ser humano prefere? Ele sugere que olhemos o que fazem os ricos: aqueles que podem pagar por qualquer coisa escolhem construir em um terreno elevado que dá para uma paisagem aberta em que há um rio ou um lago, com algumas árvores ao longe, mas não perto demais e não muito densas. Este seria de fato um lugar ideal para caçadores-coletores: água para beber e para atrair a caça, floresta para abrigar animais, mas não muito próxima, uma visão desobstruída dos arredores. Isto pode explicar a grande quantidade de incêndios florestais feitos pelos aborígines australianos antes do contato: eles gostavam de um sub-bosque limpo e uma vista ampla. Descobriu-se que este mesmo tipo de vista — ou até uma imagem dela na parede — reduz em até seis vezes o tempo que as pessoas levam para se curar em leitos de hospitais. Parece que achamos tranquilizadora esta perspectiva. Será que temos, portanto, um viés inato em favor da derrubada de árvores? Wilson pensa que podemos ter.

    Se cedermos a ele completamente, será pior para nós, porque, se cortarmos todas as árvores do mundo, estaremos condenados. Um antigo provérbio da Índia diz "As florestas precedem a civilização; os desertos a seguem". Esta fórmula já se desenrolou muitas vezes no curso de nossa história: a história da Ilha de Páscoa, onde a destruição das árvores levou à erosão do solo, à fome e ao canibalismo, é só um exemplo entre muitos. Ouvimos muitas vezes sobre a importância da floresta amazônica — o pulmão do mundo, como chamam — para a manutenção do clima na Terra; e, entretanto, aquela floresta continua a ser derrubada. As florestas de Bornéu estão desaparecendo rapidamente. O machado de Gilgamesh anda muito ocupado e alguns deuses estão satisfeitos — os deuses do dinheiro, por exemplo, e aqueles que promovem a ideia de conseguir tudo sem dar nada em troca, e a ilusão de que podemos tirar da natureza interminavelmente sem nenhuma retribuição. Mas a senhora dos animais está ficando muito irritada conosco; e uma de suas máximas pode muito bem ser "Não existe almoço grátis".

O Canadá possui a maior floresta boreal do mundo. Temos uma longa relação com as árvores e o corte delas: os primeiros colonos derrubaram tudo que puderam, por medo de incêndios florestais e para abrir pastos, fazer carvão e exportar para a Europa. Ainda estamos derrubando, em geral com muita estupidez e indiscriminadamente. Ainda nos entregamos a fantasias de infinitudes. Ainda dizemos a nós mesmos que qualquer coisa produzida pela natureza é nossa por direito e é também gratuita. Por que será que ainda dizemos que o desmatamento é uma coisa natural de se fazer porque os incêndios florestais também são naturais, e eles queimam grandes áreas, então deve ser a mesma coisa, certo? Por que estamos transformando florestas antigas e inestimáveis em papel higiênico? Parte disto é apenas preguiça e ganância, mas parte vem de nossa antiga ambivalência para com as florestas — nosso medo delas. Quanto tempo continuaremos nesse rumo até destruirmos nosso enorme reservatório de carbono natural, reduzirmos o frágil Norte, com sua fina cobertura de solo, a um descampado rochoso, eliminando neste processo um grande número de espécies, até por fim nós mesmos morrermos calcinados? Quanto tempo até começarmos a pagar as pessoas para *não* derrubarem árvores, como os agricultores têm sido pagos para não plantar batatas?

Como sou uma pessoa positiva, gosto de introduzir um raio de esperança. Existem muitos contramovimentos já em operação. O World Wildlife há muito sabe da importância do habitat para a proteção das espécies e tem comprado grandes extensões de floresta em todo o mundo. A Nature Conservancy é muito atuante no Canadá e nos Estados Unidos, e tem conquistado terreno de modo lento, mas significativo. A antiga forma de corte de madeira está voltando — o corte seletivo, com danos mínimos à floresta. Pode interessar a vocês saber, por exemplo, que um grupo de budistas está cortando uma só árvore, com cavalos, agora mesmo na Nova Escócia.

Um dos motivos para o medo das florestas é que as pessoas — em particular se foram criadas em cidades — não estão familiarizadas com elas. O valor da educação no início da vida é cada vez mais reconhecido, como testemunha o crescimento de "salas de aula ao ar livre" na Grã-Bretanha, onde se descobriu que as crianças de fato aprendem melhor quando não estão em uma sala fechada. As crianças pequenas têm um interesse inato pela natureza, se não forem desencorajadas por adultos. (Quantas salas de aula ao ar livre temos no Canadá? Nenhuma, no momento, apesar de termos acampamentos de verão.)

Os japoneses têm uma expressão: *banho de floresta* — imergir na floresta para fins de purificação e relaxamento. Para uma pessoa que se sente confortável na floresta — e não tem medo dela, como a Toupeira —, isto de fato funciona. C.W. Nicol — o único faixa-preta sétimo grau japonês, ex-canadense e ex-galês do mundo, e um ardoroso ambientalista — tem um pequeno fundo florestal no Japão chamado Afan Woodland Trust. É uma floresta manejada que produz certa quantidade de madeira para artesãos tradicionais locais, além de vários fungos medicinais preciosos, e o que os japoneses chamam de "vegetais da montanha". A ideia é semelhante à floresta tropical manejada e às lavouras de café na sombra — atender às necessidades humanas em sintonia com a restauração e a preservação.

No Afan Woodland Trust, eles também têm feito vários estudos relacionados às interações entre pessoas e florestas. Um deles mede a possibilidade de ficar em uma floresta para normalizar a pressão sanguínea: a pressão baixa aumenta, a pressão alta cai. Outro envolveu trabalhar com crianças vítimas de maus-tratos e debilitadas, e se provou um sucesso incrível: a floresta pode contribuir para a cura da psique, bem como para a cura do corpo.

O nome "Woodland Trust" é sugestivo. É disso que precisamos. Confiar na floresta. Precisamos confiar na mata e não nos sentir alienados nem ter medo dela. Se conseguirmos, poderemos cessar nossa destruição indiscriminada e reconhecer nossas florestas pelo que elas são: pátrias ancestrais, purificadoras do ar, abrigos de espécies, protetoras do solo, resfriadoras do clima, curadoras de corações, tranquilizadoras de almas, expansoras do mundo.

Terminarei citando novamente Barbárvore, o ent — umas poucas palavras que podemos levar como um lema. "Há restos de tocos e sarças onde já existiram bosques cantantes", diz ele. "Fiquei sem fazer nada. Deixei que as coisas acontecessem. Isso deve parar!"

Ryszard Kapuściński

>>><<<

(2007)

Quando soube do falecimento de Ryszard Kapuściński, senti como se tivesse perdido um amigo. Não, mais do que isso: alguém fundamental em minha vida. Uma pessoa — certamente uma das poucas — que podíamos confiar que diria a verdade sobre acontecimentos complexos e difíceis, não em termos abstratos, mas em seus detalhes concretos — a cor, o cheiro, a sensação, o toque, o clima. E, no entanto, eu não conhecia muito bem Ryszard Kapuściński. Era uma rara qualidade dele, fazer amizade com as pessoas à distância.

Conheci Kapuściński em 1984. Eu morava com minha família — Graeme Gibson e nossa filha de 7 anos — em Berlim Ocidental, que na época ainda era cercada pelo famoso Muro de Berlim. Foi lá que comecei *O conto da aia*. O tom para um romance sobre um totalitarismo moderno era abundante: aviões de combate da Alemanha Oriental quebravam a barreira do som todo domingo, lembrando-nos, por suas explosões sônicas, que eles podiam descer a qualquer momento. O bloco soviético se estendia pelo Leste e parecia sólido feito uma rocha. Fomos à Alemanha Oriental — com seus guardas de fronteira carrancudos, o sorvete que lembrava esmalte de unhas e seu chocolate dos tempos de seriados de espionagem como *Smiley's People* — e à Tchecoslováquia, onde, para falar a verdade, precisávamos sair para conversar com nossos amigos tchecos no meio de parques, de tanto medo que eles tinham de que suas casas estivessem grampeadas.

Por fim fomos à Polônia, que era uma história completamente diferente. A Polônia sempre foi vista por seus vizinhos como imprudentemente corajosa, ou corajosamente imprudente. Aquela famosa história da cavalaria polonesa atacando blindados e tanques alemães com espadas pode ou não ter sido verídica, mas era emblemática; e essa imprudência ou desafio ainda existia na Varsóvia de 1984. Os taxistas não levavam ninguém que não tivesse dinheiro vivo; escritores ofereciam a você braçadas de *samizdat* — publicações não oficiais — que eles armazenavam bem nas instalações da organização de escritores supostamente comunistas. Enquanto estávamos lá, um padre foi encontrado assassinado, presumivelmente pela polícia secreta. Houve uma procissão católica, e enquanto víamos as freiras de olhos duros, os padres raivosos e determinados e suas multidões de seguidores, pensamos: *Este regime está com problemas.*

E então conhecemos o homem que ajudou a derrubá-lo.

Kapuściński escreveu *O imperador: a queda de um autocrata,* em 1978. À primeira vista, fala de Haile Selassie, da Etiópia, e do colapso de seu regime corrupto e absolutista, e, se lido com esta simplicidade, é um livro fantástico. Kapuściński, um jornalista com uma imprudência polonesa que o fez passar por 27 golpes e revoluções — enquanto torrentes de refugiados iam em um sentido, fugindo dos problemas, Kapuściński seguia para o outro lado, bem para o meio deles —, conseguiu entrar em Adis Abeba e andou furtivamente à noite, entrevistando antigos membros da corte da que agora estavam escondidos, e anotando histórias sobre o imperador que vão desde as mais cômicas, mesmo sem a intenção de sê-las (por exemplo, seu fornecedor de almofadas tinha de colocar exatamente o tamanho da almofada sob seus pés para cada cadeira em que ele se sentava, pois o imperador não podia correr o risco de ficar com suas pernas curtas balançando no ar), às mais apavorantes (por exemplo, mendigos devorando restos dos banquetes do palácio, os globos oculares esguichados das órbitas).

Mas *O imperador* tem outra gama de significado para os poloneses que, por toda a ocupação nazista, e depois sob o regime soviético, se acostumaram a falar em linguagem codificada. Como o próprio Kapuściński disse sobre essa época em *Minhas viagens com Heródoto*, "Nada nunca era simples, literal, inequívoco — por trás de cada gesto e cada palavra despontava uma referência, um piscar de olhos significativo". Assim, como um regime corrupto e autocrático tem tendência a ter muitas coisas em comum com outro, *O imperador* pode ser lido como uma crítica ao moribundo governo comunista polonês. O livro rapidamente foi levado ao teatro, em uma encenação após a outra, e contribuiu imensamente para a agitação popular que por fim derrubou os que estavam no poder. O brilhantismo de *O imperador*, enquanto tática, foi que os comunistas não podiam fazer objeção a ele, porque, afinal, não abordava a maldade da monarquia — uma forma de governo à qual eles se opunham com tanta devoção?

O imperador foi traduzido para o inglês em 1983, bem a tempo para o lermos e depois conhecermos Kapuściński em Varsóvia em 1984, e apertar sua mão. Ele era da mesma geração extraordinária que incluía Tadeusz Kantor, o diretor e dramaturgo excepcional, e o romancista Tadeusz Konwicki — homens que viveram a infância em meio à Segunda Guerra Mundial e chegaram à idade adulta dentro de um sistema comunista de partido único, mas que ainda assim conseguiram produzir obras de arte assombrosas. Embora os ambientes de Kapuściński fossem muitos e seu material variado, os temas subjacentes eram constantes — o medo e a opressão, e como as pessoas lidavam com isso ou os transcendiam, as circunstâncias miseráveis e como podiam ao mesmo tempo deformar e enobrecer, a tortura sufocante e prolongada de monoculturas políticas e o desejo inabalável dos seres humanos de ter a posse das próprias almas. Tais temas são inteiramente compreensíveis quando levamos em consideração a própria juventude restrita de Kapuściński.

Kapuściński me pareceu tímido, charmoso e retraído; Graeme disse que ele podia até ser assim, mas que por baixo disso ele era duro como um prego. Suponho que ele precisava possuir as duas coisas: a timidez, o encanto e o retraimento evitavam que ele fosse baleado em bloqueios de rua em meio a guerras civis caóticas, e a dureza de um prego o impelia para esses bloqueios, para começar.

Sempre houve algo de surreal nos encontros com escritores autênticos dentro do bloco soviético naquela época, e talvez o retraimento de Kapuściński fosse em parte provocado por esse surrealismo. Em ocasiões oficiais formais havia o que era dito e havia o que não era dito, mas devia ser compreendido. "Por que vocês têm tantos livros infantis tão lindamente ilustrados na Polônia?", perguntei a uma escritora em uma feira de livros. "Pense bem", respondeu ela, querendo dizer com isso que não havia conteúdo político problemático em livros infantis ilustrados.

Em janeiro de 1986, Kapuściński foi a Toronto para o lançamento em inglês de seu livro de 1982, *O xá dos xás*, que nos fala da espetacular derrubada do xá do Irã e de seu regime brutal, e da SAVAK, sua horrenda e torturadora polícia secreta. Este livro merece uma releitura agora, de tão presciente que é quanto aos padrões que continuam a se desenrolar no mundo muçulmano. Kapuściński ia aparecer na série de escritores internacionais em Harbourfront e estava nervoso: não achava que seu inglês fosse bom para uma leitura pública. Poderia eu ser sua voz em inglês e fazer as leituras dos livros por ele? Respondi que seria uma honra, mas ao mesmo tempo estava pensando, *Espere um minutinho! Ryszard Kapuściński está nervoso? Por ler em inglês? Em segurança, em Toronto, onde todo mundo vai adorá-lo mesmo que ele só consiga soltar uma palavra?* E o turbilhão homicida no Congo, as bombas caindo em Honduras e o risco de vida nos tumultos da Teerã revolucionária?

O nervosismo de Kapuściński nesta ocasião em Toronto foi cativante. Era como Mary Stuart, Rainha dos Escoceses, preocupada se seu manto estava reto a caminho do cadafalso. Mas não há como prever onde o nervosismo dos outros vai se manifestar.

Como foi correspondente estrangeiro — durante muitos anos, o único da Polônia —, Kapuściński parecia onipresente, pelo menos quando se tratava de estruturas políticas apodrecidas em seus momentos de ruína, ou catástrofes, ou grandes banhos de sangue. Onde havia caos, lá estaria ele. Em *O império*, que descreve suas viagens pela União Soviética entre 1989 e 1991, uma nação já em colapso, há uma passagem característica:

> [...] explodiu a notícia de que uma grande cidade de 1 milhão de habitantes [...] foi envenenada grave, perigosa e mortalmente.
> "Uma nova Chernobyl", comentou um amigo que me deu a notícia.
> "Vou até lá", respondi. "Se conseguir uma passagem, pegarei o avião amanhã."

Por toda sua vida Kapuściński desejou viajar, e desejou viajar precisamente a esses lugares que o turista comum em busca de prazer faria de tudo para evitar. É, portanto, mais do que apropriado que em seu último livro, *Minhas viagens com Heródoto*, ele tenha invocado o primeiro escritor de viagens famoso desse gênero: Heródoto, "o pai da história". O que Kapuściński mais queria quando jovem era "atravessar a fronteira" — no início, a fronteira da Polônia, mas depois, cada vez mais, todas as fronteiras possíveis. O que o impelia era a curiosidade infinita a respeito da humanidade, em todas as suas formas. Como Heródoto, ele ouvia e registrava, mas não fazia juízo de valor. Por toda a vida, ele esteve em uma jornada — uma jornada, não uma missão. O que queria descobrir? Detalhes exóticos, certamente; diferenças culturais; o rico mosaico que esteve tão ausente na Polônia do pós-guerra. Mas, além disso — mesmo em meio ao mais feroz banho de sangue, à vingança mais sádica e à degradação —, nossa bondade humana comum. Em que reside nossa esperança? Talvez na dignidade — naquela simples dignidade que em toda parte é alvo de opressores, mas que nunca pode ser inteiramente erradicada. A dignidade que diz não.

Certamente nenhum outro escritor teve maiores motivos para o pessimismo, se considerarmos tudo que ele viu, mas esta não é uma emoção que Kapuściński tenha expressado com frequência. Mais recorrente era a nota de assombro: assombro de que tais coisas — ao mesmo tempo esplêndidas e sórdidas — pudessem existir na Terra. Perto do final de *Minhas viagens com Heródoto*, há uma única frase. Descreve meramente uma cena dentro de um museu turco, mas tem o tom de um epitáfio para este homem modesto que foi uma testemunha superlativa de nossos tempos, e assim a reproduzo:

"*Estamos na escuridão, cercados pela luz.*"

Anne de Green Gables

>>><<<

(2008)

O famoso romance de Lucy Maud Montgomery, *Anne de Green Gables,* faz cem anos em abril e a Annemania está a todo vapor. Já existe um "prequel", *Anne antes de Green Gables,* de Budge Wilson, que conta a história da atrevida, estranha e encantadora Anne Shirley *antes* de ela chegar à fazenda de Green Gables, na Prince Edward Island, em uma explosão de pontos de exclamação, flores de maçã, sardas e um mal-entendido constrangedor. E há ainda outro programa para TV da menina de mangas bufantes, sapatos com botões e cabelo ao estilo Gibson que será lançado em breve — *Anne of Green Gables: A New Beginning.* O lançamento é em 2009, e a série sucede o filme mudo de 1919, o falado de 1934, a versão para TV de 1956, o anime japonês de 1979, a série Green Gables de 1985, *Road to Avonlea* de 1990 a 1996 e a série de animação da PBS de 2000; para não falar nas variadas paródias — *Anne of Green Gut, Fran of the Fundy* e similares — que apareceram com o passar dos anos.

Ainda por cima, saiu uma nova edição do primeiro livro da série Anne pela New Canadian Library, completa, com as ilustrações originais. Estas são inquietantes, porque todo mundo nelas tem a cabeça muito pequena — Marilla, em particular, não só tem uma cabeça do tamanho de um alfinete, como é praticamente careca —, levando-nos a imaginar o grau de consanguinidade que permeava Avonlea. Tem uma Anne de formato curioso — mais parece uma boneca Mary Poppins do que uma garota — que se transforma em uma linda estatueta de porcelana de Dresden no final do livro. Mas a imagem original dos defeitos de Anne tem sido corrigida repetidas vezes ao longo do século. Nas muitas representações pictóricas subsequentes, a cabeça de Anne volta ao tamanho normal — às vezes meio grande demais — e o cabelo ganha muito mais destaque.

E este processo não tem fim: da Anne of Green Gables Licensing Authority, que dá consentimento a todos os produtos paralelos, espere mais boxes de Anne, cadernos de Anne e lápis de Anne, canecas de Anne e aventais de Anne, velas de Anne e chapéus de palha de Anne, e… bom, o que mais? Lingerie debruada de renda de Anne? Livros de receitas de Anne — opa, esses já existem. Bonecas falantes de Anne que dizem "Você é mau, seu menino detestável! Que audácia!", seguido pelo estalo agudo de uma lousa sendo quebrada em um crânio duro, ou "Eu te odeio… eu te odeio… eu te odeio! Você é uma mulher grossa e insensível!". Sempre gostei dessas partes.

Para aqueles entre vocês que não leram o livro quando crianças — Será que alguém não? Sim, e muito provavelmente são homens —, *Anne* é a história de uma órfã ruiva e sardenta de 11 anos que é enviada à fazenda Green Gables, em Avonlea, por engano. Marilla e Matthew Cuthbert, os irmãos idosos que são donos do lugar, queriam um menino órfão para ajudar nas tarefas, mas Anne, ávida, imaginativa e dramática, causa tamanha impressão no velho solteirão e tímido Matthew — que aparece nas ilustrações originais como um cruzamento dúbio entre Papai Noel e um mendigo — que ele acaba querendo que ela fique, e a azeda e severa Marilla acaba por mudar de ideia e concordar com ele.

As aventuras subsequentes de Anne, os arranhões desastrados, as hiperventilações estéticas e os ataques de birra são ao mesmo tempo emocionantes e divertidos, à medida que ela vai de órfã patinho feio a cisne talentoso e bonito, até mesmo tingindo o cabelo de verde no processo. Por fim, ela conquista a admiração e o afeto não só de Marilla, mas de cada um em Avonlea, menos da menina que adoramos detestar, cujo nome é Josie Pye. Por fim há um desfecho agridoce, em que morre o maravilhoso Matthew — de ataque cardíaco devido ao choque provocado pela falência de um banco, que leva todas as suas economias, dando-nos assim Uma Anne para Nossos Tempos — Anne, mesmo sendo ganhadora de uma bolsa de estudos, renuncia às suas ambições universitárias, pelo menos por enquanto. Ela decide ficar em Green Gables para ajudar Marilla, que corre o risco de ficar cega e, se não for por Anne, terá de vender o lugar. Esta é a parte em que a gente chora muito.

O livro foi um sucesso imediato quando lançado — Anne é "a criança mais querida e mais adorável na ficção desde a imortal Alice", rosnou o rabugento e cínico Mark Twain —, e só se tornou mais forte desde então. Anne inspirou muitas imitações: suas descendentes literárias genuínas mais recentes incluem Pippi Meialonga, sem falar na Navegante da Lua — meninas que aprontam, mas não muito. A própria Montgomery escreveu uma série de sequências — *Anne de Avonlea*, *Anne da Ilha*, *Anne e a casa dos sonhos* e mais; mas a Anne crescida não é a mesma, nem Avonlea, depois da eclosão da Primeira Guerra Mundial. Quando criança leitora, eu sentia por estes últimos livros o mesmo que senti a respeito de Wendy crescendo no final de *Peter Pan*: não queria saber.

Anne de Green Gables foi lançado em 1908, um ano antes do nascimento de minha mãe, então, quando pela primeira vez sorri e chorei com ele, aos 8 anos, o livro era um jovem de 40. Revisitei-o pelos olhos de minha própria filha nos anos 1980, quando ele se aproximava dos 80. Depois nossa família realmente foi à Prince Edward Island e ficou em Charlottetown, e vimos o musical alegre e animado *Anne of Green Gables* que estava em cartaz continuamente desde 1965. Gostei muito, mas ver um espetáculo sobre uma menina de 11 anos com meninas de 11 anos de verdade lança uma luz diferente nas coisas: parte daquele prazer foi por tabela.

Não compramos nenhuma boneca ou livro de receitas de Anne nem visitamos o simulacro da fazenda Green Gables, que — a julgar por relatos sobre ela na internet — é tão completa como os aposentos de Sherlock Holmes na Baker Street, contendo tudo, da lousa que Anne quebrou na cabeça de Gilbert Blythe a seu guarda-roupa de vestidos de mangas bufantes e ao broche que ela erroneamente foi acusada de perder. Tem até um falso Matthew que mostra a propriedade, embora ele não seja descrito como alguém que corre para se esconder no celeiro à aproximação de visitas femininas, como o verdadeiro Matthew teria feito. Agora penso que queria ter visto mais quando tive a oportunidade, mas pelo menos em algum lugar pelo caminho fomos ver o internato de uma sala só do início do século XX onde as mesas duplas e altas eram iguaizinhas àquelas que Anne teria conhecido.

Da perspectiva da Annemania, éramos clientes insatisfatórios, mas os muitos turistas japoneses que percorreram um longo caminho para ver o musical estavam arrebanhando bonecas, chapéus de palha, livros e aventais com um vigor animador. Preocupei-me com estes turistas durante o musical — a corrida de ovo na colher não representaria uma barreira cultural intransponível? —, mas não precisava. Quando uma pessoa japonesa assume um hobby, esse hobby é estudado com extrema meticulosidade, e desconfio de que cada visitante japonês sabia muito mais sobre corridas com o ovo na colher do que eu mesma.

A popularidade de Anne no Japão (e ela é extremamente popular lá) costumava ser um mistério para mim. Então fui ao Japão e consegui pedir a um público local que me explicasse seu fascínio por Anne. Recebi 32 respostas, todas devidamente registradas por uma senhora gentil que as anotou, digitou e enviou para mim. Falarei de algumas a seguir.

Anne of Green Gables foi traduzido pela primeira vez para o japonês por um escritor que já era muito conhecido e amado. Anne é órfã e havia muitos órfãos no Japão logo depois da Segunda Guerra Mundial, então muitos leitores se identificaram com ela. Anne tem uma paixão por flores de macieira e de cerejeira — os japoneses são especialmente apegados às últimas —, então sua sensibilidade estética causou muita empatia. Anne tem o cabelo ruivo, o que — isso antes dos últimos vinte anos, quando até as japonesas de meia-idade podem ser vistas com cabelo azul, verde, vermelho ou laranja — era considerado extremamente exótico. Anne não só é uma órfã, mas uma órfã pobre — o degrau mais baixo na escada da sociedade tradicional japonesa. Entretanto, ela vence o mais formidável dos dragões japoneses: a matrona mais velha e autoritária. (Na verdade, ela vence duas, uma vez que acrescenta a seu círculo a arrogante, opinativa, mas de bom coração, sra. Rachel Lynde.)

Anne não tem medo do trabalho árduo: é distraída porque é sonhadora, mas não é preguiçosa. Exibe uma atitude apropriada quando está diante dos outros, e ainda mais digno de elogios é o fato de que esses outros são mais velhos. Ela aprecia a poesia e, embora mostre sinais de materialismo — seu apego por mangas bufantes é lendário —, em sua essência mais profunda ela é espiritual. E, no topo da lista, Anne rompe o tabu japonês que proíbe explosões temperamentais por parte dos mais jovens. Ela se comporta de forma espetacular, batendo os pés e atirando ofensas naqueles que a ofenderam, até recorrendo à violência física, como comprova o episódio da lousa na cabeça. Isto deve ter garantido muito prazer indireto a jovens leitores japoneses; na verdade, a todos os jovens leitores de Anne de antigamente, muito mais reprimidos do que as crianças de hoje. Se fizessem cenas como as que Anne faz, elas receberiam uma bronca, ou, se as coisas fossem particularmente ruins, uma surra. (Eu mesma nunca levei broncas nem surras, mas eram típicas das histórias de minha mãe sobre sua própria criação na Nova Escócia rural, que — tirando o internato, as idas à igreja e as atitudes para com as crianças — havia sido extraordinariamente parecida com a de Anne.)

Estes são todos os motivos japoneses para a popularidade de Anne de que consigo me lembrar, mas recebi muitos outros.

"Deus está no céu, e tudo está bem no mundo", sussurra Anne nas derradeiras linhas de *Anne de Green Gables*. Anne gosta de poesia vitoriana, então é adequado que termine sua história citando uma música cantada pela heroína otimista do poema dramático de Robert Browning "Pippa Passes"; mais do que apropriado, porque a própria Anne Shirley age como uma espécie de Pippa durante todo o livro. Pippa é uma pobre órfã italiana escravizada em uma tecelagem de seda, mas consegue preservar uma imaginação pura e um amor pela natureza, apesar de seu status inferior. Como Pippa, Anne é desavergonhadamente inocente e, sem saber, leva alegria, imaginação e muitas vezes epifania aos cidadãos de Avonlea, que tendem a ser práticos, mas melancólicos.

É improvável que Anne Shirley teria tido permissão para ler todo o "Pippa Passes". As personagens coadjuvantes de Pippa estão longe de serem íntegras e seus atos são tão sórdidos e explicitamente sexuais que chocaram a moral do público quando o poema foi publicado: uma delas é amante de um homem casado, outra tem planos para corromper Pippa e seduzi-la a uma vida de escravidão branca. A visão de Browning é a mais realista possível: na vida real, uma menina órfã como Anne teria poucas perspectivas. "Que vida faminta e sem amor ela teve — uma vida de faina, pobreza e descaso", pensa Marilla; e foi esta vida de fome, sem amor, que Budge Wilson explorou em sua "prequel". A julgar pelo que sabemos sobre a vida de órfãos naquela época, inclusive os muitos "árabes de rua de Londres", como Marilla os chama, que eram enviados ao Canadá pelo orfanato Barnardo Homes, uma Anne estatisticamente correta teria continuado pobre e negligenciada. Porém, por sorte e por seus próprios méritos, Anne é resgatada pelos irmãos Cuthbert, juntando-se assim a uma longa lista de órfãos vitorianos fictícios redimidos, de Jane Eyre a Oliver Twist e ao pequeno Tom, o limpador de chaminés em *The Water-Babies*, de Charles Kingsley. Finais de contos de fadas, é como os chamamos; porque, na mitologia e no folclore, os órfãos não eram apenas os marginalizados humilhados — podiam ser heróis em treinamento, como o rei Artur, ou sob a proteção especial dos deuses ou das fadas. (Certamente há algo de sobrenatural em Anne — uma "bruxa", como era chamada com frequência —, e alguns séculos antes ela poderia decerto ter sido queimada na fogueira.)

Fora da ficção, porém, os órfãos não só eram explorados, eram temidos e menosprezados como frutos do pecado: crianças sem pais identificáveis eram Sementes Ruins ressentidas e até mesmo criminosas que faziam coisas como atear fogo à casa das pessoas "de propósito", como Rachel Lynde informa Marilla. Por isso Montgomery se esmera para dar a Anne dois pais instruídos e respeitáveis que eram casados. Mas a Anne da vida real teria levado uma vida dickensiana de trabalho infantil esmagador e quase servidão, como uma ajudante não remunerada de uma mãe — Anne desempenhou esta função antes na vida, em uma simples casa de família, no interior, com três pares de gêmeos. Depois, ao descobrirem-na grávida, ela seria devolvida ao orfanato em desgraça, onde teria gerado outra órfã, pois como podia uma menina assim — sem dinheiro nem família, e com a reputação arruinada — conseguir sustentar um filho? E depois disso, o que viria?

Em meus momentos mais amargos, confesso ter imaginado outra sequência de Anne, a ser intitulada *Anne vai para a cidade*. Seria um épico triste à maneira de Zola que contaria o aliciamento da menina pobre através de mangas bufantes, depois sua ruína sexual e o subsequente tratamento brutal nas mãos de clientes homens hostis. Depois se seguiria o roubo de seus ganhos ilícitos, mas duramente conquistados, por uma cafetina cruel, seu desespero embotado automedicado por álcool e ópio, e seus sofrimentos com os estragos de uma doença venérea incurável. O último capítulo conteria alguma tosse ao estilo *La Traviata*, sua morte prematura e terrível e seu sepultamento em um túmulo sem nome, com nada que marcasse o falecimento desta órfã com um coração de ouro, a não ser uma saraivada de piadas sujas dos antigos clientes. No entanto, o gênio que comanda *Anne* não é o Anjo do Realismo, áspero e cinzento, mas a Divindade dos Desejos do Coração, com asas de pomba e as cores do arco-íris. Como disse Samuel Johnson sobre os segundos casamentos, *Anne* é o triunfo da esperança sobre a experiência: conta-nos não a verdade sobre a vida, mas a verdade sobre a realização dos desejos. E a principal verdade sobre a realização dos desejos é que a maioria das pessoas prefere isto à alternativa.

Este é um dos motivos para *Anne de Green Gables* ter uma vida tão duradoura, mas somente ele não seria suficiente: se *Anne* não fosse nada além de um suflê de pensamentos e resultados felizes, a Annemania teria desmoronado há muito tempo. O que distingue *Anne* de tantos "livros de meninas" da primeira metade do século XX é sua face interior sombria: é isto que confere a *Anne* sua energia frenética, às vezes quase alucinatória, e que torna o idealismo e a indignação da heroína tão pungentes e convincentes.

O lado sombrio vem da vida oculta da autora de Anne, L. M. Montgomery. Parte dos diários de Montgomery foram publicados e várias biografias surgiram, bem como um inquietante docudrama para a televisão em 1975 intitulado *The Road to Green Gables*. Uma nova biografia deve ser lançada em outubro, de autoria de Mary Henley Rubio — *Lucy Maud Montgomery: The Gift of Wings* —, e sem dúvida nela saberemos mais sobre essa vida oculta, embora o que já sabemos seja bastante desalentador. Montgomery era órfã de mãe; a mãe morreu quando ela tinha 6 anos e o pai a enviou para ser criada pelos avós presbiterianos rigorosos em Cavendish, na Prince Edward Island. A descrição do quarto gélido onde Marilla coloca Anne em sua primeira noite em Green Gables — um quarto "de uma austeridade que não pode ser descrita em palavras, mas que provoca um calafrio até a medula dos ossos de Annie" —, sem dúvida, é uma metáfora para sua casa. O choro plangente de Anne, "Você não me quer!... Ninguém nunca me quis", é um protesto indignado de uma criança contra a injustiça do universo que parece ser totalmente sincero. Montgomery foi uma órfã enviada para morar com dois velhos, mas, ao contrário de Anne, nunca os conquistou. Marilla e Matthew são o que Montgomery desejava, não o que ela teve.

As experiências de Anne cuidando dos bebês dos outros são bem ruins — Marilla, "perspicaz o bastante para ler nas entrelinhas", tem pena dela —, mas as experiências da própria Montgomery foram no mínimo piores. O pai que ela idealizava à distância mudou-se para o Oeste e se casou de novo, e Montgomery foi enviada para lá; mas o alegre reencontro de família que ela deve ter esperado não aconteceu. Em vez disso, ela se viu fora da escola para que pudesse cuidar do bebê da nova madrasta hostil. O pai quase nunca estava presente.

O gosto precoce de Anne pela leitura e a imaginação romântica são semelhantes ao que sabemos sobre Montgomery, mas esta não estrelou uma série de sequências pós-meninice em que se casa com Gilbert Blythe. Em vez disso, ela passou por dois relacionamentos sérios: um noivado com um homem que não amava e um não noivado com um homem que amava apaixonadamente, mas com o qual não conseguiu se casar porque ele era um fazendeiro sem instrução. O fazendeiro morreu e, depois disso, ela renunciou aos sonhos românticos e ficou em casa para cuidar da sua desagradável avó. Quando enfim se casou, quatro meses depois da morte da avó, teve premonições de desastre — não é um bom presságio se sentar à mesa de café da manhã no dia de seu casamento sentindo ser seu próprio funeral. Na verdade, as coisas não se saíram muito bem. O marido, Ewen Macdonald, era ministro religioso, e Montgomery tinha de realizar as muitas tarefas tediosas da esposa de um ministro, para as quais ela de forma alguma era apta como a amada sra. Allan, de Avonlea. Então Ewen começou a sofrer crises de alguma coisa que na época era chamada de "melancolia religiosa" e hoje pode ser classificada como depressão clínica ou até transtorno bipolar, e Montgomery teve de se dedicar cada vez mais a cuidar dele. Mais tarde na vida, ela própria sofreu colapsos nervosos, o que não é nenhuma surpresa. "Ninguém nunca me quis" era um fardo imposto a ela pela própria infância e se mostrou difícil de superar. Os vários mundos fictícios que ela criou com a escrita eram ao mesmo tempo uma válvula de escape e uma forma de acertar as contas com uma profunda tristeza.

Há outra maneira de ler *Anne de Green Gables*, e é supor que a verdadeira protagonista não é Anne, mas Marilla Cuthbert. A própria Anne não muda realmente por todo o livro. Ela fica mais alta; o cabelo passa de "cenoura" para "um lindo castanho-avermelhado"; as roupas ficam muito mais bonitas, devido ao espírito competitivo em relação a roupas que ela desperta em Marilla; ela fala menos, embora mais ponderadamente; mas é só isso. Como a própria Anne diz, por dentro ela ainda é a mesma menina. Igualmente, Matthew ainda é Matthew, e a melhor amiga de Anne, Diana, é também estática. Só Marilla se desenvolve em algo inimaginável para nós no começo do livro. Seu amor crescente por Anne, e a capacidade cada vez maior de expressar este amor — não a passagem de patinho a cisne de Anne —, é a verdadeira transformação mágica. Anne é a catalisadora que permite que a seca e rígida Marilla enfim expresse suas emoções humanas mais brandas há muito enterradas. No início do livro, só Anne chora; no final dele, grande parte desta tarefa foi transferida a Marilla. Como diz a sra. Rachel Lynde, "Marilla Cuthbert ficou *melosa*. Isso sim".

"Queria que você pudesse continuar uma garotinha, mesmo com todo o seu jeito estranho", diz Marilla em uma de suas passagens chorosas mais para o fim do livro. Marilla enfim se permitiu ter um desejo e ele lhe foi atendido: nos últimos cem anos, Anne *permaneceu* a mesma. Boa sorte para ela em seu segundo século.

Alice Munro: uma apreciação

>>><<<

(2008)

Alice Munro figura entre os maiores escritores de ficção em língua inglesa de nossos tempos. Recebeu uma enxurrada de superlativos da crítica tanto da América do Norte quanto do Reino Unido, ganhou muitos prêmios e tem leitores leais em todo o mundo. Entre os autores, seu nome é pronunciado aos sussurros. Mais recentemente, ela foi usada como vara para açoitar os inimigos em vários combates. "Chama isso de escrita?", dizem os açoitados, com efeito. "Alice Munro! *Isso* é que é escrita!" É o tipo de escritora sobre quem se diz com frequência — por mais famosa que ela se torne — que deveria ser mais conhecida.

Nada disso aconteceu da noite para o dia. Alice Munro vem escrevendo desde os anos 1960, e sua primeira coletânea — *Dance of the Happy Shades* — apareceu em 1968. Até hoje — incluindo o mais recente, *Fugitiva*, lançado em 2004 e recebido com muito entusiasmo — ela publicou dez coletâneas, com uma média de nove ou dez contos em cada uma. Embora sua ficção tenha sido uma presença constante na *New Yorker* desde os anos 1970, a demora em sua canonização recente à santidade literária internacional se deve em parte à forma como Munro escreve. Ela é uma escritora de histórias — "histórias curtas" ou contos, como costumavam ser chamadas, ou "ficção curta", como agora é mais comum. Apesar de muitos escritores americanos, britânicos e canadenses de primeira linha praticarem o gênero, ainda há uma tendência difundida, mas falsa, a igualar tamanho a importância.

Assim, Alice Munro tem estado entre aqueles escritores sujeitos a redescobertas periódicas, pelo menos fora do Canadá. É como se ela pulasse de um bolo — *surpresa!* —, e então tivesse que pular dele de novo, e de novo. Os leitores não veem seu nome iluminado em cada outdoor. Dão com ela como que por acaso ou destino, e são atraídos a ela, depois há um surto de espanto, emoção e incredulidade — *De onde saiu Alice Munro? Por que ninguém me falou sobre ela? Como uma excelência dessas pode brotar do nada?*

Mas Alice Munro não brotou do nada. Ela brotou — embora este seja um verbo que seus personagens achariam excessivamente vivaz, e mesmo pretensioso — do condado de Huron, no sudoeste de Ontário.

Ontário é uma grande província do Canadá que se estende do rio Ottawa à extremidade oeste do lago Superior. É uma área imensa e variada, mas o sudoeste de Ontário é uma parte distinta dela. Foi denominado Sowesto pelo pintor Greg Curnoe, um nome que pegou. Segundo Curnoe, Sowesto era uma área de interesse considerável, mas também de consideráveis trevas e esquisitices metapsíquicas, uma visão de que muitos partilham. Robertson Davies, também de Sowesto, costumava dizer "Conheço os costumes sombrios do meu povo", e Alice Munro também os conhece. É provável que você tenha topado com algumas placas nos trigais de Sowesto dizendo-lhe para se preparar para o seu encontro com Deus, ou com sua danação — o que dá a impressão de ser a mesma coisa.

O lago Huron fica na margem oeste de Sowesto, o lago Erie, na sul. A área rural é principalmente de fazendas planas, cruzadas por vários rios largos e sinuosos propensos a inundações, em cujas margens — graças ao transporte disponível por barcos e à energia fornecida por moinhos d'água — inúmeras cidades menores e maiores cresceram no século XIX. Cada uma delas tem sua prefeitura de parede de tijolos (em geral com uma torre), suas agências postais e algumas igrejas de variadas denominações, além de uma rua principal, bairros residenciais com casas elegantes, e outros bairros residenciais no lado errado dos trilhos. Cada uma dessas cidades tem suas famílias com longas lembranças e pilhas de esqueletos nos armários.

Foi em Sowesto que aconteceu o famoso Massacre dos Donnelly do século XIX, quando uma família grande foi assassinada e sua casa incendiada como consequência de ressentimentos políticos que tiveram origem na Irlanda. Natureza exuberante, emoções reprimidas, fachadas respeitáveis, excessos sexuais ocultos, surtos de violência, crimes escabrosos, ressentimentos antigos, boatos estranhos — nada disso fica muito distante da Sowesto de Munro, em parte porque tudo foi fornecido pela vida real da própria região.

Mais estranho ainda é que inúmeros escritores vieram de Sowesto. Estranho porque, quando Alice Munro estava crescendo nos anos 1930 e 1940, a ideia de alguém do Canadá — ainda mais de uma cidade pequena do sudoeste de Ontário — pensar que podia ser escritora e ser levada a sério no mundo era risível. Até as décadas de 1950 e 1960, havia muito poucas editoras no Canadá, e mesmo estas eram principalmente editoras de livros didáticos que importavam qualquer coisa que chamassem de literatura da Inglaterra e dos Estados Unidos. O máximo que havia era algum teatro amador — apresentações colegiais, grupos de teatro. Mas havia o rádio, e, nos anos 1960, Alice Munro fez sua estreia em um programa da CBC chamado *Anthology*, produzido por Robert Weaver.

Mas muito poucos escritores canadenses de qualquer gênero eram conhecidos de um público leitor internacional, e era dado como certo que se você tivesse anseios desse tipo — anseios sobre os quais você naturalmente se sentiria na defensiva e envergonhado, porque a arte não é algo com que um adulto moralmente crível se envolveria — seria melhor que você saísse do país. Todo mundo sabia que escrever não era algo que alguém podia esperar ter como meio de sustento.

Podia ser marginalmente aceitável arriscar-se na pintura à aquarela ou na poesia se você fosse certo tipo de homem, descrito por Munro no conto "A temporada de Peru": "Havia homossexuais na cidade, e sabíamos quem: um colador de papel de parede elegante, de voz branda e cabelos ondulados, que se dizia decorador de interiores; o filho único gordo e paparicado da viúva do pastor, que chegava ao extremo de entrar em competições de cozinha e fizera uma toalha de mesa de crochê; um organista da igreja e professor de música hipocondríaco que mantinha o coro e seus alunos na linha aos gritos." Ou você podia se dedicar à arte como um hobby, se fosse uma mulher com tempo de sobra, ou podia ganhar uns trocados com algum trabalho quase artístico mal remunerado. As histórias de Munro eram salpicadas de mulheres assim. Elas tocavam piano ou escreviam colunas de fofocas nos jornais. Ou — mais tragicamente — tinham um talento verdadeiro, mas pequeno, como a protagonista Almeda Roth no conto "Meneseteung", mas não existia contexto para aquelas mulheres. Almeda escreveu um único livro de poemas, publicado em 1873, intitulado *Oferendas*:

> O jornal local, o *Vidette*, se refere a ela como "nossa poetisa". Parece haver um misto de respeito e desdém, por sua vocação e seu sexo — ou por sua previsível combinação.

No começo da história, Almeda é uma solteirona cuja família morreu. Mora sozinha, preserva seu bom nome e faz obras de caridade. Mas, no fim, o rio represado da arte transborda —

impulsionado por doses generosas de analgésicos batizados com láudano — e varre seu lado racional:

> Até mesmo poemas. Sim, novamente poemas. Ou um poema. Não é essa a ideia? Um grande poema que conterá tudo e, ah, que fará todos os outros poemas, os que ela escreveu, inconsequente, meras tentativas e erros, meros farrapos? [...] O nome do poema é o nome do rio. Não, na verdade é o próprio rio, o Meneseteung. [...] Almeda olha bem, bem para dentro do rio de sua mente e para a toalha de mesa, e vê rosas de crochê boiando.

Este parecia ser o destino de uma artista — inevitavelmente, uma artista menor — nas pequenas cidades de Sowesto de outrora: o silêncio forçado pela necessidade de respeitabilidade, do contrário seria taxada de uma excentricidade que beirava a loucura.

Se você se mudasse para uma cidade maior do Canadá, podia pelo menos encontrar alguns outros de sua estirpe, mas nas cidades pequenas de Sowesto estaria por conta própria. Entretanto, John Kenneth Galbraith, Robertson Davies, Marian Engel, Graeme Gibson e James Reaney, todos vieram de Sowesto; e a própria Alice Munro — depois de uma temporada na Costa Oeste — mudou-se de volta para lá, e mora atualmente não muito longe de Wingham, o protótipo de Jubilee, Walley, Dalgliesh e Hanratty, as várias cidadezinhas de seus contos.

Por meio da ficção de Munro, o condado de Huron, em Sowesto, se juntou ao condado de Yoknapatawpha, de Faulkner, no hall de regiões que se tornaram lendárias pela excelência do escritor que as celebrou, embora para ambos os casos *celebrou* não seja bem a palavra certa. *Dissecar* pode chegar mais perto do que acontece na obra de Munro, apesar de este ser um termo clínico demais. Como podemos chamar a combinação da análise obsessiva, da escavação arqueológica, das recordações detalhadas, do remoer dos aspectos mais sórdidos, mais cruéis e mais vingativos da natureza humana, do contar de segredos eróticos, da nostalgia pelas desgraças desaparecidas e do júbilo pela plenitude e diversidade da vida, tudo misturado?

No final de *Lives of Girls and Women,* de Munro (1971), seu único romance e um *Bildungsroman* — um romance de formação, neste caso um retrato da artista quando jovem — há um trecho revelador. Del Jordan, de Jubilee, que a essa altura — fiel a seu sobrenome — atravessara para a terra prometida da condição feminina e também da de escritora, diz sobre sua adolescência:

> Não me ocorreu que um dia eu seria tão ávida por Jubilee. Voraz e desorientada como o tio Craig em Jenkin's Bend, escrevendo sua história, eu queria anotar coisas.
>
> Eu tentava fazer listas. Uma lista de todas as lojas e empreendimentos comerciais dos dois lados da rua principal e de quem eram seus donos, uma lista de nomes de família, nomes nas lápides no cemitério e quaisquer inscrições na parte inferior. […]
>
> A esperança de precisão que empregamos em tarefas como esta é louca, dolorosa.
>
> E nenhuma lista poderia conter o que eu queria, porque o que eu queria era cada coisinha, cada camada de fala e pensamento, o tocar das luzes nas cascas das árvores ou nas paredes, cada cheiro, buraco, dor, fissura, ilusão, quietude e união — radiantes, perpétuos.

Como planejamento para a obra de uma vida, isto é assustador. E, no entanto, um planejamento a que Alice Munro obedeceria pelos 35 anos seguintes com uma fidelidade extraordinária.

Alice Munro nasceu Alice Laidlaw, em 1931, o que significa que era uma criança pequena durante a Depressão. Tinha 8 anos em 1939, o ano em que o Canadá entrou na Segunda Guerra Mundial, e cursou a universidade — mais especificamente a Universidade de Ontário Ocidental, em London, Ontário — nos anos logo após a guerra. Tinha 25 anos e era uma jovem mãe quando Elvis Presley se tornou famoso, e 38 na época da revolução hippie e do advento do movimento feminista, entre 1968 e 1969, uma época que viu a publicação de seu primeiro livro. Em 1981, Munro tinha 50 anos. Seus contos são ambientados principalmente nesse período — dos anos 1930 aos 1980 — ou mesmo antes, no tempo da memória ancestral.

Sua própria ancestralidade é parte presbiteriana escocesa: ela conseguiu remontar a família a James Hogg, também conhecido como o pastor de Ettrick Shepherd, amigo de Robert Burns e dos literatos de Edimburgo do final do século XVIII, e autor de *Memórias e confissões íntimas de um pecador justificado*, que poderia muito bem ser um título de um livro de Munro. No outro lado de sua família havia anglicanos, para os quais o pior pecado, segundo dizem, era usar o garfo errado no jantar. A aguda consciência de classe social que Munro possui, incluindo as minúcias e escárnios que separam uma classe da outra, está presente nos hábitos de seus personagens — provenientes dos presbiterianos — de examinar rigorosamente os próprios atos, as emoções, os motivos e a consciência, e descobrir que são insuficientes. Em uma cultura protestante tradicional, como a das cidadezinhas de Sowesto, o perdão não é facilmente obtido, os castigos são frequentes e severos, a humilhação e a vergonha espreitam em cada esquina e ninguém escapa impune.

Mas esta tradição também contém a doutrina da justificação apenas pela fé: a graça vem a nós sem qualquer ação de nossa parte. Na obra de Munro, a graça é abundante, mas estranhamente disfarçada: tudo é impossível de ser previsto. Explodem emoções. Desmoronam preconceitos. Saltam espantos. Atos maldosos podem ter consequências positivas. A salvação chega quando menos se espera, e de formas peculiares.

Mas assim que fazemos um pronunciamento desse tipo sobre a escrita de Munro — ou qualquer outro tipo de análise, inferência ou generalização semelhante sobre ela — percebemos aquele crítico debochado presente com tanta frequência na história de Munro — aquele que diz, essencialmente: *Quem você pensa que é? O que lhe dá o direito de pensar que sabe alguma coisa a meu respeito, ou sobre qualquer pessoa, aliás?* Ou, para citar de novo *Lives of Girls and Women*, "A vida das pessoas [...] era monótona, simples, espantosa e insondável — cavernas profundas revestidas com linóleo de cozinha". A palavra-chave aqui é *insondável*.

Os dois primeiros contos da coletânea de Munro, "Royal Beatings" e "The Beggar Maid", são de um livro com três títulos diferentes. No Canadá foi intitulado — com aquela popular expressão de acusação usada para tirar a pompa da cabeça envaidecida de alguém — *Quem você pensa que é?*. Na Inglaterra foi chamado, simplesmente, *Rose and Flo*, e nos Estados Unidos recebeu o título romântico de *The Beggar Maid*. Os contos neste livro de título enigmático têm uma protagonista em comum, Rose, que é criada em uma parte mais pobre de uma cidade chamada Hanratty, com o pai e a madrasta, Flo, e então vai para a universidade com uma bolsa de estudos, casa-se com um homem de um nível social bem superior ao dela, foge dele após o casamento e, então, mais tarde na vida, vira atriz — um pecado capital e motivo de vergonha na Hanratty ainda habitada por Flo. *Quem você pensa que é?* é, portanto, outro *Bildungsroman* — um relato da formação de sua heroína — e outro retrato da artista.

O que é falsidade, o que é autenticidade? Que emoções e modos de comportamento e de fala são honestos e verdadeiros, e quais são fingidos ou pretensiosos? Será possível fazer essas separações? Os personagens de Munro frequentemente pensam nestas questões.

A arte imitando a vida. A sociedade de Hanratty é dividida em duas pelo rio que atravessa a cidade:

> Em Hanratty, a estrutura social vai de médicos, dentistas e advogados a operários de fábrica e carroceiros: em West Hanratty vai de operários de fábrica e de fundição a grandes famílias imprevidentes de contrabandistas ocasionais, prostitutas e ladrões malsucedidos.

Cada metade da cidade alega o direito de desdenhar da outra. Flo atravessa Hanratty, a melhor parte da cidade, para fazer compras, mas também "para ver gente e ouvi-las. Entre as pessoas que ela ouvia estavam a sra. Advogado Davies, a sra. Reverendo Anglicano Henley-Smith e a sra. Veterinário McKay. Ela chegava em casa e imitava as vozes frívolas delas. Monstros, era o que ela as fazia parecer, cheias de tolice, exibicionismo e autossatisfação".

Mas quando Rose vai para a faculdade, forma-se professora e fica noiva de Patrick, filho de um magnata de lojas de departamentos da Costa Oeste, e vê o ambiente da classe média alta, Flo, por sua vez, torna-se monstruosa aos olhos de Rose, e esta se sente dividida. A visita de Patrick à cidade natal de Rose é um desastre para ela:

> Ela se envergonhou em tantos níveis que nem conseguiria contar. Teve vergonha da comida, do cisne e da toalha de mesa de plástico; teve vergonha de Patrick, o esnobe melancólico, que fez uma careta de susto quando Flo passou a ele os palitos de dentes; teve vergonha por Flo, com sua timidez, hipocrisia e pretensão; mas, sobretudo, envergonhou-se de si mesma. Ela sequer encontrou um jeito de falar que soasse natural.

Entretanto, assim que Patrick começa a criticar a cidade dela e sua família, Rose sente "uma camada de lealdade e protecionismo [...] se solidificando em torno de cada lembrança sua [...]".

Esse sentimento de aliança dividida se aplica à vocação de Munro bem como a considerações de status social. Seu mundo ficcional é povoado de personagens secundários que menosprezam a arte e o artífice, e qualquer tipo de pretensão ou exibicionismo. É contra estas atitudes e a autodesconfiança que elas inspiram que seus personagens centrais precisam lutar para se libertarem e criar alguma coisa na vida.

Ainda assim, ao mesmo tempo, as protagonistas compartilham deste desprezo e desconfiança pelo lado artificial da arte. Sobre o que se deve escrever? Como se deve escrever? O quanto da arte é genuíno, o quanto é só um saco de truques baratos — imitar as pessoas, manipular suas emoções, fazer caretas? Como se pode afirmar alguma coisa sobre outra pessoa — mesmo sobre uma pessoa inventada — sem pressuposições? Acima de tudo, como uma história deve terminar? (Munro em geral dá um final, depois o questiona ou revisa. Ou simplesmente não confia nele, como no último parágrafo de "Meneseteung", em que a narradora diz "posso ter entendido errado".) Não será o próprio ato de escrever um ato de arrogância, não será a caneta uma muleta frágil? Vários contos — "Amiga de juventude", "Carried Away", "Wilderness Station", "Ódio, amizade, namoro, amor, casamento" — contêm cartas que exibem a vaidade, a falsidade ou até a maldade de quem as escreve. Se a escrita de cartas pode ser tão diabólica, o que dizer da escrita em si?

Esta tensão permaneceu com ela: como em "As luas de Júpiter", em que os personagens artísticos de Munro são punidos por não terem sucesso, mas também são punidos por o alcançarem. A escritora, pensando no pai, diz:

> Dava para ouvi-lo dizer: bom, não vi nada sobre você na *Maclean's*. E se tivesse lido algo sobre mim, ele diria: bom, não achei grande coisa aquela crítica. Seu tom seria bem-humorado e indulgente, mas produziria em mim uma familiar prostração de

espírito. A mensagem que ele me transmitia era simples: fama é algo pelo qual você precisa lutar, depois se justificar. Obtendo ou não obtendo, a culpa recai sobre você.

A "prostração de espírito" é um dos grandes inimigos de Munro. Seus personagens batalham contra ela do jeito que podem, combatendo costumes repressores, expectativas sufocantes e regras de comportamento impostas por outros, e todo tipo possível de sufocamento ou asfixia espiritual. Se tiver de escolher entre ser uma pessoa que faz boas ações, mas tem sentimentos inautênticos e no fundo é insensível, e outra que se comporta mal, mas é fiel ao que realmente sente e, portanto, está viva para si mesma, a mulher retratada por Munro provavelmente escolherá a última; ou, se escolher a primeira, depois fará algum comentário sobre o próprio caráter escorregadio, a malícia, a vilania, a astúcia e a perversidade. Na obra de Munro a honestidade não é a melhor política; na verdade, sequer é uma política, mas é um elemento essencial, como o ar. Os personagens devem agarrar-se a ela pelo menos em parte, por meios justos ou sujos, ou — assim eles sentem — vão afundar.

A batalha pela autenticidade é travada mais significativamente no campo do sexo. O mundo social de Munro — como a maioria das sociedades em que o silêncio e o segredo são a norma em questões sexuais — tem uma alta carga erótica, e esta carga se envolve como uma penumbra de neon em torno de cada personagem, iluminando paisagens, ambientes e objetos. Uma cama desarrumada diz mais, nas mãos de Munro, do que qualquer cena de sexo explícita, qualquer descrição de genitália. Mesmo que uma história não trate principalmente de um caso de amor ou encontro sexual, homens e mulheres sempre estão conscientes do outro como homem e mulher, positiva ou negativamente, reconhecendo a atração e a curiosidade ou a repulsa sexual. As mulheres se sintonizam imediatamente no poder sexual de outras mulheres, e se sentem cautelosas em relação a ele, ou invejosas. Os homens são exibidos, vaidosos, flertam, seduzem e competem.

Os personagens de Munro são alertas à química sexual em um encontro como cães em uma perfumaria — à química entre os outros, assim como às próprias reações viscerais. Apaixonar-se, ceder à lascívia, enganar cônjuges e gostar disso, contar mentiras sexuais, fazer coisas vergonhosas a que se sentem compelidos por um desejo irresistível, fazer cálculos sexuais com base no desespero social — poucos escritores exploraram esses processos com mais profundidade e mais impiedade. Testar os limites sexuais é claramente emocionante para muitas das mulheres de Munro; mas, os ultrapassar, você deve saber exatamente onde fica a cerca, e o universo de Munro é entrecruzado por limites meticulosamente definidos. Mãos, cadeiras, olhares — tudo faz parte de um mapa interior complexo coberto de arame farpado, armadilhas e caminhos secretos por entre as moitas.

Para mulheres da geração de Munro, a expressão sexual era uma libertação e uma saída. Mas saída do quê? Da negação e do desprezo limitante que ela descreve tão bem em "A temporada de Peru":

> Lily disse que nunca deixava o marido chegar perto se andara bebendo. Marjorie disse que, desde uma vez em que quase morrera de hemorragia, nunca deixava o marido chegar perto e ponto final. Lily acrescentou que só quando tinha bebido ele tentava alguma coisa. Dava para perceber que era uma questão de orgulho não deixar o marido chegar perto de você, mas não acreditava inteiramente que "chegar perto" significasse "fazer sexo".

Para mulheres mais velhas como Lily e Marjorie, desfrutar do sexo teria sido uma derrota humilhante. Para mulheres como

Rose, em "The Beggar Maid", seria uma questão de orgulho e celebração, uma vitória. Para gerações posteriores de mulheres — da revolução pós-sexual —, desfrutar do sexo passou a ser simplesmente um dever, o orgasmo perfeito se tornando outra coisa a acrescentar à lista de realizações obrigatórias; e, quando o prazer vira um dever, voltamos à terra da "prostração de espírito". Mas para uma personagem de Munro no auge da exploração sexual o espírito pode ficar confuso, envergonhado e atormentado, até cruel e sádico — alguns casais de suas histórias sentem prazer em torturar um ao outro emocionalmente, como algumas pessoas da vida real —, mas nunca prostrado.

Em alguns dos últimos contos, o sexo pode ser menos impetuoso, mais calculado: para Grant, em "O urso atravessou a montanha", é o elemento decisivo em uma proeza impressionante de negociação de mercadorias emocionais. Sua amada esposa, Fiona, tem demência e se apegou a um homem igualmente enfermo em uma unidade de saúde. Quando este homem é levado para casa pela esposa rígida e prática, Marian, Fiona sente muito sua falta e para de comer. Grant quer convencer Marian a recolocar o marido na instituição. Marian se recusa: custaria caro demais. Mas Grant percebe que Marian se sente solitária e sexualmente disponível. Ela tem o rosto enrugado, mas seu corpo ainda é atraente. Como um vendedor astuto, Grant avança para fechar negócio. Munro sabe muito bem que o sexo pode ser uma glória e um tormento, mas também pode ser moeda de troca.

A sociedade sobre a qual Munro escreve é cristã. Este cristianismo, em geral, não é explícito; costuma ser um mero pano de fundo. Flo, em "The Beggar Maid", decora as paredes com "um grande número de admoestações, de devoção, de frases motivacionais e ligeiramente obscenas":

O SENHOR É MEU PASTOR
CRÊ NO SENHOR JESUS CRISTO E SERÁS SALVO

Por que Flo faz isso, quando nem sequer é religiosa? Era o que as pessoas tinham, algo tão comum quanto ter calendários nas paredes.

O cristianismo era "o que as pessoas tinham" — e, no Canadá, a Igreja e o Estado nunca se separaram em linhas definidas como nos Estados Unidos. Orações e leituras da Bíblia eram tarefas diárias nas escolas públicas. Este cristianismo cultural forneceu amplo material para Munro, mas também está ligado a um dos padrões mais característicos de sua imagística e da estruturação de suas histórias.

O dogma cristão central é de que dois elementos díspares e mutuamente excludentes — a divindade e a humanidade — se unem em Cristo, sem que um aniquile o outro. O resultado não era um semideus, ou um deus disfarçado: Deus tornou-se um ser humano completo enquanto permaneceu ao mesmo tempo totalmente divino. Acreditar que Cristo foi só um homem ou acreditar que ele era simplesmente Deus foram, ambos, declarados heresia pela Igreja cristã dos primeiros tempos. O cristianismo, assim, depende de uma negação da lógica de classificação "ou" e de uma aceitação do mistério os-dois-ao-mesmo-tempo. A lógica diz que A não pode ser ao mesmo tempo ele mesmo e não A, o cristianismo diz que pode. A formulação "A mas também não A" é indispensável a ele.

Muitas histórias de Munro se resolvem — ou falham em achar resolução — exatamente desta forma. O exemplo que me vem à mente primeiro — embora existam muitos — é de *Lives of Girls and Women*, em que a professora que encenou as operetas leves e alegres no colegial se afoga no rio.

A srta. Farris em seu traje de veludo para esquiar [...] A srta. Farris *con brio* [...] A srta. Farris boiando de cara para baixo, sem protestar, no rio Wawanash, seis dias antes de ser encontrada. Apesar de não existir jeito plausível de pendurar essas fotos juntas — se a última é verdadeira, não poderia então alterar todas as outras? —, elas terão de ficar juntas agora.

Para Munro, uma coisa pode ser verdade e não verdade, mas mesmo assim verdade. "É real e desonesto", pensa Georgia a respeito de seu remorso em "Diferente". "Como me é difícil acreditar que eu inventei isso", diz a narradora de "O progresso do amor". "Parece tanto verdade que é a verdade; é o que acredito em relação a elas. Não parei de acreditar nisso." O mundo é profano *e* sagrado. Deve ser engolido inteiro. Sobre ele, sempre há mais a se saber do que você jamais poderia saber.

Em um conto de título "Something I've Been Meaning to Tell You", a invejosa Et descreve o ex-amante da irmã — um mulherengo promíscuo — e o olhar que ele lança a cada mulher, um olhar "que o faz parecer um mergulhador de águas profundas submergindo, descendo por todo o vazio, o frio e o naufrágio para descobrir a única coisa em que depositou o coração, algo pequeno e precioso, difícil de ser localizado, como talvez um rubi no fundo do mar".

Os contos de Munro estão repletos desses caçadores questionáveis e de tramas refinadas. Mas também repletos desses insights: no interior de cada história, no interior de cada ser humano, pode haver um tesouro perigoso, um rubi inestimável. Um desejo sincero.

Balanços do passado

>>><<<

(2008)

O escritor canadense de livros sobre a natureza Ernest Thompson Seton recebeu uma conta estranha ao completar 21 anos. Era registro, mantido pelo pai, de todas as despesas que tivera com a infância e a juventude do jovem Ernest, inclusive o que foi cobrado pelo médico que fez o parto. Para piorar, dizem que Ernest pagou. Eu costumava pensar que o sr. Seton era um babaca, mas agora me pergunto: e se ele — por princípio — estava certo? Estaremos em dívida com alguém ou alguma coisa pelo mero fato de nossa existência? Se for assim, o que devemos, e a quem ou ao quê? E como pagar?

Quando fui convidada a ministrar as Conferências Massey, em 2008, decidi usá-las para explorar um tema de que sei pouco, mas que por este mesmo motivo me intriga. Este tema é a dívida.

Não me refiro à gestão financeira, nem ao déficit de sono, nem à dívida nacional, nem às formas de administrar seu orçamento mensal, nem ao debate sobre como a dívida na verdade é uma coisa boa, porque você pode pedir dinheiro emprestado e depois fazê-lo crescer, nem à questão dos consumistas e como entender que você é um deles — as livrarias e a internet têm muito material sobre isso.

Também não queria falar sobre as formas mais sinistras de dívida: dívidas de apostas e vinganças da Máfia, justiça cármica, em que as más ações desencadeiam uma reencarnação na forma de besouro, nem melodramas em que credores de bigode retorcido usam o não pagamento do aluguel para estuprar mulheres bonitas, embora possamos tocar nesses aspectos. Em vez disso, trata-se da dívida como um constructo humano — e, portanto, um constructo imaginativo — e como este constructo espelha e amplia tanto o desejo humano voraz quanto o medo humano feroz.

Escritores escrevem sobre o que os preocupa, diz Alistair MacLeod. E também sobre o que os intriga, acrescentaria eu. Este tema é uma das coisas mais preocupantes e intrigantes que conheço: este nexo peculiar em que dinheiro, narrativa (ou história) e crença religiosa se cruzam, em geral com uma força explosiva.

As coisas que nos intrigam na vida adulta geralmente começam a nos desconcertar quando somos crianças, ou pelo menos foi este o caso para mim. No final dos anos 1940, na sociedade em que cresci, havia três coisas sobre as quais nunca devíamos perguntar. Uma delas era dinheiro, principalmente sobre quanto alguém ganhava. A segunda era religião: começar uma conversa sobre esse assunto levaria direto à Inquisição espanhola, ou coisa pior. A terceira era sexo. Vivi entre biólogos, e o sexo — pelo menos o praticado por insetos — era algo que eu podia procurar nos livros didáticos que se espalhavam pela casa: o ovipositor não me era estranho. Por conseguinte, a ardorosa curiosidade que as crianças vivem diante do proibido concentrava-se, no meu caso, nas outras duas áreas tabus: a financeira e a devocional.

No início, estas pareciam ser de categorias distintas. Havia as coisas de Deus, que eram invisíveis. E havia as coisas de César, que eram todas materiais. Elas assumiam a forma de bezerros de ouro, os quais não tínhamos muitos em Toronto naquela época, e também a forma do dinheiro, e o amor por ele era a origem de todo mal. Mas por outro lado havia o personagem de quadrinhos Tio Patinhas — muito lido por mim — que era um bilionário irascível, pão-duro e diabólico assim nomeado com base no famoso usurário redimido de Charles Dickens, Ebenezer Scrooge (em inglês, o nome de Tio Patinhas é Scrooge McDuck). O pato plutocrata tinha um cofre imenso cheio de moedas de ouro em que ele e seus três sobrinhos adotivos se jogavam como que numa piscina. O dinheiro, para o Tio Patinhas e os jovens patinhos, não era a origem de todo o mal, mas um brinquedo prazeroso. Qual das visões era a correta?

Nós, crianças dos anos 1940, em geral tínhamos algum trocado, e embora não devêssemos falar sobre isso ou ter um amor indevido por ele, esperavam que aprendêssemos a gerenciá-lo já em tenra idade. Aos 8 anos, tive meu primeiro trabalho remunerado. Já estava familiarizada com o dinheiro de uma forma limitada — ganhava 5 cents por semana de mesada, o que na época comprava muito mais cáries do que compra agora. O que eu não gastava em doces, guardava em uma caixa de latão de chá Lipton. Tinha um desenho indiano em cores vivas, completo, com elefante, mulher opulenta de véu, homens de turbantes, templos, domos, palmeiras e um céu tão azul que nunca deve ter existido. As moedas tinham folhas de um lado e caras de reis do outro, e eram desejáveis para mim de acordo com sua raridade ou beleza: o rei George VI, o monarca reinante, era moeda comum e assim de baixa posição em minha pequena escala esnobe, e ele também não tinha barba nem bigode; mas ainda havia alguns Georges V "hairier" em circulação e, se tivéssemos sorte, um ou dois Edward VII com a cara peluda de verdade.

Eu sabia que aquelas moedas podiam ser trocadas por bens como sorvetes de casquinha, mas eu não as achava superiores a outras unidades monetárias usadas por meus companheiros crianças: cards de avião das embalagens de cigarro, tampas de garrafa de leite, gibis e bolas de gude de muitos tipos. Em cada uma dessas categorias, o princípio era o mesmo: a raridade e a beleza aumentavam o valor. A taxa de câmbio era estabelecida pelas próprias crianças, embora houvesse muita pechincha.

Tudo isso mudou quando consegui um trabalho. Pagava 25 cents por hora — uma fortuna! — e consistia em empurrar um carrinho de bebê pela neve. Desde que eu levasse o bebê de volta, vivo e não muito congelado, recebia os 25 cents. Foi nesta época de minha vida que cada moeda passou a valer o mesmo de todas as outras, independentemente da cara que trouxesse, ensinando-me assim uma lição importante: nas altas finanças, as considerações estéticas são deixadas de lado, infelizmente.

Como eu estava ganhando tanto dinheiro, me disseram que eu precisava de uma conta no banco, assim evoluí da lata de Lipton e adquiri uma caderneta bancária vermelha. Foi aí que a diferença entre as moedas com caras e as bolas de gude, as tampas de garrafa de leite, os gibis e os cards de avião ficou nítida, já que não se podia colocar bolas de gude no banco. Mas você era exortado a colocar seu dinheiro lá, para mantê-lo em segurança. Quando eu acumulava uma quantidade perigosa da coisa — digamos, 1 dólar —, depositava no banco, onde a soma era registrada à caneta por um caixa de banco que me intimidava. O último número na série, "o balanço", não era um termo que eu entendesse, porque eu nunca havia visto uma balança de dois pratos.

De vez em quando aparecia uma soma a mais em minha caderneta vermelha — que eu não tinha depositado. Pelo que me disseram, chamava-se *"interest"*, os juros, e eu os "ganhara" por ter guardado meu dinheiro no banco. Eu também não entendia aquilo. Certamente era interessante para mim que eu tivesse um dinheiro a mais — talvez por isso se chamasse *"interest"* —, mas eu sabia que não o havia realmente ganhado: nenhum bebê do banco tinha passeado na neve comigo. De onde então vinham aquelas somas misteriosas? Certamente do mesmo lugar imaginário de onde brotavam as moedas deixadas pela Fada dos Dentes em troca de dentes extraídos: algum devoto reino da invenção cuja localização exata não se podia conhecer, mas que todos tínhamos de fingir acreditar ou a jogada do dente-em-troca-de-uma-moeda não daria mais certo.

Porém, as moedas embaixo do travesseiro eram bem reais. Assim como os juros do banco, porque podíamos sacar e transformá-los de novo em moedas, e daí em doces e sorvetes de casquinha. Mas como uma ficção gerava objetos reais? Eu sabia, por contos de fadas como *Peter Pan*, que, se a gente deixasse de acreditar em fadas, elas caíam mortas: se eu parasse de acreditar em bancos, eles iam expirar também? Adultos acreditavam que as fadas eram irreais e os bancos eram reais. Mas seria isto verdade?

Assim começaram minhas perplexidades financeiras. E ainda não acabaram.

No último meio século, passei muito tempo andando de transporte público. Sempre lia os anúncios. Na década de 1950, havia muitos anúncios de cinta-liga e cervejaria, e anúncios de desodorantes e enxaguantes bucais. Hoje em dia eles desapareceram, substituídos por anúncios de doenças — problemas cardíacos, artrite, diabetes e mais; anúncios para ajudar a pessoa a parar de fumar; anúncios de séries de televisão que sempre parecem conter uma ou duas mulheres que parecem deusas, embora estes às vezes sejam anúncios de tintura capilar e creme para a pele; e anúncios de agências para as quais podemos telefonar se formos viciados em jogo. E anúncios de gestão de dívidas — há muitos deste tipo.

Um deles mostra uma mulher sorrindo alegremente com uma criança pequena. A legenda diz "Agora estou no controle... e os telefonemas de cobrança pararam". "Como é que o dinheiro não compra felicidade? Dívidas financeiras são administráveis", diz outro. "*Existe* vida após a dívida!", apela um terceiro. "*É possível* um felizes para sempre após esbanjar!", gorjeia um quarto, que se baseia na mesma crença de contos de fadas que inspirava você a meter as contas embaixo do tapete e depois acreditar de todo coração que tinham sido pagas. "Tem alguém no seu pé?", pergunta um quinto anúncio, mais ameaçador, da traseira de um ônibus. Estes serviços não prometem fazer com que nossas dívidas onerosas desapareçam numa nuvem de fumaça, mas nos ajudar a consolidá-las e pagá-las aos poucos, enquanto aprendemos a evitar o comportamento perdulário que, antes de tudo, nos fez afundar tanto no vermelho.

Por que existem tantos desses anúncios? É porque existem números sem precedentes de gente endividada? É bem possível.

Nos anos 1950, a era dos espartilhos e desodorantes, os anunciantes evidentemente sentiam que a coisa que mais deixava as pessoas nervosas era ter o corpo pendurado livremente, e ainda por cima fedendo. Era um corpo que podia escapar de você, então era um corpo que precisava ser mantido sob controle; se não, podia sair e fazer coisas que lhe dariam uma vergonha tão profunda e sexual que nunca poderia ser mencionada no transporte público. Agora as coisas são muito diferentes. As travessuras sexuais são uma parte da indústria do entretenimento, portanto não são mais um motivo de censura ou culpa; sendo assim, seu corpo não é o principal foco de ansiedade, a não ser que tenha uma das muitas doenças anunciadas. Em vez disso, agora o mais preocupante é o seu déficit financeiro.

Existe um bom motivo para isso. O primeiro cartão de crédito surgiu em 1950. Em 1955, a proporção dívida/renda do lar canadense médio era de 55%; em 2003, era de 105,2%. A proporção só tem aumentado desde então. Nos Estados Unidos, a proporção estava em 114% em 2004. Em outras palavras, muita gente está gastando mais do que ganha. Assim como muitos dos grandes governos federais.

No nível microeconômico, um amigo me contou sobre uma epidemia de dívidas entre os maiores de 18 anos, em especial universitários; eles são alvos das empresas de cartão de crédito e precipitam-se a gastar o máximo, sem parar para calcular as consequências, depois ficam presos a dívidas que não conseguem pagar, a taxas de juros muito altas. Como os neurologistas agora estão nos dizendo que o cérebro adolescente é bem diferente do cérebro adulto, e não é realmente capaz de fazer todas as contas de longo prazo envolvidas no compre-agora, pague-depois, isto deveria ser considerado exploração infantil.

Do outro lado da balança, o mundo financeiro recentemente foi abalado pelo colapso de uma pirâmide de dívidas envolvendo algo chamado "hipotecas subprime" — um esquema de pirâmide que a maioria das pessoas não entende muito bem, mas que se resume no fato de que algumas grandes instituições financeiras venderam hipotecas a pessoas que talvez não conseguissem pagar as taxas mensais e depois colocavam essa dívida, resultado desse esquema, em caixas de papelão com rótulos chamativos e as vendiam a instituições e fundos hedge que achavam que elas valiam alguma coisa. É o mesmo esquema do estratagema de cartão de crédito para adolescentes, mas em um grau de magnitude muito maior.

Um amigo meu dos Estados Unidos escreve: "Antigamente eu tinha três bancos e uma companhia hipotecária. O Banco Um comprou os outros dois e agora se esforça para comprar a companhia hipotecária, que está falida, só que revelaram esta manhã que o último banco de pé também tem problemas graves. Agora eles estão tentando renegociar com a companhia hipotecária. Pergunta número um: se sua empresa vai falir, por que você vai querer comprar uma empresa cuja insolvência está em todas as manchetes? Pergunta número dois: se todos os credores falirem, os devedores ficam livres? Você não imagina o desgosto do americano que adora um crédito. Calculo que todos os bairros do Meio-Oeste parecem os bairros de minha cidade natal: casas vazias com a grama na altura dos joelhos e trepadeiras crescendo pelas paredes, e ninguém disposto a admitir que é realmente dono do lugar. Lá vamos nós ladeira abaixo, prestes a colher o que semeamos."

A coisa toda tem um belo toque bíblico, mas ainda nos faz coçar a cabeça. Como e por que isso aconteceu? A resposta que ouço com muita frequência — "ganância" — pode ser bem precisa, mas não vai muito longe e não revela os mistérios mais profundos do processo: o que é esta "dívida" pela qual somos tão atormentados? Como o ar, está à nossa volta, mas nunca pensamos nela, a não ser que dê alguma coisa errada com o suprimento. Certamente é algo que passamos a achar indispensável ao nosso dinamismo coletivo. Nos bons tempos, flutuamos em volta dela como que em um balão de hélio; subimos cada vez mais, e o balão fica cada vez maior, até que — *puf!* — algum estraga-prazeres o fura com um alfinete e afundamos. Mas qual é a natureza desse alfinete? Outro amigo meu costumava defender que os aviões só ficavam no ar porque as pessoas acreditavam — contrariando a razão — que eles podiam voar; sem esta ilusão coletiva que os sustentasse, eles instantaneamente mergulhariam na terra. Seria a "dívida" parecida?

Em outras palavras, talvez a dívida exista porque a imaginamos. São as formas assumidas por esta imaginação — e seu impacto na realidade vivida — que gostaria de explorar.

Nossa atitude atual para com as dívidas está profundamente arraigada em toda a nossa cultura — a cultura sendo, como afirmou o primatologista Frans de Waal, "um modificador muito poderoso — afetando tudo que fazemos e somos, penetrando no âmago da existência humana". Mas talvez alguns padrões mais básicos estejam sendo modificados.

Vamos supor que todas as coisas que os seres humanos fazem — as boas, as más e as feias — possam ser localizadas em um bufê de comportamentos com uma placa que diz *Homo sapiens sapiens*. Estas coisas não estão no bufê assinalado *Aranhas*, e é por isso que não passamos muito tempo comendo moscas-varejeiras, nem estão no bufê rotulado de *Cães*, e é por isso que não andamos por aí marcando território em hidrantes com nossos aromas glandulares nem metendo o nariz em sacos de lixo. Parte de nosso bufê humano possui comida de verdade porque, como todas as espécies, somos movidos pelo apetite e pela fome. O resto dos pratos na mesa contém medos e desejos menos concretos — coisas como: "Queria voar", "Queria ter relações sexuais com você", "A guerra é unificadora para a tribo", "Tenho medo de cobras" e "O que vai acontecer comigo quando eu morrer?"

Mas não há nada na mesa que não seja baseado ou não esteja ligado a nossos padrões humanos rudimentares — o que queremos, o que não queremos, o que admiramos, o que desprezamos, o que amamos e o que odiamos e temos. Alguns geneticistas chegam ao ponto de falar em nossos "módulos", como se fôssemos sistemas eletrônicos com grupos de circuitos funcionais que podem ser ativados e desativados. Ainda hoje é questão de experimentação e debates se esses módulos distintos realmente existem como parte de nosso circuito neural geneticamente determinado. De todo modo, estou pressupondo que, quanto mais antigo for um padrão de comportamento reconhecível — quanto mais tempo ele tem estado conosco de forma demonstrável —, mais essencial ele deve ser para nossa humanidade e mais variações culturais estarão em evidência nele.

Não estou propondo uma "natureza humana" imutável marcada a ferro e fogo — os epigeneticistas observam que os genes podem ser expressos, ou "ativados", e também suprimidos de várias maneiras, dependendo do ambiente em que estamos. Digo apenas que sem configurações ligadas a genes — alguns blocos de construção ou pedras fundamentais, se preferir — nunca teriam ocorrido as muitas variações de comportamentos humanos básicos que vemos a nossa volta. Um videogame on-line como *Everquest*, em que você tem de ascender de esfolador de coelhos a cavaleiro dono de castelo fazendo comércio, cooperando com companheiros de jogo em missões em grupo e desferindo ataques a outros castelos, seria impensável se não fôssemos uma espécie social e ao mesmo tempo consciente de hierarquias.

Que pedra fundamental interior ancestral correspondente sustenta o complicado arabesco da dívida que nos cerca de todos os lados? Por que somos tão receptivos a ofertas de vantagens no presente em troca de pagamentos futuros, mas onerosos? Será simplesmente porque somos programados para pegar as frutas no galho baixo e devorá-las o máximo que pudermos, sem pensar nos dias sem frutas que podem estar a nossa frente? Bom, em parte, sim: 72 horas sem fluidos ou duas semanas sem alimento e você provavelmente morrerá, então se não comer alguma fruta dos galhos baixos agora não estará por aqui seis meses depois para se parabenizar por sua capacidade de autocontrole e espera pela recompensa. Neste aspecto, é quase garantido que os cartões de crédito farão dinheiro, uma vez que "agarre agora" pode ser uma variante de um comportamento selecionado para os dias de caçadores-coletores, muito antes de alguém chegar a pensar em economizar para a aposentadoria. Na época, de fato mais valia um pássaro na mão do que dois voando, e um pássaro metido na sua boca valia ainda mais. Mas será que é só uma questão de ganho de curto prazo seguido por sofrimento de longo prazo? Será a dívida por nossa própria ganância ou até — mais indulgentemente — por nossa própria necessidade?

Postulo que existe outra pedra fundamental interior e ancestral sem a qual a dívida e as estruturas de crédito não poderiam existir: nosso senso de justiça. Visto através da melhor ótica, esta é uma característica humana admirável. Sem nosso senso de justiça, cujo lado positivo é "uma mão lava a outra", não reconheceríamos a justiça de devolver o que pegamos emprestado, e assim ninguém jamais seria burro a ponto de emprestar alguma coisa a alguém com a expectativa de devolução. As aranhas não compartilham as varejeiras com outras aranhas adultas: só os animais sociais desfrutam do compartilhamento. O lado negativo do senso de justiça é o senso de injustiça, que resulta em satisfação quando você se safa sendo injusto, ou até culpado; ou na raiva e vingança, quando a injustiça recaiu sobre você.

As crianças começam a dizer "Isso não é justo!" mais ou menos aos 4 anos, muito antes de se interessarem por sistemas sofisticados de investimento ou terem alguma noção do valor de moedas e cédulas. Elas também se enchem de satisfação quando o vilão da história da hora de dormir tem um castigo óbvio, e ficam inquietas quando esta punição não acontece. O perdão e a misericórdia, como azeitonas e anchovas, parecem ser adquiridos mais tarde, ou — se a cultura lhes for desfavorável — não são adquiridos. Mas, para as crianças pequenas, colocar uma pessoa má em um barril cravejado de pregos e rolar a pessoa para o mar restaura o equilibro cósmico e tira de vista a força malévola, e os pequenos dormem mais tranquilos à noite.

O interesse pela justiça se torna mais elaborado com a idade. Depois dos 7 anos, há uma fase legalista em que a justiça — ou, em geral, a injustiça — de qualquer regra imposta por adultos é questionada incansavelmente. Nesta idade, também, o senso de justiça pode assumir formas curiosas; por exemplo, nos anos 1980, havia um estranho ritual entre as crianças de 9 anos que era o seguinte: durante passeios de carro, você ficava olhando fixamente pela janela até avistar um Fusca. Depois dava um soco no braço do amiguinho ao lado, gritando: *"Fusca! Sem revidar!"* Ver o Fusca primeiro significava que você tinha direito de socar a outra criança, e acrescentar uma regra — "sem revidar!" —, que a criança tinha perdido o direito de retaliar o soco. Se, porém, a outra criança conseguisse bater de volta antes que você gritasse seu feitiço de proteção, então o soco em retaliação era válido. O dinheiro não importava aqui: não se podia comprar uma saída para não ser socado. O que estava em questão era o princípio da reciprocidade: um soco merecia outro, e certamente o garantiria, a não ser que uma cláusula de saída fosse proferida na velocidade da luz.

Quem deixa de discernir no ritual desta brincadeira a forma essencial da *Lei de Talião*, do Código de Hamurabi, de quase 4 mil anos — reformulado como a lei bíblica do olho por olho, dente por dente —, está sendo cego. A Lei de Talião, *Lex talionis,* significa, em síntese, "a lei da retribuição na mesma moeda por conformidade". Segundo as regras da brincadeira do Fusca, os socos se anulam, a não ser que você consiga jogar sua proteção mágica primeiro. Esse tipo de proteção pode ser encontrado em um universo de contratos e documentos legais, em cláusulas que começam com expressões como "Não obstante o supracitado".

Todos nós queremos direito a um soco de graça, ou a um almoço grátis, ou a qualquer coisa grátis. Todos nós suspeitamos de que a probabilidade de conseguirmos esse direito é pouca, a não ser que possamos tirar da cartola algum abracadabra de verdade. Mas como sabemos se é provável que um soco implique outro? Será isso ensinado pela socialização inicial — do tipo que se tem quando se briga pela massinha de modelar na pré-escola e depois se diz "Melanie me mordeu" — ou vem de um modelo gravado no cérebro humano?

Vamos examinar este último. Para que exista algum tipo de constructo mental como "dívida" — você me deve alguma coisa que vai equilibrar as contas depois que for transferida a mim —, existem algumas precondições. Uma delas, como eu disse, é a ideia de justiça. Ligada a ela está a noção de valores equivalentes: o que é preciso para que os dois lados da planilha mental, ou da contagem de rancor, ou do programa de contabilidade de dupla entrada que estamos todo o tempo calculando, se equilibrem? Se Johnny tem três maçãs e Suzie tem um lápis, será uma maça por um lápis uma troca aceitável, ou haverá uma maça ou um lápis a mais a ser pago? Tudo isso depende de que valores Johnny e Suzie atribuem a seus respectivos objetos de troca, o que por sua vez depende de quanta fome e/ou necessidade de dispositivos de comunicação eles possam ter. Em uma troca percebida como justa, cada lado equilibra o outro, ninguém fica devendo nada a ninguém.

Até a natureza inorgânica busca equilíbrios, conhecidos como estados estáticos. Quando criança, você talvez tenha feito uma experiência elementar em que coloca água salgada de um lado de uma membrana permeável e água fresca do outro lado, e mede quanto tempo o cloreto de sódio leva para seguir para o H_2O até que os dois lados fiquem igualmente salgados. Ou, quando adulto, pode simplesmente ter notado que, se colocar seus pés frios na perna quente do parceiro, seus pés ficarão mais quentes enquanto a perna do parceiro ficará mais fria. (Se experimentar isto em casa, por favor, não diga que fui eu que ensinei.)

Muitos animais são capazes de distinguir "maior que" de "menor que". Os animais caçadores têm de ser capazes de fazer isso, porque uma mordida maior do que a boca pode ser literalmente fatal. As águias na costa do Pacífico podem ser arrastadas a um túmulo aquático por um salmão pesado demais para elas, porque, depois de se lançarem, elas não conseguem abrir suas garras até que estejam em uma superfície firme. Se você algum dia levou crianças pequenas a jaulas de grandes felinos no zoológico, talvez tenha notado que um felino de porte médio, como o guepardo, não prestará muita atenção em você, mas olhará as crianças com uma especulação ávida, porque os mais novos são do tamanho ideal de uma refeição para eles, e você não é.

A capacidade de avaliar o tamanho de um inimigo ou uma presa é uma característica comum no reino animal, mas entre os primatas as distinções de maior-que e melhor-que, quando os artigos comestíveis são divididos, beira o enervante. Em 2003, a revista *Nature* publicou um relato de experimentos realizados por Frans de Waal, do Yerkes National Primate Center da Universidade Emory, e pela antropóloga Sarah F. Brosnan. Para começar, eles ensinaram macacos-prego a trocar pedrinhas por fatias de pepino. Depois deram uma uva aos macacos — vista pelos macacos como mais valiosa — em troca da mesma pedrinha. "Você pode fazer isso vinte e cinco vezes seguidas e eles ficam perfeitamente felizes recebendo fatias de pepino", disse Frans de Waal. Mas quando uma uva substitui o pepino — fazendo assim com que um macaco receba um pagamento melhor por um trabalho de igual valor — os receptores de fatias de pepino ficam irritados, começam a jogar pedras da gaiola e por fim se recusam a cooperar. E a maioria dos macacos fica tão furiosa se um deles recebe uma uva sem nenhum motivo que alguns param de comer. Foi um piquete de macacos — eles podiam muito bem portar cartazes que dissessem: *Abaixo a distribuição de uvas injusta!* A troca havia sido ensinada, como também a permuta à taxa pedrinha/pepino, mas a indignação parecia espontânea.

Keith Chen, um pesquisador da Yale School of Management, também trabalhou com macacos-prego. Descobriu que podia treiná-los a usar discos de metal, semelhantes a moedas, como dinheiro, as moedas cumprindo o mesmo papel das pedras, só que brilhantes. "Meu objetivo subjacente é determinar que aspectos de nosso comportamento econômico são inatos, arraigados no cérebro e conservados no tempo", disse Chen. Mas por que parar no comportamento obviamente econômico como o de troca? Entre animais sociais que precisam cooperar para atingir objetivos comuns, como — para os macacos-prego — matar e comer esquilos ou — para chimpanzés — matar e comer filhotes de galagos, deve haver um compartilhamento dos resultados do esforço do grupo que seja considerado justo pelos participantes. Justo não é o mesmo que igual: por exemplo, seria justo que o prato de uma criança de 10 anos e 45 quilos contivesse exatamente a mesma quantidade de comida de alguém com 1,90 metro e 100 quilos? Entre os chimpanzés caçadores, aquele de personalidade ou físico mais forte em geral fica com mais, porém todos que se juntaram à caçada recebem pelo menos alguma coisa, o mesmo princípio usado por Gengis Khan para distribuir os resultados de suas atividades de conquista, matança e saques entre seus aliados e soldados. Aqueles que expressam surpresa com a vitória de partidos políticos por interesses próprios e favoritismo deviam ter isto em mente: se você não dividir, aquele pessoal não estará ali quando você precisar deles. No mínimo, você precisa lhes dar algumas fatias de pepino e não dar uvas aos rivais.

Se a justiça estiver completamente ausente, os membros do grupo de chimpanzés se rebelarão; no mínimo, é improvável que se juntem a um grupo de caça da vez seguinte. Na medida em que eles são animais sociais interagindo em comunidades complexas em que o status é importante, os primatas têm uma consciência elevada do que é adequado para cada membro e o que, por outro lado, constitui um vendedor arrogante. A esnobe de alta hierarquia Lady Catherine de Bourgh, do romance *Orgulho e preconceito,* de Jane Austen, com seu senso extraordinariamente calibrado de classe, não tem nada dos macacos-prego e dos chimpanzés.

Os chimpanzés não limitam suas trocas à comida; regularmente se envolvem em trocas de favores mutuamente benéficas ou altruísmo recíproco. O Chimpanzé A ajuda o Chimpanzé B a atacar o Chimpanzé C e espera que, em troca, seja ajudado. Se o Chimpanzé B não comparece quando o Chimpanzé A precisa, o Chimpanzé A fica enfurecido e dá um chilique. Parece haver uma espécie de contabilidade interna envolvida: o Chimpanzé A sente muito bem que o Chimpanzé B deve a ele, e o Chimpanzé B também sente isso. Ao que parece, as dívidas de honra também existem entre chimpanzés. É o mesmo mecanismo em operação no filme *O poderoso chefão*, de Francis Ford Coppola: um homem cuja filha foi desfigurada procura a ajuda do chefe da Máfia e a obtém, mas entende-se que este favor precisará ser pago de alguma forma desagradável.

É como diz Robert Wright em seu livro de 1994, *O animal moral: Por que somos como somos?*:

> O altruísmo recíproco presumivelmente moldou a textura não apenas da emoção humana, mas da cognição humana. Leda Cosmides mostrou que as pessoas são boas em resolver enigmas lógicos confusos quando estes são lançados na forma de troca social — em particular, quando o objetivo do jogo é descobrir se alguém está trapaceando. Isso sugere a Cosmides que um módulo de "detecção de trapaceiros" está entre os órgãos mentais que governam o altruísmo recíproco. Sem dúvida, outros ainda precisam ser descobertos.

Queremos que nossos comércios e trocas sejam justos e honestos, pelo menos da parte do outro. Um módulo de "detecção de trapaceiros" pressupõe um módulo paralelo, que avalia a não trapaça. As crianças pequenas costumavam entoar "Trapaceiros nunca prosperam!" no pátio de recreio. É verdade — julgamos severamente os trapaceiros, o que afeta sua prosperidade futura —, mas também é verdade, infelizmente, que eles só recebem este juízo de nós quando são apanhados.

Em *O animal moral*, Wright faz o relato de um programa de simulação por computador que vence um concurso nos anos 1970 proposto por Robert Axelrod, cientista político americano. O concurso havia sido projetado para testar que padrões de comportamento se mostrariam mais aptos para sobreviver por mais tempo em uma série de contatos com outros programas. Quando um programa "conhece" outro, tem de decidir se vai cooperar, se vai responder com agressividade e trapaça ou se vai se recusar a jogar. "O contexto para a competição", diz Wright, "espelhou muito bem o contexto social da evolução humana e pré-humana. Havia uma sociedade bem pequena — várias dezenas de indivíduos interagindo regularmente. Cada programa podia 'se lembrar' se outro programa cooperou em contatos anteriores e ajustar seu comportamento de acordo com isso."

O vencedor da competição se chamava Tit for Tat — uma expressão que descende de "Tip for Tap", duas palavras que no passado significavam um golpe, empurrão ou pancada — assim, "Se me bater, vou te bater também". O programa de computador Tit for Tat jogou segundo um conjunto muito simples de regras: "No primeiro contato com qualquer programa, cooperaria. A partir daí, faria o que outro programa fez em um contato anterior. Uma boa ação merece outra, assim como a má ação." Este programa venceu com o passar do tempo porque nunca era vitimizado mais de uma vez — se um adversário trapaceava, ele retirava a cooperação na vez seguinte —, e, ao contrário de trapaceiros e exploradores contumazes, não alienou muitos outros e depois se viu isolado do jogo nem se envolveu em agressividade crescente. Jogou segundo uma regra reconhecível de olho por olho: faça aos outros o mesmo que fizerem a você. (O que é diferente da "regra de ouro": faça aos outros o que gostaria que fizessem a você. Esta é muito mais difícil de obedecer.)

No concurso de programas de computador vencido por Tit for Tat, determinou-se que cada jogador tivesse à disposição recursos iguais. Tratar uma primeira abordagem com amizade e depois responder a abordagens subsequentes na mesma moeda — retribuir o bem com o bem e o mal com o mal — só pode ser um estratagema vencedor se o campo de jogo for nivelado. Nenhum dos programas concorrentes tinha permissão para sistemas de armas superiores: se a um dos concorrentes fosse permitida uma vantagem como a biga, o arco recurvo de Gengis Khan ou a bomba atômica, Tit for Tat teria fracassado, porque o jogador com a vantagem tecnológica teria eliminado os adversários, os escravizado ou os obrigado a negociar em termos desvantajosos. Na verdade, foi isto que aconteceu no longo curso de nossa história: aqueles que venceram as guerras escreveram as leis, e as leis que eles escreveram consagraram a desigualdade consolidando formações sociais hierárquicas com eles mesmos no topo.

Scrooge

>>><<<

UMA INTRODUÇÃO
(2009)

Charles Dickens escreveu *Um conto de Natal* em 1843. Àquela altura ele já era muito famoso, tendo feito seu nome com *As aventuras do sr. Pickwick* e depois aprimorando-o com *Oliver Twist, Nicholas Nickleby, A velha loja de curiosidades* e *Um conto de duas cidades* — e tudo isso antes de completar 30 anos. Um ritmo prodigioso. Nenhum escritor vivo havia escrito neste ritmo e produzido uma obra de qualidade tão elevada sendo assim tão jovem.

Dizem que Dickens escreveu *Um conto de Natal* em seis semanas, para pagar uma dívida — talvez por isso ávidos agiotas povoassem tanto sua mente —, e apresentou esta novela como um leve *jeu d'esprit* — um conto de fadas, ou de fantasmas de Natal, que pretendia entreter e deixar os leitores de bom humor. A história tem a estrutura tradicional, em três partes, de um conto de fadas — três Espíritos de Natal, três épocas de Scrooge (passado, presente, futuro) —, e tem também um final de conto de fadas, em que a luz triunfa sobre as trevas, reinam a bondade e a harmonia e uma vida inocente em perigo (a do pequeno Tim) é salva, para não falar da alma velha e deformada de Scrooge.

A intenção disfarçada de Dickens — indicada pelo título provisório e pontual da obra, "The Sledgehammer" ("A marreta") — era desferir mais alguns golpes em nome da justiça social que o interessava tanto, colocando a avareza e a pobreza lado a lado, depois propondo seu antídoto habitual: um transbordamento de benevolência privada. Como comentou George Orwell, embora Dickens ardesse de raiva por causa das injustiças sociais, jamais chegou a ponto de incitar uma revolução política em larga escala.

Mas nada disso impediu a longevidade e a popularidade avassaladoras do protagonista do livro *Um conto de Natal*, Ebenezer Scrooge. Scrooge é um daqueles personagens — como Hamlet — que passaram a ser desligados da história em que nasceram e se tornaram imediatamente reconhecíveis, mesmo por aqueles que talvez nunca tenham lido o livro.

Por que isso aconteceu? Deixe-me consultar meu próprio modelo daquele repositório favorito e dickensiano de conhecimento infalível, "O Coração Humano". Quando foi que conheci o imortal Scrooge e por que me apeguei tanto a ele? Parece que sempre tive consciência dele. Será que ouvi *Um conto de Natal* no rádio durante minha infância, nos anos 1940? É provável — aqueles eram os tempos do rádio. Ou eu o encontrei como encontrei muitos outros — espiando com timidez e olhos semicerrados, mas brilhantes, os anúncios coloridos nas revistas? Neste aspecto, Scrooge era uma espécie de anti-Papai Noel — o gêmeo do mal do Papai Noel. O primeiro, gordo, alegre, redondo e vermelho, distribui generosidade; o segundo, magricela, mirrado e azedo, sonega-a. Porém, no final de *Um conto de Natal*, o Scrooge novo, redimido, que compra o peru e aumenta o salário de Bob Cratchit, passou a ser uma espécie de Noel; o que levanta a possibilidade horripilante de que Papai Noel um dia venha a encolher e murchar, metamorfoseando-se no que há de pior em Scrooge — aquele velhote ranzinza do capítulo de abertura do livro. Pense sobre aqueles pedaços de carvão punitivos deixados por Papai Noel nas meias em vez de um presente —

não muito mencionados hoje em dia, mas mantidos, pode apostar, no arsenal reserva de truques sujos de Papai Noel, só por precaução. O carvão nas meias seria exatamente algo de que a versão má de Scrooge gostaria.

Qualquer que seja o caso, quando minha filha de 7 anos descobriu o Tio Patinhas da Disney, que em inglês se chama Scrooge McDuck, entendi muito bem o que significaria o nome "Scrooge". Incluía o fato de que dentro da carcaça do velho e calculista Tio Patinhas cintilava um impulso amável e generoso. Era um bom sinal que os sobrinhos trigêmeos adorassem o Tio Patinhas — ele era muito divertido porque em momentos de recreação costumava se comportar de forma tão infantil quanto os patinhos.

Esta é uma chave para o Ebenezer Scrooge original: no fundo, ele é uma criança. Mas quando o conhecemos em *Um conto de Natal* ele é uma criança ferida, apesar de idosa. Ao escrever Scrooge, Dickens mergulhou fundo e pôs uma boa dose de sua própria dor na criação dele. Ele nunca se esqueceu do período mais desesperador de sua vida, quando o pai irresponsável foi trancafiado na prisão dos devedores e o jovem Charles foi retirado da escola e colocado para trabalhar em uma fábrica de graxa para ajudar a sustentar a destituída família Dickens. Aquele período não durou para sempre, mas para uma criança o momento presente é eterno: o jovem Dickens não via possibilidade de se resgatar do inferno desconhecido em que o haviam metido os percalços financeiros do pai.

O momento mais pungente de *Um conto de Natal* não é a morte do pequeno Tim, embora faça chorar; nem é o retrato do próprio possível cadáver futuro de Scrooge, "nu, solitário e abandonado, sem ninguém para chorar ou velar por ele". (A mente objetiva pode comentar que não importa muito a um cadáver que tipo de roupa veste ou quem está por perto, mas isso importava muito para Dickens.) Não, a cena que mais provoca fungadelas é a primeira imagem que o Espírito dos Natais Passados mostra a Scrooge: seu eu jovem, "uma criança solitária, esquecida pelos amigos", em um internato sombrio e decadente, enquanto todos os outros iam passar o Natal em casa. Por sorte o Scrooge criança tinha alguns amigos, mas eram imaginários — só existiam nos livros. Porém, na imagem seguinte — vários anos depois — até aqueles amigos se foram e o desespero tomou o lugar deles.

Ficar sozinho — ser uma criança indefesa, abandonada e esquecida, em um lugar deprimente — é o pesadelo dickensiano encenado por Scrooge. É isto — não a chegada da irmã de Scrooge, Fan, que o tira da escola e o leva para casa, nem a dança e as cambalhotas felizes que acontecem durante os anos de aprendiz de Scrooge no Mr. Fezziwig's — que estabelece a parte infeliz de Scrooge na estrada que ele seguiu até a velhice. A famosa exclamação de Scrooge "Bah! Que bobagem!" significa "Nem mesmo admito a possibilidade de compartilhamento e felicidade humanos porque me foram negados no período mais importante de minha vida". A ideia de que os corações generosos e o amor fraterno do Natal são uma impostura tem amplas provas na infância de Scrooge e, até certo ponto, na de Dickens. Em vez de "escola sórdida", leia-se "fábrica de graxa". Em vez de "pai indiferente negligenciando seu filho", leia-se "pai preso cuja falta de dinheiro causou a provação do filho". O coração de Scrooge definhou porque o de Dickens quase sofreu o mesmo destino.

Devido ao episódio da fábrica de graxa, Dickens parece ter passado a vida toda entre dois impulsos — o medo de falir, que o impeliu a trabalhar em um ritmo frenético para ganhar mais dinheiro; e o desejo de exercer, ele mesmo, a generosidade que teria salvado seu eu criança da fábrica, se alguém generoso aparecesse na época. Em muitas de suas ficções, Dickens gosta de organizar personagens em duplas. Os sósias Charles Darnay e Sydney Carton de *Um conto de duas cidades* são os exemplos mais óbvios: o idealista virtuoso em oposição ao cínico e patife. Achamos arranjos assim melodramáticos: heróis e vilões não nos convencem mais. Contudo, em Ebenezer Scrooge, Dickens funde os dois opostos em um só. Sem ser nem herói nem vilão, Scrooge é as duas coisas, e também um indivíduo cujos conflitos podemos compreender. Talvez isto seja uma pista para a vida longeva do personagem e para a popularidade de que ele ainda desfruta: com Scrooge, não precisamos escolher. Não só isso, as duas metades de Scrooge correspondem a nossos dois impulsos relacionados com o dinheiro: faturar alto e guardar tudo para nós ou dividir com os outros. Com Scrooge, podemos — indiretamente — fazer ambos.

Existe ainda outro desses avatares de criança desventurada do jovem Dickens em *Um conto de Natal*: o pequeno Tim. Algumas pessoas acham o pequeno Tim enjoativo demais para ser levado a sério: ele é tão infernalmente bom. Mas quando os vitorianos diziam "Ele é bom demais para este mundo" — o que diziam com frequência —, o tipo de bondade a que se referiam era uma passividade devido à doença: em geral crianças assim morriam cedo. Já tendo escrito a morte da pequena Nell em *A velha loja de curiosidades* — para choro internacional em massa e, segundo Dickens, com as lágrimas escorrendo pelas faces enquanto ele lhe dava acabamento —, Dickens estava familiarizado com o *pathos* necessário para o despacho mais curto e mais indireto de Tim. Mas Tim é um menino que pode ser resgatado, e Scrooge não foi — não até que fosse tarde demais —, e o próprio Scrooge pode fazer este resgate. Ele pode fazer para Tim o ato de generosidade que no passado teria salvado seu eu criança; pode se tornar "um segundo pai" — a figura paterna bondosa, competente e financeiramente sólida que o próprio Dickens nunca teve e que inventou com tanta frequência.

No final de *Um conto de Natal*, quando todos os três Espíritos aparecem e vão embora, e Scrooge tem um bom choro de arrependimento — sempre um sinal positivo no mundo dickensiano —, e a manhã de Natal surge, e todos os sinos estão badalando, e Scrooge descobre que afinal não morreu, ele declara que não só está feliz como um anjo, mas também está alegre como um garotinho. Ora, que garotinho pode ser este? Certamente não o que o próprio Scrooge foi, deixado sozinho, abandonado e triste na escola fria e úmida de sua juventude, o garotinho que ele devia ter sido antes e que pode agora ser, indiretamente, por intermédio de Tim.

Nossa época evita mencionar a salvação das almas, preferindo falar em compreensão tardia e em processo de cura, e talvez assim sejamos capazes de entender Scrooge melhor. Mas sejam quais forem os termos de nossas interpretações, Scrooge passou no único teste real para um personagem literário: permanece fresco e crucial. *Scrooge vive!*, podíamos escrever em nossas camisetas. Sim, ele vive, e nos rejubilamos com ele.

Uma vida de escrita

>>><<<

(2009)

Ah, sim. A escrita. A vida. Quando? Onde? Como? Este é o problema. Você pode ter uma vida ou pode escrever alguma coisa, mas não os dois ao mesmo tempo, porque embora a vida possa ser tema da escrita, também é inimiga dela. Por exemplo:

SEGUNDA-FEIRA: Minha filha nos leva de carro de volta a Toronto, saindo da pequena casa na floresta nevada que adquirimos, em parte, para escrever. Mas não escrevemos nada. Em vez disso, colorimos as manchas brancas na parede deixadas pelos quadros do dono anterior, usando lápis de cor aquarelável. Enchemos os alimentadores de pássaros, depois observamos as aves de inverno — chapins, trepadeiras-brancas, pica-paus, canários —, uma atividade soporífera que nos leva a babar, se abusarmos dela. Saímos com sapatos para neve, ela a passos largos, eu ofegante. Escrevi uma dúzia de respostas a correspondências atrasadas. Também fiquei obcecada por: (1) a edição do romance que sairá no outono; (2) meu artigo sobre observação de pássaros; (3) outras procrastinações. A obsessão é a melhor parte da bravura.

TERÇA-FEIRA: De manhã cedo, encorajados por minha amiga Coleen, formamos uma fila — pelo corredor, saindo pela porta e até o carro — pela qual passamos as sacolas de alimentos coletadas em nosso festival anual de feijão com xarope de bordo —

um evento que elimina três dias por ano da vida de escritora. Não consegui fazer o novo processador funcionar — o anterior quebrou no ano passado, levando a uma escassez de salada de cenoura. Porém, estou divagando. A obsessão desta terça: o que aconteceu com minha caixinha de metal para receitas? Alguém roubou e vendeu no eBay? Está cheia de "escritos", ilegíveis, meus: muffins de gérmen de trigo e coisas assim. *Boa sorte tentando ler, ladrão de caixa de receitas*, pensei. Perguntei a todo mundo que poderia saber. Só caras inexpressivas.

Comecei meu diário de 2009, apenas duas semanas atrasada. Mas desenhei uma bela imagem no início. Colei um ingresso de cinema: *Frost/Nixon*. Ou vice-versa.

QUARTA-FEIRA: Escrevi alguma coisa hoje, para um discurso a ser feito na festa de aniversário de outro escritor no sábado. Uma questão delicada, porque esta relação data do final dos anos 1960 e início dos 1970, quando eu não era o Pilar da Sociedade que sou hoje e éramos todos um tanto mais tempestuosos. Devia ser um discurso de mais ou menos cinco minutos. Eu o escrevi. Mostrei ao Parceiro da Vida, que me aconselhou a tirar as partes mais maliciosas. Revivi minha obsessão pela caixa de receitas. Telefonei para a filha e perguntei se ela a tinha visto, ela disse: "Você já me perguntou isso." Decidi que a perda da caixa de receitas estava me provocando um grave bloqueio criativo. Comecei a ler um ótimo livro de Joan Acocella, que disse que o bloqueio criativo era uma invenção americana do século XX. Decidi não tê-lo mais. Esta decisão não serviu de nada.

QUINTA-FEIRA: Fui tirar sangue e fazer outros exames médicos de rotina. Como sempre, senti ter fracassado no teste de urinar no potinho. Fui ao banco. Reescrevi o discurso da festa de aniversário. Um pouco mais engraçado, menos dramático. Comecei a tomar notas sobre outro projeto com prazo: "Cinco previsões", com a intenção de levantar dinheiro para uma causa meritória — uma revista canadense de nome *The Walrus*. Por que *The Walrus*? Não sei, só que se acredita que o espírito das morsas seja o mais forte. Mais forte do que o do marisco, por exemplo. E não só isso, mas dá para fazer chicotes incríveis para cães de trenó com um pênis de morsa. Duvido que os editores soubessem disso quando escolheram o nome.

Mas *The Walrus* publica bons artigos investigativos, e dou a maior força. A ideia das previsões é a de que sou clarividente (não é verdade, mas acabou sendo fortalecida pelo timing sinistro de minhas palestras *Payback* sobre a dívida, que apareceram em outubro de 2008, justo quando a economia derretia). As previsões serão enroladas em um pergaminho, metidas em um vaso de cristal e leiloadas em um jantar que acontecerá daqui a uma semana. Obsessão de hoje: o que prever? A tarefa foi atrapalhada pelo fato de que a revista de Toronto publicou uma foto horripilante minha com maquiagem amarela de TV e um batom roxo que me deixou parecida — segundo um comentarista cruel de jornal — com o Edward Mãos de Tesoura. É bem verdade.

De novo não achei a caixa de receitas. Usei isto como desculpa para não trabalhar em um artigo atrasado sobre pássaros.

SEXTA-FEIRA: Caiu neve aos baldes. Apesar disso, saí para a caminhada habitual da manhã. Comprei coisas, inclusive tapetes de banheiro para a casinha na floresta nevada que devia ser para "escrever". Reescrevi o discurso de aniversário do outro escritor, de novo. Fiz o Parceiro da Vida ler. Ele disse que estava bom. Tenho minhas dúvidas. Respondi a muitos e-mails. Pensei no quanto eu poderia ter escrito se não fosse pelos e-mails.

SÁBADO: Depois de reescrever o discurso mais uma vez, andei pela neve até a festa de aniversário do escritor. No hall, estava a familiar cena de inverno canadense de botas sendo retiradas e calçados para interiores sendo colocados. Muitos outros escritores presentes — nós todos estávamos meio parecidos com Edward Mãos de Tesoura, a não ser por alguns que, com seus casacos de inverno, pareciam personagens de *Guerra e paz*. A vida parece cada vez mais uma despedida. Fiz o discurso. Não foi tão ruim. Perguntei à editora do romance — que estava na festa — quando ela teria os comentários finais. Disse que eu não tinha pressa (mentira). Voltei para casa andando pela neve. Olhei o podômetro para ver quantos passos tinha dado — uma nova obsessão. Nada ainda da caixa de receitas. Perguntei-me se a herança da caixa de receitas de minha mãe (maior, mais bonita e de madeira) tinha provocado a evaporação da minha. Pensei: *é aí que mora a loucura.*

DOMINGO: O Parceiro da Vida nos levou de carro à casinha na floresta nevada, pelo caminho assustador de granizo e lama. Ainda bem que este carro tem mecanismo antiderrapante. Cheguei em casa bem a tempo de abastecer os alimentadores de pássaros vazios. Arrumei a mesa, assim eu podia realmente escrever alguma coisa, em algum lugar. Não consegui acessar meu e-mail, por sorte. A floresta é linda, escura e densa. Por que escrever?

SEGUNDA-FEIRA: Sem pressão na água. Mexi na bomba, inutilmente. O Parceiro da Vida entrou na sala de ferramentas e encontrou água quente e vaporosa esguichando do teto. Ele fechou os registros, mas tememos que um cano tivesse congelado e estourado. O especialista chegou para dizer que não congelou — era simplesmente um trabalho de solda malfeito. Canos consertados.

Assim, satisfeita por ter escapado por pouco, realmente escrevi as previsões, todas as cinco páginas. Estou preocupada que não caibam na garrafa de cristal. Saí para caminhar por uma estrada nevada e branco-azulada enquanto o sol amarelo-rosado se punha. Muito Arthur Lismer (pintor canadense). Procurei rastros de cervos. Não achei.

TERÇA-FEIRA: Minha irmã me visitou com notícias de onde estava de fato o cervo, trazendo muffins de gérmen de trigo feitos com a receita na caixa desaparecida. Minha irmã disse que a caixa era uma Relíquia de Família e entendia o significado de sua perda.

Voltei à cidade. Imprimi as previsões em corpo 11 com margens grandes, cortei as margens, enrolei as folhas em papel de arroz laranja, lacrei com cera, acrescentei um barbante para que pudessem ser tiradas da garrafa sem precisar quebrar, coloquei-as dentro. Risquei esse item da lista.

Procurei de novo a caixa de receitas, a encontrei caída atrás de uma gaveta, junto com uma barra de cereais orgânica Annie's, já anciã, e umas nozes de ginkgo enlatadas. Muito feliz por recuperar esta caixa — ainda não enlouqueci! Recebi um e-mail sugerindo que eu escrevesse sobre a Vida de Escrita; e, bloqueio desfeito pelo resgate da caixa de receitas, sentei-me prontamente e aqui estão: 1.208 palavras, 120 minutos. Agora posso escrever o artigo sobre pássaros. Talvez.

PARTE II

>><<

2010 a 2013

A ARTE É NOSSA NATUREZA

O escritor como agente político? Sério?

>>><<<

(2010)

Invocação Formal ao Leitor:

Prezado (Misterioso) Leitor, Quem Quer que Seja:

Esteja perto ou longe, esteja no presente ou no futuro, ou até — em sua forma espiritual — no passado,

Seja velho ou jovem, ou no meio de sua vida,

Seja homem ou mulher, ou situado em algum lugar pelo contínuo que une estas duas supostas polaridades,

De qualquer religião, ou de nenhuma; de qualquer opinião política, ou nada muito definido;

Seja alto ou baixo, seja exuberantemente cabeludo ou careca; esteja saudável ou doente; seja um golfista ou canoísta, ou torcedor de futebol, ou o participante ou devoto de quaisquer esportes e passatempos;

Seja você mesmo um escritor, ou um amante da leitura, ou um aluno relutante sendo obrigado à leitura pelas necessidades do sistema educacional;

Esteja lendo no papel ou eletronicamente, na banheira, em um trem, em uma biblioteca, escola ou prisão, embaixo de um guarda-sol na praia, em uma cafeteria, em um jardim de terraço, sob os cobertores com uma lanterna, ou em qualquer uma das outras maneiras e locais possíveis na miríade de possibilidades;

É a você que os escritores se dirigem, sempre, em sua singularidade desconhecida.

Oh, Leitor, viva para sempre! (Você — o leitor individual — não viverá para sempre, mas é divertido dizer e soa bem.)

Nós, escritores, não podemos imaginar você; entretanto precisamos fazer isso,

Porque, sem você, a atividade da escrita certamente perde o significado e o destino,

E assim é por sua própria natureza um ato de esperança, uma vez que escrever implica um futuro em que a liberdade de ler existirá;

Nós o conjuramos e invocamos, Misterioso Leitor; e Veja: Você existe! A prova de sua existência é que você acaba de ler sobre esta sua existência, bem aqui.

Pronto. Era sobre isso que eu estava falando: do fato de que posso escrever essas palavras, em 10 de julho de 2010, e que você, por intermédio do papel ou da tela, possa ler.

O que de modo algum é uma conclusão óbvia: porque é justamente este processo que todos os governos e muitos outros grupos — religiosos, políticos, lobbies de pressão de todos os tons e variedades, pode escolher — gostariam de controlar, censurar, tirar proveito, cortar, distorcer para seus fins, exilar ou extirpar. Até que ponto eles podem realizar este desejo é uma das medidas na linha graduada que se estende da democracia libertária à ditadura repressora.

A publicação desta edição comemorativa e especial da revista *Index on Censorship* é uma ocasião digna de nota — e é importante, porque, em geral, a PEN International e a organização Index on Censorship têm sido as principais testemunhas e os anjos registradores dos apagamentos de livros, assim como outros atos contra nossa atividade compartilhada de escrever-e-

-ler — assassinatos de jornalistas, fechamento de jornais e editoras, julgamentos de romancistas.

Nenhuma das duas organizações detém qualquer poder além do poder da palavra: o que às vezes é chamado de "persuasão moral". Assim, ambas as organizações só podem existir em sociedades que permitem uma circulação razoavelmente livre de palavras. Digo "razoavelmente livre" porque nunca existiu uma sociedade em que não se impusesse limite nenhum ao que pode ser legalmente divulgado ao público, ou "publicado". Um país em que qualquer um pudesse dizer qualquer coisa que quisesse seria um país sem nenhum recurso jurídico para o caluniado ou difamado. "Dar falso testemunho" talvez seja pelo menos tão antigo quanto a linguagem, e sem dúvida também o são as proibições contra isso.

Mas não é possível fazer uma breve história da censura que realmente seja breve. Pense sobre as várias leis, do passado e do presente, em todos os lugares, contra discurso de ódio, pornografia infantil, blasfêmia, obscenidade, traição e assim por diante, todas que vêm com a melhor das justificativas — preservar a ordem pública, proteger os inocentes, aumentar a tolerância e/ou a ortodoxia religiosa e por aí vai —, e você verá que é um esforço sem fim. No balanço entre o Proibido e o Permitido, porém, este é um dos testes de tornassol de uma democracia aberta em progresso. Como a água colorida em um barômetro, este balanço está em constante fluxo.

Pediram-me para escrever algumas palavras sobre "o escritor como agente político". É uma tarefa um tanto complicada para mim, porque não acredito que os escritores sejam necessariamente agentes políticos. Bolas de futebol políticas, sim; mas agente político implica um ato deliberado que é principalmente de natureza política, e não é assim que todos os escritores trabalham. Em vez disto, muitos escritores posicionam-se em relação à política como a criança pequena faz com o Rei que está nu; eles apontam a nudez do homem não por serem insolentes ou disruptivos, mas simplesmente porque não conseguem enxergar as roupas. E eles se perguntam por que as pessoas gritam com eles. Pode ser um tipo perigoso de ingenuidade, mas é comum. Ninguém ficou mais surpreso do que Salman Rushdie com a *fatwa* emitida contra ele por conta de *Os versos satânicos*; e ele ali pensando que estava colocando todos os muçulmanos imigrantes no mapa da literatura!

Naturalmente existem muitos tipos diferentes de escritores. Jornalistas e escritores de não ficção costumam escrever deliberadamente como agentes políticos — isto é, buscando uma finalidade específica, em geral tornar conhecidos fatos que são inconvenientes para aqueles que estão no poder. É comum que esses escritores sejam baleados na rua, como muitos jornalistas mexicanos, ou assassinados na porta de casa como a jornalista e ativista russa Anna Politkovskaya, ou que lhes lancem mísseis ar-terra, como os repórteres da Al Jazeera durante a invasão americana de Bagdá. Estas mortes tinham o objetivo de calar a discordância, ao mesmo tempo silenciando indivíduos e mandando um recado a qualquer outro que pudesse se sentir tentado a falar demais.

As medidas repressivas do governo contra a mídia agora têm sido contornadas até certo ponto pela internet. Você pode estripar jornalistas investigativos, figurativa e literalmente, mas até hoje ninguém conseguiu suprimir completamente aquele impulso humano que é tão antigo quanto, pelo menos, o Livro de Jó: a necessidade de contar. Catástrofes se abatem sobre familiares de Jó, uma depois de outra; mas cada uma delas gera seu mensageiro, que diz: "Apenas eu escapei para vos contar." O impulso de contar é equilibrado pelo impulso de saber. Queremos a história, queremos a história verdadeira, queremos a história toda. Queremos saber o quanto as coisas vão mal e se elas podem nos afetar; mas também queremos formar nossas próprias opiniões. Pois, se não soubermos a verdade de uma questão, como poderemos ter alguma posição válida a respeito dela?

Verdadeiro ou *falso*: estas são as principais categorias que aplicamos ao jornalismo de reportagem e à não ficção política. Mas sou principalmente escritora de ficção e poeta; assim, é a repressão a esses dois tipos de escrita que mais me preocupa. O que esperamos de jornalistas é exatidão, mas as "verdades" da ficção e da poesia são outras. Digamos que, se você não conseguir tornar plausível um romance em seus detalhes, envolvendo-se em sua linguagem e/ou convencendo da história que conta, você perderá o Leitor Misterioso.

Romancistas, poetas e dramaturgos têm tido intenções declaradas variadas com o passar dos anos: a reencenação de um mito fundamental da sociedade, a bajulação da aristocracia, o segurar de um espelho virado para a Natureza para que possamos ver nossa própria natureza nele. Durante e após a era do romantismo, passou a ser um truísmo que o "dever" de um escritor era escrever em oposição a quem quer que estivesse no poder, já que se assumia que estes agentes deviam ser corruptos e opressores; ou expor abusos, como Dickens atacando as escolas assassinas de meninos, nos moldes de Dotheboys Hall, de sua época; ou contar as histórias dos oprimidos e marginalizados, como em *Os miseráveis*, uma abordagem que mais tarde lançou milhões de navios ficcionais ao mar da literatura; ou defender uma causa, como *A cabana do Pai Tomás* fez pela abolição.

Mas isto é muito diferente de dizer que romancistas e poetas *devem* escrever com tais intenções. Julgar romances com base na justiça de suas causas ou na "correção" de sua "política" é cair no mesmo raciocínio que leva à censura.

Muitas são as revoluções que acabam por devorar seus jovens literatos, porque suas produções, antes aceitáveis, são declaradas heréticas pelos vitoriosos nas inevitáveis lutas pelo poder. Como um amigo filho de comunistas me disse recentemente sobre o grupo de seus pais: "Eles sempre foram tão duros com os escritores."

Para revolucionários, reacionários, ortodoxos religiosos ou simplesmente adeptos passionais de qualquer causa, a escrita de ficção e de poesia não só é suspeita como é secundária — a escrita é um instrumento a ser empregado a serviço da causa, e se a obra ou o autor não seguirem a linha do momento ou, pior ainda, forem diretamente contra ela, o autor deve ser denunciado como um parasita, condenado ao ostracismo ou eliminado, como Lorca, pelos fascistas — fuzilado sem julgamento, depois jogado em uma cova sem lápide.

No entanto, para o escritor de ficção e poesia, a escrita em si — o ofício e a arte — é primordial, quaisquer que sejam os outros impulsos ou influências que estejam em jogo. A marca de uma sociedade que se aproxima da liberdade é o espaço permitido à ampla imaginação humana e à voz humana irrestrita. Não falta gente pronta para dizer ao escritor como e o que escrever. Muitos são aqueles que se sentem impelidos a se sentar em mesas-redondas e discutir "o papel do escritor" ou "o dever do escritor", como se a escrita em si fosse um exercício frívolo, sem valor além dos papéis e deveres externos que possam ser engendrados por ela: exaltar a Pátria, fomentar a paz mundial, melhorar a posição das mulheres no mundo e assim por diante.

Que a escrita *pode* se envolver nessas questões é evidente por si só, mas dizer que *deve* é sinistro. *Deve* rompe o vínculo entre o escritor — como eu — e você, Leitor Misterioso: pois em quem você poderá depositar sua confiança de leitor se não em mim, a voz que lhe fala da página ou da tela, neste momento? E se eu permitir que esta voz seja transformada no fantoche zeloso e exemplar de algum grupo, mesmo que de um grupo válido, como você pode colocar sua fé nesta voz de algum modo?

A Index on Censorship e a PEN International defendem a palavra *pode* nesta nossa conexão, em oposição ao verbo *deve*. Defendem um espaço aberto em que escritores possam usar as próprias vozes livremente, e os leitores possam, assim, ler livremente. Por esse motivo fiquei feliz em escrever algo para eles; embora talvez isto não seja exatamente o que eles têm em mente.

A escrita e o meio ambiente

>>><<<

(2010)

Sinto-me muito honrada por ter sido convidada a falar hoje, aqui, no PEN Congress, em Tóquio.

Não há nada que governos repressores desejem mais do que impor o silêncio. A impossibilidade de falar estimula o indizível, e o segredo é um importante instrumento não só do poder, mas também das atrocidades. Por isso escritores de todos os gêneros, inclusive muitos jornalistas, foram baleados, presos, exilados e — para usar uma palavra bem recente — *desaparecidos*, e por isso tantos jornais e editoras têm sido fechados. A nova mídia também tem virado alvo: no ano passado, pela primeira vez, a PEN America homenageou um escritor da internet — Nay Phone Latt, blogueiro preso na Birmânia por narrar com precisão demais as condições de lá.

Gostamos de pensar que todas as más ações um dia virão à tona e que todas as histórias sobre elas serão contadas mais cedo ou mais tarde, mas, em muitos casos, isto simplesmente não é verdade. São incontáveis as vítimas desconhecidas. Como diz o torturador O'Brien ao desafortunado Winston Smith no romance futurista de George Orwell, *1984*, a posteridade não o vindicaria porque a posteridade jamais ouviria falar dele. A PEN apoia escritores em todo o mundo que estão sob fogo — em geral literalmente — porque procuram dar uma voz humana (fictícia ou não) àqueles cujas vozes têm sido silenciadas. Tenho orgulho de ser membro da PEN, como estou certa de que todos vocês também.

Talvez vocês estejam esperando que agora eu faça um sermão sobre seus deveres como escritores. É uma coisa estranha, mas as pessoas sempre estão fazendo fila para pregar aos escritores sobre seus deveres — o que eles devem escrever ou o que não deviam ter escrito —, e estão sempre muito dispostas a dizer a quem escreve que má pessoa ela é porque não produziu o tipo de livro ou ensaio que o pregador acha que devia ter produzido. Na realidade, há uma forte tendência a falar para e sobre escritores como se eles estivessem no governo; como se de fato possuíssem esse poder no mundo real e, portanto, devessem usá-lo para o aprimoramento da sociedade, como certamente fariam se não estivessem transbordando de preguiça, covardia ou imoralidade. Se por acaso o pregador perceber que o escritor não tem de fato um poder desses, provavelmente o escritor será rejeitado como um mero adendo, uma irrelevância, um narcisista autocomplacente, apenas uma figura de entretenimento, um parasita, e assim por diante.

O escritor não tem uma responsabilidade?, perguntam esses pregadores. E o escritor não deveria exercer esta responsabilidade fazendo o que é bom e digno, que o pregador agora passará a enumerar? Kurt Vonnegut tinha um carimbo que usava nas cartas de estudantes repletas de perguntas a ele; dizia "Escreva seu próprio ensaio". Acho que posso ter muito sucesso com uma camiseta — a ser usada apenas por escritores — que diria "Escreva seu *próprio* livro". Ou, melhor ainda, "Escreva seu próprio livro *digno*".

Recentemente a lista de coisas boas e dignas foi ampliada, passando a incluir algo que costumam chamar de "o meio ambiente". Recentemente nos conscientizamos das inúmeras ameaças ao "meio ambiente" — ameaças que podem ir do derretimento das geleiras e do gelo no mar ao aumento de temperaturas globais e ao clima mais extremo resultante destas temperaturas, da poluição do ar e da água às substâncias químicas que estamos inadvertidamente botando na boca de nossos filhos por meio de alimentos industrializados, da extinção de muitas espécies animais e vegetais à diminuição das colheitas na terra e aos estoques minguantes de peixes no mar — e até ao risco mais elevado de pestes e doenças que tais mudanças ambientais quase certamente precipitarão. Todos estes temas podem ser colocados no cesto de nome "meio ambiente", e suponho que qualquer coisa escrita sobre eles pode ser denominada "literatura". Neste sentido, um número muito grande de escritores já se preocupa com esses problemas. Mal se consegue abrir um jornal sem se tomar conhecimento de algum novo derramamento de petróleo ou contaminação de alimentos ou incêndio florestal ou ameaça de extinção ou micróbio com mutações ou onda de calor ou enchentes.

Mas entendo que por "literatura" vocês esperem que eu fale de ficção — de narrativas de histórias. E, sim, toda comunicação humana envolve algum tipo de contação de história: vivemos no tempo, e o tempo é um acontecimento depois de outro, e, a não ser que tenhamos perdido nossas memórias de curto e de longo prazos, descrevemo-nos e aos outros de forma narrativa. Mas hoje gostaria de me limitar aos tipos de histórias ou narrativas contadas por escritores de *ficção*. Como estas histórias interagem com a coisa nebulosa que chamamos de "meio ambiente"? Como elas deveriam interagir com ele? Que ligação existe entre as duas coisas?

A resposta curta é que se não tivéssemos "meio ambiente" — o ar que respiramos, a água que bebemos, o alimento que comemos — não existiria literatura nenhuma, porque nós mesmos não existiríamos. Três dias sem água e um ser humano em geral morre. O oxigênio que respiramos nem sempre foi grande parte da atmosfera da Terra, como é hoje: ele foi produzido por plantas verdes, que continuam a produzi-lo, e assim, se acabarmos com todas as plantas, estaremos, nós, acabados. Se a temperatura da Terra ficar muito mais elevada, nosso planeta se tornará inabitável. Não para toda forma de vida, talvez — alguns seres de mares profundos certamente sobreviverão, a não ser que os oceanos fervam —, mas certamente para nós.

Neste sentido, a preservação de um meio ambiente semelhante ao que temos é precondição para a existência da literatura. Se não preservarmos um ambiente desses, sua escrita, a minha escrita e a escrita de todo mundo vão passar a ser simplesmente irrelevantes, porque não sobrará ninguém para ler.

Um dos temas recorrentes na ficção científica é a descoberta de planetas que no passado foram habitados, mas mudaram tanto que a vida inteligente, que antes havia neles, foi extinta. Em geral, os exploradores do espaço, nessas histórias, encontram alguma cápsula do tempo ou registro que lhes conta a saga da civilização desaparecida, e que os viajantes espaciais — mas que conveniente! — invariavelmente conseguem traduzir. Em última análise, esta forma de narrativa — na tradição ocidental, pelo menos — pode descender da fábula de Platão da civilização perdida de Atlântida, uma civilização que era muito avançada, mas foi condenada por um ato dos deuses, ou da natureza. A antiga história da "civilização perdida" foi depois impulsionada pela descoberta, no século XIX, de muitas civilizações perdidas de verdade, das ruínas maias cobertas de trepadeiras na América Central à cidade outrora mítica de Troia e à misteriosa Ilha de Páscoa, no Pacífico, com suas gigantescas e enigmáticas estátuas de pedra.

Será que em breve seremos nós mesmos uma civilização perdida? Será que nossos livros e histórias por fim virarão cápsulas do tempo para algum arqueólogo ou explorador espacial do futuro? Observando os caminhos e possibilidades que se estendem diante de nós — e digo *caminhos* e não *caminho* porque o futuro não é *o* futuro, mas um número infinito de futuros possíveis —, é difícil não ceder a fantasias desse gênero. Devemos todos colocar nossos romances em caixas revestidas de chumbo e enterrá-las em um buraco no jardim? Seria consideração de nossa parte — assim os exploradores espaciais do futuro teriam algo para cavar. Também seria consideração de nossa parte pedir em nossos testamentos que parte de nossos objetos cotidianos preferidos sejam colocados em nossos caixões. Eu mesma espero ser enterrada com alguns artefatos do século XXI — minha torradeira, talvez, ou meu laptop — para dar a esses futuros exploradores do espaço algo que sirva como tema de artigos acadêmicos. Talvez eles pensem que estes produtos de nossa era industrial e tecnológica são objetos de culto de uma religião estranha. Como aliás, de certa maneira, eles são.

Deixemos estas reflexões sombrias sobre a possível extinção de nossa civilização e olhemos para o outro lado — para o passado. Por que temos uma coisa chamada "literatura", afinal? De onde ela vem, a que fins ela serve, e será que ela ainda serve aos mesmos fins hoje em dia? E o que estas perguntas têm a ver com "o meio ambiente"? A literatura está do lado daquela divisão que chamamos de "arte", enquanto "o meio ambiente" está do outro lado, que chamamos de "natureza"? Será que estas duas divisões não são opostos polares — a arte aqui, feita pelo homem e simbólica, e a natureza lá, uma massa de matéria-prima útil a nós na medida em que podemos fazer coisas com ela, sejam tijolos, caminhões e casas ou pinturas, livros e filmes?

Porém, não penso que arte e natureza sejam tão amplamente separadas. É minha premissa que a arte originalmente foi entrelaçada com a natureza e veio dela, antes de mais nada, e que a arte literária em particular foi, no passado, um auxiliar essencial a nossa sobrevivência como espécie. Gostaria que vocês considerassem esta questão sob duas linhas: de um lado, a contação de histórias — seja oral ou escrita —, e, de outro, a escrita em si como método de registro e transmissão de histórias.

Primeira: a contação de histórias, ou o ato narrativo. Viajem comigo no tempo — antes das cidades, antes das aldeias, antes da agricultura.

A linguagem e o pensamento simbólico — ambos necessários para a narração de histórias — são antigos. Recentemente fomos informados de que os neandertais sem dúvida tinham linguagens, assim como muito provavelmente tinham ritos funerários, música e decoração corporal. Também nos disseram que nós mesmos compartilhamos um pouco de seu material genético — ao contrário da opinião anterior, que sustentava que os neandertais eram separados de nós (uma espécie diferente) e que foram extintos quando nós entramos em cena. Mas se eles e nós conseguimos cruzar e tivemos uma prole fértil que portava genes dos dois grupos, na verdade éramos subconjuntos da mesma espécie. Assim, nossos ancestrais comuns devem ter tido linguagem e pensamento simbólico, ou os padrões que os possibilitavam, antes da divisão dos neandertais como um subgrupo.

São muito, mas muito antigos, então — a linguagem e o pensamento simbólico. A ontogenia repete a filogenia, diz o mantra biológico — o desenvolvimento do indivíduo recapitula a história do desenvolvimento da espécie, e é por isso, dizem eles, que temos guelras e caudas nos primeiros estágios de nossa vida embrionária. Deixando de lado guelras e caudas — porque o que quer que embriões sejam capazes de fazer, eles não são capazes de arte —, pensem no comportamento de crianças pequenas, de menos de 5 anos. Elas aprendem a linguagem sem esforço algum, desde que estejam cercadas de pessoas que falem com elas; elas cantam e dançam; elas compõem imagens visuais e têm uma capacidade incrivelmente precoce de ouvir e contar histórias. Em outras palavras, elas fazem tudo o que os artistas fazem, a única diferença é que a maioria não prossegue com essas atividades profissionalmente quando adultas, embora quase todas, de alguma forma, continuem a participar da música, das artes visuais e da contação de histórias. Toda religião de que sabemos alguma coisa contém esses elementos. As artes não são algo separado de nós, a ser tomado e descartado a nosso bel-prazer: elas parecem integradas a nós. Somos programados para elas, por assim dizer. Como outros observaram, a arte não é oposta à natureza; para os seres humanos, a arte é a nossa natureza. Está tecida em nosso próprio ser.

Mas por quê? Muitas outras criaturas vivas se saem perfeitamente bem sem ela. Até onde sabemos, não existem romances épicos, estrelas pop nem pinturas entre os cavalos. Aqueles que especulam sobre o componente genético da arte humana consideram-na uma adaptação evoluída que foi selecionada e desenvolvida no mesmo longo período que passamos no Pleistoceno, em culturas de caçadores-coletores. Deve ter servido de alguma coisa à sobrevivência na época — caso contrário, teria sido abandonada no curso de nossa evolução. É fácil ver como a capacidade de criar ou transmitir uma narrativa — usar a linguagem para contar uma história — teria dado a qualquer grupo que a possuísse uma grande vantagem. Membros mais velhos podiam contar aos mais jovens não só histórias de desastres — de como o crocodilo comeu o tio George —, mas também histórias de sucesso — de como o primo Arnold caçou e matou um antílope —, de modo que cada geração de jovens não tivesse de aprender aquelas coisas do zero. Quais plantas eram comestíveis, quais eram venenosas — isto era conhecimento fundamental, e aqueles que não tinham quem os ensinasse não viviam muito tempo.

Aprender com terceiros como não ser devorado por um crocodilo podia ser muito útil em um ambiente abarrotado deles, e — porque outra pessoa me contou isso — agora posso contar a vocês os segredos, caso um dia venham a precisar: os crocodilos são capazes de correr em grande velocidade por um trajeto curto, mas não conseguem fazer curvas rapidamente; portanto, não fujam em linha reta — escolham fazer um zigue-zague.

E não pratiquem corrida no país do puma. Eles podem confundir vocês com uma presa. O que eu lhes contei é um fato e vocês podem muito bem esquecer dele imediatamente porque não precisam disso agora: não tem nenhum puma neste salão. Mas se eu lhes contar uma história sobre uma menina chamada Ann, que um dia pedalava sua bicicleta na Colúmbia Britânica quando um puma pulou em suas costas, e se eu descrever como ele cravou seus dentes no ombro de Ann, e como ela tentou se livrar dele, e como sua amiga Jane, que também estava de bicicleta, virou-se e viu o ataque, voltou correndo e bateu no focinho do puma para que ele a soltasse — vejam bem, eu prefiro finais felizes —, e se eu acrescentar o hálito quente do puma e seus olhos verdes, e o sangue de Ann escorrendo, e o medo de Jane; e, melhor ainda, se eu me fantasiar de puma e vestir outras duas pessoas como Ann e Jane e encenarmos tudo isso, com quem sabe alguns instrumentos musicais, cantos e danças... Bom, seria menos provável que vocês se esquecessem. E, na verdade, os cientistas do cérebro nos dizem que as pessoas assimilam as coisas muito melhor por meio de histórias do que pela exposição de meros fatos. As histórias rapidamente criam vias neurais — elas se "gravam" em nós. E pode ser por isso que muita gente as considere importantes. Quais tipos de histórias — por exemplo — nossos filhos aprendem na escola, ou quais tipos de histórias vocês podem contar sobre uma pessoa de verdade sem enfrentar uma ação judicial.

No passado, nossas habilidades narrativas foram necessárias devido ao nosso ambiente — tudo aquilo que não era "nós" e que nos rodeava —, um ambiente que era imenso, exigente, complexo e com frequência hostil, mas que também era a fonte de nossa sobrevivência. Naqueles tempos, o espaço entre a história e o tema da história quase inexistia. Não havia livros, nem poltronas confortáveis em que podíamos nos enroscar com segurança para ler sobre guerras, assassinatos e monstros que poderiam aparecer à noite para nos devorar. A história era contada — digamos — em um pequeno círculo de luz, talvez momentaneamente seguro, mas só por aquele instante. O perigo que estava na história também estava no mundo, bem a seu lado: do lado de fora do círculo da fogueira, do lado de fora da boca da caverna.

Tais histórias eram coisas poderosas. Não admira que elas tenham passado a incluir uma proteção embutida — alguns seres sobrenaturais, digamos, que, se tratados da forma certa e com respeito, podiam nos recompensar com uma caçada favorável ou, pelo menos, com a benesse de não sermos comidos. Eu nem deveria dizer "sobrenaturais", o que implicaria dizer que estes seres viviam à parte da natureza. Não: no início eles estavam muito *na* natureza e eram parte *dela*. Todo ser no ambiente — até as pedras e árvores — podia receber o que agora chamaríamos de uma alma, e cada uma dessas almas — se maltratada — poderia voltar-se contra você e criar uma quantidade letal de má sorte. Uma teoria é a de que a forma mais primitiva de história é a de uma jornada entre esta realidade — a realidade do aqui-e-agora em que o contador da história e os ouvintes existem — e outro reino, que podia ficar no passado, no mundo dos ancestrais ou no mundo dos mortos. Aqueles que promoviam tais jornadas antigamente eram chamados de "xamãs", e era tarefa deles entrar em transe e viajar em espírito deste mundo a outro, para comungar com outros espíritos — de ancestrais de animais, de plantas, de seres numinosos — e depois trazer algum conhecimento ou poder que seria útil para a comunidade. Estas jornadas em geral eram realizadas em épocas de necessidade, dizem — quando a fome ameaçava, por exemplo, ou quando havia uma peste. Esta é uma função das histórias: contar-nos sobre nossas opções, sobre as medidas que podemos tomar.

Sabemos de muitas culturas que, no passado, continham variações sobre esses mesmos temas e que também preservaram instruções sobre como tratar direito entidades naturais para que elas concedessem a prosperidade. Em uma comunidade da Groenlândia que voltou a caçar do jeito tradicional, a maneira certa de tratar os narvais é deixar que os primeiros passem e não matar muitos. Se você não respeitar este costume, os narvais se ressentirão do tratamento de desprezo dispensado a eles e não voltarão.

Contamos histórias assim durante muito tempo antes de começarmos a escrevê-las, e depois criar outras histórias — histórias novas, que gostamos de considerar "originais" — por escrito. É discutível que, quanto mais envolvidos ficamos com as tecnologias para preservar e gerar histórias em determinado registro, mais nos distanciamos do ambiente que deu origem às narrativas em primeiro lugar.

Mesmo essas tecnologias para registro de histórias, porém, vieram da natureza. Antes de podermos escrever, precisamos de alfabetos — sistemas de símbolos que podem significar sons, que podem ser unidos em palavras, ou que podem ser em si palavras, ou representar objetos. Muitas formas de escrita derivam de imagens — o egípcio antigo, o chinês. Alguns diriam que todos — até os ABCs das línguas latinas — baseiam-se em formas encontradas na natureza.

Apesar de aparentemente aprendermos linguagens faladas com muita facilidade na infância, o mesmo não acontece na leitura e na escrita. Ambas exigem muito estudo: tal como tocar piano, são associadas a capacidades que já temos, mas não são em si "naturais", precisam de prática. Aqueles que estudam o cérebro agora parecem pensar que a leitura se baseia no mesmo programa neural que antes era usado para o rastreamento, no sentido de localizar rastros animais. Um rastreador experiente sabe ler as marcas deixadas por um animal como alguém lê uma história: como uma série de eventos e atos centrados em torno de um elenco de personagens. Os rastros e marcas contam a história da raposa andando, da raposa que se deita à espera, da morte do coelho.

Há um fato estranho, mas sugestivo: a leitura e a escrita não se localizam nas mesmas partes do cérebro, e você pode ter um raro tipo de derrame que lhe permite escrever, mas o torna incapaz de ler o que você mesmo acabou de escrever. Se a leitura é baseada no programa neural usado para o rastreamento, no que se baseará a escrita? Muitos animais usam sinalizações e sinais visuais para se comunicar. Será que é algo do tipo? Não sei. Mas descobertas recentes sugerem que os fundamentos da escrita remontam a um passado mais distante do que pensávamos.

No entanto, éramos contadores de histórias muito antes de desenvolvermos a ferramenta que chamamos de escrita, e quando a desenvolvemos, em cada exemplo que conhecemos, ela foi usada primeiro não para a poesia e a narrativa — as pessoas já eram capazes de fazer isso de todo modo —, mas para acompanhar a proliferação e a troca de objetos materiais. Em outras palavras, foi usada para a contabilidade. E, à medida que a agricultura tornou-se o principal método de produção de alimentos, populações aumentaram, hierarquias se desenvolveram e esta ferramenta tornou-se quase indispensável. Logo era usada para escrever as leis — como o antigo Código de Hamurabi, da Babilônia. Na antiga "escrita em ossos oraculares" chinesa, os caracteres eram riscados em cascos de tartaruga ou ossos e usados para adivinhação ou previsão mágica do futuro.

Estas duas funções — manutenção de registros e magia — ainda são inerentes ao ato de escrever. Registrar alguma coisa — ao contrário de memorizar e transmitir oralmente — de certa maneira a congela; faz com que ela pare no tempo. E seria de pensar que este registro e congelamento também limitariam o significado do que é registrado — o que é bom se ter em um sistema judiciário, suponho. Mas também cria um texto sujeito a ambiguidades — a muitas interpretações, muitas "leituras". Em épocas em que quase ninguém sabia ler, a escrita física — em um pergaminho ou tabuleta — e a capacidade de ler — de transformar aquilo de novo em uma voz, e também de interpretar seu significado — eram profundamente respeitadas e muito temidas, e aqueles que tinham esta capacidade detinham uma autoridade considerável. Às vezes, lhes era creditado um poder sobrenatural — até mesmo uma forma demoníaca de poder. Aos escritores ainda pode ser creditado esse tipo de poder, mas de uma forma muito reduzida. A queima de livros reflete ao mesmo tempo o respeito e o medo: ninguém se sentiria impelido a queimar um livro inócuo.

Isso é o que herdamos do passado remoto, Prezados Colegas Escritores — a capacidade inata de contar e entender histórias, que vem de nossas interações com um ambiente natural exigente; e a programação neural que nos permite ler e escrever, que também vem deste ambiente. A época em que vivíamos incorporados à natureza não está — falando em termos geracionais — tão distante assim de nós. Entretanto aqui estamos — todos neste salão, e a maioria das pessoas no planeta — em um ambiente cada vez mais artificial, em que tratamos os animais não como seres companheiros com almas, mas como máquinas. Quase tudo que nos acontece, e quase tudo que fazemos — inclusive este evento, tão dependente de eletricidade — não existiria em absoluto sem muita tecnologia que nós mesmos criamos. Mas a capacidade de estas tecnologias fornecerem eletricidade, e, assim, alimento e água, não acompanha nossa rápida modernização e as populações crescentes.

Pior do que isso, são estas mesmas tecnologias extremamente eficientes — tecnologias construídas para a exploração da natureza — que agora esgotam o mundo biológico mais amplo de que dependemos.

O que faremos? Não podemos voltar a uma época anterior a nossas tecnologias e viver na natureza não mediada. Alguns dias sem roupas, ferramentas de corte ou fogo, e todos estaríamos mortos.

Que histórias os escritores podem contar sobre nossa situação cada vez mais desesperada? Que tipos de histórias podem ser de alguma ajuda à comunidade humana da qual fazemos parte?

Não posso lhes responder, porque eu não sei. Mas sei que desde que tenhamos esperança — e nós ainda a temos — estaremos contando histórias e, se tivermos o tempo e o material, as estaremos registrando; porque o contar histórias e o desejo de ouvi-las, transmiti-las e extrair significado delas estão embutidos em nós como seres humanos. Quanto ao "meio ambiente" e todas as ameaças a ele de que falamos — será que os escritores partirão para lidar com isso, e, se for assim, como? Com alertas didáticos professorais ao máximo, com narrativas exemplares que representam nossas escolhas ou só como pano de fundo a uma história com um primeiro plano mais convencional?

Já existe uma tendência: histórias sobre sobrevivência em condições extremas — sempre gostamos destas, mas estamos gostando cada vez mais à medida que as condições extremas se agigantam e se aproximam. Histórias de desastres em que os desastres não são guerras, nem invasões de vampiros, ou marcianos, mas coisas como secas e inundações. Em um tom mais positivo, histórias sobre pessoas que se adaptam ou tentam viver uma vida com menos desperdício.

Mas talvez não enfrentemos estes temas direta ou deliberadamente. Talvez possamos pensar que estamos contando uma história sobre amor, guerra ou envelhecimento — sobre nossos temas antigos e constantes, os desejos e medos humanos. Mas entrelaçaremos o "meio ambiente" em nossas histórias quer pretendamos ou não, porque os contadores de histórias sempre foram ligados ao mundo — tanto físico como social —, e suas histórias mudam à proporção que o mundo muda. E o mundo está mudando com muita rapidez.

Assim, nossas histórias inevitavelmente refletirão estas mudanças; e, de vez em quando, talvez até sejamos capazes de resvalar em uma versão moderna do transe do xamã, viajar em espírito a outro reino e trazer algo do Outro Mundo. Não seria um manual de instruções — ele não existe. Talvez seja um talismã, para nos proteger, mesmo que um pouco. Talvez seja uma lista de perigos. Talvez seja um feitiço para alterar nossos pontos de vista. Talvez seja novamente a conversa com animais ou plantas. Quem sabe que formas assumirão nossas metáforas?

Alice Munro

>>><<<

(2010)

Há uma estátua pública em homenagem a Alice Munro no centro de Wingham, Ontário, sua cidade natal. Ela exibe uma jovem de bronze deitada em um gramado de bronze lendo um livro de bronze. "Ficou mesmo muito bom", comentam as duas mulheres — nem um pouco jovens e muito menos de bronze — que a observam, uma delas por acaso a própria Alice Munro, a outra eu mesma. "É muito bonita." O tom é de duas mulheres conferindo, por exemplo, um tecido para cortina: cauteloso, ponderado, circunspecto.

A escultura fica em uma cidade que no passado enviou a Alice Munro as primeiras correspondências maldosas de ódio que ela recebeu.

"E por que tanto ódio?", pergunto.

"As pessoas achavam que eu falava delas nos meus livros", diz ela.

"E era verdade?"

Ela me lança um olhar.

"As pessoas sempre acham isso."

E como chegamos a isto — uma estátua de bronze? (*Gastando um bom dinheiro*, murmuram os personagens da própria Munro. *Desperdício!*) E ao Jardim Literário Alice Munro? E a uma excursão pela "Wingham de Alice Munro", que pode ser agendada no museu da cidade? E aos contos publicados na *New Yorker*, e aos muitos volumes em capa dura e brochura, e aos prêmios — entre eles três Governor General's Awards e dois Giller Prizes? E agora o Man Booker International Award pelo conjunto da obra! Quem teria imaginado, para começo de conversa, que Alice um dia teria um "conjunto da obra"?

Foi uma longa jornada. Alice Munro foi criada no sudoeste de Ontário nos anos 1930, da Depressão, e nos anos 1940, da guerra, que não foram anos prolíficos para as artes no Canadá. Ela começou a afiar seus talentos especiais por meio de um dos poucos veículos que as incentivavam na época: o programa *Anthology,* da rádio CBC, que promovia a poesia e os contos no lugar dos romances, e nos ensinava a prestar atenção ao valor e à força da palavra falada. A forma como as pessoas falam é importante, não só o que elas dizem maldosamente; as roupas que vestem e o quão desajeitadamente as sustentam no corpo; não só o que elas fazem furtivamente. Como os personagens de William Trevor — e não é nenhuma surpresa que Alice Munro o admire —, os personagens de Munro vivem intensamente dentro de limites estreitos, estabelecidos em uma época em que as pessoas faziam o que podiam com aquilo que os outros talvez considerassem materiais muito precários.

Entretanto, estes limites estreitos não conseguem contê-los: a realidade reluz, as percepções se dissolvem. A inquietude habita os contos de Munro; momentos tensos são abundantes, e há muito da sensação vertiginosa e nauseante de andar na beira de um precipício. Seus personagens são confrontados pela ambivalência de suas próprias motivações: valorizam a criação da arte, mas escarnecem de si mesmos por se dedicarem a ela. Você escapa das restrições do lugar em que desenvolveu sua verdadeira identidade, só para descobrir que deixou esta mesma identidade para trás. Enraíza-se em seu lugar "autêntico", mas acaba esmagado e atrofiado por ele. Lembra-se de cada detalhe do passado, cada violência, crueldade e rixa, enquanto vê a paisagem, antes íntima como sua própria pele, transformada em distanciamento e indiferença pelo tempo. No entanto esta transformação pode se dar ao contrário: os anos se descascam como papel de parede velho, revelando um estampado surpreendentemente fresco por baixo.

Alice Munro costumava ser comparada a Tchekhov, mas talvez se pareça mais com Cézanne. Você pinta uma maçã, pinta outra de novo, até que este objeto inteiramente familiar se torne estranho, luminoso e misterioso; ainda assim, continua a ser apenas uma maçã. Afinal, ela não é um tanto mística? "És grande nas pequenas coisas, pequeno em nenhuma", disse George Herbert. E é também assim com Alice Munro.

("Ah, por favor", diz a voz de Alice. "Contenha-se! Herbert estava falando de Deus! Esta escultura não é o suficiente para um dia? Mas então, tem certeza de que é de bronze?")

A dádiva

>>><<<

INTRODUÇÃO
(2012)

Presentes, as dádivas, passam de mão em mão: eles persistem nesta transmissão, porque, sempre que um presente é dado, ele é revivificado e regenerado pela nova vida espiritual que engendra, tanto no doador como em quem o recebe.

O mesmo ocorre com o estudo clássico de Lewis Hyde sobre a doação de presentes e sua relação com a arte. *A dádiva* nunca saiu de catálogo. Move-se como uma corrente subterrânea entre artistas de todos os gêneros, pelo boca a boca e a doação. É o único livro que recomendo sem piscar a aspirantes a escritores, pintores e músicos, porque não é um manual — destes, existem muitos —, mas um livro sobre a natureza essencial do que faz o artista, e também sobre a relação destas atividades com nossa sociedade extremamente comercial. Se quiser escrever, pintar, cantar, compor, atuar ou fazer filmes, leia *A dádiva*. Ajudará a manter sua sanidade.

Duvido que Lewis Hyde tivesse plena consciência, enquanto escrevia este livro, de que estava criando uma obra tão fundamental. Talvez tenha sentido apenas que explorava um tema que era do seu interesse — de forma resumida, por que poetas em nossa sociedade raramente são ricos — e desfrutava dos inúmeros afluentes que ele revelava por esta investigação, sem perceber que havia alcançado um manancial. Quando indagado por seu primeiro editor quem ele presumia que seria o público para o trabalho, ele não pôde situar bem, mas decidiu-se por "poetas". "Não é o que a maioria dos editores quer ouvir", disse ele em seu prefácio à edição de 2006. "Muitos preferem ouvir 'aos donos de cães que querem falar com os mortos.'" Como então ele nos conta, "o fato afortunado é que *A dádiva* conseguiu encontrar um público mais amplo do que a comunidade de poetas". O que é uma descrição modesta.

Conheci tanto Lewis Hyde como *A dádiva* no verão de 1984. Eu estava escrevendo *O conto da aia*, que começara na primavera naquela combinação de cidade sitiada e vitrine de consumo que era Berlim Ocidental na época, e onde o embate do século XX entre o comunitarismo que dera errado e a veneração enlouquecida a Mamon estava mais claramente em evidência. Mas então era julho e eu estava em Port Townsend, em Washington, em um curso de verão para escritores, do tipo que havia aos montes na época. Naquela região isolada, tudo era bucólico.

Lewis Hyde também dava aulas no curso de verão. Ele era um jovem poeta genial cujo hobby era a lepidopterologia, e timidamente me presenteou com um exemplar de *A dádiva*. Nele, escreveu: "Para Margaret. Que deu muitas coisas a todos nós." Gosto do caráter escorregadio e da ambiguidade disto — "muitas coisas" podiam incluir qualquer coisa, de poemas e romances, que eu esperava que fosse o que ele tinha em mente, a "uma crise de herpes" e "calafrios" —, porque a palavra *dádiva*, ou *presente*, é em si escorregadia e ambígua. Pense em "presente de grego", uma referência ao fatal cavalo de Troia, e a maçã envenenada dada a Branca de Neve, para não falar daquela outra maçã dada a Adão, e os presentes de casamento que queimam a rival de Medeia até os ossos. A reciprocidade de presentes é em parte o tema central do livro de Lewis Hyde.

A dádiva foi lançado originalmente em 1983, quando tinha o subtítulo *Imaginação e a vida erótica da propriedade*. Na capa de meu exemplar em brochura da Vintage há uma pintura shaker de um cesto de maçãs — uma escolha explicada em uma nota por Hyde:

> Os shakers acreditavam que recebiam sua inclinação para as artes como dádivas do mundo espiritual. Diziam que as pessoas que se esforçavam para se tornar receptoras de canções, danças, pinturas e assim por diante estavam "trabalhando por uma dádiva", e as obras que criavam circulavam como dádivas dentro da comunidade. Os artistas shakers eram conhecidos como "instrumentos"; só sabemos o nome de alguns, porque em geral era proibido que fossem conhecidos por qualquer um fora do círculo de anciãos da igreja.

Esta nota é acompanhada de uma linha de direitos autorais que, na visão das origens de *Cesto de maçãs*, diz ironicamente: "A reprodução de *Cesto de maçãs* foi uma cortesia da Shaker Community Inc." Então a comunidade de doadores de presentes agora tinha se corporativizado, e seus presentes eram transformados em propriedade pelo mercado de commodities que então nos cercava de todos os lados. Uma das perguntas que Hyde faz é se uma obra de arte é alterada pelo modo como é tratada — como presente ou mercadoria à venda. No caso do *Cesto de maçãs*, eu diria que não: a palavra *cortesia* implica que nenhum dinheiro trocou de mãos. Poderia ter sido o caso, mas, segundo as regras dos shakers, uma coisa dessas teria sido impossível. Entendi a intenção de Hyde.

A pintura em si é instrutiva. O cesto de maçãs não é retratado de forma realista. O cesto é transparente, como que feito de vidro, e as maçãs flutuam nele, como se levitassem. Estas não são maçãs vermelhas, mas douradas, e, se as olharmos atentamente, elas se metamorfoseiam de um desenho plano a três dimensões e delas brilha algo que parece uma folha de ouro derretido. Assim, a imagem mostra um presente — a energia cintilante —

dentro de um presente — as maçãs — dentro de outro presente, o cesto inteiro. Cada maçã muito provavelmente representava um único shaker, aquecido e iluminado por um presente interior, mas nem por isso destacado da comunidade, pois todas as maçãs têm o mesmo tamanho. Minha conjectura é de que o recipiente que as mantém juntas — o cesto transparente — teria significado, a seu público original, a Graça Divina. Hyde escolheu a capa com cuidado.

Tanto a imagem da capa original quanto sua nota foram deixados pelo caminho. Edições mais recentes de *A dádiva* têm imagens diferentes na capa, e a nota, portanto, está ausente. Juntos, porém, o *Cesto de maçãs* e seu comentário resumem as questões maiores que Hyde propõe. Qual a natureza da "arte"? Seria a obra de arte uma mercadoria com um valor monetário, a ser comprada e vendida como uma batata, ou um presente ao qual não se pode dar nenhum preço real, algo que deve ser trocado livremente?

E se as obras de arte são dádivas e nada além disso, como seus criadores subsistiriam no mundo físico, em que a comida mais cedo ou mais tarde lhes será necessária? Deveriam eles ser sustentados a partir da troca de presentes com o público — o equivalente dos presentes colocados na tigela de esmolas de monges zen? Deveriam viver em comunidades ao estilo shaker com outros iguais a eles, das quais os departamentos de escrita criativa podem ser uma versão secular? A lei de direitos autorais atual tenta abordar este problema.

Se a criação ou a versão dela é comercializada no mercado, um criador tem o direito de controlar quem pode reproduzir a obra e tem direito a uma parcela do preço de venda. E este direito pode ser herdado. Mas ele dura apenas por um determinado número de anos após a morte do criador, e depois disto a obra passa ao domínio público e fica livremente disponível a todos, para fazer o que quiserem dela. Daí surgiram coisas como *Or-*

gulho e preconceito e zumbis e postais da *Mona Lisa* de bigode. Presentes nem sempre são tratados de uma forma que respeite seu espírito original.

Estas e muitas outras questões são abordadas por Hyde por meio de um misto de teoria econômica, obras antropológicas sobre costumes tribais de doação de presentes, histórias folclóricas sobre o uso e o mau uso de presentes, trechos de guias de etiqueta, relatos de ritos funerários arcaicos, estratagemas de marketing para coisas como roupas íntimas infantis, práticas de doação de órgãos, observâncias religiosas, a história da usura, as análises custo-benefício feitas por Henry Ford quando precisou decidir se fazia o recall de um modelo com um defeito potencialmente letal e muito mais.

Depois Hyde segue com dois estudos de caso de dois escritores que refletiram muito sobre o vínculo entre a arte e o dinheiro: Walt Whitman, tão generoso que se arriscou a eliminar a fronteira entre o eu e o universo — quanto de si você pode doar sem evaporar? —, e Ezra Pound, tão obcecado pelos efeitos injustos e desvirtuadores que o dinheiro pode ter nos artistas que passou a apoiar os fascistas na Itália, porque eles pareciam dar credibilidade a parte de suas teorias ensandecidas sobre o que deveria ser o dinheiro e como poderíamos fazê-lo crescer; se não exatamente em árvores, então como as árvores. Este capítulo intitula-se "Ezra Pound e a teoria do dinheiro vegetal", e é uma das poucas coisas que já li que explica como Pound pode ter aderido a seu antissemitismo corrosivo. O relato da visita generosa e redentora de Allen Ginsberg a Pound no fim de sua vida é intensamente comovente, e é — de novo — um exemplo das teorias de Hyde na prática.

A dádiva foi lançado há mais de três décadas, quando os computadores pessoais estavam começando a caminhar, quando não existiam e-readers, nem e-books, nem nenhuma rede social na internet. Agora todas estas coisas existem, e o exame de Hyde da relação entre a doação de presentes e a criação e o reforço das comunidades que se formam em torno disso é mais pertinente do que nunca.

Muitos têm ficado intrigados com a monetização das redes sociais — como se pode pagar por esses serviços e como devem gerar dinheiro? — e com a tendência da internet de exigir que tudo nela seja de algum modo "gratuito", apesar de os salários que devem ser pagos àqueles que puxam as cordinhas eletrônicas e fazem objetos virtuais intangíveis aparecerem e desaparecerem. Mas, como expõe Hyde, a troca de presentes exige reciprocidade e é alimentada por ela: assim, um retuíte merece outro, entusiasmos compartilhados são trocados pelos entusiasmos de outros, e aqueles que dão conselhos em troca de nada podem esperar recebê-los de graça quando precisarem. Mas presentes criam laços e obrigações, e nem todo mundo os quer ou os entende. Na verdade, não existe almoço totalmente grátis.

Se você baixou uma música ou filme da internet sem pagar — se ganhou algo com isso, como dizemos —, se tratou como um presente, o que por sua natureza tem valor espiritual, mas não monetário, o que você deve a seu criador, que foi o instrumento pelo qual a música ou filme chegou a suas mãos? Sua gratidão, por meio de uma palavra de agradecimento? Sua atenção séria? O valor de um latte depositado em uma tigela de mendicante eletrônica?

A resposta nunca é "nada". Muita tinta digital tem sido derramada sobre estas questões, com as guerras de direitos autorais tomando o espaço central. Certamente parte da solução é a educação do novo público digital na cultura dos presentes. Um presente é um presente quando quem dá exerce sua escolha; se algo é tirado contra a vontade do dono ou sem seu conhecimento, chama-se "roubo". Mas esta linha pode ser difusa: como observa Hyde, não era à toa que na Grécia antiga o deus mensageiro, Hermes, era encarregado de todo tipo de movimento: comprar e vender, viajar, comunicações, truques, mentiras e piadas, a abertura de portas, a revelação de segredos e o roubo — algo em que a internet é particularmente boa. Mas Hermes não estipula valor moral em como uma coisa muda de lugar: ele apenas possibilita esse movimento. Quer os usuários das autoestradas da informação e seus atalhos saibam disto ou não, o deus que preside a internet é Hermes.

Todo leitor de *A dádiva* com quem conversei saiu de sua leitura com novas epifanias, não apenas sobre suas próprias práticas artísticas, mas também sobre questões já tão integradas à vida cotidiana que nem chegamos a prestar atenção. Se alguém lhe abre uma porta, você deve um agradecimento a esta pessoa? Será que você deve passar o Natal com sua família se estiver tentando consolidar uma identidade própria? Se sua irmã pede que você lhe doe um rim, você diz imediatamente que doará, ou cobrará dela alguns milhares de dólares? Por que você não deve aceitar um presente da Máfia, se não quiser acabar recebendo um pedido para que pratique um ato criminoso? E aquela caixa de vinho de um lobista, se você for um político? Os diamantes são os melhores amigos da mulher, ou você deve preferir um beijo sentimental na mão que jamais será capaz de transformar em dinheiro?

Uma garantia: você não sai de *A dádiva* incólume. Esta é uma marca de sua própria condição de presente; porque os presentes transformam a alma de uma forma que as simples mercadorias não conseguem fazer.

Tragam os corpos

>>><<<

(2012)

Ah, os Tudor! Nunca nos fartamos deles. Estantes inteiras repletas deles, milhares de filmes consagrados aos seus disparates. E como se comportavam mal. Quantas intrigas maquiavélicas e traições. Nunca nos cansaremos das prisões, torturas, entranhas sanguinolentas e mortes na fogueira?

Philippa Gregory abordou com muito sucesso as jovens Bolena — Maria, a Amante, e Ana, a Irritante. Depois veio *The Tudors*, a série de TV, em que foi tratada com habilidade a geopolítica da Igreja, embora algumas roupas íntimas fossem anacrônicas e Henrique VIII fosse um romântico sombrio e taciturno que jamais engorda. É meio forçado, mas funciona muito melhor para todo o sexo do que se ele fosse ofegante, grunhisse e sua perna purulenta sujasse todo o lençol, como na vida real.

Tenho um fraco pelos Tudor, então devorei o sensacional *Wolf Hall*, ganhador do Booker Prize, de autoria de Hilary Mantel — o primeiro de sua série sobre Thomas Cromwell, o Calculista e Impiedoso —, quase que numa sentada só. Agora lançam o acertadamente intitulado *Tragam os corpos*, que pega os pedaços corporais deixados para trás em *Wolf Hall*.

Na abertura do livro, é verão. Henrique e sua corte estão em Wolf Hall, residência dos Seymour, onde Henrique tem seus olhos porcinos voltados para a rija, pudica e pequena Jane, destinada a ser sua próxima rainha. Thomas Cromwell treina seus falcões, batizados com os nomes das filhas mortas. "Suas filhas estão caindo do céu", começa Mantel. "Ele observa, do lombo do cavalo, hectares de Inglaterra estendendo-se atrás dele; elas caem, de asas douradas, cada uma delas com um olhar cheio de sangue. [...] Todo o verão foi assim, um tumulto de desmembramentos." E lá vamos nós, entrando na mente labiríntica, profunda e escura, mas estranhamente objetiva, de Thomas Cromwell.

O Cromwell histórico é uma figura opaca e provavelmente foi por isso que Mantel se interessou por ele: quanto menos se sabe da verdade, mais espaço para uma romancista. Cromwell ascende de uma origem obscura e violenta, passando muito tempo no exterior — em um momento, um soldado, em outro, um mercador — até se tornar o homem de confiança do Reino da Inglaterra, o principal criador e destruidor de fortunas e cabeças, secretamente odiado e desprezado, especialmente pela aristocracia. Ele era o Beria do Stalin tirânico que era Henrique VIII; fazia todo o trabalho sujo e comparecia às decapitações enquanto Henrique saía para caçar.

Cromwell alçou a reformista Ana Bolena e a ela se aliou, até ela burramente pensar que podia se livrar dele. Depois se juntou aos inimigos dela para destroná-la, o que o vemos fazendo com um requinte de aço em *Tragam os corpos*. Ele era muito temido e inteligente, com uma memória prodigiosa para fatos e também para deslizes, e não deixava nada barato.

Enquanto Cromwell sempre teve uma má fama, Henrique tem gerado críticas variadas. Seus primeiros anos de vida foram dourados — príncipe da Renascença, caçador, compositor de poemas, dançarino animado, o espelho da moda e o molde da elegância, e assim por diante —, mas ele foi se tornando cada vez mais despótico, sanguinário, ganancioso e possivelmente louco no decorrer de sua vida. Charles Dickens, em seu peculiar *A história da Inglaterra para crianças*, não vê utilidade para ele, chamando-o de "o rufião mais intolerável da história, uma desgraça para a natureza humana e uma mancha de sangue e sebo na História da Inglaterra". Em seus últimos anos, segundo Dickens, Henrique era "um espetáculo horrendo e inchado, com um grande buraco na perna, e tão odioso em cada sentido que era pavoroso se aproximar dele". É um passatempo para médicos do século XXI opinar sobre qual seria exatamente o problema de Henrique: antigamente pensava-se ser sífilis, mas agora parece que o diabetes está vencendo. Isto e, possivelmente, uma lesão neurológica causada por um acidente numa justa — um acidente que levou Cromwell a perder a calma, porque se Henrique morresse sem um herdeiro, haveria uma guerra civil. Não importava o que mais os Tudor fizessem, eles haviam trazido a paz à Inglaterra e era pela paz que Cromwell trabalhava. Este, para Mantel, é um dos motivos mais elogiáveis para todo o derramamento de sangue engendrado por Cromwell.

A paz depende de um rei estável, e neste aspecto Cromwell tem seu trabalho dificultado. Já no início do livro, Henrique começa a enfraquecer, a inchar e babar; sua paranoia é crescente e os Plantageneta conspiram nos bastidores. Cromwell enxerga isto com precisão e clareza, como enxerga tudo mais. É um narrador muito consciente e não se poupa da própria visão inabalável, como acontece quando elogia o retrato que Hans Holbein pintou dele, "sua determinação sombria envolta em lãs e peles, a mão cerrada em um documento como se o estivesse estrangulando". Seu próprio filho lhe diz que ele parece um assassino, e outros retratistas chegam a um efeito semelhante: "Não importa por onde comecem, o impacto final é o mesmo: se ele tiver uma queixa contra você, você não vai querer encontrá-lo em uma noite sem lua."

Mas ele também tem aspectos de ternura e enxerga isto nos outros: ele é profundo, não apenas sombrio. E por intermédio dele experimentamos a tessitura de como é descambar para uma perigosa ditadura, em que o poder é arbitrário, há espiões por toda parte e uma palavra errada pode significar sua morte. É um reflexo, talvez, de nossos tempos, quando as democracias parecem resvalar para as sombras cheias de calabouços do poder arbitrário.

A principal adversária de Cromwell, Ana Bolena, é voluntariosa e sedutora como costuma ser representada na ficção, mas perto de sua morte encolheu a "uma figura mínima, um feixe de ossos". Será ela mais digna de piedade do que culpada? Não, segundo Cromwell: "Ela não parece uma inimiga poderosa da Inglaterra, mas as aparências podem ser enganosas. [...] Se sua influência tivesse continuado, a criança Maria teria ficado aqui; e ele próprio [...] esperando pelo bruto machado inglês." Ana conhecia as regras do jogo do poder, mas não jogou bem e perdeu. E, pelo menos naquela ocasião, Cromwell ganhou.

O ambíguo Cromwell é um protagonista que combina com os pontos fortes de Mantel. Ela jamais favorece personagens meigos, e os propósitos obscuros não lhe são estranhos. Começando por telas menores — romances ambientados na Inglaterra atual —, Mantel passou à ficção histórica em tela panorâmica com a obra-prima *A Place of Greater Safety* (1992), retratando os principais atores da Revolução Francesa, bem como um grande elenco de apoio e suas interações suspeitas. Ela usa esse mesmo talento para elaborar a complexidade em *Wolf Hall* e *Tragam os corpos*. São muitas as pessoas que rondam a corte de Henrique, todas querendo tirar vantagem ou tentando se desviar do machado, e ajudar o leitor a acompanhá-las é uma habilidade especial.

A ficção histórica tem muitas armadilhas, e os múltiplos personagens e a roupa íntima plausível são só duas delas. Como as pessoas devem falar? A dicção do século XVI seria insuportável, mas o dialeto moderno também não funcionaria; Mantel opta pelo inglês padrão, com a ocasional piada imprópria, e pela narração no presente na maior parte do tempo, o que nos deixa bem ali com Cromwell enquanto suas tramas e as de Mantel se desenrolam. Quantos detalhes — roupas, móveis, utensílios — fornecer sem entupir a página e enfraquecer o ritmo da história? O bastante para permitir ao leitor imaginar a cena, com tecidos exuberantes e texturas destacadas, como eram na época. Mantel em geral responde às mesmas perguntas que interessam a leitores de relatos de julgamentos por homicídio ou cobertura de casamentos reais. Como era o vestido? Como era ela? Quem realmente foi para a cama com quem? Ela às vezes conta demais, mas a invenção literária não lhe falha; é tão hábil e verbalmente ágil como sempre.

Lemos ficção histórica pelo mesmo motivo que continuamos a assistir a *Hamlet*: não importa o quê, mas o como. E embora conheçamos a trama, os personagens em si não conhecem. Mantel deixa Cromwell em um momento que pareceria seguro: quatro de seus inimigos que lhe desejavam mal, além de Ana, foram decapitados, e muitos outros foram neutralizados. A Inglaterra terá finalmente a paz, embora seja "a paz do galinheiro quando a raposa vai para casa". Mas na verdade Cromwell está se equilibrando em uma corda bamba, com os inimigos se reunindo e sussurrando nos bastidores. O livro termina como começa, com uma imagem de penas ensopadas de sangue.

Mas seu fim não é um fim. "Não existem finais", diz Mantel. "Se você pensa o contrário, foi enganado quanto à natureza deles. Todos eles são inícios. Este é um." O que nos levará ao capítulo final, e ao próximo lote de esposas de Henrique e maquinações de Cromwell. Quanto trabalho preparatório complicado será necessário para "escavar" Cromwell, aquele enigma "lustroso, roliço e densamente inacessível"? Leitor, espere e verá.

Aniversário de Rachel Carson

>>><<<

(2012)

Em meu romance de 2009, *O ano do dilúvio* — ambientado naquele terreno sempre disponível, O Futuro Próximo —, Rachel Carson é uma santa.

É claro que muita gente a considera uma santa mesmo, mas em meu livro é oficial. Os Jardineiros de Deus — integrantes de um culto fictício que reverencia a Natureza e a escritura — precisam de algumas santas. Os Jardineiros as escolhiam por sua devoção ao mundo natural divino, e seus feitos santificados podiam ir desde escrever poemas de fraternidade entre as criaturas — como os de são Robert Burns do Camundongo — a salvar uma espécie, como os esforços da santa Dian Fossey dos Gorilas.

Mas minha primeira opção foi Rachel Carson. Ela merecia inteiramente a beatificação e agora a tem: na hagiografia dos Jardineiros de Deus, ela é a santa Rachel de Todos os Pássaros.

Este ano marca o quinquagésimo aniversário da publicação do crucial livro de Rachel Carson, *Primavera silenciosa*, considerado por muitos o livro ambientalista mais importante do século XX. Seu tema é o envenenamento humano da biosfera pela utilização indiscriminada de uma miríade de novas substâncias químicas do século XX na tentativa de controlar pragas e doenças. Rachel Carson já era a escritora naturalista mais respeitada nos Estados Unidos e uma pioneira neste campo. Sabia como explicar ciência a leitores comuns de um jeito que eles fossem capazes de entender, sabia também que, se não se ama, não se pode salvar nada, e seu amor pelo mundo natural brilha em tudo que ela escreveu. Para *Primavera silenciosa* — que ela já sabia que seria sua última centelha de energia —, ela lubrificou todas as suas armas retóricas e sintetizou uma ampla gama de pesquisa. Conseguiu combinar uma apresentação simples e dramática com um leque formidável de estatísticas de suporte, e forjar um chamado à ação específica. O impacto foi imenso — muitos grupos, leis e órgãos governamentais se inspiraram nele, e suas principais ideias ainda são centrais hoje em dia.

O livro também encontrou uma resistência furiosa, principalmente das grandes empresas químicas e dos cientistas que elas empregam. Várias tentativas foram feitas para destruir não só a credibilidade científica de Carson, mas também sua reputação pessoal: ela era uma fanática, uma "abraçadora de árvores", uma reacionária perigosa que arrastaria a sociedade moderna de volta à Idade Média cheia de pestes, parasitas, destruição de safras e doenças letais. Ainda que *Primavera silenciosa* nunca tenha defendido uma proibição total de pesticidas, apenas a testagem criteriosa e o uso informado, em contraste com a política descontrolada que vinha sendo aplicada com resultados desastrosos.

Muitos ataques a Carson foram específicos ao seu gênero, moldados pelas percepções de meados do século sobre as mulheres: sua capacidade mental fraca, seu sentimentalismo piegas, sua tendência à "histeria". Uma acusação enigmática veio do ex--secretário de Agricultura dos Estados Unidos, Ezra Taft Benson, que escreveu em uma carta pessoal que, como Carson não era casada, apesar de atraente, ela "provavelmente era comunista". (O que isto queria dizer? Que comunistas se entregavam ao amor livre, ou que eles rejeitavam o sexo?)

Apesar de tudo, Rachel Carson perseverou, contra-atacando a difamação com elegância, dignidade e coragem. Quanta coragem logo ficou evidente, já que ela estava sofrendo com um câncer e morreu no início de 1964. *Primavera silenciosa*, assim, adquiriu a força adicional de um testamento no leito de morte.

Primavera silenciosa causou um grande impacto no mundo todo, mas também em minha família. Meu pai era entomologista e estudava infestações por insetos que destruíam florestas, em especial as florestas de coníferas que cobrem a maior parte do norte do Canadá. Ele trabalhou como entomologista florestal em toda a década de 1930 e viu o advento da revolução do inseticida. A princípio deve ter parecido um milagre: nenhum inseto tinha desenvolvido resistência ainda, e os primeiros resultados pareciam uma limpeza geral. Os fabricantes empurravam a solução química para tudo: não só para insetos florestais, mas para todo tipo de plantação — maçãs, algodão, milho —, insetos portadores de doenças e irritantes mosquitos, flores silvestres em acostamentos de estradas e, enfim, qualquer coisa que se arrastasse ou simplesmente crescesse onde você não queria. A pulverização era barata, eficaz e segura para seres humanos, então por que não fazer?

O público em geral acreditou no papo de vendedor: o produto era seguro para as pessoas, desde que não fosse ingerido. Um dos prazeres de nossa infância nos anos 1940 era ter permissão de empunhar a bomba de Flit — uma bomba de spray com um cano contendo um preparado de DDT que matava qualquer inseto que estivesse na mira. Nós, crianças, respirávamos nuvens dele enquanto fazíamos a ronda, assassinando moscas e esguichando um no outro de brincadeira.

Tais atitudes despreocupadas para com as novas substâncias foram comuns em toda a década seguinte. Quando trabalhei como monitora de acampamento no final dos anos 1950, as instalações eram rotineiramente pulverizadas para se eliminar mosquitos, e o mesmo se fazia em campings e cidades inteiras em várias partes do mundo. Depois da pulverização, os coelhos apareciam, correndo em círculos, sacudindo-se espasmodicamente, depois caindo. Talvez por conta dos pesticidas? Certamente que não. No entanto, ainda não tínhamos lido os estudos — já em andamento — de danos hepáticos e neurológicos, para não falar de câncer. Mas Carson os estava lendo.

Mais para o final dos anos 1950, meu pai passou a ser um oponente da pulverização generalizada. Seus motivos eram os mesmos daqueles detalhados em *Primavera silenciosa*. Primeiro, aquele tipo de pulverização indiscriminada matava não só o inseto alvo, mas os parasitas inimigos do alvo; e não só insetos, mas também muitas outras formas de vida; e não só estas formas de vida, mas tudo aquilo que dependia delas como alimento. O resultado da pulverização intensiva era uma floresta morta.

Segundo, alguns insetos sobreviveriam e transmitiriam seus genes resistentes e assim teríamos toda uma geração mais forte de descendentes, que se saía muito melhor que seus ancestrais e contra a qual inseticidas mais novos e ainda mais tóxicos tinham então de ser utilizados, até que — como coloca Carson — as substâncias ficassem tão letais que matariam absolutamente tudo, inclusive nós.

Meu pai tinha um prazer sombrio em dizer que os insetos herdariam a terra porque rapidamente se adaptariam a quaisquer controles que lançássemos neles. (Ele ainda não sabia da existência de superbactérias em hospitais, de micróbios saltando entre espécies como Ebola e Marburg e das espécies muito invasivas que já complicavam nossa vida, mas elas teriam se encaixado bem no discurso dele.) No futuro, meu pai proclamaria, não sobraria nada senão baratas e grama. E formigas. E quem sabe dentes-de-leão.

Aquela não era uma perspectiva muito animadora para mentes jovens e impressionáveis como a minha e a de meu irmão na época. Por outro lado, ela servia para nos preparar. Assim, quando *Primavera silenciosa* foi lançado, em 1962, já estávamos prontos para ele.

Mas a maioria das pessoas não estava. É difícil imaginar o choque que causou. Foi como ouvir que o suco de laranja — na época proclamado como a chave para a saúde plena — na verdade estava nos envenenando.

Aqueles eram tempos menos céticos: as pessoas ainda confiavam nas grandes empresas. As marcas de cigarro ainda tinham nomes familiares e aconchegantes, patrocinando personagens admirados como Jack Benny nas rádios; a Coca-Cola ainda era sinônimo de uma vida sadia, com moças de luvas brancas bebericando-a com seus lábios puros. Acreditava-se que as empresas químicas estavam tornando a vida melhor a cada dia, de todo jeito, em todo o mundo, o que — para ser justa — de certo modo fizeram mesmo. Cientistas em seus jalecos brancos eram apresentados como paladinos contra as forças da ignorância e da superstição, liderando-nos sob a bandeira da descoberta. Toda inovação científica moderna era "progresso" ou "desenvolvimento", e progresso e desenvolvimento sempre foram desejáveis, e marchariam inevitavelmente para o alto e avante: questionar esta crença era questionar a bondade, a beleza e a verdade.

Mas aí Rachel Carson estourou a bolha de felicidade. Será que haviam mentido para nós não só sobre os pesticidas, mas sobre o progresso, o desenvolvimento, a descoberta e todo o resto?

Assim, uma das lições centrais de *Primavera silenciosa* foi que nem tudo rotulado como progresso era necessariamente bom. Outra foi que a aparente divisão entre o homem e a natureza não é real: o interior de nosso corpo é ligado ao mundo que nos cerca, o nosso corpo também tem sua ecologia, e o que entra nele — seja comido, respirado, bebido ou absorvido pela pele — tem um impacto profundo em nós. Hoje estamos tão acostumados a pensar dessa forma que é difícil imaginarmos uma época em que os pressupostos gerais fossem diferentes. Mas antes de Carson eles eram.

Naquele tempo, a Natureza era uma "coisa", uma força impessoal e inconsciente, ou pior, maligna. Uma Natureza de garras e dentes prontos para afligir a humanidade com todas as armas de que dispunha. Contra a Natureza bruta estávamos "nós", dotados de consciência e inteligência. Éramos seres de uma ordem superior, assim tínhamos o encargo de domar a Natureza como se ela fosse um cavalo, subjugá-la como se fosse um inimigo e "desenvolvê-la" como se ela fosse um busto feminino ou os bíceps másculos de Charles Atlas — que coisa pavorosa ser subdesenvolvido! Podíamos então explorar os recursos da Natureza, que eram considerados inesgotáveis.

Três correntes de pensamento alimentavam o constructo civilização/selvageria. A primeira era o dominionismo bíblico: no Gênesis, Deus proclama que o homem tem domínio sobre os animais, e isto foi interpretado por alguns como permissão para aniquilá-los. A segunda era fundamentada pelas metáforas de máquinas que dominaram o espaço linguístico depois da invenção do relógio e que se espalharam pelo Ocidente durante o Iluminismo, no século XVIII: o universo era uma máquina insensível e as formas de vida que ele continha também eram máquinas, sem almas, consciência ou sentimentos. Portanto, podiam sofrer abusos à vontade porque não estavam verdadeiramente sofrendo. Só o homem tinha uma alma, situada dentro da máquina de seu corpo (possivelmente, alguns pensavam, na glândula pituitária). No século XX, cientistas se livraram da alma, mas mantiveram a máquina: por um tempo estranhamente longo, sustentaram que atribuir qualquer coisa parecida com emoções humanas a animais era antropocentrismo. Por ironia, esta era uma contradição direta ao avô da biologia moderna, Charles Darwin, que sempre sustentou a interligação da vida e

— como qualquer dono de cachorro, fazendeiro ou caçador — tinha plena consciência das emoções dos animais.

A terceira corrente de pensamento veio — de novo por ironia — do darwinismo social. O homem era "mais apto" que os animais, em virtude de sua inteligência e de suas emoções unicamente humanas; assim, na luta pela existência, o homem merecia triunfar e um dia a natureza teria de dar lugar a um ambiente plenamente "humanizado".

Mas Rachel Carson questionou este dualismo. Não importavam que ares déssemos a nós mesmos, "nós" não éramos distintos da "coisa": fazíamos parte dela e só podíamos viver dentro dela. Pensar o contrário era autodestrutivo:

> O "controle da natureza" é uma expressão concebida na arrogância, nascida da era neandertal da biologia e da filosofia, quando se supunha que a natureza existia para a conveniência do homem. Os conceitos e as práticas da entomologia aplicada, na maior parte, datam da Idade da Pedra da ciência. É nosso alarmante infortúnio que uma ciência tão primitiva tenha se munido das armas mais modernas e terríveis e que, ao voltá-las contra os insetos, também as tenha apontado para a terra.

Podemos objetar a metáfora — as pessoas da "Idade da Pedra" estavam em sintonia muito maior com a totalidade do tecido da vida do que os sabichões do século XX contra quem Carson se erguia —, mas a conclusão permanece. Se a única ferramenta que temos é um martelo, veremos todo problema como um prego. Nas partes finais do livro, Carson explorou outras ferramentas e outros meios de resolver problemas. O mundo está recuperando o atraso com ela.

Os fundamentos para uma visão holística da natureza já existiam: os românticos haviam contestado o modelo mecanicista e, nos Estados Unidos, as preocupações com o mau uso da natureza remontavam a Fenimore Cooper e Thoreau. Teddy Roosevelt foi um dos primeiros conservacionistas. O Sierra Club foi fundado em 1892 e, na época de Carson, era uma grande organização popular.

Deste modo, um motivo para que o *Primavera silenciosa* tenha se tornado tão importante foi a popularidade já difundida de atividades ligadas à natureza — em particular, do hobby de observação de pássaros. A observação de pássaros recebeu um forte impulso com a publicação, em 1934, do *Field Guide,* o guia de campo de Roger Tory Peterson. Uma atividade que antes exigia conhecimento arcano colocou-se ao alcance de qualquer entusiasta amador. Durante décadas, amantes de pássaros percorreram com os olhos quintais, campos e florestas, formando comunidades, coletando dados e compartilhando suas descobertas.

Muitos destes naturalistas amadores notaram um declínio no número de pássaros, em particular entre aves de rapina como águias, falcões e águias-pescadoras. Havia uma explicação: o DDT acumulado nos corpos de predadores alfa, uma vez que se alimentam no topo da cadeia. No caso das aves de rapina, afinava as cascas dos ovos, e assim as novas gerações não eram incubadas. Isto era só parte da história contada por Rachel Carson em *Primavera silenciosa*, mas era uma parte que observadores comuns podiam verificar. Onde estavam as águias americanas que antes enchiam os céus por todo o continente? E das águias foi um curto passo ao resto da história: se uma substância química estava exterminando aves, que bem fazia para as pessoas? E quanto a outras substâncias que eram despejadas no ambiente em quantidades tão avassaladoras? Foi o livro de Carson que deu início a este debate público a sério. Muitos resultados deste debate foram positivos. Hoje nenhuma pessoa informada defenderia seriamente o uso de pesticidas, herbicidas ou qualquer outro agente químico da maneira indiscriminada como era feito nos anos 1940 e 1950.

É tentador se perguntar o que Carson teria feito então se tivesse continuado viva. Estaria ela nos alertando que a raça humana chegara à beira do precipício durante a Guerra do Vietnã, quando o Agente Laranja, um herbicida assustadoramente tóxico, era enviado pelo oceano Pacífico em imensos tonéis para matar as selvas vietnamitas? Aquelas selvas ainda não se recuperaram, e agora se sabe o efeito venenoso sobre militares e civis. Mas Carson talvez tivesse nos alertado para um perigo maior. Imagine as consequências de um grande derramamento de Agente Laranja. A morte de algas cianofíceas no mar teria sido um desastre global, uma vez que estas algas produzem de 50 a 80% do oxigênio presente em nossa atmosfera.

E o que Carson teria dito sobre a pulverização de dispersantes durante o derramamento de petróleo no Golfo do México? "Não façam isso", sem dúvida. Muitos especialistas disseram isto, mas os poderes constituídos fizeram mesmo assim. O que ela teria dito sobre o rápido derretimento do gelo no Ártico, ou sobre os planos de enfiar uma tubulação pela floresta tropical do Great Bear até a margem do Pacífico?

Ela teria visto muitos sinais de esperança — graças a ela, as pessoas pelo menos estavam conscientes desses problemas. Mas como alguém consegue acompanhar todos eles? Nossa civilização de alta tecnologia está vazando, e está vazando em cima de nós. Quanto mais inventivos somos, mais cresce a lista de compostos químicos que podemos estar respirando, comendo e passando em nossa pele. Os bifenilos policlorados (PCBs), os refrigeradores à base de clorofluorcarbonos e as dioxinas foram identificados e de certo modo controlados, mas muitas substâncias nocivas ainda estão circulando e seu número aumenta a cada ano com novidades de que pouco sabemos.

Mas desde que não estejam caindo mortas, a maioria das pessoas não passa muito tempo se preocupando com toxicidade invisível. Somos uma espécie míope; na maior parte de nossa história, tivemos de ser — nós nos empanturrávamos quando tínhamos a oportunidade, como a maioria dos caçadores-coletores. Porém, a não ser que paremos de sujar nosso próprio ninho, a Terra, podemos ser uma espécie de curto prazo também, e os prognósticos sombrios de meu pai sobre as baratas herdando o planeta se tornarão realidade. Demonizar os ambientalistas — como aconteceu com Carson, e continua a acontecer hoje — não mudará as consequências.

O ponto positivo é que nossa conscientização aumentou. Embora a porcentagem de doações a organizações ligadas à natureza ainda seja lamentavelmente pequena, agora existem muitas organizações dedicadas a responder a nossa maior pergunta: como podemos viver em nosso planeta? Grandes organizações como o Greenpeace, o World Wildlife e o BirdLife International repousam sobre uma pirâmide de outras organizações, das nacionais às locais. Graças a seus integrantes, sabemos muito mais sobre os detalhes da vida na Terra do que sabíamos na época de Carson. Sabemos por onde fluem as correntes marítimas, como as florestas reabastecem seus nutrientes e como as colônias de aves marinhas enriquecem a vida no mar. Sabemos que, apesar de termos destruído 90% da reserva de peixes desde os anos 1940, a criação de parques marinhos permite sua regeneração. Sabemos onde as espécies de aves nidificam e por quais perigos elas precisam navegar quando migram, e da importância da preservação do habitat em nossas reservas ornitológicas bem mapeadas.

Ainda assim, embora nosso conhecimento seja imenso, nossa vontade política coletiva não é forte. A energia para a mudança — e, portanto, para nossa preservação — terá de vir de redes populares, de onde costuma vir, na maioria das vezes.

Parte do legado recente e indireto de Rachel Carson pode parecer improvável: Bug A Salt, um rifle de brinquedo cheio de sal de cozinha, usado para atirar em moscas. Uma campanha de financiamento acaba de arrecadar meio milhão de dólares para seu inventor: parece que muita gente quer atirar em insetos, como as crianças dos anos 1940 queriam disparar a bomba de Flit.

O Bug A Salt tem dois atrativos ecológicos de venda: não requer bateria e não usa pesticidas. Não sei se é a resposta a infestações florestais amplas que cobrem centenas de quilômetros quadrados: seria preciso muito sal de cozinha. Ainda assim, a santa Rachel aplaudiria seus valores fundamentais: provavelmente nenhuma ave seria silenciada por um Bug A Salt.

O mercado de futuros

>>><<<

HISTÓRIAS QUE CONTAMOS SOBRE O TEMPO QUE NOS ESPERA
(2013)

O futuro — não a vida após a morte, mas o futuro real, aqui na Terra — já foi muito convidativo e luminoso. Quando foi isso mesmo? Talvez no século XIX, quando foram escritas tantas utopias prevendo um futuro cintilante que levaríamos dias só para listá-las. Talvez fosse nos anos 1930, quando não só revistas de ficção científica, mas revistas comuns e também a Feira Mundial de Chicago de 1933-34 — com o subtítulo de "Um século de progresso" — estavam repletas da promessa de otimização de todas as coisas, inclusive torradeiras. Acreditávamos ingenuamente que logo estaríamos usando trajes justos como os de Flash Gordon, usando armas de raios e zunindo por aí com nossos veículos aéreos minúsculos com propulsão a jato.

Promessas semelhantes estão aparecendo hoje, embora tendam a se concentrar na bioengenharia. Logo teremos a capacidade de escolher os genes de nossos filhos como escolhemos um guarda-roupa, e nós mesmos seremos capazes de viver, se não para sempre, pelo menos por um tempo muito maior do que as pessoas vivem agora. E depois existem aqueles que pensam que seria uma boa ideia converter nosso cérebro em dados, subir os dados e disparar no espaço sideral, onde viveríamos para todo o sempre como simulacros, porém sem corpo. Mas olha! Você não perceberia a diferença, ao menos até algum outro simulacro puxar a tomada de seu servidor. Para além dessas fantasias do tipo animadoras, estamos achando o futuro mais do que um pouco agourento ultimamente. Com o furacão Sandy, as mudanças climáticas, uma nova erupção de doenças com cepas mutantes para as quais os antibióticos não funcionam mais, o esgotamento da biosfera e os níveis de metano na atmosfera, não imaginamos mais o futuro apenas como um passeio no parque. Mais parece uma árdua caminhada no pântano.

E tem também o Apocalipse Zumbi, outro fenômeno situado no futuro. Este evento iminente parece permear muito a cabeça das pessoas, pelo menos no mundo da cultura pop. Assim como a engenharia genética, a vida prolongada e o uploading do cérebro, este conjunto de memes diz respeito à nossa relação com nossos corpos e, portanto, com a mortalidade — algo que sempre nos preocupou como espécie consciente de si mesma —, só que ao contrário. Em vez de superar a mortalidade como zumbis e também como vítimas de zumbis, seremos possuídos por ela ou vencidos por ela. O ser humano fugindo do zumbi evoca uma caçada em que sua própria morte o está perseguindo.

Meu interesse por zumbis surgiu porque a princípio não consegui entender bem o seu encanto, embora para outros parecesse evidente. Assim, era necessária uma investigação: o que eu estava perdendo? Parte de minha investigação transformou-se em um romance em série chamado *The Happy Zombie Sunrise Home*, escrito com a especialista em zumbis Naomi Alderman e disponível no site de compartilhamento de histórias Wattpad.com. Preciso dizer que esta história, embora razoavelmente divertida, talvez tenha atraído uma atenção desproporcional. Só espero que este título em particular não seja o que será gravado em minha lápide, supondo-se que eu fique quieta, deitada lá, depois de enterrada. As possibilidades são muitas.

Há outras coisas monstruosas em que você pode se transformar, no mundo da literatura e de outros meios de comunicação baseados no desenvolvimento de uma trama, como o cinema; e estas outras formas de monstruosidade proporcionam pelo menos alguns benefícios para aqueles transformados nelas. Você adquire superpoderes de variados tipos, ao passo que, como zumbi, tem subpoderes. Para sondar as profundezas do apocalipse zumbi, para cavar, por assim dizer, mais fundo em seu subtexto, precisamos separar as partes e comparar. Então, tentarei dar alguma perspectiva sobre (a) monstros literários em geral, com seus vários tipos — a maioria de origem antiga, ou pelo menos velha — enumerados, e (b) pragas de zumbis em particular, que são um fenômeno recente e pertencem ao futuro.

Antes de falar de zumbis, de sua forma e função, proponho algumas observações sobre o futuro. Com um gesto de reconhecimento a Raymond Carver, poderíamos dar como subtítulo desta parte de minhas observações: "Do que falamos quando falamos do futuro." E a resposta curta seria: "do presente", uma vez que é só isso que temos como ponto de partida. Uma informação-surpresa para vocês: o futuro na verdade não existe. Portanto, podemos fazer o que quisermos porque, ao contrário do passado, ninguém pode verificar fatos do futuro. Se você for um romancista, isto é bom. Se for um promotor de ações, também é bom. Na verdade, provavelmente é vantajoso para todos que não possamos prever em cada detalhe o que realmente vai acontecer. Isso nos privaria do senso de que temos livre-arbítrio, e este, seja ou não uma ilusão, em minha opinião é absolutamente necessário para conseguir arrancar você da cama de manhã.

No início deste outono vi um filme no avião, como costumo fazer. Foi assim que vi *Kung Fu Panda*, que recomendo. Em outro voo, compelida pela necessidade de fazer alguma pesquisa séria sobre o futuro, escolhi *Homens de preto 3*. Eis a descrição: "Agente Jay viaja no tempo para 1969 [desnecessário dizer que ele parte do futuro], onde se une a uma versão mais jovem do agente Kay para impedir que um alienígena cruel destrua o futuro." Enquanto esperava a permissão para ver o filme selecionado (para o qual recomendam supervisão dos pais), fui agraciada com algumas propagandas deliciosas. Sempre vejo os anúncios, já que cheguei à maioridade a menos de duas quadras de Marshall McLuhan, que começou sua carreira com *The Mechanical Bride*, em que ele analisava de forma psicossocial-literária alguns anúncios populares do final da década de 1940. Meu preferido entre eles provavelmente é "Deep Consolation". O título é um jogo de palavras joyceano, sendo o tema oculto o enterro de cadáveres. Nos anos 1940 gostavam desses jogos de palavras joyceanos. Na imagem, uma jovem está olhando pela janela, na chuva, com uma expressão serena que indica "Não me importa que esteja chovendo porque fiz o que era certo". O que está sendo vendido? O Clark Metal Grave Vault, um caixão em que você pode colocar seu ente querido morto para que ele não se molhe na chuva. Algumas pessoas devem ter comprado este produto, pelo menos o suficiente para que a empresa pudesse pagar por anúncios em revistas.

Os comentários de McLuhan sobre a peça diziam "Como estou seco", "Estava chorando até que eles me disseram que era à prova d'água" e "Mais cadáveres estão procurando a marca à prova d'água". Sua mensagem era de que as pessoas venderiam qualquer coisa e as pessoas também comprariam qualquer coisa, naqueles tempos regidos pela publicidade das agências da Madison Avenue. McLuhan esperava que achássemos ligeiramente engraçado que alguém pensasse que seu ente querido pudesse ficar "em segurança" dentro de uma geringonça daquelas. Teriam eles alguma ideia do que estava acontecendo ali, da perspectiva microbiológica? Mas era aquele o sentido — escapar de tal conhecimento exato e ocultá-lo ao transformar a morte em um probleminha cosmético, reforçando a fantasia de que seu ente querido, em certo sentido, ainda estava vivo e ficaria muito agradecido por você impermeabilizar os restos embalsamados dele. Pelo menos seu terno não seria molhado. Isto é, pelo menos não de chuva.

Porém, com meu conhecimento sobre zumbis recém-descoberto e tendo visto *A noite dos mortos-vivos* em 1970 (quem diria que ele seria uma influência tão forte?), consegui distinguir um subtexto mais sinistro nesta lata cara em formato de caixão. Talvez o caixão metálico Clark não servisse para manter o ente querido protegido das intempéries. Talvez fosse para impedir que este ente querido cavasse sua saída da tumba e ficasse vagando ao léu como um zumbi. Isto faz mais sentido. Por algo assim, eu pagaria.

O anúncio antes do filme que escolhi no avião, porém, era alegremente orientado para o futuro, porque queria que eu usasse aquela empresa para minhas aquisições de ações. Dizia-me que eu precisava fazer parte do possível porque o presente não importava. É o "depois" que conta, o futuro. *Agora* é só o prólogo, dizia, tentando parafrasear Shakespeare, que disse com mais exatidão "o passado é um prólogo". É claro que se o agora é só o prólogo, então o futuro, quando chegarmos lá, será o agora e, portanto, meramente o prólogo, que não contará, porque só o *depois* do depois contará, e assim por diante, *ad infinitum*. Portanto, adquirir ações — quando se pensa nisso — é um investimento em algo que nunca existirá de fato.

De Natal em 2011, ganhei um calendário encantador lançado pela revista *Cabinet*, dedicado a previsões do fim do mundo. O fim do mundo tem sido previsto com uma frequência impressionante, mas até agora sem nenhuma precisão. Aqui está a apresentação do maravilhoso calendário:

> Quando a fase atual do calendário maia de Longo Ciclo se concluir, em 21 de dezembro de 2012, o mundo vai acabar. É claro que esta não é a primeira vez que a extinção do planeta foi profetizada. Por isso a *Cabinet* oferece a você, condenado leitor, um guia para aproveitar o pouco tempo que lhe resta. Este calendário

de parede gigante, trazendo obras de arte de Bigert & Bergström ilustrando 12 métodos de adivinhação, ignora os feriados comuns em favor de mais de 60 datas significativas na história da profecia apocalíptica. Estrelado por cometas, alienígenas, dilúvios, voltas de messias e mais, *O último calendário* estará com você por todos os dias do ano que vem, e terminará — assim como você — em 21 de dezembro de 2012.

Entre os métodos de adivinhação, alguns eram familiares — vísceras de animais, por exemplo — e outros não. Adivinhação com borra de café? Sabemos sobre folhas de chá, mas… café? Depois dei com "batatomancia", que é a adivinhação por intermédio de batatas. *Mancia* vem da palavra grega para *profecia*. O termo também nos deu *mania* e *maníaco*, porque os primeiros profetas entravam em transes delirantes sobre o futuro, em vez de irem ler a revista *Forbes*. A foto da batatomancia mostrava algumas batatas muito distorcidas, com pequenas varetas saindo delas feito pernas.

Eles inventaram isso, pensei. Bom, sim e não. Pesquisando na internet, que é o nosso equivalente moderno da consulta a um oráculo, encontrei duas entradas sobre batatomancia. A primeira é de um fórum Abracadabra, que me contou como fazer batatomancia: "Escolha uma batata e passe sua faca por ela até encontrar o ponto de inserção que pareça adequado. Corte a batata ao meio. Observe o interior da batata até ver um desenho, mergulhe-a em algum tipo de tintura, se isto ajudar. Interprete o desenho de acordo com a inspiração." Não pretendo experimentar isso em casa, mas talvez você queira. Talvez seja uma boa cura para o bloqueio de escritor: depois de dias olhando um pedaço de batata, pode ser atraente voltar a nossos originais desanimadores.

O segundo é de uma página de Wikia [agora Fandom]:

> Os Mestres da Energia da Batata são conhecidos como batatomantes […] dizem que [eles] extraem seu poder de um objeto

conhecido como "A Batata Negra". Presume-se que exista uma no núcleo de cada planeta e em tempos de necessidade, quando toda a raça é ameaçada, um batatomante pode invocar os poderes de todos os batatomantes para erguer a batata carbonizada do centro do planeta e atirar em um adversário. A batata superquente é irrefreável e explode quando faz contato.

Sendo o mundo o que é, espero que no futuro surjam oficinas dedicadas ao ensino da batatomancia e quem sabe algum tipo de culto. Este culto seria financiado pela Frito-Lay, ou possivelmente a mais purista Kettle Chips, com base na teoria de que qualquer coisa que eleve o status da batata seja boa para seus negócios. Existe uma oportunidade de franquia aqui. Lembre-se de que o presente é o prólogo: é o Depois que importa e depois o DEPOIS do depois, e o depois.

Os métodos de adivinhação que serviam para alguma coisa no passado eram muitos e variados. Os reis dos velhos tempos empregavam profetas, com quem tinham uma relação de amor e ódio. Por um lado, os reis não queriam más notícias: queriam as boas. Por outro, eles não queriam boas notícias falsas. Fosse como fosse, eles certamente não queriam profetas que denunciassem seu mau comportamento. Este é um problema também no mundo de hoje, só que os reis são chamados por outros nomes, como presidentes corporativos. As más notícias que eles não querem têm a ver com coisas como mudança climática provocando secas no Meio-Oeste e derramamentos tóxicos destruindo os mares... esses detalhezinhos.

Mas os profetas não eram os únicos vetores de notícias sobre o futuro. Outros métodos antigos incluíam voos de aves; meteoros e sinais dos céus; livros de adivinhação, como o *I Ching*; e baralhos e horóscopos — estes últimos ainda gozam de popularidade nos jornais diariamente. Os oráculos gregos, é claro, tinham a reputação de se expressarem de modo ambíguo. Parece que eles, na maioria dos casos, diziam às pessoas mais ou menos o que elas queriam ouvir, com uma cláusula de desobrigação capciosa, só por precaução. Tudo isso nos dá uma ideia de como podem ser imprevisíveis as previsões do futuro.

Agora, como prometido, falemos de zumbis. Originalmente, os zumbis foram associados com o vodu haitiano: eram pessoas vivas que tinham a vontade e a memória removidas, cortesia de uma mistura que continha, possivelmente, uma neurotoxina de baiacu. Depois de passar por um falso enterro, eles viravam escravizados sem vontade própria. Não conseguiam se lembrar de nada, inclusive quem eram; e certamente não tinham preocupações quanto ao futuro.

Mas em sua versão mais moderna, datando aproximadamente do primeiro filme *A noite dos mortos-vivos*, de 1968, os zumbis são bem diferentes. O problema é causado por uma epidemia de origem incerta, que é disseminada, como a raiva ou o vampirismo, por mordidas. Cruza-se o limiar entre vida e morte, depois se cruza de volta chegando a uma espécie de vida de novo, só para lanchar os vivos — e o resultado desse lanche é propagar a epidemia.

Como é do estilo de temas folclóricos, a imagética deste tipo recente de zumbi canibalizou vários outros motivos folclóricos. Alguns são inspirados na arte da época da Peste Bubônica, ou a Grande Mortandade do Século XIV, inclusive multidões de mortos-vivos, como na alegoria da Dança da Morte, de cores macabras, como carne azulada e esverdeada, dentes podres, esqueletos com farrapos de carne caindo deles, roupas aos trapos e assim por diante. É o que você poderia ver se um caixão Clark fosse aberto depois de o ente querido passar algum tempo dentro dele. Um aspecto que as imagens da Dança da Morte apontam é que a Morte era a grande igualadora e niveladora. Príncipes eram forçados a participar, assim como burgueses ricos, soldados e indigentes. O apocalipse zumbi tem um argumento semelhante: quando se trata da zumbilândia, não existem hierarquias sociais e a riqueza não significa nada.

Mas certamente parte das fontes de imagética do apocalipse zumbi são mais recentes. Este é um evento que é cada vez mais imaginado como um fenômeno de massa que levará ao colapso social generalizado e à destruição da infraestrutura física, como no filme de 2002, *Extermínio*. Os infectados neste filme não são exatamente os de *The Walking Dead*, mas, tirando isso, o cenário de colapso social e as cenas cheias de escombros e cadáveres são muito parecidos.

Por que essa imagética vem sempre à nossa mente? Talvez tenhamos nos encharcado dela por todo o século XX. Veja a seguinte descrição: "[...] é só o que pode ser visto. [...] Cadáveres, ratos, latas velhas, armas antigas, rifles, bombas, pernas, sapatos, crânios, cartuchos, pedaços de madeira e latão e ferro e pedra, partes de corpos apodrecidos e cabeças purulentas espalhadas por todo lado." Esta não é uma descrição de cenário de um filme de apocalipse zumbi. É a descrição do poeta John Masefield de um campo de batalha da Primeira Guerra Mundial. Quem viveu os últimos nove décimos do século XX estava e ainda está familiarizado com essa imagética. Qualquer um que tenha vivido em meados desse século e na Segunda Guerra Mundial teve alguma dose disto, via fotografia, e especialmente as imagens dos campos de extermínio quando presos quase mortos foram libertados. Assim como a Peste Bubônica deu ensejo à arte da Peste, e depois a uma onda de lápides exibindo esqueletos e ampulhetas — a ampulheta um símbolo do tempo que se esgota —, então certamente os dois maiores horrores do século XX alimentam a imagética popular do apocalipse zumbi atual.

Este pacote de imagens foi combinado com uma trama que é essencialmente a do romance de 1947 de Albert Camus, *A peste*, bem como de vários outros romances e filmes de desastre generalizado em que ocorrem infecções em massa e um pequeno grupo resiste. Pode-se pensar na peça *Rinoceronte*, de Ionesco, e no romance do escritor português Saramago, *Ensaio sobre a cegueira*, bem como, saindo um pouco da literatura, no filme de 1956, *Invasores de corpos*, e no filme de 1953, *Invasores de Marte*. Em algumas interpretações, estas construções, em particular aquelas que datam dos anos 1950, são metáforas políticas: ideologias medonhas como o nazismo e o comunismo estão se espalhando como germes, dominando a mente das pessoas, e só restam alguns para resistir a elas ou para combatê-las, ou para sobreviver ao momento difícil.

As histórias de zumbis sempre são contadas de dentro do grupo pequeno e sitiado de ainda-não-infectados. Ao contrário do que acontece com outros tipos de monstros, as infecções sempre são em massa. Não é o caso de um único vampiro abordando beldades de camisola à noite nem de um único lobisomem dando pinotes na mata e tirando nacos de quem passa. O perigo está nas hordas. Os zumbis, ao contrário de vampiros e lobisomens, não são fortes nem rápidos; são fracos e lentos. Mas eles são muitos e, embora cambaleiem de um jeito débil e tolo, são capazes de encurralar uma pessoa. Note que em algumas versões recentes, como *The Walking Dead*, eles ficaram mais inteligentes — necessário, quando se quer que a trama continue — e no filme *Meu namorado é um zumbi*, os zumbis até mesmo fizeram o impossível: ficaram sexys. Só depois de se tornarem humanos de novo, veja bem. Há limite para tudo.

Mas voltemos ao básico. Aqui está uma boa descrição de hordas de zumbis, do que talvez possa ser uma fonte inesperada.

> *Sob a fulva neblina de uma aurora de inverno,*
> *Fluía a multidão pela Ponte de Londres, tantos,*
> *Jamais pensei que a morte a tantos tivesse desfeito.*
> *Exalavam suspiros curtos e entrecortados,*

> *E cada homem tinha seus olhos fixos nos próprios pés,*
> *Fluíam colina acima e desciam a King William Street*
> *Até onde a Saint Mary Woolnoth assinalava as horas*
> *Com um dobrar surdo no repique final das nove.*
> *Lá vi alguém que conhecia, e o fiz parar, gritando: "Stetson!*
> *"Tu que estiveste comigo na esquadra de Mylae!*
> *"Aquele cadáver que plantaste ano passado em teu jardim,*
> *"Já começou a brotar? Florescerá este ano?*
> *"Ou a repentina geada danificou o seu leito?*
> *"Mantenha à distância o Cão, este amigo do homem,*
> *"Ou ele virá com suas garras outra vez desenterrá-lo!"*

Esta é uma parte do poema de 1922 de T.S. Eliot, "A Terra Desolada" — parte esta intitulada "O enterro dos mortos". Ali estão os mortos-vivos arrastando-se por uma ponte em uma horda, com uma citação de Dante sobre a morte ter desfeito a tantos. Ali estão a irracionalidade e a turba. Ali está o cadáver voltando à vida, brotando da terra, e ali está a referência à guerra: Mylae foi uma batalha e Stetson foi um companheiro soldado, mas agora ele é um dos mortos-vivos.

Mas por que os zumbis são tão populares agora? Por que a garotada quer imitar zumbis, sair em caminhadas de zumbi em massa, e assim por diante? Por que *Zone One*, de Colson Whitehead, por que o popular game de exercícios físicos de Naomi Alderman, *Zombies Run*? Se os zumbis não são apenas uma moda passageira como bambolês, o que eles significam? Todos esses monstros, frutos da criação humana, são inteiramente metafóricos. Uma lula gigante possui existência própria fora da imaginação humana, mas um vampiro ou zumbi não. Portanto, os zumbis significam o que achamos que eles significam. Mas *o que* achamos que eles significam?

Primeiro, o que nos oferecem? Na superfície, os zumbis não têm nada a acrescentar à vida de quem se transforma em um deles. Pense nas vantagens e desvantagens de todos os outros tipos concorrentes de monstros. Listarei alguns deles por ordem de aparecimento. Grendel, originalmente em Beowulf, é uma criatura selvagem e canibalística que não fala muito — mas no romance atualizado e maravilhoso de John Gardner, *Grendel*, ele possui uma mente inquisitiva e faz muitas piadas. Uma vantagem de ser Grendel: ele é muito forte. A desvantagem é que seu braço é removível. Como ele é amaldiçoado, a parte ferida dele é sua alma — ele é um descendente de Caim, fruto da Queda, do Pecado Original etc. etc. Ele é a Queda da Natureza Humana encarnada.

A tentativa fracassada do dr. Frankenstein de criar um homem perfeito, no romance de Mary Shelley, *Frankenstein*, resultou em um monstro falante, um narrador de sua própria história e um grande leitor. Ele não deve ser confundido com a versão para o cinema de monstros de Frankenstein, que são obtusos e malévolos desde o começo. As vantagens que esta criatura feita pelo homem possui são a força descomunal, a habilidade e a facilidade para escalar e a resistência ao frio. A desvantagem é que ninguém gosta dele. Ele não pode ter uma namorada, então é muito solitário. A parte ferida dele é o seu coração: seus sentimentos foram fatalmente magoados.

Ele não encarna a Queda da Natureza Humana, mas o Homem Moderno. Seu princípio operacional é a eletricidade, que vivifica seu sistema nervoso através daquele emaranhado de aparatos científicos com que estamos familiarizados pelos filmes. Ele foi criado pelo Homem, e não por Deus, embora haja alguma sugestão de que o monstro está para o dr. Frankenstein como Adão está para Deus. Propõe sondagens metafísicas, portanto. Quem sou eu? Quem me criou? Por que meu criador me abandonou? O significado deste monstro está ligado à crise da fé no século XIX, em particular diante da ciência e suas descobertas inquietantes. Nem Grendel, nem o monstro de Frankenstein podem transmitir uma doença ou se reproduzir. Cada um deles é uma ameaça, mas não uma peste. Nenhum dos dois é um ser humano transformado — seu namorado nunca se transformará em um deles — e nenhum dos dois destruirá a civilização.

Agora vamos dar uma olhada nos três tipos de monstros que são criados por transformação, de humano a monstro, e que podem espalhar sua patologia por contágio:

1. Lobisomens: A transformação animal tem uma tradição longa. Originalmente, uma transformação em uma forma animal ocorreria durante um transe xamânico, sendo seu propósito permitir ao xamã se comunicar com o mundo dos espíritos animais para obter caça para a tribo. À medida que a agricultura substituiu a caça, tais práticas foram deixadas de lado e demonizadas. A crença na mudança de forma era muito difundida. As formas animais em questão incluíram ursos, lobos, focas, serpentes, cervos, gansos, cisnes e caracóis.

   Sendo assim, os lobisomens, no folclore europeu e norte--americano, assumiram formas variadas. No Quebec, o Loup Garou foi um homem que não fez a comunhão de Páscoa por três anos seguidos, e assim assume um significado religioso. Há certa sugestão de que, depois de morto por uma bala de prata que pode ou não ter sido feita de um crucifixo derretido, o lobisomem recupera a forma humana, sugerindo que a porção demoníaca pode ter partido e a alma pode ter sido redimida. *O médico e o monstro*, de Robert Louis Stevenson, é uma história de lobisomem dos tempos modernos, com o elemento transformador sendo não o transe ou a magia, mas a química. A doença mais comparável aos episódios de transformação em lobisomem, caso exista, é a raiva, mas existe alguma possibilidade de que o estado do lobisomem em suas manifestações modernas, peludas e de comportamento descontrolado possa ser apenas uma descrição do início da adolescência masculina, embora as mulheres estejam cada vez mais reivindicando parte deste território de liberdade e uivos.

As vantagens que os lobisomens possuem são a liberdade selvagem, o aumento da força, os sentidos mais aguçados e a possibilidade de se safarem de atos de vandalismo. Lobisomens são astutos. Em sua forma humana, são inteiramente capazes de formular uma narrativa e frequentemente, em épocas recentes, relataram as próprias histórias. Os lobisomens podem disseminar sua condição e, às vezes, andam em bandos e acasalam, mas não são um fenômeno em massa.

2. Vampiros: A vantagem é a vida imortal, sob determinadas condições. Vampiros podem hipnotizar pessoas e são sexualmente sedutores e atraentes para mulheres prostradas e sonolentas, que em geral acolhem a penetração de presas. Eles se reproduzem trocando sangue com as vítimas, criando assim mais vampiros. A desvantagem é que são intolerantes à luz do dia. No *Drácula* original, o vampiro tem mau hálito — é uma alma condenada, claro, que pode, porém, ser libertada por uma estaca fincada em seu coração.

A doença mais comparável neste caso é a tuberculose, com seu mau hálito, sangue na boca, perda de peso e magreza, palidez, crises de agitação e languidez e — segundo a crença do século XIX — sensações sexuais exacerbadas. Alguns discerniram no surto de vampiros no século XIX — bem como em certos tipos de histórias de fantasmas, como *A volta do parafuso*, de Henry James — uma sexualidade reprimida, ou pelo menos a impossibilidade de publicar material que fosse explicitamente sexual no mercado literário da época.

Em *Drácula*, os vampiros são considerados capazes de espalhar uma peste em pequena escala, mas é menos uma peste e mais uma espécie de conquista vampírica de determinados distritos residenciais. Observemos que os

vampiros também são loquazes, como comprovam as sagas de Anne Rice; são muito astutos e em geral ricos, graças às suas vidas longas, durante as quais acumularam muita grana.
A temática religiosa pode ser encontrada no fato de que os vampiros, sendo semissatânicos, podem ser repelidos por crucifixos. Porém, eles podem ser redimidos se sua forma corpórea tiver uma estaca enterrada no coração, no passado um tratamento dispensado também a suicidas.

3. Zumbis: Que criaturas lamentáveis são os zumbis, em comparação com os anteriores. Sua aparência é repugnante, eles são decrépitos e cambaleantes. Não têm intelecto nem linguagem, não pronunciam nada além de uns débeis grunhidos. Os lobisomens e os vampiros têm uma dimensão religiosa: a alma ou espírito deve estar ali, em algum lugar. Mas, quando se trata de zumbis, parece que estamos falando só do corpo. Talvez, em uma época em que ninguém parece ter alma mesmo, os zumbis também não tenham. Ou talvez eles não possam ter uma alma porque não têm uma identidade, um eu. Eles nunca podem ser narradores de suas próprias histórias porque são incapazes de se lembrar ou registrar. Qual é o sentido deles, então?

Vejamos algumas especulações.
Primeiro ponto: os quatro monstros anteriores pertencem ao passado. Os lobisomens se originaram nas sociedades de caçadores-coletores, Grendel espreita na fronteira entre o paganismo e o cristianismo, os vampiros são aristocratas e senhores de terras com roupas e capas elegantes, e o monstro de Frankenstein é uma criatura do Iluminismo, com aparato científico e tudo. Mas o apocalipse zumbi, embora sua imagética visual possa ter tomado emprestados eventos anteriores horripilantes, não é do passado, mas do futuro. Um *apocalipse*, uma palavra de que nos

apropriamos da Bíblia e metamorfoseamos e que agora passou a significar algo que acontecerá, não algo que já aconteceu. Assim, parte do apelo do apocalipse zumbi está em que, não importa o quanto você pense que as coisas agora estão ruins, elas podem piorar muito, o que, em comparação, pode fazer o presente parecer maravilhoso.

Segundo ponto: da mesma forma, você se acha feio? Bom, pense no quanto ficaria muito mais feio se fosse transformado em zumbi. Todo aquele tratamento odontológico seria um desperdício, sem mencionar os cuidados com os cabelos. Só pensar nisso já faz com que uma pessoa se sinta um modelo de beleza, eternamente satisfeita.

Terceiro ponto: se os zumbis são uma metáfora para alguma doença, então os zumbis estão para X assim como os vampiros para a tuberculose. Que doença pode ser? Alzheimer ou demência, talvez. Em nenhuma época da história uma sociedade incluiu uma porcentagem tão grande de pessoas que não são mais elas mesmas devido à memória comprometida, e que — se deixadas sem assistência — andariam sem rumo de um lado a outro. Se olharmos para eles com esse sentido, os zumbis foram expelidos do inconsciente coletivo como uma resposta à presença deprimente de muitos idosos irracionais, um número que deverá aumentar. Alguns têm postulado que a demência é agravada pela ingestão de junk food, que provoca diabetes do cérebro. Arrá! O verdadeiro vetor da peste!

Quarto ponto: por outro lado, a maioria dos membros do apocalipse zumbi são jovens, e não velhos. Será que as hordas zumbis podem ser outra visão sobre o tipo de protesto juvenil em massa que produziu a Primavera Egípcia, Occupy Wall Street, os recentes tumultos em Londres e o movimento quebre--uma-vitrine-e-crie-perturbação-política dos Black Blocks? Forma ativa: não temos futuro e nem voz participativa nesta sociedade, e protestamos. Forma passiva: não temos futuro e nem voz participativa nesta sociedade, e preferimos ficar fora dela, perambular e atacar aos bandos e em câmera lenta.

Naomi Alderman, em um artigo de novembro de 2011 na revista *Granta* intitulado "O significado dos zumbis", diz:

> Enquanto os vampiros tendem a ser mais populares em tempos de prosperidade econômica — é só pensar no apogeu exuberante de *Entrevista com o vampiro* nos anos 1980 e início dos 1990 —, os zumbis, a massa que se arrasta vestida em farrapos, tendem a emergir em épocas mais austeras. *Madrugada dos mortos,* de George Romero, é um produto da depressão da década de 1970, e é claro que os zumbis estão passando por um grande renascimento — por assim dizer — agora. O apocalipse zumbi é a morte da civilização, o momento em que o importante é a resposta às perguntas: temos comida? Temos armas? Queremos praticar isto na fantasia, dar asas à imaginação, sobretudo em tempos de crise econômica. Agora moramos em cidades grandes, longe de fontes de alimento, sem conhecer nossos vizinhos. Os zumbis são a multidão aterrorizante dos pobres urbanos, as mãos em garra se estendendo para alguma coisa que, se você lhes der, o destruirá. Eles são as pessoas anônimas e intercambiáveis que encontramos no transporte público diário, aqueles cuja humanidade não conseguimos reconhecer.

Há também uma vantagem na irracionalidade. Os outros tipos transformacionais têm uma identidade, uma memória, uma linguagem e, portanto, sabem o que perderam. Mas os zumbis existem no agora eterno porque lhes faltam memória e visão futura, bem como preocupações, dúvidas, ansiedade e sofrimento que podem acompanhar os outros. Eles não têm objetivos nem responsabilidades. São estranhamente despreocupados, como numa antiga canção intitulada "The Zombie Jamboree": *"Back to back, belly to belly, we don't give a damn and we don't give a helly..."*

Os zumbis existem sem passado ou futuro e, portanto, fora do tempo. Embora eles mesmos sejam símbolos da morte, paradoxalmente vivem fora dela, uma vez que tempo e morte estão inter-relacionados. De certo modo, os zumbis são estranhamente abençoados — mas, devo enfatizar, estranhamente. Assim, o apocalipse zumbi pode ser uma fuga de um futuro real, que, com razão, tememos — devido às previsões das mudanças climáticas e do colapso da sociedade que assombram nossos tempos —, para um futuro temível, porém nada real e, portanto, acalentador.

Quando comecei a fazer uma sessão de perguntas e respostas com o público nos anos 1960, as pessoas perguntavam: "Quando você vai se matar?" Eu era poeta, mulher, e naqueles tempos assombrados por Sylvia Plath, o suicídio parecia obrigatório. Nos primeiros dias do movimento feminista, elas perguntavam: "Você odeia os homens?" Depois, nos anos 1980, as pessoas começaram a perguntar sobre o processo da escrita. Depois de 1985, elas queriam falar de O conto da aia, como fazem agora: parece que no quesito do controle do Estado sobre os corpos femininos eu cheguei perto demais de acertar.

Mas ultimamente vêm perguntando: "Existe esperança?" Minha resposta é: "Sempre há esperança". A esperança é inerente a nós. Também é contagiante: onde há esperança, haverá mais esperança, porque com a esperança fazemos esforço. E esforço é o que, no futuro, todos nós teremos de fazer. Talvez seja este o verdadeiro significado dos zumbis: eles são como nós, mas sem a esperança.

Desejo-lhes esperança.

Por que escrevi *MaddAddão*

>>><<<

(2013)

Por que você escreveu *MaddAddão*?, às vezes me perguntam. Fico tentada a citar o alpinista George Mallory que, quando indagado em 1924 por que queria escalar o monte Everest, disse "Porque ele está ali". *MaddAddão* precisava existir porque os dois livros que vieram antes dele — *Oryx e Crake* (2003) e *O ano do dilúvio* (2009) — terminam de forma inacabada. Então *MaddAddão* tinha de aparecer e trazer uma conclusão para esses finais em aberto, não é? Ao menos em parte.

Os dois primeiros livros acompanham grupos diferentes de pessoas, mas ambos terminam no mesmo ponto no tempo e no espaço, porque estes grupos se reúnem. *MaddAddão* começa a partir deste momento e nos conta o que aconteceu depois. Também nos apresenta o passado de um personagem que não é inteiramente explorado nos dois primeiros livros: Zeb, uma autoridade em limitação do derramamento de sangue urbano e em esfolamento e fervura de pequenos animais e, como descobrimos, um habilidoso ladrão e hacker.

Quando foi lançado na Alemanha, o livro levou o título de "A História de Zeb" — porque não existe em alemão uma tradução correspondente ao título em inglês, *MaddAddam* — e o livro de fato contém a história de Zeb; mas também contém, como costuma-se dizer em folhetos promocionais, "muito mais". Descobrimos, por exemplo, se os boatos que circulam sobre Zeb durante todo *O ano do dilúvio* são verdadeiros. Será que ele no passado comeu um urso e o próprio copiloto? O que ele estava fazendo com Lucerne, uma mulher obviamente inadequada? E qual é exatamente a relação dele com Adão Um, o pacifista, teólogo e usuário de trajes estranhos semelhantes a caftans que parecem ter sido costurados por gnomos?

Comecei a escrever a história de Adão e Zeb como parte de *O ano do dilúvio*, mas não havia espaço para ela neste livro, então precisou ser no seguinte. No final de *In the Wake of the Flood*, documentário feito por Ron Mann da sphinxproductions.com sobre a turnê nada convencional que fiz para o lançamento de *O ano do dilúvio* — uma turnê que combinou uma apresentação musical e dramática com consciência de preservação de aves —, a câmera me filma digitando *MaddAddão. Zeb estava perdido*, digito. *Ele sentou-se debaixo de uma árvore.* E ele de fato se perdeu, e sentou-se debaixo de uma árvore.

O título em inglês, *MaddAddão*, é um palíndromo: é uma palavra especular, que pode ser lida da mesma forma de trás para a frente. (Por que o *D* duplo? Dois motivos: a desculpa intelectual é que são *Ds* espelhados para combinar com o DNA duplicado usado em *splicing* genético. Mas inventei isso pós-fato. O motivo mais banal é que alguém já possuía o nome de domínio de Madadam, e não gostei da ideia de o título de meu livro ser usado, possivelmente, por um site pornô, como se sabe que acontece.)

Além disso, MaddAddão é o nome de um grupo de pessoas que encena atos de resistência contra o regime controlado por corporações que agora detêm um poder extremo. Eles, por sua vez, receberam seu nome do codinome do Grandmaster que comanda Extinctathon, um game on-line. *Adão deu nome aos animais vivos, MaddAddão dá nome aos mortos. Você quer jogar? Quer jogar?"* Você pode dizer, a partir da palavra em si e de seu contexto, que a entidade MaddAddão — seja no singular ou no plural — sinta raiva de alguma coisa. Ou talvez seja louca, uma vez que *mad*, em inglês, pode significar as duas coisas: raiva e loucura. Talvez sinta suficiente para fazer coisas loucas e arriscadas; o que por acaso é verdade.

O Extinctathon — onde os jogadores se desafiam a adivinhar os nomes de espécies extintas recentemente, que já são muitas e só vão aumentar — é um dos jogos violentos e/ou geek jogados em *Oryx e Crake* por Jimmy e Glenn, os dois personagens principais, quando estão no colegial. Eles também usam codinomes para jogar; Glenn é "Crake", e este é o nome pelo qual o conhecemos. É como Crake que Glenn cria uma raça geneticamente modificada de seres com seu nome, projetada para evitar os erros cometidos pelos seres humanos à moda antiga (nós) que levaram à destruição do planeta. Os crakers são uniformemente bonitos. Também têm em seus corpos filtro solar e repelente de insetos embutidos, assim nunca inventarão roupas, o cultivo do algodão, a criação de ovelhas, tinturas tóxicas ou a Revolução Industrial. Eles curam a si mesmos ronronando. São tão vegetarianos que podem comer folhas, como os coelhos; acham a carne repulsiva, então nunca começarão a criar gado nem galinhas. E eles acasalam sazonalmente e em grupos, então nunca têm a experiência do ciúme ou da rejeição sexual. A guerra e a agressão lhes são desconhecidas.

Mas eles não têm chance contra os seres humanos antigos, que ou os matarão, ou os explorarão; assim, Crake cuida deste problema exterminando a maior parte da raça humana antiga por meio de um vírus escondido em uma pílula para melhorar o desempenho sexual chamada BlyssPluss. Os usuários desta pílula obtêm a Blyss, o êxtase, mas também o Pluss, o adicional: depois que o vírus é implantado, passa a ser contagioso pelo tato e se espalha com muita rapidez.

Mas Jimmy foi escolhido por Crake para sobreviver à pandemia e se tornar o guardião dos crakers no admirável mundo novo despovoado que espera por eles após saírem do domo em formato de ovo em que foram criados. Depois da morte de Crake e da mulher que ele e Jimmy amavam, que foi prostituta durante a infância, de codinome Oryx, Jimmy se rebatiza de Homem das Neves — do Abominável Homem das Neves, que pode ou não existir e que pode ou não ser humano. É assim que o encontramos pela primeira vez em *Oryx e Crake*: vivendo em uma árvore, observando os crakers e criando uma mitologia para eles em que seu criador é Crake — o que é verdade, afinal —, auxiliado por uma deusa chamada Oryx, a autoridade em suas inter-relações com os animais que os cercam. Estes incluem várias espécies geneticamente modificadas que proliferaram desde o vírus: coelhos verdes luminosos; Mo'Hairs que possuem cabelo humano — originalmente para transplante; gentis guaxitacas, mestiças de guaxinim com gambá; e leocarneiros, um cruzamento de leões e carneiros. E, mais importante, os porcões, porcos experimentais que contêm não só múltiplos rins humanos que podem ser transplantados, mas também tecido do neocórtex humano. Os porcos em geral são inteligentes, mas porcões são *muito* inteligentes.

Oryx e Crake termina com Jimmy tentando decidir se pode ou não confiar nos três humanos desgarrados com que ele se depara. Talvez eles possam ser seus amigos; por outro lado, talvez venham a ser fatais para os crakers. O que fazer?

O ano do dilúvio acompanha a trajetória de Toby, resgatado por Adão Um e pelos Jardineiros de Deus de uma vida terrível enredada em criminalidade e SecretBurgers (ninguém sabe o que tem neles); e também de Ren, antiga namorada menor de idade de Jimmy. Todos eles sobreviveram ao "Dilúvio" (codinome dos Jardineiros para a pandemia viral): Ren se entocou na Scales & Tails, o clube sexual de elite onde ela trabalhava, e Toby se entrincheirou no AnooYoo Spa no parque, onde esteve trabalhando com um nome falso depois que os Jardineiros foram banidos.

O ano do dilúvio coloca Toby e Ren na cena enquanto Jimmy, atrapalhado por seu pé ferido, tenta decidir se atira ou não, e termina várias horas depois disso. A lua está nascendo, os cruéis homens da Painball estão amarrados a uma árvore (seguros, assim esperamos); os crakers se aproximam, os porcões hostis vagam pela floresta. E agora?, imaginamos.

MaddAddão nos conta desse agora.

Estes são os motivos dentro dos próprios livros; eles têm relação com a história e com a injustiça de deixar histórias inacabadas, a não ser que você pretenda contar mais. Fui criada lendo Sherlock Holmes e sempre quis "só mais uma" história sobre ele; e é provavelmente por isso que as pessoas ainda escrevem narrativas com os personagens, mesmo tanto tempo depois da morte do autor.

Mas existem outros motivos para escrever livros — aqueles que têm a ver com o conteúdo, e não com a trama. Vivemos em tempos extraordinários: por um lado, tecnologias de toda sorte — biológicas, robóticas, digitais — são inventadas e aperfeiçoadas a cada minuto, e agora muitas proezas que no passado teriam sido consideradas impossíveis ou mágicas são feitas a todo momento. Por outro lado, estamos destruindo nosso lar biológico a uma velocidade de tirar o fôlego. Por um terceiro lado (porque sempre existe uma mão oculta), a forma democrática de governo que nós exaltamos e promovemos no Ocidente durante séculos está sendo minada de dentro por tecnologias de supervigilância e o poder do dinheiro corporativo. Quando 1% da população controla mais de 80% da riqueza, você tem uma pirâmide social invertida que é inerentemente instável.

Este é o mundo em que já vivemos. A trilogia MaddAddão desenvolve-o um pouco mais, depois o explora. Já temos as ferramentas para criar o mundo de MaddAddão. Mas será que as usaremos?

Sete narrativas góticas

>>><<<

INTRODUÇÃO

(2013)

Na cédula de 50 coroas dinamarquesas há um retrato de Isak Dinesen. É assinado *Karen Blixen*, como é conhecida na Dinamarca. Ela está com mais ou menos 60 anos, usando um chapéu de abas largas e uma gola de peles, e parece mesmo muito glamorosa.

Vi Isak Dinesen pela primeira vez quando tinha 10 anos, em um ensaio fotográfico da revista *Life*. Minha experiência na época foi semelhante à de Sara Stambaugh, uma de suas biógrafas e críticas: "Lembro-me bem de minha empolgação lá pelos anos 1950 quando, enquanto folheava um exemplar usado da revista *Life*, dei com um artigo sobre a baronesa dinamarquesa Karen Blixen, sua identidade não apenas revelada, mas celebrada em grandes e luzidias fotografias em preto e branco. Ainda me lembro de uma delas em particular, mostrando-a recostada teatralmente junto a uma janela, impressionante, de turbante e emaciada."

A meus olhos juvenis, aquela pessoa nas fotografias parecia uma criatura mágica de um conto de fadas: uma mulher incrivelmente envelhecida, com pelo menos mil anos. Suas roupas eram notáveis e a maquiagem da época foi cuidadosamente aplicada, mas o efeito era carnavalesco — como um esqueleto mexicano. Sua expressão, porém, era de olhos brilhantes e irônica: ela parecia desfrutar do espetáculo e, talvez, da impressão grotesca que causava.

Poderia Isak Dinesen estar antecipando um momento como esse em *Sete narrativas góticas*, escrito 25 anos antes? No conto "A ceia em Elsinore", os irmãos De Coninck são descritos como *memento mori* vivos: "[...] à medida que você extraísse, através do rosto do irmão, a chave para compreender o tipo peculiar de beleza da família, você a reconheceria de pronto na aparência das irmãs, mesmo nos dois retratos juvenis na parede. A característica mais impressionante nas três cabeças era a semelhança genérica com uma caveira."

Isak Dinesen já estava doente nessas fotos tiradas em 1950. Nove anos depois, fez uma última visita triunfante a Nova York, onde foi ovacionada. Escritores famosos prestaram-lhe homenagens, entre eles E.E. Cummings e Arthur Miller; suas aparições públicas atraíam multidões; e mais fotos foram tiradas. Menos de três anos depois ela estava morta, como devia saber que estaria. Sua apresentação pessoal extravagante assume, pensando agora, um novo significado: em seu lugar, outros doentes terminais talvez preferissem a reclusão, escondendo das câmeras as ruínas de uma beleza antes marcante, mas em vez disso Dinesen escolheu os holofotes. Estaria ela encarnando um dos temas literários mais dominantes de sua literatura — o gesto corajoso, ainda que inútil, diante da morte quase certa? É tentador pensar que sim.

Nova York foi uma escolha adequada para o seu canto do cisne, porque foi Nova York que a tornou famosa em 1934, quando *Sete narrativas góticas* tomou os Estados Unidos da América. Rejeitado por várias editoras pelos motivos de sempre — contos não vendem, a autora era desconhecida, as histórias eram estranhas e não estavam em sintonia com o espírito da época —, o livro finalmente foi aceito por uma editora estadunidense menor, a Harrison Smith and Robert Haas. Impuseram condições: a famosa romancista Dorothy Canfield precisava escrever uma apresentação e a autora não receberia adiantamento. Karen Blixen cobriu a aposta e aceitou a oferta. Saiu vencedora da mesa, para grande surpresa de todos; *Sete narrativas góticas* foi escolhido pelo Book-of-the-Month Club, uma garantia de ampla publicidade e enorme venda.

Agora era a vez de Karen Blixen impor suas próprias condições: ela publicaria sob um *nom de plume*, Isak Dinesen. Dinesen era seu nome de solteira, Isak era a versão dinamarquesa de Isaac, "o risonho", o nome escolhido pela idosa Sara no Livro do Gênesis para seu filho tardio e inesperado. O editor estadunidense de Blixen tentou dissuadi-la de usar um pseudônimo, mas foi em vão: ela estava decidida a ser múltipla. (E, por certo, homem, ou pelo menos sem gênero. Talvez ela não quisesse ser enfiada na caixinha de A Escritora, sugestiva de mérito menor.)

"Isak" era apropriado: o surgimento de Karen Blixen como escritora foi de fato tardio e inesperado. Ela voltou da África para a Dinamarca em 1931, totalmente falida — seu casamento tinha terminado, sua fazenda de café no continente africano havia fracassado, e seu amor, o caçador Denys Finch Hatton, havia morrido em um acidente de avião. Embora ela tenha escrito muito antes — os primeiros contos foram publicados quando Dinesen mal tinha 20 anos —, ela escolhera o casamento e a África em detrimento da escrita. Mas agora aquela vida tinha terminado. Aos 46 anos, ela devia estar desolada e desesperada; mas também, evidentemente, fervilhando de energia criativa.

Os contos publicados no *Sete narrativas góticas* foram escritos em pouco tempo e sob pressão. Também foram escritos em inglês: a justificativa que geralmente dava era de que sentia que o inglês seria mais prático do que o dinamarquês, por ser a língua de muito mais leitores em potencial. Mas certamente havia motivos mais profundos. A própria Blixen era fluente em inglês; então o que, podemos nos perguntar, ela estaria lendo em inglês durante seus anos de formação? O que, melhor dizendo, pode tê-la levado a escrever o que chamou de *tales* (o título original de seu livro é *Seven Gothic Tales*) e não de *stories*? Os *Canterbury Tales* de Chaucer? Os *old wives' tales* (contos da carochinha)? Os *fairy tales* (contos de fadas)? *The Winter's Tale* (*Conto de inverno*), a peça de Shakespeare que daria título a uma coletânea posterior de Dinesen?

A distinção entre as duas formas era bem compreendida na época vitoriana. Em um *tale*, uma mulher pode se transformar em um macaco diante de nossos olhos, como no conto de Dinesen "O macaco"; em uma história convencional, não pode.

Os *tales* têm contadores e ouvintes, muito mais frequentemente do que as histórias realistas. A mais famosa narradora é Scheherazade, que narrava para adiar a morte, e esta é a primeiríssima situação de narrativa que Dinesen nos oferece. Em "O dilúvio em Norderney", um grupo corajoso de aristocratas que decidiram trocar de lugar com uma pequena família de plebeus espera a noite passar e, enquanto uma inundação cresce ao redor, conta histórias para encorajar uns aos outros e passar o tempo. Talvez um barco chegue ao amanhecer para resgatá-los; talvez eles sejam varridos dali primeiro. Dinesen termina sua história assim:

> Entre as tábuas via-se uma faixa azul-escura nova, sobre a qual uma pequena lamparina parecia criar uma mancha vermelha. O amanhecer chegava.
> A velha senhora retirou seus dedos lentamente da mão do homem e os levou aos lábios.
> "*À ce moment de sa narration*", disse ela, "*Scheherazade vit paraître le matin, et, discrète, se tut.*"

Sete narrativas góticas é repleto de contadores de histórias, e também dessas esfoliações fractais e estruturas multicamadas tão abundantes e típicas de contos mais antigos, como os de

As mil e uma noites e do *Decamerão*, de Boccaccio. Há um "quadro" — dois homens em um barco, por exemplo, deixando correr o tempo e contando de suas vidas, como em "Os sonhadores"; depois, uma daquelas histórias leva a outra, contada por outra pessoa dentro dela, que abre outra, que depois é ligada à primeira, e assim por diante. Como com Scheherazade, grande parte desta narração de histórias (e grande parte da ação) acontece à noite.

Mas *Sete narrativas góticas* também ecoa um período mais recente em que os escritores inspiravam-se naquelas formas mais antigas de narração. Karen Blixen nasceu em 1885, três anos depois de Robert Louis Stevenson publicar sua primeira coletânea, *As novas mil e uma noites*. Este momento marcou o início de um rico período da narração da era vitoriana e eduardiana tardias, nas formas curtas e longas, que se estendeu até a eclosão da Primeira Guerra Mundial. Não só Stevenson, mas Arthur Conan Doyle, M.R. James, Henry James com *A volta do parafuso* e "The Jolly Corner", Oscar Wilde com *O retrato de Dorian Gray*, os primeiros de H.G. Wells: *A máquina do tempo* e *A ilha do doutor Moreau*, Bram Stoker com *Drácula*, H. Rider Haggard com *Ela*, George du Maurier com *Trilby* e muitos outros narradores de língua inglesa envolvidos com fantasmas, possessão, o misterioso e o sinistro foram vigorosamente publicados naqueles anos. Borges, Calvino e Ray Bradbury, entre outros, beberam da mesma fonte.

Stevenson talvez tenha sido o mais importante destes para Dinesen. Ela possuía uma edição de sua obra completa na biblioteca e alude a ele abertamente no conto "Os sonhadores", dando a um de seus personagens, Olalla, o nome de um dos dele. Este conto em particular brinca com muitos outros temas comuns da tradição da contação de histórias, nem todos em inglês: a heroína de múltiplas identidades, como em *Os contos de Hoffman*; o encantador sombrio, um inverso especular da figura de Svengali em *Trilby*, vinculado a uma cantora lírica que perdeu a voz.

Dois temas da obra inicial de Stevenson são particularmente dominantes em *Sete narrativas góticas*: o ato corajoso ou último lance nos dados diante da iminente perdição, como (para dar apenas um exemplo) em "O pavilhão nas dunas" de Stevenson; e a pessoa mais velha controladora manipulando os destinos sexuais dos jovens, como em seu "The Sire de Maletroit's Door". Nas histórias de Stevenson, tudo acaba bem, mas nas variantes de Dinesen as coisas não acabam de forma tão tranquila assim. Em "O poeta", o velho arranjador é baleado e espancado até a morte pelos dois jovens *innamorati* com cujos destinos ele brincava, e que agora enfrentarão eles mesmos a execução; em "O macaco", um casamento que pretende encobrir a homossexualidade é forçado, não só pelo estupro, mas por uma metempsicose assustadora; em "Os caminhos em torno de Pisa", o velho arranjador é ludibriado a travar um duelo desnecessário, depois morre de ataque cardíaco pelo estresse. Em "O dilúvio em Norderney", o casamento arranjado pela baronesa idosa não só é inválido — o cardeal que o oficializa é na verdade outra pessoa —, como todos os participantes podem perecer muito em breve. Dinesen afirma o Romantismo por meio de sua insistência na validade espiritual da honra, mas também o subverte. Vamos com calma com os finais felizes, ela parece nos dizer.

Como nas histórias de *As novas mil e uma noites*, e de fato como nas convenções "românticas" modernas, muitos contos de Dinesen são ambientados no passado e em locais distantes; mas enquanto em Stevenson a escolha era principalmente estética, para Dinesen há outra camada de significado. Porque ela contemplava os anos dourados da época vitoriana tardia e eduardiana de narração de histórias do outro lado de um enorme abismo: não só os anos durante os quais sua própria vida anterior acabou por naufragar, mas também a Primeira Guerra Mundial, que esmagou o tecido social de crença, status e convenção social que prevaleceu nos dois séculos antes dela.

Dinesen pode ver esse mundo desaparecido. Ela o descreve em detalhes minuciosos e amorosos, até os aspectos mais desagradáveis dele — o provincianismo, o esnobismo, as vidas reprimidas e voltadas para dentro de si —, mas ela não pode voltar a ele, a não ser pela narração de histórias. Tudo está perdido, menos as palavras. Há uma veia clara de nostalgia estoica e lúcida correndo por sua obra, e, apesar da distância irônica que ela costuma assumir, o tom elegíaco nunca está muito distante.

Apesar disso, que prazer ela deve ter sentido no processo; e que prazer ela deu a seus muitos leitores, ao longo do tempo. *Sete narrativas góticas* é o primeiro ato de uma carreira extraordinária de escritora, que colocou Isak Dinesen na lista de escritores fundamentais do século XX. Como James Joyce invoca Dédalo, o criador de labirintos, no final de *Retrato do artista quando jovem* — "Velho pai, velho artífice" —, muitos leitores e escritores podem invocar Isak Dinesen: "Velha mãe, velha narradora, ampara-me agora e sempre a manter o rumo certo."

E daquelas fotografias da revista *Life*, seu eu esqueleto enigmático e adornado, com os olhos vivos, devolve galante o nosso olhar.

Doutor Sono

>>><<<

(2013)

Doutor Sono é o romance mais recente de Stephen King e um exemplar muito bom de seu estilo quintessencial. Vladimir Nabokov dizia que Salvador Dalí era "na verdade o irmão gêmeo de Norman Rockwell sequestrado por ciganos quando bebê". Bem, na realidade foram trigêmeos: o terceiro é Stephen King.

A cadeira de balanço, a casa antiquada com o capacho de boas-vindas, o médico de família gentil, o relógio de pêndulo: todos esses elementos que poderiam estar em uma cidadezinha de Rockwell estão ali, descritos em todos os seus detalhes realistas e aparentemente aconchegantes. Rockwell e King conhecem intimamente estes detalhes, até as marcas dos objetos. Mas tem alguma coisa muito, mas muito errada. A cadeira de balanço está pronta para nos atacar. O médico de família tem tom esverdeado e já está morto há algum tempo. A casa é mal-assombrada e o capacho de boas-vindas parece ter vida. E, como em Dalí, o relógio está derretendo.

Doutor Sono dá sequência à história de Danny Torrance, o garotinho com poderes psicointuitivos do famoso romance de 1977 de King, *O iluminado*. Danny sobreviveu ao pai dominado pelo mal, Jack Torrance, e aos fantasmas que habitavam o macabro Hotel Overlook no Colorado, escapando por um fio pouco antes de o relógio assinalar a meia-noite e a caldeira infernal do hotel explodir, incinerando as forças do mal e deixando os leitores escondidos embaixo da cama, mas vesgos de alívio.

Em *Doutor Sono*, Dan é adulto, mas conserva suas habilidades de "iluminado". Depois de lutar contra o demônio da bebida, sem conseguir vencê-lo — o pai também tinha esse problema, como nos recordamos —, ele começa a frequentar reuniões dos Alcoólicos Anônimos e a trabalhar em um centro de cuidados paliativos onde, com seus talentos para sondar a mente, ajuda os pacientes moribundos a se reconciliarem com suas vidas, quase sempre desperdiçadas. Por isso seu apelido, Doutor Sono, que faz eco ao apelido de infância, "doc".

Então surge outra criança mágica, Abra — como em "abracadabra", como o texto aponta —, que é ainda mais "iluminada" do que Dan. Ela alarmou os pais desde cedo ao prever o desastre do 11 de Setembro enquanto ainda estava no berço, e desde então tem causado consternação, inclusive grudando todas as colheres no teto durante sua festa de aniversário.

Os dois iluminados logo se veem em comunicação espiritual, o que é uma sorte, porque a jovem Abra vai precisar de muita ajuda. Ela é alvo de um bando ruidoso e interessante chamado o Verdadeiro Nó, que deseja beber sua névoa espiritual, ou "vapor". (Isto dá todo um novo toque *steampunk*.) Os integrantes do Nó têm estado vivos por um Tempo Muito Longo — o que em geral não é um bom sinal, como bem sabe qualquer um que conheça *Drácula* e *Ela* —, e, disfarçados de veranistas que zanzam pelo interior do país em trailers, eles sequestram e torturam suas vítimas, depois absorvem sua essência. Eles também as engarrafam para a eventualidade de uma escassez; porque, se ficarem sem vapor, eles evaporam, deixando as roupas para trás, como a Bruxa Má do Oeste quando derreteu.

Eles são liderados por uma linda mulher de nome Rose, a Cartola, cujo principal amante é um cavalheiro conhecido como Crow Daddy, o Corvo. (De *crawdaddy*, "lagostim", supomos. King adora jogos de palavras, trocadilhos e linguagem especular: lembram-se do REDRUM, em *O iluminado*? Quem poderia esquecer?) Os nomes dos personagens de King frequentemente são adequados: Dan Anthony (como santo Antônio, o santo das tentações) Torrance (de torrente; nunca chove, mas cai um aguaceiro) é um exemplo. Rose é uma Rosa Mística sinistra, o inverso da Virgem Maria. (Para começar, ela nem é virgem.)

Quanto ao Hotel Overlook — em cujo local os membros do Verdadeiro Nó armaram seu principal acampamento —, seu nome tem pelo menos três camadas: a óbvia (dá para olhar para a paisagem de cima quando se está no hotel, em um *overlook)*, a semióbvia (os vilões que omitem alguma coisa, *overlooking*) e a mais profunda e oculta, que estou supondo ter relação com uma antiga canção sobre um trevo de quatro folhas e alguém a quem se adora (*I'm looking over / A four-leaf clover / That I overlooked before...*) — porque o arranjo entre o bem e o mal de King em geral é yin e yang, com uma mancha de trevas em tudo que é bom e um minúsculo raio de sol em tudo que é ruim. Até os integrantes do Verdadeiro Nó são carinhosos entre eles, embora seu status como seres humanos seja dúbio. Como diz uma nova recruta: "Ainda sou humana?" E como Rose responde: "Isso importa?"

Cavalos vampiros selvagens e ectoplásmicos semidecompostos não me arrancariam o que acontece depois, mas deixe-me garantir a você que King é um profissional: no fim deste livro seus dedos serão meros cotos e você olhará enviesado para todo mundo na fila do supermercado: e se eles se virarem e *tiverem olhos metálicos*?

A inventividade e a habilidade de King não dão sinais de afrouxamento: *Doutor Sono* tem todas as virtudes de suas melhores obras. Que virtudes são estas? A primeira é que King é um guia confiável para o Mundo Inferior. Seus leitores o seguirão por qualquer porta com a placa PERIGO, MANTENHA DISTÂNCIA (ou, em termos mais literários, VÓS QUE ENTRAIS, ABANDONAI TODA A ESPERANÇA) porque eles sabem que o Inferno que percorrerão será completo — nenhum sangue ficará sem ser derramado, nenhum grito deixará de percorrer as paredes —, mas eles também sabem que King os tirará dali vivos. Como a Sibila de Cumas diz a Eneias, entrar no Inferno é fácil, o difícil é voltar. Ela pode dizer isso porque esteve lá; e, de certa forma — nossa intuição nos diz —, King fez o mesmo.

A segunda virtude é que King está bem no centro de uma raiz literária americana muito profunda: remonta aos puritanos e sua crença em bruxas, a Hawthorne, a Poe, a Melville, ao *A volta do parafuso*, de Henry James, e a autores posteriores como Ray Bradbury. No futuro, prevejo, teses serão escritas sobre temas como "Neossurrealismo Americano Puritano em *A letra escarlate* e *O iluminado*" e "*Pequod* de Melville e o Hotel Overlook de King como estruturas sintetizadoras da história norte-americana".

Alguns podem lançar olhares enviesados para o "terror", como se este fosse um gênero literário inferior, mas na verdade o terror é uma das formas mais literárias entre todas. Seus praticantes são amplamente lidos — King é um exemplo eminente — porque as histórias de terror são feitas de outras histórias de terror: não se pode encontrar um exemplo na vida real do Hotel Overlook. As pessoas "veem" algumas coisas que os personagens de King veem (para mais informações, experimente *Alucinações musicais,* de Oliver Sacks), mas é uma das funções da escrita de "terror" questionar a realidade do irreal e a irrealidade do real: o que exatamente queremos dizer por "ver"?

No entanto, se retirarmos os ornamentos do terror, veremos por baixo que *Doutor Sono* fala das famílias. As famílias biológicas de Dan e Abra, a família "boa" dos Alcoólicos Anônimos, para a qual *Doutor Sono* é uma espécie de carta de amor, e a família "má" do Verdadeiro Nó. No alto da lista de pecados de King estão os maus-tratos a crianças por parte de parentes homens e a violência contra as mulheres, em particular, as mães.

A raiva justificada e a raiva destrutiva têm seu foco na família. Como o próprio Doutor Sono diz à jovem Abra, "Nada mais do que história de família": em geral a cola narrativa que une um romance de King. A dimensão familiar também é quintessencialmente o terror americano, começando por "O jovem Goodman Brown" e "A queda da casa de Usher".

O que King fará agora? Talvez Abra fique adulta e se torne escritora, usando sua iluminação para adivinhar a mente e a alma dos outros. Porque esta, naturalmente, é outra interpretação da metáfora sinistra e luminescente de King.

Doris Lessing

>>><<<

(2013)

A maravilhosa Doris Lessing morreu. Jamais esperaríamos que um dos elementos mais sólidos da paisagem literária simplesmente desaparecesse. É um choque.

Conheci Lessing em um banco de um parque parisiense em 1963. Eu era uma estudante que vivia à base de baguetes, laranjas e queijo, como todo mundo; sofria do estômago, como todo mundo; e, portanto, pulava de um banheiro a outro, o que também não era incomum. Minha amiga Alison Cunningham e eu tínhamos sido barradas do nosso hostel durante o dia, então Alison adulava meu eu prostrado lendo *O carnê dourado*, um livro que estava na moda entre pessoas como nós. Quem diria que estávamos lendo um livro que em pouco tempo se tornaria icônico?

Bem quando estávamos chegando a um momento crucial na vida de Anna Wulf, apareceu um policial que nos informou que era contra a lei deitar-se em bancos de parque, então fugimos para um bistrô e para outra experiência interessante no banheiro. (Observação: isto aconteceu antes da segunda onda do feminismo. Antes da difusão dos anticoncepcionais. Antes do surgimento das minissaias. Então Anna Wulf abriu muitos olhos femininos: ela fazia e pensava coisas que não eram muito discutidas nas mesas de jantar de Toronto durante nossa adolescência e, portanto, pareciam muito ousadas.)

A outra mulher que líamos furtivamente em 1963 era Simone de Beauvoir, mas a infância de garotinhas colonizadas como nós carecia de anáguas engomadas e não havia sido muito francesa. Tínhamos mais em comum com uma *parvenue* proveniente de lugares remotos do Império como Doris Lessing: nascida no Irã em 1919, criada em uma fazenda na Rodésia (atual Zimbábue); e que, depois de dois casamentos fracassados, fugiu para a Inglaterra com poucas perspectivas, para onde nós, colonizadas com poucas perspectivas, costumávamos fugir.

Parte da energia de Lessing pode ter vindo de sua origem estrangeira: quando a roda gira, é nas bordas que ela emite faíscas. Sua criação também lhe deu discernimento das perspectivas e dos dramas de pessoas diferentes dela. E se você sabe que nunca realmente vai se adaptar — que nunca será "realmente inglesa" — tem menos a perder. Doris colocava todo o seu coração, toda a sua alma e todo o seu poder no que fazia. Ela às vezes se equivocava, como na questão do comunismo stalinista, mas nunca resguardou suas apostas nem dosou os murros. Ela mandava ver.

Se existisse um monte Rushmore de escritores do século XX, Doris Lessing certamente estaria esculpida ali. Como Adrienne Rich, ela foi fundamental, situada no momento em que cediam os portões do castelo da disparidade de gênero e as mulheres estavam diante de liberdades e escolhas maiores, bem como de desafios maiores.

Ela era política no sentido mais básico, alguém capaz de reconhecer as manifestações do poder em suas múltiplas formas. Também era espiritual, explorando os limites e armadilhas que acompanhavam a condição humana, em particular depois de aderir ao sufismo. Como escritora, foi inventiva e corajosa ao incursionar na ficção científica em sua série *Canopus em Argos* numa época em que era um risco uma romancista "de primeira linha" tomar esse tipo de rumo.

Mas Doris também era muito pragmática, como mostra sua famosa reação ao ser informada, em 2007, que era ganhadora do prêmio Nobel. Na época ela apenas exclamou: "Ah, meu Deus!" Ela era apenas a 11ª mulher a recebê-lo e nunca esperou por isso. Uma falta de expectativa que era em si uma espécie de liberdade artística, porque se você não se considera uma personagem ilustre, não precisa se comportar bem. Ainda pode se divertir e pressionar os limites, e era isto que interessava a Doris Lessing, sempre. Seu celebrado experimento com um pseudônimo, com objetivo de demonstrar os obstáculos enfrentados por escritores desconhecidos, foi só um exemplo. (Seus romances assinados como "Jane Somers" foram criticados como imitações pálidas de Doris Lessing, o que deve ter sido meio desafiador para ela.)

Nunca me encontrei com Simone de Beauvoir — quando jovem isso me parecia uma perspectiva apavorante —, mas me encontrei várias vezes com Doris Lessing. Estes encontros ocorreram em contextos literários, e ela era tudo que uma escritora mais jovem poderia desejar: gentil, prestativa, interessada e com uma compreensão especial da posição de escritores de todos os lugares da Inglaterra.

À medida que amadurecemos, enfrentamos uma variedade de caricaturas; para escritoras perante outras mais jovens, é Cruela Cruel *versus* Glinda, a Bruxa Boa. Encontrei minha parcela de Cruelas pelo caminho, mas Doris Lessing foi uma das Glindas. Neste aspecto, ela foi um exemplo estimado. E também foi um modelo para todo escritor que vem de um lugar remoto, demonstrando — como fez tão notavelmente — que você pode ser um ninguém de lugar nenhum, mas, com talento, coragem, perseverança nos tempos difíceis e uma dose de sorte, pode escalar altitudes literárias elevadas.

Como mudar o mundo?

>>><<<

(2013)

Quando vi o título desta conferência, "Como mudar o mundo?", surgiram em mim três perguntas. Primeira, o que se entende por "mudar"? Segunda, o que se entende por "como"? E terceira, o que se entende por "mundo"?

Depois, quando compareci à conferência como integrante do segundo painel de discussões daquele dia, descobri que os outros conferencistas tinham respostas variadas a estas três perguntas. A maioria definia "mudar" no sentido de mudança social. Também supunham que qualquer mudança que eles mesmos postulassem seria para melhor. Como o primeiro painel de discussão daquele dia tinha sido dedicado a tudo que havia de errado com o estado atual das coisas, a predisposição para a mudança positiva estava implícita. De todo modo, pouquíssimos especialistas ou políticos confessariam uma intenção de mudar o mundo para pior. Mesmo as grandes catástrofes do século XX — Hitler e os campos de extermínio, Stalin e o gulag, Mao e a fome terrível — chegaram em cena portando faixas de futuros utópicos em que tudo mudaria para o infinitamente melhor depois que alguns obstáculos fossem superados e todo mundo de que eles não gostassem fosse eliminado. É sempre o mesmo problema quando são propostas mudanças utópicas radicais: o que fazer com aqueles que não concordam com você? Este é o lado sombrio de qualquer plano para uma mudança positiva e tem deixado algumas pessoas — eu mesma, por exemplo — bastante nervosas com o uso gratuito da palavra *progresso*. Progresso para quem, ou para quê? Será verdade — como diz tia Lydia em meu romance *O conto da aia* — que melhor para alguns significa sempre pior para outros? Ou na verdade existem algumas formas de mudança com intenções positivas que melhoram as coisas para todos? Precisamos acreditar que sim.

Na conferência, o campo de debates concentrou-se principalmente na perspectiva social, então os "comos" sugeridos — as inúmeras ferramentas que possibilitariam as mudanças positivas propostas — baseavam-se em alterações das instituições humanas. Quanto ao "mundo", esta palavra passou a significar principalmente o mundo urbano, moderno, ocidental e humano em que vive a maioria dos conferencistas e os que assistiram aos debates.

Grande parte das mesas-redondas se concentrou nos méritos e deméritos relativos de sistemas políticos — socialismos, capitalismos, oligarquias. Como a sociedade deve ser organizada? Como deve ser dirigida? Como a riqueza deve ser criada e como deve ser distribuída? Surgiram questões relacionadas: Será que "nossos" sistemas de valores estão falindo? Que sistemas de crença ainda são possíveis? O que pensar daqueles termos outrora excelentes como *liberdade*, *o indivíduo* e *democracia* em uma nova era controlada e influenciada por megacorporações por um lado, e por agrupamentos de pessoas conectadas pela internet, mas relativamente anônimas, por outro? Será que "nações" é um conceito que ainda pode ser levado a sério? O que significa "moralidade" no contexto atual? Agora que a total vigilância parece estar a nosso alcance, por drones, minicâmeras e satélites, será isto desejável? Em outras palavras, a capacidade de prevenir todos os crimes detectando-os no instante de sua gênese vai se revelar uma arma sinistra que pode levar a um Grande Irmão de proporções gigantescas e sufocar qualquer dissidência?

Naturalmente estas são questões que valem a pena ser discutidas. Mas tem um elefante muito grande na sala que ninguém quer realmente mencionar. Os problemas mais urgentes que enfrentamos hoje têm a ver simplesmente com as necessidades da vida, da vida biológica. Com a oferta de elementos essenciais para nossa existência física, nossa existência neste planeta. Se não forem abordados, muito em breve e de forma concreta e prática, todas as discussões e debates e toda a dialética serão irrelevantes, seja porque não restarão seres humanos para discutir ou porque aqueles que sobreviverem estarão muito ocupados com o trabalho básico de alimentação e abrigo, depois que a civilização que conhecemos hoje tiver entrado em colapso.

Antigamente, aqueles que verbalizavam tais preocupações eram considerados fanáticos, loucos, professores aloprados e rótulos semelhantes, e esforços imensos foram feitos por aqueles que lucravam com as práticas correntes para desacreditar suas mensagens. Quando Rachel Carson publicou *Primavera silenciosa*, em 1962, as grandes empresas químicas produtoras de pesticidas dispenderam muito tempo, energia e dinheiro tentando destruir sua reputação profissional e pessoal. No caso do livro *Os limites do crescimento*, um estudo elaborado pelo MIT e produzido pelo Clube de Roma, em 1972, que previu um colapso em algum momento do século XXI se continuássemos sem controle em nosso presente caminho, os ataques foram mais graduais, mas seu efeito cumulativo foi o de erodir a credibilidade do relatório nos anos 1990.

Agora, porém, Carson e o Clube de Roma estão sendo vingados pelos eventos reais, embora a oposição a suas ideias continue feroz. Como disse Ugo Bardi em um artigo de 2008 para a *Oil Drum*, "Cassandra's Curse":

> Os profetas do Juízo Final, hoje em dia, não são apedrejados até a morte, pelo menos não habitualmente. A demolição de ideias

que não nos agradam é feita de uma forma mais sutil. O sucesso da campanha de difamação contra as ideias de *Os limites do crescimento* mostra o poder da propaganda e das lendas urbanas na formação da percepção pública do mundo, explorando nossa tendência inata a rejeitar as más notícias. Devido a estas tendências, o mundo preferiu ignorar o alerta de colapso iminente que veio do estudo. Ao fazer isto, perdemos mais de trinta anos. Agora, existem sinais de que talvez estejamos começando a ouvir o alerta, mas pode ser tarde demais e ainda estamos fazendo muito pouco.

Os últimos alertas não vêm de jornalistas científicos solitários como Rachel Carson nem de grupos de intelectuais como o Clube de Roma. Vêm do Pentágono — que, vale notar, não é um conjunto de abraçadores de árvores —, que alertou em 2004, em um relatório secreto ao governo Bush, que a mudança climática representava uma ameaça pior que o terrorismo e que poderia mergulhar o mundo em um estado de anarquia. Posição semelhante foi adotada pelo Banco Mundial — que, mais uma vez, não é muito conhecido pelo extremismo ambientalista — em seu relatório de 2012 intitulado *Turn Down the Heat: Why a 4°C Warmer World Must Be Avoided*. Este relatório, preparado meticulosamente pelo Instituto Potsdam de Pesquisas sobre o Impacto Climático, conclui:

> Com as pressões crescentes à medida que o aquecimento progride para os 4°C aliado às tensões sociais, econômicas e demográficas sem relação com o clima, o risco de se cruzar o limiar crítico do sistema social aumentará. Em tal limiar, as instituições existentes que teriam apoiado as medidas de adaptação provavelmente se tornarão menos eficazes ou até entrarão em colapso. Como exemplo, há o risco de que a elevação no nível dos mares em países insulares supere as capacidades de migração controlada e adaptativa, resultando na necessidade do abandono comple-

to de uma ilha ou região. Da mesma forma, há os impactos na saúde humana, como os produzidos por ondas de calor, desnutrição e a qualidade decrescente de água potável devido à invasão de água marinha, que têm o potencial de sobrecarregar os sistemas de saúde até que a adaptação não seja mais possível e o deslocamento seja forçado.

Assim, dado que permanece a incerteza sobre a real natureza e a escala dos impactos, também não há certeza de que a adaptação a um mundo com 4°C a mais seja possível. Um mundo 4°C mais quente provavelmente será um mundo em que comunidades, cidades e países experimentarão graves perturbações, danos e deslocamentos, com muitos destes riscos distribuídos de forma desigual. É bem provável que os pobres sofram mais e que a comunidade global possa ficar mais fraturada e mais desigual do que hoje. O aquecimento de 4°C projetado simplesmente não pode ocorrer — o calor precisa ser reduzido. Só ações antecipadas, cooperativas e internacionais podem tornar isto realidade.

Os dois relatórios se concentram nos efeitos do aquecimento global sobre os seres humanos, com o foco em resultados tais como elevação do nível dos mares, climas extremos e desertificação. Contudo, existem outros dois fatores que não são destacados nestes relatórios, mas que podem se mostrar decisivos para nosso destino como espécie na Terra.

O primeiro é a emissão de metano na atmosfera procedente de várias fontes, como a decomposição da vegetação quando se descongela o pergelissolo e a liberação de hidratos de metano descongelados. Como aquecedor global, o metano é 25 vezes mais potente do que o dióxido de carbono. Só no Alasca, segundo afirma Andrew Wong na edição de janeiro do *Alternatives Journal*, "o recuo das geleiras e o derretimento do pergelissolo estão liberando de 50 a 70% mais metano do que se acreditava anteriormente".

O segundo fator é o papel fundamental que têm as algas na criação de oxigênio. Antes do reino das cianobactérias, aproximadamente 1,9 bilhão de anos atrás, havia tão pouco oxigênio na atmosfera terrestre que o ferro não enferrujava. Hoje, as variadas algas produzem de 50 a 80% do oxigênio que respiramos. Se matarmos os oceanos, nos mataremos. Simplesmente, seremos incapazes de respirar.

À luz destes problemas — os problemas relacionados com nosso contexto físico que se altera rapidamente, um contexto que é a base para qualquer organização social, uma vez que é a base para a vida humana —, prefiro definir "mudar", "como" e "o mundo" de um jeito bem elementar. "O mundo" que vejo é o mundo em sua totalidade: o espaço físico de gases, líquidos e sólidos em que vivemos, e que, portanto, encerra todos os nossos espaços sociais. "Mudar" vejo como mudança física: na água, no ar, na terra e no clima. O "como" seria uma combinação de intervenção física positiva e ação física negativa que afetarão nosso espaço físico. Para preservá-lo e assim nos mantermos vivos, devemos fazer algumas coisas novas; devemos fazer as coisas antigas de um jeito diferente; e precisamos parar de fazer algumas coisas que fazemos atualmente.

Quando perguntamos "como mudar o mundo" dentro desses parâmetros, o tema parece ser mais do que um pouco absurdo. Diante disto, a pergunta parece não ter resposta, porque mudar o mundo em si parece uma tarefa impossível. Certamente nós — como indivíduos mínimos e insignificantes — não superestimamos nossa própria capacidade a esse ponto. Não achamos que nós, pessoalmente, temos o poder de mudar o mundo, e, mesmo que tivéssemos, perceberíamos em nossos momentos mais racionais que nos falta a sabedoria. Se cada um de nós recebesse uma varinha mágica que realizasse qualquer ordem nossa, escolheríamos bem essas ordens? Ou, como na maioria dos contos populares que envolvem bruxas, escolheríamos desastrosamente?

Por outro lado, o mundo mudou muitas vezes sem a nossa intervenção. Houve períodos de calor e períodos de frio; continentes se chocaram e se separaram, tudo sem que nós levantássemos um dedo. (Nem seria possível, não estávamos lá.) Mas o mundo também *foi* mudado recentemente, por seres humanos. Os agentes da mudança no mundo antes de nosso advento foram muitos, sendo o principal propulsor a atividade solar; mas, depois que a vida se estabeleceu, ela começou suas próprias reorganizações. Não somos a única forma de vida a ter afetado as condições predominantes no planeta Terra. As algas começaram o processo mais de 1,9 bilhão de anos atrás, quando acrescentaram oxigênio ao ar, e incontáveis bioformas — de musgos a cogumelos e nematoides, formigas, castores, abelhas e elefantes — modificaram sua paisagem segundo sua conveniência. Depois da chegada dos humanos, eles também começaram a construir represas, túneis e edificações. Mas, com a ajuda da energia barata proporcionada por combustíveis fósseis de carbono, o *Homo sapiens* agora está alterando e perturbando a Terra em uma escala sem precedentes e com consequências imprevisíveis.

Então, sim, nós podemos mudar o mundo. Já o mudamos, ainda o mudamos e, a não ser que agora possamos fazer uma mudança de volta, estamos diante de desafios inéditos desde que começamos a registrar nossa história.

Ao contrário da maioria dos outros oradores nesta conferência, não vim do meio acadêmico nem do empresarial. Sou uma mera escriba e, como tal, uma sintetizadora, uma gralha que afana pedras preciosas dos outros e uma intrujona em questões sobre as quais não sei muita coisa. Sou principalmente uma escritora de ficção, e às vezes de "ficção científica", ou "ficção especulativa", enfim, ficções ambientadas no futuro, neste planeta, e dentro do reino das possibilidades. Minhas ficções deste tipo extrapolam a partir de dados e tendências presentes, projetam-nos no tempo e postulam suas consequências. Se estas ficções são chamadas a justificar sua existência, podem indicar sua eficácia como ferramentas estratégicas menores. *É para lá que a estrada parece seguir*, elas podem dizer. *Este é seu destino possível. Você realmente quer ir até lá? Se não, troque de estrada.*

Alguém que escreve ficções desse tipo está constantemente refletindo sobre mudanças. Mudanças para melhor, mudanças para pior; mudanças antes improváveis que ainda assim ocorreram, como o advento da internet; mudanças plausíveis que no passado pareciam prestes a acontecer, mas nunca se materializaram, como a viagem em minijatos personalizados; mudanças catastróficas possíveis que estão diante de nós, mas ainda podem ser evitadas, como a guerra nuclear mundial; e outras mudanças catastróficas que nos disseram que são praticamente inevitáveis, como a mudança climática.

É claro que os escritores de ficção se especializam em inventar histórias, mas para aqueles que discutem um tema da vida real, a exemplo de "como mudar o mundo" — um tema que se situa necessariamente no futuro, que ainda não aconteceu —, talvez não seja irrelevante perguntar primeiro: em que tipo de história nós achamos que estamos, sendo "nós" a espécie humana? Porque a resposta, em parte, determinará o resultado. Se for uma comédia — no significado clássico da palavra, que tem relação mais com a estrutura, e não com piadas —, "nós" enfrentaremos uma série de obstáculos, culminando em um momento de desgraça em que tudo parece perdido; mas por uma combinação de atitude, determinação, astúcia, amor e talvez um *deus ex machina* ou um absurdo golpe de sorte superaremos esses obstáculos e sairemos deles triunfantes, oferecendo um banquete maravilhoso no fim, a que todos os personagens, ou a maioria deles, podem se juntar. No entanto, se for uma tragédia, estaremos tão inflados com o senso de nossa própria sabedoria e importância que estaremos cegos a nossos próprios defeitos, deixando passar o óbvio. Cairemos então de nossa altitude elevada em direção a um fim ignominioso, após o qual um ser ou vários seres sem relação conosco herdarão o reino, mundo ou planeta que antes pensávamos ser nosso e, possivelmente, viverão melhor nele, ou com ele.

Se nossa história for um melodrama, experimentaremos uma mistura das duas coisas: altos e baixos como em uma montanha-russa, o que talvez se pareça mais com a vida real.

Qual destas três estruturas descreve melhor a história que pensamos habitar? A julgar pelos jornais, a tragédia e o melodrama são os preferidos, com algumas almas resistentes apostando na comédia. Os defensores do final feliz invariavelmente propõem a salvação pela engenhosidade (ou tecnologia), que eles veem como nossa única saída do buraco em que nos metemos por culpa da engenhosidade (ou tecnologia). Quase ninguém mais está depositando todas as esperanças no *deus ex machina* ou em uma solução que venha de pura sorte. Mas alguns ainda mantêm a esperança em extraterrestres benevolentes.

Depois de decidirmos — ou, mais precisamente, tentarmos adivinhar — em que história estamos, podemos delimitá-la ainda mais.

Há uma tradição venerável de histórias sobre mudanças em nosso mundo que ou o transformam em outra coisa muito melhor do que é hoje — como a Nova Jerusalém, cortesia do livro do Apocalipse, com sua cidade viva, riachos de água cristalina e excelente música — ou em algo muito pior, como a destruição do universo, acompanhada por quatro cavaleiros, chuvas de sangue, incineração completa, guerra total e assim por diante; também cortesia do livro do Apocalipse.

O primeiro tipo de história costuma ser chamado de "utopia", em que se contrasta o estado atual deplorável das coisas com um cenário hipotético em que os defeitos do presente são eliminados por meio de esquemas variados e engenhocas que o escritor põe em cena. A trajetória moral desse tipo de história é ascendente — isto é, a humanidade ascendendo ao Paraíso que antigamente se pensava existir acima da camada de Quintessência que cerca o globo, acima das outras quatro essências: terra, água, ar e fogo. Em uma utopia, temos a possibilidade de encontrar as coisas de que pensamos gostar e apreciar: liberdade pessoal, comida deliciosa e saudável, ambientes naturais lindos, vida animal amistosa, gente bonita que também é gentil, vida longa, sexo agradável e sem riscos, roupas atraentes, uma ausência de doenças e fome, uma estranha falta de mentirosos, trapaceiros, ladrões e assassinos, e nem sequer uma guerra à vista.

O segundo tipo de história se chama "distopia". Nas distopias, as coisas ficam muito piores do que achamos que estão. A trajetória moral das distopias é descendente, e nesses mundos encontramos todas as coisas que pensamos detestar, inclusive totalitarismos, tortura, inanição, comidas repugnantes, armas de destruição em massa nas mãos daqueles que não gostam de nós, práticas sexuais horríveis e, em geral, por coação, cheiros ruins, esquemas decorativos inferiores, a destruição da natureza, sons dissonantes e qualquer outra coisa que julgamos repulsiva.

Às vezes, quando nós, escritores de ficção, fazemos declarações sobre o mundo que a maioria das pessoas concorda ser o mundo real, somos acusados de escrever "ficção científica". Mas talvez a ficção científica agora esteja nos escrevendo. Dito de outra forma: teríamos nós inventado as tecnologias — e, portanto, as mudanças no mundo que elas causam — porque as imaginamos primeiro? A lista de desejos e medos humanos é muito antiga e muito constante. Sendo assim, já desejávamos voar como os pássaros havia muito tempo, e agora voamos; apesar de não voarmos exatamente como os pássaros nem apreciarmos todas as consequências de nossos voos, que agora incluem bombas e drones.

Isso porque cada uma de nossas tecnologias é uma espada de dois gumes. Um gume abre o caminho por onde queremos seguir, o outro corta nossos dedos. O mundo que criamos parece mágico para as pessoas de 5 mil anos atrás; entretanto, somos menos feiticeiros que aprendizes de feiticeiros. Podemos libertar os gênios de suas lâmpadas, mas tentar esprimê-los de volta parece, no momento, além de nossa capacidade. Criamos o rolo compressor; vivemos dentro dele; se ele parar, a consequência será o mais horrível caos e anarquia. Imagine só o que aconteceria se todas as luzes se apagassem e os trens e carros parassem de rodar. Nas cidades — onde mora a maioria de nós —, a comida se esgotaria em alguns dias, e depois? Estamos dentro do mecanismo incrível que nós mesmos construímos e não sabemos como sair dele; se não fizermos algumas melhorias radicais, ele acabará por se autodigerir, e nos levará junto.

Quais podem ser os remédios? Que mudanças positivas podemos fazer? Aqui estão algumas possibilidades que frequentemente ouço proporem.

Em primeiro lugar, ciência e tecnologia. Certamente, dizem alguns, a salvação virá da inteligência humana. Somos inteligentes o bastante para prever nossa possível extinção e analisar nosso próprio papel nela. Não seremos também inteligentes o bastante para inventar engenhocas que mitigarão ou até reverterão as tendências calamitosas que estivemos rastreando? É possível. E muitos estão ocupados trabalhando exatamente nisto. Coletores de energia solar mais eficientes, alguns em formatos tubulares; baterias que permitam que a energia solar seja eficaz mesmo à noite; turbinas eólicas melhores; dispositivos que flutuam na água como nenúfares, gerando energia pelo movimento das ondas; tecnologias que absorvem o CO_2 da atmosfera; planos para lançar partículas refletoras de energia no ar, produzindo um efeito de resfriamento; fazendas de algas; tecnologias baratas de dessalinização e purificação da água; e muito mais. Será que tais tecnologias serão aprimoradas e mobilizadas em quantidade suficiente, e a tempo?

E quanto ao fato de que, simplesmente para construir e transportá-las, ainda mais energia — de petróleo, gás ou carvão — será necessário consumir? E o imenso lobby dos combustíveis fósseis? Por que este setor acolheria o advento de invenções que podem interferir em seu próprio poder e influência, e ainda por cima em sua margem de lucro?

Assim, quem vai financiar todas essas invenções novas? Só existem duas possibilidades: empresas privadas ou governos. Mas os últimos estão a serviço das primeiras. Como afirmam os próprios cientistas e empresários, agora a ciência verdadeiramente desinteressada é impossível, e a primeira pergunta que os possíveis financiadores fazem sobre qualquer nova invenção não é se ela salvará o planeta, mas se gerará muito dinheiro.

Implantar padrões de construção mais verdes, reestruturar prédios que vazam energia, reduzir a velocidade dos carros nas rodovias e retornar ao trem como meio de transporte: todas são medidas de curto prazo para economizar energia que podem proporcionar pequenas melhorias.

Mas mexer no sistema existente enfrenta um problema muito grande: a bomba-relógio demográfica. Outro elefante na sala que ninguém quer abordar é a crescente população humana e o desejo compreensível de cada ser humano no planeta de melhorar sua parcela de vida. O planeta não contém recursos suficientes para todos viverem o estilo de vida do norte-americano médio, como é constituído atualmente. E se os mais ricos reduzirem suas taxas de consumo para permitir que os mais pobres elevem as deles, e depois se todo mundo reduzir a média pela metade? Está tudo muito bem com uma população estável; mas se a população duplica, a quantidade total de consumo e a quantidade total de energia despendida continuam as mesmas.

Fale em controle populacional, porém, e uma indignação geral será vociferada. Líderes religiosos de todas as denominações o acusarão de pecados, outros de racista ou de que você deseja perpetrar o genocídio. Deve nascer o máximo de gente possível, ao que parece. O que acontecerá depois — guerras por escassez de recursos, fome, doenças e todos os outros resultados da superpopulação e da desnutrição — parece não preocupar os meganatalistas. Quem deve ter todos esses bebês? Dá para imaginar.

A educação das mulheres tem sido vista por muitos — inclusive pelo Fórum Econômico Mundial de Davos — como fundamental para um padrão de vida melhor. Mulheres instruídas têm menos filhos e investem mais naqueles que já têm, e contribuem mais para a sociedade. Entretanto, a oposição à instrução de meninas e mulheres é mais forte nos lugares que mais se beneficiariam dela. Alguns, pelo visto, preferem matar suas mulheres a permitir que elas sejam de alguma ajuda para sua própria sociedade.

Às soluções tecnológicas e educacionais podemos acrescentar uma terceira: as soluções políticas. A nível internacional, as tentativas de chegar a algum acordo que regule emissões de carbono foram até agora um fracasso deprimente. Ninguém quer ser o primeiro. Ninguém quer sacrificar o "crescimento econômico" e se arriscar a provocar a ira do povo. A maioria das pessoas parece disposta a ignorar as consequências da inação enquanto não veem uma ameaça imediata a elas. "Não aqui, não agora, não comigo" é o mantra predominante.

A nível nacional, um pouco mais tem sido possível: alguns governos estão tentando implementar uma política mais verde. Nos níveis locais, muitos projetos de limpeza e restauração ambientais têm sido realizados, com certo sucesso. Mas os ganhos em um local podem tranquilamente ser derrotados por perdas em outro. Para aqueles que estão fazendo o trabalho, a tentativa de preservar mesmo que um pouco da riqueza biológica de que depende nossa sobrevivência parece a pedra de Sísifo: assim que é rolada montanha acima, a pedra rola para baixo de novo.

Talvez nosso maior fracasso seja algo próprio da modernidade: nosso afastamento do universo, nosso fracasso em compreender que tudo está interligado a todo o resto. Fazemos parte da Natureza, não somos separados dela. Ainda assim, verdadeiras fortunas continuam a ser investidas em artifícios fantasiosos como curas para o câncer, como se grande parte da doença não fosse causada pelos compostos e subprodutos industriais que despejam em nossos corpos; ou para buscas pela imortalidade e esquemas para carregar nosso cérebro em computadores e lançá-lo no espaço. Enquanto isso, um fiapo mínimo de nossa riqueza — menos de 3% de todas as doações filantrópicas — é canalizado para os esforços cada vez mais desesperados de preservar uma biosfera funcional.

Por "funcional", quero dizer no sentido de que nós possamos continuar a existir. Será que a Natureza — numa visão mais ampla — precisa de nós? Não. Tornaremos o planeta impróprio para nós antes de podermos torná-lo impróprio para a vida como um todo. Apesar de nossos piores esforços, alguns insetos, diatomáceas, micróbios anaeróbicos ou polvos de águas profundas provavelmente esperam por nosso sumiço. Precisamos da Natureza? Sim, a não ser que consigamos descobrir um novo modo de respirar. A química e a física não negociam, mas equilibram sua contabilidade. A energia gerada pelo aumento do calor deve ser descarregada na forma de ventos mais violentos e ondas mais altas; o aumento na evaporação descerá na forma de chuvas torrenciais e nevascas destrutivas. A nova, menos acolhedora e mais instável "Teerra", de que fala Bill McKibben em seu livro *Eaarth*, de 2010, já está aqui. Podemos nos adaptar o melhor que conseguirmos; podemos tentar reduzir o passo, estancar ou pelo menos deter o processo implacável que parece que desencadeamos, ou podemos tentar lidar com o quão desagradável será se nossa sociedade atual estiver para virar farelo.

Conversei recentemente com um indígena canadense que vende peixes-brancos de água doce em um mercado local de produtores. Mencionei o mexilhão-zebra, um invasor largado na água de porões de cargueiros e agora uma presença grande e destrutiva nos Grandes Lagos, entupindo canos, tomando praias e filtrando grande parte do alimento antes disponível a espécies nativas, inclusive alevinos. Perguntei ao pescador o que ele achava que devia ser feito em relação a este problema. Certamente ele estava preocupado: aqueles mexilhões poderiam afetar seu meio de sustento. Mas ele se limitou a sorrir. "A natureza vai cuidar disso", disse ele.

Entendi que ele quis dizer não que a Natureza vai eliminar o mexilhão-zebra, mas que algum equilíbrio novo ou novo status quo por fim vai surgir. Se for assim, ele tem razão, porque é o que sempre acontece com a Natureza. O resultado pode não ser aquele que desejamos, mas a Natureza não se importa com nossos desejos humanos. A física e a química não dão segunda chance.

Mas nos importamos com nossos desejos humanos. E ansiamos por uma segunda chance: nossas histórias religiosas e até os contos populares e filmes estão repletos delas. Gostamos de pensar que, se desejarmos com muita vontade alguma coisa, podemos realizá-la.

Talvez esteja na hora de começarmos a desejar com muita vontade nossa sobrevivência futura. Se efetivamente quisermos, é certo que podemos usar nossa elogiadíssima inteligência para torná-la realidade.

PARTE III

>><<

2014 a 2016

QUEM SERÁ O MESTRE

Na Tradutolândia

>>><<<

(2014)

Estou muito feliz por ter sido convidada à Universidade de East Anglia, em Norwich, para ministrar esta palestra em homenagem a W.G. Sebald, um escritor muito admirado e de ausência muito sentida por todos que acompanharam o seu trabalho.

W.G. Sebald deve ser considerado um dos escritores essenciais do século XX. Entre outras coisas, desestabilizou o romance enquanto forma, mesclando realidade com invenção a ponto de inventar citações. Sua abordagem é peripatética, as formas que surgem têm relação com a sátira menipeia, com o que Northrop Frye chamava de "anatomia", e também podem ser relacionadas com a meditação privada. Como ele fazia com o romance, farei com a palestra: o homônimo desta palestra me autoriza — é o que sinto — a imitá-lo e a ser tão peripatética, serendípica, divagadora e, digamos, estranha quanto o próprio Sebald.

Sebald demonstrava grande interesse por aquele encantador escritor e médico de Norwich do século XVII, Sir Thomas Browne, cuja estátua eloquente observa pensativamente a carne de porco, o hadoque defumado e as salsichas do mercado de Norwich; e aqui estarei inserindo minha primeira divagação. A receita de Browne para curar a calvície envolvia esfregar ervas torradas e mel na cabeça. Dou esta dica à indústria farmacêutica, que no passado teve algum sucesso com a comercialização de remédios populares antigos. Não peço comissão por isso.

Sempre senti uma afinidade com Merlin de *A espada na pedra* não só por causa da coruja de estimação, mas porque Merlin tinha ajudantes espirituais invisíveis que lhe forneciam os objetos de que ele precisava. Quando ele diz "Chapéu", aparece um chapéu. Pode não ser o chapéu certo, mas é um chapéu. Há uma forma mais pomposa e literária de descrever este fenômeno — eu poderia invocar o símile que George Eliot menciona em *Middlemarch* a respeito da vela segurada diante do espelho que causa arranhões aleatórios no vidro para que se organizem em um desenho —, mas por que não utilizar ambas? Portanto, assim que concordei em dar esta palestra sobre Sebald e o tema da tradução, apareceram algumas cartas que o próprio W.G. Sebald miraculosamente deixou cair da caixa de correio, contidas em um diário literário de título *Little Star*. E estas cartas foram escritas ao tradutor do próprio Sebald, Michael Hulse; e versavam sobre… adivinhe só! Tradução! "Obrigada, Ajudantes Mágicos Invisíveis e Vela/Espelho", eu disse. "Agora posso colocar uma dessas cartas em minha palestra do Sebald e fazer minha plateia tirar as calças pela cabeça! Ou as saias. Seja como for, algum item metonímico de vestuário."

Então, aqui está a tal carta.

19.ix.97

Prezado Michael,

Bill me pediu para enviar o último capítulo diretamente a você, para que você possa cuidar dele antes de seguir para King's Lynn.

Eu temia que estas páginas se mostrassem particularmente difíceis. Você deve ter me amaldiçoado várias vezes ao lutar com elas. Inevitavelmente, creio, grande parte do grão mais fino das passagens "citadas" se perdeu na tradução. Ontem à noite mesmo quebrei a cabeça atrás de um jeito melhor de representar "Wehwirtshaft" (p. 14), mas foi em vão.

> Esta manhã ainda fiz algumas alterações à lista de mariposas na página 3 porque duas delas nos originais são (ao contrário do que diz o texto) bem inconspícuas. E não quero aborrecer os observadores de mariposas britânicos, que são muito numerosos. Para certificar-me de minhas escolhas, liguei para um carpinteiro em Beccles que já me levou para observar mariposas várias vezes. Mas só consegui falar ao telefone com a esposa dele, porque ele, como disse ela, matou-se inalando gás em seu carro no mês passado. Muito estranho tudo isso, não acha? Se tiver tempo, venha a Norwich do outro lado de Norfolk; ficarei aqui até o dia 2 de outubro.
>
> *Tudo de bom, Max*

Como podemos deduzir, W.G. Sebald morava em Norfolk nessa época.

Eis aqui outro exemplo vela-espelho de serendipismo: exatamente trinta anos atrás, em 1983-84, minha família e eu passamos boa parte do ano em Norfolk no outono, inverno e primavera. Assim, moramos no território tão eloquentemente descrito por Sebald em *Os anéis de Saturno*, que é uma meditação sobre a transitoriedade, assim como grande parte de sua escrita. Ficamos hospedados em Blakeney, antigamente um grande porto, como testemunhava a imponente igreja do século XV de são Nicolau, mas agora muito menor, com planícies de maré à frente. A neblina, o mar ventoso e os vilarejos ali cercados pelas águas, as estradas secundárias sinuosas, as propriedades antes abastadas, mas agora decadentes: convivemos com tudo isso muito antes de ler sobre eles em *Os anéis de Saturno*. Também vagamos pela cidade de Norwich, assim não é uma completa coincidência que Juliana de Norwich apareça como a santa padroeira do último capítulo de meu romance *O ano do dilúvio*: tomei conhecimento dela no mesmo período.

Escolhemos Blakeney porque aquele litoral era um dos melhores locais para observação de pássaros na Grã-Bretanha; os ventos da Sibéria trazem muitas espécies raras para as salinas e planícies de maré pela costa. Nosso outro projeto era escrever alguma coisa — cada um de nós tinha um romance em vista —, mas lamento dizer que não deu em nada. Nenhum dos dois produziu um livro.

No meu caso, o fracasso de Norfolk pode ter tido alguma relação com as presenças espirituais em nossa casa alugada. Os moradores nos disseram que aquele prédio — que no século XIII era um leprosário dirigido por freiras — era mal-assombrado; não só pelas freiras, que diziam preferir a sala de estar, mas também por um alegre cavalheiro — na sala de jantar, onde costumava ficar, desde que tivesse bebida ali — e uma mulher decapitada que se confinava à cozinha, onde costumam ficar as mulheres sem cabeça.

Perguntamos a nosso senhorio, um pároco que morava em Londres, sobre isso. Ele riu com gosto. "Hohoho, vocês andaram ouvindo os moradores do lugar", disse. Depois, com um olhar penetrante: "Já os viram?" Ele descartou a mulher decapitada: ela foi vislumbrada só uma vez, por uma americana à procura de suas origens e decidida a revelar pelo menos uma mulher decapitada, não importava quantas taças de xerez fossem necessárias. Ele era agnóstico na questão das freiras, embora claramente interessado: sua mãe havia visto pelo menos uma. Não falamos no alegre cavalheiro, apesar de termos dado com ele em certa noite. Acabou que ele era um cliente perdido do pub vizinho que vagava do lado de fora pelos motivos dos alegres cavalheiros, e se confundiu no caminho de volta.

Deste modo, toda aquela vida espiritual pode ter interferido em meus comprimentos de onda criativos, induzindo o grave bloqueio que me vi experimentando. Ou pode ter tido outras causas. Durante os dias, eu deveria estar escrevendo em um chalé de pescador feito de pedra, usando uma máquina de escrever manual em que a tecla *l* emperrava sempre que era batida. Isso me levou a evitar palavras com a letra éle, o que pode ser inibidor. Talvez eu pudesse dar a meu protagonista sexy um ceceio distinto? *"Eu amo você, minha sssinda", disse essse messsancosssicamente, em vozsss baixa e sssamentativa. "Quero beijar ssseusss sssábioss macioss desssiciososs".* Não, não ia funcionar.

O chalé era aquecido por uma lareira pequena, com a qual eu não sabia lidar muito bem, sem ter a habilidade para acender grandes toras de madeira encharcada. O piso era de pedra e eu costumava ir até o salão da casa principal, assombrada por freiras, para colocar os pés congelados ao lado da grade ardente, e por isso tive minhas primeiras frieiras. Fiquei empolgada com as frieiras, depois de tê-las identificado. "Isto deve ser... claro que sim! Frieiras", exclamei. "Até que enfim! Tão dickensiano!"

Tenho certeza de que meu bloqueio foi reforçado pelo leque de livros românticos que me distraíam. Livros sobre Mary, Rainha dos Escoceses, deixados por visitantes anteriores. Quando sua escrita não vai bem, não há nada como Mary, Rainha dos Escoceses, para dar uma animada. "Pelo menos minha peruca não caiu quando me decapitaram", você pode resmungar consigo mesma.

Porém, mais provavelmente meu fracasso na produção se deveu ao fato de eu não saber espanhol. (Vocês sabiam que, mais cedo ou mais tarde, eu ia chegar às questões linguísticas.) Vejam bem, o romance que eu tentava escrever se passava no México. O que me deu na cabeça? Não só eu não sabia espanhol, como também não sabia náuatle, maia, zapoteca, mixteco, otomi, totonaca, tsotsil, tseltal, mazaua, mazateca, huasteca, chol, chinanteca, purépecha, mixe, tlapaneca ou tarahumara — metade dessas com mais falantes nativos hoje do que Londres tinha de habitantes nos tempos de Shakespeare. Eu não precisava dominar todas essas línguas para escrever meu romance, mas uma ou duas seriam bem úteis. Hoje em dia posso entrar na internet e fazer um curso delas, mas isto foi numa época anterior à internet, não era fácil achar um curso de mixteco em Blakeney.

Blakeney em si era cheia de armadilhas de tradução, mas de outro tipo. As crianças absorvem com avidez novas línguas e pronúncias, e assim nossa filha de 6 anos, em poucas semanas, adquiriu um sotaque de Norfolk indistinguível do de seus colegas de escola. Depois disso nós, os pais dela, com nosso óbvio e gritante sotaque canadense, fomos uma fonte de constrangimento constante para ela. "Mamãe, papai", ela dizia. "Não se fala assim!", em seguida ela nos corrigia. Não ajudou em nada que Graeme fosse o único homem a buscar uma filha escoteira na cidade de Blakeney, mais provavelmente em toda a história. Ah, a vergonha: dezenas de mães de Norfolk de lenço na cabeça e aí um canadense alto, barbudo e obviamente não muito bom da cabeça...

Mas muito disto se perdoa nos estrangeiros, às vezes, e dependendo de que estrangeiros são. Pelo menos não éramos dos Estados Unidos! Pelo menos não éramos franceses! Pelo menos não dava para saber exatamente de onde éramos — o Canadá, na imaginação dos moradores, quando tinham, era um grande espaço vazio e em branco no mapa. Melhor ainda, na terra dos sotaques cuidadosamente calibrados, ninguém sabia de que classe social éramos: assim, podíamos falar de um jeito simpático com todo mundo no vilarejo, sem sermos rejeitados. O que fazíamos.

Mas agora falando sério, embora tudo seja sério para escritores de ficção. Um livro pode se sustentar ou não pelo fato de um determinado personagem dizer uma palavra ou outra palavra, uma vez que os livros são linguagem e nada além de linguagem. "O que lês, meu senhor?", pergunta Polônio. Ao que Hamlet responde, com exatidão "Palavras, palavras, palavras". É só isso que nós, pobres operários nas minas de sal verbais, temos com o que trabalhar — palavras. Não há trilhas sonoras nem imagens, exceto aquelas na cabeça do leitor. Assim, as palavras, em toda sua rica variedade, são de importância primordial para nós. Não é só o que você diz — a trama, as descrições, os personagens —, mas como diz. Voz e tom; a classe, a cultura de origem e a geração do orador; quem está falando com quem — em japonês, não se pode dizer "Foi um prazer conhecê-lo" sem saber se a posição do outro é superior à sua, no mesmo nível ou inferior. E tem as opções de coloquialismo ou discurso formal, com muitas gradações entre elas; e também a questão do período histórico.

Tudo isso pode ser influenciado se o personagem é ou não (por exemplo) um moicano, como em *O último dos moicanos*; ou um coelho, como em *A longa jornada*; ou um porco, como em *A teia de Charlotte*. Ou um hobbit. Ou um orc (estes têm uma gramática ruim). Ou um elfo, uma espécie superior. Ou um cavalo. Ou um lobo. Ou um vampiro. Ou, como no caso de *Last of the Curlews*, uma ave, um maçarico-esquimó. São muitas as possibilidades.

As escolhas que atormentam o escritor atormentam dez vezes mais o tradutor, com o acréscimo de muitos outros tipos de pesadas responsabilidades. Só depende do tradutor se o leitor de outra língua vai aprender alguma coisa sobre a obra de um autor. A tarefa do tradutor é produzir um texto que seja exato, ou com exatidão suficiente, mas que também seja legível na língua de chegada e, além disso, seja envolvente, divertido, comovente, e assim por diante, em todos os lugares certos. Esse número de trapézio duplo é demais para qualquer cérebro humano. Quando um escritor tem um dia ruim, pode resmungar não só "Pelo menos não sou Mary, Rainha dos Escoceses", mas também "Pelo menos não tenho de traduzir os meus malditos livros!"

Sou duplamente grata por não ter de traduzir os meus malditos livros porque percebo que às vezes sou um pesadelo para os meus tradutores. Retiro o *às vezes*. Sempre sou um pesadelo para os meus tradutores. Faço jogos de palavras (quase impossíveis de traduzir), piadas (difíceis) e também crio neologismos, em particular nas áreas de espécies geneticamente modificadas e de bens de consumo imaginários. Seria muito melhor para o tradutor se eu me prendesse a um inglês padronizado majestoso, com uma ênfase em assassinatos. Os livros focados nas tramas são os mais fáceis de traduzir, segundo me disseram, embora mesmo neste domínio existam riscos: as traduções francesas de um escritor quintessencialmente americano, Raymond Chandler, fazem a Los Angeles dele parecer estranhamente as partes mais decadentes de Paris habitadas, por exemplo, pelo inspetor Maigret, só que em Paris chove muito.

Mas qual a alternativa para o tradutor? Queremos uma tradução fluente que faça o leitor sentir que o livro foi escrito nesta segunda língua? A escritora totalmente bilíngue Mavis Gallant certa vez disse que dá para reconhecer uma boa tradução lendo um trecho na língua de partida e depois trocando para a língua de chegada, e se não notarmos uma diferença, então a tradução é excelente.

Ou talvez queiramos incluir algumas expressões pitorescas na língua original para indicar que o livro vem de uma cultura e um lugar muito diferentes? Chingachgook nos convida para a sua *wigwam*, ou para a sua tenda cônica? Ele nos matará com uma *tomahawk*, ou com uma machadinha de corte de lenha? Traduziremos as palavras norueguesas *gjetost* ou *brunost* por "queijo de cabra caramelizado e marrom muito fedorento", ou simplesmente "queijo marrom", ou manteremos no original, para dar mais sabor? A palavra da língua ojíbua *orenda* — do romance homônimo de Joseph Boyden — requer um parágrafo inteiro em outro idioma para explicá-la. (Resumidamente, "força mágica/espiritual que se acredita estar presente em todas as pessoas e objetos, mas que é especialmente forte em xamãs".) Traduziremos esta palavra no miolo do romance, ou a manteremos assim, acrescentando um glossário no final do livro? Estas perguntas tiram o sono dos tradutores.

Recentemente passei algumas semanas no Banff Centre, durante sua sessão anual de Tradutores Literários. Os tradutores formam duplas com os autores dos textos em que estão trabalhando. Meu gêmeo era um jovem muito inteligente do Egito, que traduzia *A odisseia de Penélope* para o árabe. Ele tinha uma lista de palavras para mim. "Esta é uma palavra antiga, uma palavra nova, uma palavra coloquial, uma palavra formal, ou você inventou?", perguntava ele. Tudo importava.

Por que acabei passando minha vida pensando em coisas assim em vez de — por exemplo — como cultivar um rim humano dentro de um porco? Ou, para ampliar o escopo: como nós tomamos determinado rumo? Por "nós", quero dizer aqueles que lidam com palavras — portanto, escritores e tradutores.

Todos nascemos sem uma língua, mas aprendemos as coisas com muita rapidez. Depois que aprendemos a sopa de letrinhas, passamos grande parte da infância traduzindo. "O que isso quer dizer? E isso? E aquilo ali?" Alguns adquirem bem cedo todas as palavras de que precisam e não pensam mais no assunto. O povo da palavra, porém, persiste.

Estreita é a porta, muitos são os caminhos tortuosos, obscuras as motivações, graves os perigos, afortunadas as circunstâncias — apesar de exigentes os aprendizados e numerosas as páginas manuscritas amassadas — que acabam por levar ao mítico Reino das Iguarias de Papel (ou, ultimamente, à Terra das Delícias Digitais também). Segue aqui minha breve trajetória pessoal.

Passei o início da infância — que coincidiu com os anos da Segunda Guerra Mundial — em uma parte remota da floresta a noroeste de Quebec. Ficávamos lá na primavera, no verão e no outono, não em um vilarejo ou numa cidade, mas em meio às árvores, aos ursos, às moscas e aos mergulhões. O transporte era feito por barco ou trem. Não havia eletricidade, água corrente, escola, lojas, teatro, cinema ou televisão. (Nem existia televisão naquela época, de qualquer forma.) Mais tarde, tivemos um rádio rudimentar no qual, de vez em quando, conseguíamos ouvir ou um francês muito distante — sendo Quebec —, ou, em ondas curtas, estranhamente, russo. No inverno morávamos na cidade de Ottawa, onde havia uma recepção melhor, e o que ouvíamos no rádio era, entre outras coisas, isto:

Uiiiuiiiii... Bong bong bong bong; bong bong bong bong. Bong. Bong. Bong. Bong. Bong. Bong. Aqui é Londres chamando a Ammédddica do Norte. Aqui é a BBC News.

Pergunta que a criança não fez: por que eles falavam desse jeito? E também: o que era Londres? E, ainda mais difícil de responder: o que era a BBC?

Mas também vinham músicas assim pelo rádio:

Mairzy doats and dozy doats and liddle lamzy divey
A kiddley divey too, wooden shoe?[3]

Ou:

Chickery chick, cha-la, cha-la
Check-a-la romey
In a bananika
Bollika, wollika, cant't you see
Chickery chick is me.

---

[3] *Mares eat oats and does eat oats and little lambs eat ivy./ A kid'll eat ivy too, wouldn't you?*

Em que língua estão cantando?, uma criança podia perguntar. Ou até mesmo os adultos, sem dúvida. A primeira era um enigma, que podia ser decifrado; a segunda não fazia sentido algum. Com que precocidade na vida as crianças apreendem o fato de que algumas palavras são simplesmente uma bobagem qualquer! É por isso que elas apreciam Edward Lear — "Lá vai ele! Lá vai ele! O Dong do Focinho Luminoso!" (Por que eu adorava o Dong, mas detestava Rudolph, a Rena de Focinho Vermelho, com um ódio passional que persiste até hoje? Nota para mim mesma: refletir mais sobre isso.)

Além do rádio, e ainda no reino das palavras sem significados evidentes, havia, é claro, a imortal *Alice*.

Era briluz. As lesmolisas touvas
Roldavam e relviam nos gramilvos.
Estavam mimsicais as pintalouvas,
E os monirratos davam grilvos.

Felizmente, alguma tradução foi dada ao texto, embora o tradutor fosse um ovo. Mas ele era um ovo com a determinação de um tradutor.

"Quando *eu* uso uma palavra", disse Humpty Dumpty, em um tom bem desdenhoso, "significa só que escolhi o que significa — nem mais, nem menos."

"A questão", disse Alice, "é se você *pode* criar palavras que significam tantas coisas diferentes."

"A questão", disse Humpty Dumpty, "é quem será o mestre — é só isso."

Esta leitora levou a lição de Humpty Dumpty bem a sério. Perguntar não ofende! O que *é* ser o mestre? Como escritores, expandimos os significados das palavras ou somos apenas seu instrumento? Nossa própria língua nos programa como se fôssemos um computador, ou somos capazes de manejá-la como Próspero fazia com seus feitiços, e existe de fato uma diferença? Quando Jean Piaget perguntou a crianças pequenas com que parte do corpo elas pensavam, elas responderam "Com a boca". Será o pensamento possível sem as palavras? As palavras determinam o que pensamos e, se for assim, como temos alguns pensamentos em uma língua que são impossíveis de articular em outra? Os textos promocionais dos pacotes artesanais de sal da França poderiam ser traduzidos para outro idioma com o mesmo efeito lírico? "Enquanto os rosáceos raios do salutar sol espreitam o mar azul, o velho coletor de sal exerce seu ancestral ofício na praia acariciada pelo vento, separando cada cristal delicado de sal, inundado de…" Não, acho que não.

Nota para mim mesma: refletir mais sobre isso também.

Voltando à floresta no norte de Quebec. É verdade que, em nossa casa, ou melhor, nossa cabana, a língua era o inglês; mas a nossa volta, embora a certa distância, espalhava-se uma penumbra de francês. Não era o francês que os franceses compreendem, mas o francês de Quebec, o québécois, que tem sua própria pronúncia e vocabulário, e inclui o joual, um dialeto extra. Os palavrões no francês da França e em francês québécois são bem diferentes. Os de Quebec contêm muitos termos religiosos — deixe alguma coisa cair a seus pés e você pode dizer "*Baptême!*", por exemplo, enquanto o francês diz "*Merde*". Nossa área ficava bem na divisa de Quebec com Ontário, portanto na cidade próxima — não próxima pelos padrões ingleses; digamos, no último entreposto antes de chegarmos à floresta — muita gente se virava com o franglês, uma língua mesclada compreendida por todos, embora meio limitada. Uma palavra genérica como *ma'chine* podia significar quase qualquer objeto útil, mas não podia significar uma pessoa.

Também havia palavras que originalmente vinham do inglês, como *le scrinporch* (a *screened porch*, a varanda telada, tão necessária na terra das moscas-negras e dos mosquitos) e *le backouse*, (a latrina, tão necessária para quem não tinha encanamento). Uma troca de palavras dessas é justa, porque muitas palavras em inglês eram originalmente francesas — sendo Guilherme I o que era. Alguém observou recentemente que as palavras para animais domésticos em inglês em geral provinham do anglo-saxão — *cow, pig, sheep* —, enquanto as palavras para partes do animal consumidas como alimento vinham do francês — *boeuf/beef, porc/pork, mouton/mutton*. Só por isso dá para fazer uma boa conjectura de quem está criando os animais e quem está se banqueteando, e quem conquistou quem. Mas estou divagando. Como avisei a vocês que aconteceria.

Uma das primeiras coisas que li nesta fronteira do norte foram placas em francês. *Petite Vitesse, Gardez le Droit* — nas estradas estreitas e íngremes; e na agência postal feita de toras quadradas, *Défense de crâcher sur le plancher*. E sempre que duas ou mais pessoas estavam reunidas perto de um refrigerador: *Buvez Coca-Cola. Glacé*. O verso das caixas de cereais também era instrutivo, sendo bilíngue, e passei muito tempo tentando transcrever o francês: *"Hé! Les enfants! Gagnez!"* Os prêmios que podiam ser ganhos colecionando a tampa da caixa eram os mesmos nas duas línguas, mas pareciam mais glamorosos em francês. Como todas as coisas. Como o sal artesanal.

Que efeitos tiveram em mim esta não imersão precoce (digo *não* porque não havia ninguém que traduzisse as palavras para mim)? Isso me sinalizava que havia pelo menos outro universo linguístico, em que coisas opacas para mim eram evidentes por si mesmas para os outros. Um dos motivos para escrever certamente é que o escritor está em busca das respostas a vários mistérios que talvez possam ser acessados pelo ato de escrever. Se não há surpresas para o escritor, há menos satisfação para o leitor. Ou assim gosto de acreditar, e este é um de meus motivos para não fazer mapas de estrutura ou escaletas antecipadamente, sendo o outro a desorganização mental.

Fui uma leitora precoce, já que havia poucas outras coisas para fazer nos dias em que chovia. Por sorte tínhamos muitos livros em nossa pequena morada, apesar de raros destinados a crianças. Porém, o demônio encontra livros para olhos ociosos lerem, e por isso li todos aqueles livros de mistérios e crimes publicados pela Dell em idade muito tenra. Um aviso útil: cuidado com as louras de camisola vermelha — ou elas levam uma pistola na bolsa quando saem à noite, ou vão atrair assassinos como moscas, e você não vai querer ficar na linha de fogo.

Mas as caixas de cereais francesas e os crimes misteriosos não eram as únicas coisas que exigiam decifração de minha parte. Também havia os gibis, na época em seu auge. Os personagens das histórias em quadrinhos diziam "*Waal*" e "*H'aint*" se fossem caipiras, ou "*Vot's up?*" se fossem os personagens com sotaque alemão do gibi *Katzenjammer Kids* (*Os sobrinhos do capitão*); e várias outras coisas estranhas. Muitos xingavam com sinais de pontuação, você precisava acrescentar o palavrão você mesmo. Mas nossa família não era de xingar; na pior das hipóteses, minha mãe diria "Maldito" ou "Ela o mandou pro inferno" — então eu podia ver os palavrões nos gibis, bem ali na página, mas não os ouvia. Agora um vocabulário de xingamentos é essencial a um tradutor, porque aparecem em demasia na escrita atual, mas não era este o caso na época. (Embora palavrões fossem proibidos, piadas que hoje seriam consideradas racistas e misóginas não eram cortadas, e ninguém dava a mínima para isso.)

E então veio o sexo. *O amante de Lady Chatterley* só foi permitido nos Estados Unidos em 1959; no Canadá, em 1960. As pessoas faziam amor por meio de asteriscos até que uma série de decisões judiciais serviu como um divisor de águas. "E então eles fizeram ponto ponto ponto ponto ponto", dizia o texto. Frases como "Ela foi estrangulada, mas não sofreu interferência" eram eufemismos intrigantes que apareciam nos jornais. "Mãe, o que isso quer dizer?" "Estou ocupada agora, pergunte depois." Quando vi pela primeira vez a expressão *molestador de crianças* em um jornal, pensei que *child mole-ster* significava um trabalho disponível para crianças, em que elas seriam pagas para coletar toupeiras. Não é assim tão burro quanto parece: eu tinha visto gente coletando minhocas.

Outras fontes de palavras intrigantes eram as revistas de ficção científica daqueles tempos. Ainda era a época de monstros extraterrestres com olhos esbugalhados, então essas histórias traziam muitos idiomas contendo letras de alta pontuação no Scrabble, como Q, X e Y. Meu irmão mais velho e eu éramos, assim, inventores fluentes de nomes bizarros para alienígenas que gostávamos de colocar em nossos livros caseiros. Dica útil: não saia para uma caminhada em Netuno. Tudo lá, animal, vegetal ou híbrido, tem um *Q*, um *X* ou um *Y*, e é letal.

E assim, já pré-alimentada, por assim dizer, com essas saladas verbais e, não por acaso, bem condicionada a me tornar uma cunhadora de neologismos mais tarde, entrei nos anos da adolescência. Não nos ensinavam línguas direito na época. Não havia laboratórios de idiomas — tudo era trabalho escrito — e não tínhamos acesso aos vocabulários dos palavrões ou do sexo. Pense no quanto o francês teria sido mais interessante com alguns trechos escolhidos de *Madame Bovary*, ou o latim com uma amostra dos epigramas mais escandalosos de Marcial! Mas não era assim. César tagarelava sobre ele mesmo na terceira pessoa, conquistando isso, derrubando aquilo, enquanto nós desenhávamos braços na Vênus de Milo no livro didático; e, na aula de francês, a caneta de minha tia ficava inexoravelmente pousada sobre a mesa, no pretérito, no pretérito perfeito e no futuro do pretérito.

Quem nos dava aulas de latim era um indiano de Trinidad, e as de francês era uma mulher da Polônia. (Isto foi no pós-guerra.) O alemão era ensinado na hora do almoço por uma búlgara afobada; ficávamos sentados ali, mastigando nossos sanduíches de queijo, enquanto a infeliz declamava dativos liricamente. Depois veio a universidade, onde o anglo-saxão e o inglês médio foram acrescentados à lista de coisas que precisavam ser traduzidas por mim. Que utilidade prática tinham essas línguas que aprendi na época? Alguma; mas, na primeira vez que fui à França, descobri que não conseguia pedir um café nem perguntar onde ficava o banheiro, porque nada disso havia sido mencionado por Racine.

Pouco depois — pouco se você considerar o tempo geológico —, os livros que eu mesma tinha escrito foram traduzidos para outros idiomas. Uma das primeiras editoras a exercer a tarefa foi a Grasset, na França, o que gerou uma briga entre o lado francês e o lado de Quebec. Meu livro era ambientado naquelas mesmas florestas do norte de Quebec das quais falei, então a escolha local de palavras era uma questão de orgulho para o meu distribuidor quebequense. "Isto não deve parecer tão francês", disse ele. "Abitibi não é o Bois de Boulogne." Mas diante das alternativas que ele sugeriu os franceses disseram: *"Mais... c'est pas français!"* "Mas... isto não é francês!" E era isso que minha professora polonesa de francês no colegial costumava dizer quando lia nossas redações.

Muitas têm sido minhas aventuras com meus tradutores ao longo dos anos. "Isto é engraçado ou não é engraçado?", já me perguntaram. "As duas coisas" é difícil de descrever. "Ah. É o humor anglo-saxão", diziam eles; o que significa *sombrio*, acredito. "O que é granola?", perguntou meu primeiro tradutor do chinês. "O que é um button do Smile?" E se eles não sabiam o que era granola, o que mais eles talvez não soubessem, sem saber que não sabiam?

Seria emocionante viver no mundo do futuro de Ursula K. Le Guin, onde um *ansible* traduz imediatamente para você enquanto você vaga de uma galáxia a outra, experimentando novas línguas e novos modos de viver a realidade. Uma língua com imensa quantidade de substantivos, como o inglês, tem problemas com línguas que se inclinam mais para os gerúndios. Vivemos em um mundo de objetos sólidos ou em um mundo de processos? O que vocês acham? Ou melhor: como falam?

Mas estamos aqui, nesta Terra. Não temos nenhum *ansible*; em vez disso, temos tradutores. Eles são melhores porque, ao contrário de máquinas, podem apreciar as nuances e criar interpretações individuais. Para mim foi um privilégio trabalhar com alguns tradutores excelentes ao longo dos anos; ver meu trabalho pelos olhos e ouvidos deles conferiu ao texto outras dimensões, até mesmo para mim. Para citar W.G. Sebald a seu próprio tradutor: "Não creio que podia ser feito melhor e fico verdadeiramente grato a você pelas longas horas e o esforço enorme que deve ter despendido nisto."

Então, obrigada, Queridos Tradutores. Como escritores, estamos em suas mãos. Como leitores, vocês abrem portas para nós que não poderiam ser abertas de outra maneira e nos permitem ouvir vozes que teriam continuado em silêncio. Como o próprio ato de escrever, seu trabalho se baseia na crença de que a comunicação humana é possível. E esta não é uma esperança pequena.

Como despedida, permitam-me dizer: *Merci bien. Tak. A sheynem dank. Arigato gozaimasu. Muchas gracias. Vielen Dank. Megwich. Grazie.* E como dizem em inuíte: *Naqurmiik.*

Sobre a beleza

>>><<<

(2014)

As meninas não precisam ter muita idade para acabarem enredadas pela Beleza: a ideia em si ("Como você é bonita!"), os objetos fascinantes que a acompanham ("Olha, é você no espelho"), até os tabus tentadores ("Esse é o batom da mamãe, não mexa nele"). Para uma criança, existe algo de mágico na Beleza. Ela é cor-de-rosa. É cintilante. Brilha. Você pode vesti-la, e muitas meninas de 5 anos, quando ganham sua primeira roupa de bailarina, fada ou princesa, se recusam a tirá-la.

Mas a Beleza pode ter alguns aspectos estranhos, como as crianças aprendem cedo. Nos versos da Mamãe Ganso sobre a leiteira e o cavalheiro, ele comenta a aparência agradável dela, depois lhe pergunta sobre sua situação financeira. "Meu rosto é minha fortuna", responde ela. "Então não posso me casar com você", diz ele. "Ninguém lhe perguntou", retruca ela, colocando-o em seu devido lugar; ainda assim, permanecem dúvidas na mente da criança. O que significa que o rosto dela é sua fortuna? Pode-se tirá-lo e vender? E se tirá-lo, o que tem embaixo dele?

Em minha própria infância, a capacidade de remoção de rostos estava ligada ao dito popular "A beleza está só na superfície", citado por adultos como um paliativo quando outra garotinha tinha um vestido de festa mais bonito. A implicação era de que uma alma bonita devia ser mais admirada do que um exterior bonito, como em *A Bela e a Fera*, em que a Fera conquista o seu amor na base da conversa envolvente, do sentimentalismo e de um palácio deslumbrante. Porém, nós, garotinhas, já sabíamos que esta combinação só dava certo para os homens: a história não se chamava "A garota sem graça, porém boazinha e rica, e a Fera".

E a noção de superioridade da beleza interior não servia de consolo a nós, princesas-à-espera. E daí que a beleza estivesse só na superfície? Nós, garotinhas, não a desprezávamos. Não. Queríamos nossos exteriores belos, assim as outras garotinhas podiam nos invejar em vez do contrário. Além do mais, era evidente para nós que, para ser transformada de uma serviçal de cozinha cheia de fuligem em uma beldade de arrancar suspiros, era preciso uma fada-madrinha sobrenatural e um vestido lindo de morrer. Magia e moda tinham um papel a representar, e elas eram como unha e carne.

Ah, não se esqueça dos sapatos. Os sapatos eram muito importantes.

Havia outros personagens femininos nesses contos de fadas — bruxas más, falsas noivas, irmãs maldosas —, e todas elas eram feias, ou pelo menos — no caso da madrasta malvada da Branca de Neve — não tão bonitas quanto a heroína. Já paramos para pensar do ponto de vista delas — como devem ter se sentido diminuídas em vista do irritante encanto da heroína? Um alto índice de desfiguração de bonecas Barbie tem acontecido com o passar dos anos, e malas de sótão escondem muitas Barbies sem cabelo, tatuadas com canetinhas, sem os braços. Será que suas antigas donas suspeitavam não estar à altura do padrão Cinderela e, em um ato ritual de magia solidária reversa, descontavam nas bonecas? Será que essas meninas raivosas restaurariam a autoestima com um curso de fim de semana de maquiagem, uma sessão com uma consultora de moda e uma manicure realmente boa? É possível. Mas talvez não.

O lado positivo da Beleza, aprendemos nós, crianças leitoras, era que com sua ajuda você podia subir na vida. Quando crescemos um pouco e então encontramos a mitologia grega, porém, ficou claro que também havia um lado negativo na Beleza: se você fosse bonita demais, atrairia a atenção indesejada dos deuses, uma turma sádica e indisciplinada. Se a divindade fosse homem, ele perseguiria você, e então ou você seria raptada e arrastada para o Mundo Inferior, como Perséfone, ou estuprada por Zeus na forma de um cisne, como Leda, e daria à luz um ovo; ou, para evitar um destino desses, seria transformada em uma árvore ou um rio. Não era assim que queríamos passar nossos encontros de sábado à noite.

Se a deidade fosse mulher, você podia se tornar um prêmio em um concurso de beleza, como Helena de Troia, que depois foi condenada a se apaixonar por Paris, abandonar o marido e começar a Guerra de Troia. Ou podia virar um objeto de fúria invejosa, como Psiquê, que irritou Vênus por ser atraente demais. Este não é um problema que gere muita solidariedade — é como ser "rica demais" —, mas é instrutivo saber que alguém já passou por isso. A inveja pode gerar consequências no mundo real, entre eles despeito e maldade.

Deste modo, o quão bonita ser era uma questão fundamental para meninas que cresceram nos anos 1950, quando comecei a refletir sobre estas questões. E era igualmente importante considerar: que tipo de beleza era melhor? Porque havia mais de uma variedade à mostra. As mulheres bonitas nas revistas masculinas, como a *Playboy*, eram diferentes das mulheres bonitas nas revistas femininas, como a *Vogue*; e isto não mudou, embora os detalhes superficiais, como os penteados, mudem anualmente.

Por que as duas divergem? As revistas masculinas mostram imagens de mulheres como os homens gostariam que elas fossem: peitos grandes e quadris largos — indicando fertilidade — e sorrisos convidativos, indicando complacência. Quanto à maquiagem, é excessiva, indicando ou um Vem-cá-meu-bem ou um Rosto à Venda. Não são pessoas que você gostaria como noivas: são disponíveis demais, seja por dinheiro ou como parte de uma troca sexual. Mas, tanto quanto as modelos da *Vogue*, elas são constructos. "É preciso muito dinheiro para parecer assim tão barata", ironizou certa vez Dolly Parton, e tinha razão nisso: a estética vulgar é tão cuidadosamente aprimorada para a sessão de fotos quanto a estética oposta de bom gosto.

As revistas femininas de moda, por sua vez, contêm imagens de mulheres como as próprias desejam parecer quando estão diante de rivais ou querem desestimular pretendentes indesejados: figuras magras enfeitadas em roupas elegantes e encimadas por expressões vazias, beicinhos desafiadores, rostos habilidosamente maquiados, semblantes de tédio e até olhares carrancudos ameaçadores.

Será que a indiferença nestas imagens tem relação com a autodefesa? O objetivo de Cinderela é ser desejada, mas ela própria não deve se colocar em desvantagem desejando demais. Querer algo que você não tem é ser vulnerável, em particular se a coisa é um objeto amoroso. O desejo a deixa propensa demais a ser seduzida, e as garotas propensas a serem seduzidas acabam fazendo papel de bobas, permitindo que outras eas ridicularizem, ou coisa pior.

Assim, nada de sorrisos insinuantes. A mulher inexpressiva tem um muro proibitivo em torno dela: você pode olhar, mas não pode tocar. Ela não precisa de você, não se importa com você; ela se basta, como todas as Amantes Cruéis da poesia do amor cortês. As roupas extravagantes e a maquiagem sofisticada mandam o mesmo sinal: *Você pode me comprar apenas pelo preço que eu mesma estabelecer e ele provavelmente será muito alto, porque eu já tenho o que quero.*

Esta é a mensagem a potenciais parceiros amorosos. Para outras mulheres, a competição, a mensagem é: *Eu sou o que você aspira a ser. Inveje-me. Ah, e se eu te deixar entrar em meu círculo encantado, será um privilégio pelo qual deve ficar agradecida.*

* * *

Os antigos egípcios pintavam o rosto para se proteger de forças malignas, e os objetos usados para lançar este feitiço — o material da beleza — eram em si poderosos. Para os gregos, a beleza extraordinária era no mínimo semidivina. *Glamorosa, adorável, fascinante, extasiante, encantadora* — todas estas palavras têm origem no sobrenatural. Superficial ou não, amaldiçoada ou abençoada, desdenhosa ou sedutora, realidade ou ilusão construída — a beleza conserva seu poder mágico, pelo menos em nossa imaginação.

E é por isso que continuamos a comprar aqueles incontáveis tubinhos de batom: ainda acreditamos em fadas.

O verão dos estromatólitos

>>><<<

(2014)

Um verão! Mas qual dos 75 verões que vivi? O verão de 1957, quando fui garçonete em um acampamento para meninos em uma ilha no lago Huron e comi pela primeira vez uma cascavel? O verão de 1965, quando escrevi *A mulher comestível* em cadernetas de exames em uma mesa de armar em Vancouver? Talvez o verão de 1976, quando levamos nossa filha de três meses a uma cabana de toras na floresta ao norte de Quebec, sem eletricidade nem água corrente, e dávamos banhos nela na bacia dos pratos?

Ou algo mais recente. Talvez o verão de 2012, quando finalmente navegamos para o leste pela Passagem Noroeste no Ártico canadense, com o grupo Adventure Canada. Uma de nossas primeiras paradas foi em um campo recém-descoberto de estromatólitos — os montes fossilizados de algas cianofíceas que criaram o oxigênio atmosférico 1,9 bilhão de anos atrás. *Estromatólito* significa "colchão de pedra", e era com o que se pareciam esses fósseis: almofadas redondas de pedra — em um corte transversal, mais parecem tortas em camadas.

Liderados pelo geólogo de bordo, abrindo caminho pela folhagem vermelha, amarela e alaranjada de crescimento baixo (porque naquelas latitudes já era outono), protegidos por seguranças armados que sempre estavam de prontidão no Ártico, para o caso de aparecerem ursos-polares, e vigiados de cima por corvos, deixamos nossos coletes salva-vidas e escalamos as cristas fósseis para explorar os muitos estromatólitos à mostra. Alguns tinham se quebrado em quatro e me ocorreu que um daqueles pedaços pesados em forma de cunha daria uma boa arma em um assassinato. Também me ocorreu que, se alguém contornasse furtivamente a beira da terceira crista, ficaria fora do campo de visão, não só dos seguranças, mas de todos os outros.

A conversa à mesa de jantar naquela noite girou em torno de crimes, como tendem a acontecer em navios. Como se poderia matar alguém ali sem ser apanhado? Graeme Gibson, meu companheiro há quarenta anos, tinha o plano perfeito. O assassinato deveria ser cometido em terra, uma vez que um cadáver em um navio chama a atenção; e não se poderia empurrar a vítima pela balaustrada, considerando as longas horas de luz do dia e as hordas de observadores de pássaros que apinhavam o local.

A vítima teria de estar viajando sozinha e seria morta no início da viagem, antes de travar amizade com alguém. Depois o assassino teria de fazer parecer que a cabine da vítima ainda estava ocupada. Graeme tinha outras dicas práticas, e tomei nota mentalmente de sempre cair nas boas graças dele.

"Colchão de pedra" era uma expressão sugestiva e não resisti a escrever um conto com este título. Comecei no navio mesmo e li as primeiras partes para meus companheiros de viagem. Todos queriam saber como terminaria, então prometi acabá-lo e, depois, publicá-lo.

E eu o terminei e o publiquei: primeiro na *New Yorker*, agora na coletânea de título — nada surpreendente — *Colchão de pedra*.

A arma do crime está na mesa da minha cozinha.

Kafka

>>><<<

TRÊS ENCONTROS
(2014)

Em 1959, quando eu tinha 19 anos, escrevi um ensaio sobre a obra de Franz Kafka. Tinha 11 páginas, com 32 linhas por página e uma média de 13 palavras por linha, o que, multiplicando 32 por 13 por 11, dá uma contagem de aproximadamente 4.500 palavras. (Era assim que costumávamos contar palavras na idade das trevas, antes de nossos computadores assumirem esta tarefa.) Cada uma daquelas palavras foi datilografada por mim usando uma máquina de escrever manual, e, como eu não sabia datilografar com todos os dedos — e a prova disto está em todo canto nas páginas meio sujas, na forma de rabiscos e correções a caneta e datilografia sobreposta —, devo ter sido muito dedicada a Kafka. E, pelo que me lembro, eu era mesmo. Mas por quê?

São perguntas que me faço agora enquanto releio meu ensaio. Como acontece com frequência quando as pessoas tentam abordar Kafka, ou qualquer outro escritor com mais de uma camada de significados possíveis, meu tema real não era o autor dos livros, mas a autora do ensaio: eu, uma escritora neófita pedante e inflexível, preocupada com os próprios interesses artísticos prementes. Começo o texto com uma observação positiva — "Franz Kafka foi um dos maiores inovadores literários do século XX" —, o que está correto, embora em 1959 estivéssemos apenas um pouco além da metade do século. O resto deste parágrafo não é tão ruim, como se segue: "Seu nome costuma ser associado ao de Joyce e Rilke, e é frequentemente mencionado em discussões sobre os precursores de experimentalistas modernos como Samuel Beckett e Albert Camus. Basta ler..." Meu Deus, que formalidade nesse "basta"! Deveria eu ter sido mais casual? Talvez. Mas não fui.

"Basta ler uma página de sua prosa aparentemente despretensiosa, mas estranhamente perturbadora, para entender por quê: o sentimento transmitido é inconfundivelmente direto, mas uma explicação dele, um esforço para analisá-lo, costuma parecer tão inútil e elusivo quanto a jornada do caçador Graco a lugar nenhum." Também está correto, embora possamos suspeitar de que meu eu de 19 anos logo se engendraria na inutilidade e na elusividade, o que de fato acontece.

Lanço-me então na inutilidade e na elusividade com uma declaração enérgica afirmando que era necessário separar Kafka, o artista, de Kafka, o neurótico — uma atitude que eu prezava na época por ser avessa a vincular obras artísticas aos seus criadores e, particularmente, avessa a ouvir que todos os bons escritores eram loucos, ou no mínimo muito ansiosos, como Keats, Shelley e Poe, como era moda dizer-se na época. Eu me sentia tristemente desprovida de loucura — ainda esperava pelo colapso nervoso que outros supunham que seria a marca de minha seriedade artística, mas não conseguia materializá-lo. Será que isso significava que eu estava condenada a ser uma escritora abaixo do padrão? Mais do que provável, lembro-me de ter pensado.

Após desvincular o Kafka escritor do Kafka pessoa, desenvolvi o que eu supunha ser os principais temas de Kafka, isto é: (1) sua relação com figuras de autoridade, inclusive pais, qualquer autoridade com um distintivo ou farda e, possivelmente, Deus; (2) a sensação de fraqueza, culpa e inutilidade que seus personagens centrais experimentam diante desses detentores de autoridade. Nenhuma novidade sobre Kafka ali; e, de fato, nenhuma novidade a meu respeito, mesmo ao fim do ensaio, uma vez que aparentemente eu não sabia o que fazer com "Os escritos de Franz Kafka", título que dei ao ensaio.

Vejo meu eu jovem se enrolando na linha de raciocínio. Será que o tema do pai autoritário significava que, afinal de contas, eu teria de religar a escrita de Kafka com a história pessoal de Kafka, porque se sabia que ele teve um conflito a vida toda com o próprio pai enérgico? Esquivei-me desta questão, como me esquivei de qualquer coisa relacionada ao período histórico de Kafka (antes, durante e depois da Primeira Guerra Mundial; ele morreu em 1924, pouco depois de Hitler organizar o *putsch* de Munique), sua localização geográfica e meio cultural (Tchecoslováquia e a Europa Central, geralmente), sua condição de judeu e — o que deve ter tornado sua identidade ainda mais frágil e isolada — um judeu de língua alemã em meio à cidade de Praga, de falantes de tcheco.

Eu também não disse o que poderia ter dito, se soubesse melhor: que, como no filme de Michael Haneke, de 2009, *A fita branca* — sobre "a origem do mal", diz seu diretor —, as estruturas familiares autoritárias, sádicas e repressivas representadas por Kafka costumam ser espelhadas por estruturas autoritárias, sádicas e repressivas do Estado; ou que Kafka podia estar ligado a outros escritores judeus da Europa Central da época, como Joseph Roth (desconhecido para mim em 1959) e Bruno Schultz (também desconhecido). Eu poderia ter usado a palavra *presciente* quando citei o conto "Na colônia penal" de Kafka, bem como os pesadelos burocráticos totalitários de *O processo* e *O castelo*, prefigurando, como fizeram, os horrores do nazismo e do socialismo de Estado soviético que estavam a ponto de se desdobrar, mas perdi essa oportunidade.

Em minha mente de 19 anos, a Arte com maiúscula idealmente existia no mundo abstrato Platônico, pairando acima da Terra e livre de qualquer ligação com a vida real. Deste modo, eu não tinha de admitir que colocava meus ex-namorados nas ficções um tanto sombrias que já estava escrevendo.

Mas também perdi o bonde ao não identificar as opiniões de Kafka sobre a Arte com A maiúsculo. Eu não devia ter percebido que várias histórias famosas de Kafka na verdade eram sobre a Arte e os Artistas com As maiúsculos? "Josefina, a cantora", por exemplo, em que Josefina não é muito boa e é desprezada por sua plateia de ratos, mas continua tentando; ou "Na colônia penal", em que a sentença imposta ao infeliz condenado é literalmente uma sentença gravada nele com um conjunto enorme de agulhas; e especialmente "O artista da fome", em que o artista é inicialmente admirado, mas depois é cada vez mais desprezado à medida que fica familiar demais e deixa de divertir. Enquanto isso, ele está morrendo de fome porque não consegue comer nada além da comida perfeita, que ele jamais consegue identificar. Até a história mais famosa de Kafka, "A metamorfose", em que Gregor Samsa, certa manhã, acorda e descobre que foi transformado em um artrópode, pode ser interpretada como os sentimentos de monstruosidade do artista, de não humanidade, diante da realidade burguesa. (Passamos algum tempo depois, eu e um companheiro fã de Kafka, tentando identificar o artrópode em questão. Não podia ser um inseto, como um besouro ou uma barata: tinha pernas demais, não tinha carapaça — as costas de Gregor são macias — e tinha antenas frágeis e oscilantes. Concluímos ser uma centopeia.)

Avancemos até o ano de 1984. Vinte e cinco anos se passaram; eu então tinha 44 e morava com minha família na Berlim Ocidental. Felizmente tivemos a chance de visitar Praga — cidade de Kafka — sob os auspícios da Embaixada do Canadá de lá e aproveitamos a oportunidade. Naquela época, a Tchecoslováquia era um Estado satélite soviético rigorosamente controlado. As pessoas tinham medo de discutir as coisas que as incomodavam — como os níveis letais de poluição do ar provocados por carvão de má qualidade — dentro de qualquer construção, até mesmo de carros; era preciso supor que estes locais estivessem grampeados. Só dentro de um parque era considerado seguro. Em nosso quarto de hotel, o mensageiro apontou para o lustre, depois nos conduziu a um nicho — fora do alcance do microfone oculto — e nos perguntou se queríamos trocar moeda. (Quando uma das lâmpadas acesas queimou, ficamos embaixo do lustre e reclamamos: a lâmpada foi rapidamente trocada.) No começo ficamos surpresos ao notar várias mulheres solteiras, atraentes e bem-vestidas no bar quase vazio, até que nos demos conta de que eram agentes se passando por garotas de programa para arrancar os segredos de executivos que estivessem visitando. A antiga Ponte Carlos estava despojada de suas estátuas barrocas, porque faziam referência a um passado que o regime tentava apagar. A praça da Cidade Velha, com seu famoso relógio astronômico e os 12 apóstolos, estava praticamente vazia.

O Castelo de Praga se agigantava sobre a cidade, escuro e proibitivo, e pensei no Castelo de Kafka. Não era só um símbolo abstrato; existia, afinal de contas, um castelo real. *O castelo* ficou inacabado quando Kafka morreu, e a crítica vem ponderando sobre seu significado desde então. Estaria o herói K., ao vagar nos labirintos frustrantes do castelo, em busca de alguém com autoridade que pudesse ajudá-lo? Seria o livro um comentário sobre a desumanidade da burocracia? Será que K. estava em busca de Deus, que, como em Beckett, não se manifesta, mas ainda assim está de algum modo *ali*? Se eu tivesse pensado nisso em 1959, teria falado de alguns dos vários castelos literários que podiam ter alguma influência na escolha de Kafka do local, ou pelo menos criado algum contexto: os castelos taciturnos do Romantismo gótico alemão; o cenário de Edgar Allan Poe para "A Máscara da Morte Vermelha", embora seu edifício tecnicamente seja um palácio; o castelo Torquilstone, de Walter Scott, e sua má reputação, em *Ivanhoé*, onde donzelas são aprisionadas e judeus, torturados; e, é claro, o sinistro Castelo de Drácula, assombrado pelos mortos-vivos. Como regra geral, os castelos não costumam ser cena de alegria despreocupada no século XIX, por serem ecos de um poder aristocrático arrogante e impiedoso.

Assim, o Castelo que era o correlato físico da metáfora complexa de Kafka ainda estava lá, mas o próprio Kafka havia sido praticamente apagado da cidade de Praga. Quando perguntávamos sobre ele, as pessoas meneavam a cabeça com medo. Nenhum de seus livros estava disponível. Disseram-nos privadamente que havia um jovem que se dedicava a ler a obra de Kafka em voz alta em uma esquina, o que era considerado uma coisa ousada, embora até então o homem não tivesse sido preso. Talvez ele tenha sido considerado um louco inofensivo. Nenhuma residência onde morou Kafka era decorada com uma placa comemorativa, como aconteceria em qualquer cidade do Ocidente que tivesse sido berço de um escritor de renome mundial. Meu marido, Graeme Gibson — que no passado ministrara um curso chamado "Justiça e Castigo na Literatura Europeia Moderna", com leituras de Dostoiévski, *O processo*, de Kafka, e Beckett, e que seus alunos apelidaram de "Introdução ao Desespero" —, ainda assim partiu à noite em busca da Praga de Kafka. (Eu estava de babá, então não fui.) Ele foi ao primeiro endereço que tinha. A porta se abriu e revelou uma escada comprida, em cujo patamar os membros de um clube excursionista, vestidos com calças de couro curtas, se divertiam. Havia uma recepcionista lá, então Graeme perguntou a ela. "Kafka?", disse ele. "Não, não, não, não", ela respondeu.

Ele voltou furtivamente depois. Na frente do prédio tinha um andaime, montado para reparos, e ele o subiu com cautela. Uma luz azul brilhava lá no alto. Chegando ao nível da última janela, ele olhou para dentro. Dormindo em um sofá, e quase enchendo toda a sala, estava um homem enorme. A luz vinha de um televisor bruxuleante, em que nada era exibido. "Kafkiano", eu disse sobre esta experiência. Kafka teria apreciado, de muitas maneiras.

O terceiro encontro com Kafka foi bem diferente. Avancemos de novo, para o final dos anos 1990. O Muro de Berlim tinha caído, a antiga União Soviética fora derrubada, a Guerra Fria supostamente tinha acabado e fazer compras era o novo ato sexual. Estávamos em Praga de novo, desta vez para um festival literário no estilo ocidental. A cidade agora estava lotada de turistas e era um destino muito procurado por boêmios de tipos variados e, como descobrimos depois, da máfia russa, que estava aproveitando as maiores oportunidades imobiliárias pelo mundo. Praga — depois de sobreviver aos muitos estragos da Segunda Guerra Mundial, e tendo sido poupada da destruição por Hitler porque ele a achava muito bonita — estava toda iluminada e parecia uma cidade de conto de fadas. As estátuas na Ponte Carlos estavam de volta, o Castelo antes temido era um centro turístico e uma grande feira de artesanato acontecia na praça da Cidade Velha, com uma banda que tocava "Eu vou, eu vou, pra casa agora eu vou", do filme *Branca de Neve e os sete anões*, da Disney. Multidões de alegres consumidores de artesanato examinavam as mercadorias nas numerosas barracas.

Desta vez estávamos munidos de um mapa em que tínhamos marcado todos os endereços de Kafka que conhecíamos. Andamos de um local ao seguinte, tentando imaginar como eram essas ruas e prédios quando Kafka morava ali. Ainda não existia uma estátua de Kafka — embora agora exista —, mas as várias lojas para turista tinham muitos produtos Kafka em exibição: caixas de fósforos de Kafka, postais de Kafka, lenços de Kafka, cadernetas de Kafka, estatuetas de Kafka, até um baralho de Kafka.

O que o próprio Kafka teria pensado destas iniciativas para comemorá-lo e/ou lucrar em cima dele? Espero que tivesse rido muito, porque uma das coisas mais inesperadas que soube a respeito dele entre os meus 19 e os 60 anos era que ele achava grande parte de seu próprio trabalho tremendamente engraçada. *O processo*, engraçado? "O artista da fome", engraçado? "Na colônia penal", engraçado? Bom, sim, de certo ponto de vista. Mas Kafka não sabia o que Hitler estava prestes a fazer na vida real.

De todo modo, o conjunto de suvenires de Kafka nos pareceu meio grotesco. Na verdade, nos pareceu kafkiano. Mas Kafka em um sentido mais hilariante ou, pelo menos, mais leve. Se eu estivesse escrevendo meu ensaio de 1959 agora, na segunda década do século XXI, talvez desse mais ênfase a este lado de Kafka. Será porque meus olhos, meus agora já velhos e cintilantes olhos, têm mais alegria? Talvez. Ainda assim, eu podia achar adequado concluir com um miniconto de Kafka, de 1912, intitulado "Excursão às montanhas". Depois de uma queixa inicial — "ninguém vem... ninguém vem me ajudar" —, ele continua:

> [...] Um bando de ninguéns seria ótimo, por outro lado. Adoraria sair em uma excursão — por que não? — com um bando de ninguéns. Às montanhas, claro, para onde mais? Como esses ninguéns empurram uns aos outros, todos com braços erguidos e entrelaçados, um sem-fim de pés pisando tão próximos! É claro que todos estariam com trajes a rigor. Seguiríamos em frente com alegria, o vento em nossa companhia passando por nós e pelas brechas entre nossos corpos. Nossas gargantas exultantes e livres nas montanhas! É um espanto que não irrompêssemos a cantar.

Ali está ele, não o isolado e perseguido K., mas sem nome, parte de uma multidão anônima, livre e quase cantando. Mas só quase. Sempre é só quase, com Kafka. Na literatura, como na vida, com as mulheres, ele significava problemas. Não se consegue defini-lo.

A biblioteca do futuro

>>><<<

(2015)

Fiquei muito feliz por ter sido convidada a ser a primeira escritora do projeto Biblioteca do Futuro. A obra de Katie Paterson é uma meditação sobre a natureza do tempo. Também é um tributo à palavra escrita, à base material para a transmissão de palavras ao longo do tempo — neste caso, o papel — e uma proposta da própria escrita como uma cápsula do tempo, uma vez que o escritor que registra as palavras e o receptor destas palavras — o leitor — sempre estão separados pelo tempo.

Existem algumas desvantagens em ser a primeira escritora. Uma delas é que ainda não vi a verdadeira floresta na Noruega, então não posso dizer nada a respeito dela. Nem poderei ficar no salão da Biblioteca do Futuro e ver os nomes dos outros escritores e os títulos das obras com que contribuíram. Os escritores mais à frente na linha do tempo — Ano 90, Ano 95 — saberão que, quando sua caixa lacrada for aberta e sua obra publicada, aqueles leitores serão seus contemporâneos. Mas aqueles que lerão meu trabalho estarão distantes de mim cem anos no futuro. Seus pais ainda não nasceram e nem, com toda probabilidade, seus avós. Como me dirigir a esses leitores desconhecidos? Serão eles capazes de entender meu mundo, o mundo que é a base de minha contribuição? E como os significados das palavras terão mudado nesse tempo? Porque a linguagem em si está sujeita a pressões e metamorfoses, como as pedras na crosta terrestre.

A ficção científica transformou em arte as viagens espaciais — viagens a lugares que o escritor nunca viu e que talvez nem mesmo existam, exceto na imaginação humana. As viagens no tempo são parecidas. No caso da Biblioteca do Futuro, estou enviando um original no tempo. Será que algum ser humano estará lá para recebê-lo? Existirá uma "Noruega"? Haverá uma "floresta"? Haverá uma "biblioteca"? É esperançoso acreditar que todos esses elementos — apesar da mudança climática, da elevação do nível dos mares, das infestações de insetos nas florestas, de pandemias globais e de todas as outras ameaças, reais ou não, que perturbam nossa mente hoje — ainda existirão.

Quando criança, eu era uma daquelas que enterravam tesouros em potes, com a ideia de que alguém, algum dia, podia aparecer e desenterrar. Encontrei coisas parecidas cavando os vários jardins que fiz: pregos enferrujados, velhos frascos de remédio, cacos de pratos de porcelana. Uma vez, no Ártico canadense, encontrei uma bonequinha entalhada em madeira — madeira rara, porque nenhuma árvore cresce ali e um pedaço de madeira como aquele devia ter sido trazido pela maré. Assim parece a Biblioteca do Futuro, em parte: conterá fragmentos de vidas que foram vividas e que agora fazem parte do passado. Mas toda escrita é um método de preservar e transmitir a voz humana. As marcas da escrita, feitas com tinta de caneta, de impressora, por pincel, estilete, cinzel — permanecem inertes, como as marcas em uma pauta musical, até que chega um leitor para trazer a voz de volta à vida.

Como é estranho pensar em minha própria voz — silenciosa, então, há muito tempo — de repente sendo desperta, depois de cem anos. Qual é a primeira coisa que a voz dirá, quando a mão hoje ainda não formada a retirar de seu container e abrir na primeira página?

Imagino este encontro — entre meu texto e o leitor até agora inexistente — meio parecido com a impressão vermelha de mão que uma vez vi na parede de uma caverna mexicana que havia ficado lacrada por mais de três séculos. Quem agora consegue decifrar seu significado exato? Mas seu significado geral era universal: qualquer ser humano podia ler.

Dizia: *Saudações. Eu estive aqui.*

Reflexões sobre *O conto da aia*

>>><<<

(2015)

Este ano é o trigésimo aniversário da publicação de *O conto da aia*, o que me deixa admirada — não parece fazer tanto tempo assim. Ao longo desses trinta anos, o livro foi publicado em aproximadamente quarenta países e traduzido em aproximadamente trinta e cinco idiomas. Digo "aproximadamente" porque novas traduções e edições continuam pipocando.

Mas as coisas foram bem mais lentas no começo. Eu diria que as primeiras críticas, pelo menos nos países de língua inglesa, foram mais ou menos. *O conto da aia* não é um livro muito confortável. Não é o tipo de livro pelo qual você se apaixona pela heroína jovial, corajosa, mas consciente, e aprova tudo que ela faz. Não é *Orgulho e preconceito*. Na verdade, o livro foi humilhado no *New York Times*, e ser humilhado no *Times* invariavelmente leva seus editores a atravessar para o outro lado da rua quando veem você e depois fugir em alta velocidade e se esconder embaixo de uma pedra. A crítica foi da eminente romancista e ensaísta americana Mary McCarthy, e ela não achou graça no livro. (De modo geral, ela não achava graça em nada, então não fui a única a falhar em entretê-la.)

Sua crítica foi meio incoerente — mais tarde o *Times* me disse que ela havia acabado de sofrer um derrame, mas eles não sabiam disso quando lhe designaram a resenha. Ela concordou que, de fato, devíamos ser cautelosos com nossos cartões de crédito — eles eram recentes na época, em 1985, tendo sido implantados em massa só nos anos 1970 — porque estes cartões, se passássemos a depender deles e somente deles, poderiam tranquilamente ser usados para nos controlar. E isto foi antes da internet! Nem sabíamos nada sobre assinaturas digitais.

Mas afora a questão dos cartões de crédito, Mary McCarthy achou a história implausível — certamente retrógrada, como poderia acontecer algo assim nos Estados Unidos, terra tão progressista! —, e ela também achou a linguagem pouco inventiva. Sua crítica foi um certo golpe para mim, porque me lembro de ler seu romance *O grupo*, em 1962, na banheira, com um interesse considerável. Mas não era a primeira vez que eu recebia uma crítica ruim e não seria a última. O que não mata nos fortalece, embora às vezes também nos deixe mais impertinentes. Como vocês acabam de ver.

Porém, depois deste começo pedregoso, apareceu outra crítica sobre *O conto da aia*. O sentido geral era: no Reino Unido, eles acharam o livro muito bom. Não se incomodaram demais com a perspectiva de o cenário retratado realmente acontecer por lá, porque já haviam passado por sua guerra civil religiosa, no século XVII, e não previam outra tão cedo. No Canadá, perguntaram, nervosos: "Pode acontecer aqui?" É o tipo de pergunta que os canadenses fazem com frequência, porque eles imaginam seu país como uma Terra dos Hobbits, onde o povo peludinho inocentemente bebe cerveja, joga hóquei, fuma cachimbo e tem alegres festas, sem pensar mal de ninguém, e onde o maligno Olho de Mordor ainda não os localizou e mandou trolls, orcs, Nazgûls e não sei mais o quê para exterminá-los.

Mas nos Estados Unidos perguntaram: "Quanto tempo ainda temos?" Evidentemente, em 1985 a história já podia ser vista escrita no horizonte. Com efeito, parte dela apareceu em um muro de verdade, o quebra-mar de Venice, na Califórnia, onde uma mão anônima pichou "O Conto da Aia Já Está Aqui". O livro depois ganhou o Los Angeles Times Book Award e foi indicado ao Booker Prize no Reino Unido, além de ganhar o Governor General's Award no Canadá, entre outros. Então alguém deve ter apreciado suas virtudes como elas eram.

E desde essa época o livro nunca parou de vender. Suponho que seja porque continuam aparecendo novas gerações para ser aterrorizadas por ele. Algumas pessoas os colocam em currículos escolares enquanto outras tentam retirá-lo deles, em parte porque contém cenas de sexo, em parte porque acreditam erroneamente que seja anticristão, o que indica o quão estranha é a visão delas sobre o cristianismo. Mas aprofundaremos este tema mais adiante.

O conto da aia desde então metamorfoseou-se em um filme, uma ópera, um balé, várias produções teatrais e — futuramente — uma versão em graphic novel e uma série de televisão. E o mais requintado tributo de todos: gente vestida de aia no Halloween. E outras pessoas Sabem o Que Elas São! Minha humilde Aia em seu estranho vestido vermelho assumiu seu lugar entre os Klingons, Minnies, Hulks e Mulheres-Maravilha do mundo de fantasias do Halloween. Isso não é emocionante?

Agora vamos às minúcias. Pediram-me para falar deste romance de variados ângulos e tentarei fazer isto. Falarei de seu contexto — a época em que foi criado — e de como e por que me decidi a escrevê-lo, e das influências literárias e históricas constantes nele, e de algumas decisões que tomei quando estava construindo seu mundo. Depois tentarei colocá-lo no presente — a época em que nos encontramos, aqui e agora. Será que este romance ainda tem relevância? Se tem, qual é e por quê? Os romances podem ser proféticos e, se não podem, por que não?

Tudo isso é um desafio para uma palestra curta, então vou arregaçar as mangas, figurativamente, e pôr mãos à obra.

Mas, primeiro, vou lhes contar uma história verídica. Um dia, talvez vinte anos atrás, eu e meu marido, Graeme Gibson, estávamos dando uma festa para a seção de Ontário do Writers' Union do Canadá. Informação para contextualizar: "Ontário" é uma província, o equivalente canadense a um estado. "Canadá" é um país, equivalente, em população, à Cidade do México. O Writers' Union foi um sindicato de escritores fundado por nós no início da década de 1970 porque o Canadá não tinha nenhum agente naquela época, então os escritores ficavam inteiramente à mercê dos editores, que mentiam para eles sobre coisas como quanto outros escritores recebiam de adiantamento. As coisas agora são diferentes, mas ainda é verdade que "escritor profissional" como descrição de cargo é uma mistura de apostador, empreendedor de start-up e ilusionista que faz truques com baralhos. Você tem de correr muito rápido para ficar onde está e, se quiser um plano de aposentadoria, não seja um escritor. É quase tão difícil quanto ser um cantor de country de 23 anos. A maioria tem outro emprego.

Uma escritora presente nesta nossa festa era uma jovem de 35 anos que de repente disse estar sofrendo um ataque cardíaco. Como ela já havia tido um ataque cardíaco, este era grave. Expulsamos todo mundo da sala de estar e Graeme a fez respirar fundo enquanto eu chamava a ambulância. Logo, dois socorristas jovens e corpulentos chegaram com sua parafernália e seus músculos volumosos. (Eles precisam ter músculos volumosos, assim podem carregar os corpos.) Eles nos expulsaram da sala e passaram a trabalhar, e a seguinte conversa aconteceu:

> PRIMEIRO SOCORRISTA: Sabe de quem é esta casa?
> SEGUNDO SOCORRISTA: Não, de quem é?
> PRIMEIRO SOCORRISTA: É a casa de Margaret Atwood!
> SEGUNDO SOCORRISTA: Margaret Atwood! Ela ainda está viva?

A jovem afinal não estava tendo um ataque cardíaco. Teve, e estou citando, "uma bola de gases do tamanho de uma grapefruit". Só estava empolgada demais por estar na minha casa.

Mas conto esta história para ilustrar um fato conhecido: qualquer escritor cuja obra você estude no ensino médio está morto Por Definição. E como muitos garotos e garotas estudaram *O conto da aia* no ensino médio com o passar dos anos, existe muita gente que se surpreende ao descobrir que ainda estou viva. É tão comum que às vezes até eu me surpreendo. Mas este é o efeito da fama, mesmo que numa quantidade moderada. Você pode comprar um molde de abobrinha — em geral anunciado na contracapa de gibis — que, se colocado em volta de uma abobrinha em crescimento, produz uma abobrinha no formato da cabeça de Elvis Presley. Pode dar certo com berinjela também. Ainda não cheguei a esse nível de fama.

E nem tinha chegado perto do nível molde de abobrinha quando comecei a escrever *O conto da aia*. Como alguns de vocês não eram nascidos na época, e como outros entre vocês eram de tenra idade, deixem-me levá-los a uma viagem no tempo.

Primeiro, eu. Nascida em novembro de 1939, pouco depois do início da Segunda Guerra Mundial. Isso significa que sou da geração que se lembra de Hitler e Stalin, e não só pelos livros de história. Em 1949, eu tinha 10 anos e, sendo assim, li *1984*, de George Orwell, quando saiu em brochura. Tinha 15 em 1955, quando Elvis fez sua estreia na TV. Tinha 20 em 1960, 30 em 1970 e 40 em 1980. Sempre faço uma tabela dessas para personagens de meus livros: quero saber que idade eles têm em relação aos grandes acontecimentos do mundo porque nossas histórias pessoais interagem com o que acontece no mundo.

Em 1984, estávamos em uma fase de minibacklash contra os hippies, a liberação feminina e outros modos de comportamento social que se parecessem com essas coisas. Na música, acho que era a fase final da discoteca. Os hippies tinham estourado aproximadamente em 1968, pouco depois dos beatniks, existencialistas, cantores folk e os Beatles. Eles foram precedidos pela pílula anticoncepcional, o advento do collant e as minissaias. (Estas três coisas têm ligação, em particular o collant e a minissaia.) O Women's Lib, como era chamado na época, começou aproximadamente em 1969. Eu não estava lá; estava em Edmonton, em Alberta, que ficava muito, mas muito longe de Nova York. Ainda não existia nenhum tipo de internet. Eu também era velha demais para ter sido hippie, embora tenha passado pelo existencialismo, a música folk e o delineador preto. Não vamos nos esquecer disso!

O feminismo tinha entrado então em sua segunda onda. A primeira foi no final do século XIX e início do XX, suas proponentes eram chamadas sufragistas e o objetivo era o sufrágio feminino, ou seja, conseguir que as mulheres tivessem o direito de votar. Depois elas passaram a votar, e depois veio a Depressão — de volta para casa, mulheres, para dar espaço nos empregos aos homens, embora Amelia Earhart fosse um modelo para as andróginas aventureiras, que apareciam nas revistas de ficção. Em seguida veio a guerra — para as fábricas, mulheres, para fazer armas e aparecer em cartazes de Rosie, a Rebitadora, flexionando seus lindos e pequenos bíceps. Então, finda a guerra, voltem para casa, mulheres, para dar espaço no mercado de trabalho aos homens; vocês deviam ter quatro filhos, uma máquina de roupas lava e seca, uma casinha com gramado no subúrbio e se sentir Completamente Realizadas, só precisam descartar seu próprio cérebro. Enquanto isso, os homens que voltavam da guerra estavam inquietos e insaciáveis; sentiam falta da liberdade e da adrenalina das experiências próximas da morte que tinham vivido. Daí surgiu Hugh Hefner, tocando sua flauta de Peter Pan e chamando por eles: por que se prender a essa rotina doméstica? Essas casinhas com gramado são um tédio! Larguem esposas e filhos e venham se divertir! E foi o que eles fizeram, o que acabou culminando no surgimento da série de TV *Mad Men*.

E foi quando Betty Friedan apareceu com seu livro *A mística feminina*, que li em Vancouver em 1964. O livro era um protesto contra a falta de cérebro proposta naquela conversa de voltem-para-casa do final dos anos 1940 e dos anos 1950. Aqui está uma paródia desse tipo de papo, do espúrio *Housekeeping Monthly*, de 1955, intitulado "Guia da Boa Esposa":

> Nunca reclame se ele chegar tarde, ou sair para jantar, ou for a outros lugares de entretenimento sem você. Em vez disso, procure entender o mundo dele de tensão e pressão. [...] Não se queixe se ele se atrasar para o jantar em casa ou mesmo se ele passar a noite toda fora. Conte isto como um pequeno contratempo se comparado com o que ele pode ter suportado durante o dia. [...] Não faça a ele perguntas sobre seus atos nem questione sua capacidade crítica ou sua integridade. Lembre-se, ele é o cabeça da família e como tal sempre exercerá sua vontade com justiça e honestidade. Você não tem o direito de questioná-lo. [...] Uma boa esposa sempre conhece o seu lugar.

Isto podia muito bem ter o título de "Guia da Escravizada Romana" ou "O Guia da Serva do Ano 1000".

A mística feminina de Friedan tocou um nervo sensível em todas aquelas americanas com instrução universitária que ouviram que seu verdadeiro diploma era um título de S.R.A. Mas a estratégia "cabeça da família" de lavagem cerebral não afetou muito as mulheres canadenses. Vivíamos na parte estagnada do rio cultural e ainda estávamos no lance da Tomboy Voadora Amelia Earhart. Além disso, tínhamos uma revista feminina chamada *Chatelaine*, com uma editora de nome Doris Anderson, que foi criada em um pensionato dirigido por sua mãe depois que o pai as abandonou, então ela não ia engolir nada daquela coisa de "justiça e honestidade". Ela lidava de frente com muitas questões femininas muito antes que o movimento feminista chegasse, em 1969, e tinha de brigar com diretores homens da revista a cada passo. Eles se interessavam muito pelo jogo da "justiça e honestidade". Exatamente como os aristocratas romanos.

Então vieram os anos 1970. Foi uma época de turbilhão na terra do feminismo: as mulheres não brancas protestavam que não estavam sendo representadas, e o mesmo fizeram as lésbicas. Surgiu a revista *Ms.* com Gloria Steinem, além de muitas outras publicações; e assim se seguiu. No Canadá, escritoras mais novas estavam ocupadas demais tentando criar um espaço onde escritores de qualquer gênero pudessem ser publicados e remunerados — fundando revistas e editoras, construindo infraestrutura como turnês de autores, festivais e residências em universidades, e direitos de empréstimo público ligados a bibliotecas, e brigando, brigando, brigando em todos esses fronts —, e, provavelmente, víamos nossos colegas homens como companheiros de luta e não como inimigos.

No início da década de 1980, o cansaço se abateu sobre algumas feministas em batalha desde os anos 1970, e elas descansaram seus remos. Enquanto isso, a direita religiosa montava um contra-ataque. Queria voltar aos anos 1950, pelo menos à versão "Guia da Boa Esposa" daquela década — deixem o rock 'n' roll para lá —, mas desta vez queriam escorar tudo isso com o dogma religioso puritano que sempre fora a base de tudo. "Ele por Deus só, ela por Deus nele", como disse John Milton em *Paraíso perdido*. E, como são Paulo colocara, as mulheres só podiam se redimir pelo parto. Isto lembrava demais o alarmante *Kinder, Kirche, Küche* — filhos, igreja e cozinha — defendido pelos nazistas para as mulheres.

Lembram o que eu disse sobre Hitler? Eu era uma grande leitora de literatura sobre a Segunda Guerra Mundial e sabia que ele havia anunciado seu programa de governo bem cedo, em seu livro *Mein Kampf*. Este livro foi um fracasso na época — os alemães, no começo, achavam Hitler um biruta (bem pensado), então ele relativizou sua real agenda até conseguir se eleger. Depois acabou com a democracia e passou a fazer o que originalmente disse que queria fazer.

Então eu acreditava em duas coisas: (1) Que se os verdadeiros crentes dizem que vão fazer uma coisa, quando tiverem a chance, farão mesmo. (2) Quem quer que diga "Não vai acontecer aqui" está errado. Qualquer coisa pode acontecer em qualquer lugar, sob as condições certas, como a história tem demonstrado repetidas vezes. E, a estas duas, acrescento: (3) O poder corrompe e o poder absoluto corrompe absolutamente. Mais uma vez, existem muitos casos exemplares.

E então comecei a escrever *O conto da aia*. Primeiro em forma de anotações, mas dei início para valer na primavera de 1984. Morávamos na Berlim Ocidental. O Muro de Berlim ainda não tinha caído — isto só aconteceria em 1989 — e não havia sinal de que cairia tão cedo. Para ter um gosto daqueles tempos de espionagem da Guerra Fria na Alemanha Ocidental, leiam a série *O espião que sabia demais,* de John Le Carré, ou vejam sua adaptação para a TV na série com Alec Guinness, e para ter um gosto da Alemanha Oriental da época, vejam o filme *A vida dos outros*. Era assim.

Então foi um bom lugar para começar a escrever *O conto da aia*. Terminei-o na primavera de 1985, em Tuscaloosa, no Alabama, onde eu dava aula de mestrado na Universidade do Alabama. E foi um bom lugar para concluí-lo, por motivos bem diferentes. A falta de liberdade era praticada ali também, mas só para determinadas pessoas, como aquelas de pele mais escura e, estranhamente, ciclistas. ("Não ande de bicicleta aqui", me disseram, "porque eles vão pensar que você é comunista e vão te atropelar.") Poderíamos dizer que o Alabama e a Alemanha eram duas faces da mesma moeda.

O conto da aia se propõe a responder a duas perguntas teóricas: (1) Se os Estados Unidos se tornassem uma ditadura ou um governo absolutista, esse governo se identificaria como? (2) Se o lugar das mulheres era em casa, e as mulheres estivessem fora de casa e correndo para todo lado feito esquilos, como você as meteria em casa de novo e as faria ficar lá dentro?

A resposta a (1), no livro, é: seria uma ditadura religiosa, como o Irã... que passou a ser ditadura logo depois que eu mesma visitei o país em 1978. Não seria uma ditadura comunista, como Polônia, Tchecoslováquia e Alemanha Oriental, que eu também visitaria, mais tarde, em 1984. Na época achei que um governo absolutista com o nome de democracia liberal seria um paradoxo, mas devia ter me lembrado do macarthismo; e agora que temos vigilância digital, um absolutismo desses está bem ao nosso alcance.

A resposta a (2) — como empurrar as mulheres de volta aos lares — era simples: volte cem anos na história. Não, até menos. Tire os empregos das mulheres e seu acesso ao dinheiro — este último pelo banco e pelos cartões de crédito. Ah, e seus direitos civis recém-conquistados, como o direito ao voto e o direito à propriedade, e o direito aos próprios filhos. Para fazer isto, você precisa mudar as leis. Algumas pessoas gostam de invocar "o Estado de Direito", mas elas precisam se lembrar de que existiram algumas leis muito injustas. As leis de Nuremberg — dirigidas contra os judeus — eram leis. A "Lei do Escravo Fugitivo" era uma lei. O decreto proibindo a alfabetização de escravizados americanos no Sul era uma lei. As leis fiscais romanas que oprimiam os camponeses eram leis. Posso continuar neste tema por muito tempo.

Estabeleci uma regra para mim mesma ao escrever *O conto da aia*: não incluiria nada que as pessoas já não tivessem feito, em algum momento, em algum lugar, ou que lhes faltasse a tecnologia para fazer. Em outras palavras, eu não inventaria nada. Vários precedentes históricos podem ser encontrados no Epílogo, que alega ser uma palestra sobre o texto, ministrada uns cem anos depois dos acontecimentos descritos.

Ambientei o romance em Cambridge, Massachusetts. Eis o motivo.

Frequentei a Universidade de Harvard nos anos 1961 a 1963 e depois entre 1965 e 1967, e enquanto estive lá fiz alguns cursos de Perry Miller — que, junto com F.O. Matthiessen, foi fundamental para estabelecer a literatura e a civilização americanas como uma disciplina acadêmica. O que estudei primeiro com Miller foi o século XVII — isto é, o século puritano na Nova Inglaterra. Isto me abriu os olhos, porque a única literatura americana antiga que eu tinha estudado até então era a do século XIX — Poe, Melville, Emerson, Thoreau, Dickinson, Whitman, Henry James e assim por diante. Miller era brilhante sobre a Nova Inglaterra do século XVII, que nesta época estava muito longe de ser uma democracia liberal. Em vez disso, era uma teocracia. Era a favor da liberdade religiosa para si mesma, mas contra a liberdade religiosa dos outros. Enforcava — por exemplo — quakers. Como esses puritanos estão entre meus antepassados, naturalmente fiquei fascinada com a história.

Esta sociedade — notoriamente — também passou pela histeria das bruxas de Salem, e como uma daquelas supostas bruxas também era minha ancestral, ou assim dizia minha avó às segundas-feiras, fiquei ainda mais interessada. (Às quartas-feiras ela negava a história toda.) A caça às bruxas de Salem foi um modelo para histerias semelhantes desde então, inclusive o macarthismo — como na peça de Arthur Miller, *As bruxas de Salem*. É por isso que *O conto da aia* é dedicado a Perry Miller (que daria uma boa gargalhada se ainda estivesse vivo para ler) e também a Mary Webster, minha possível ancestral. Mary foi enforcada, mas o enforcamento não deu cabo dela — ainda estava viva na manhã seguinte. É um pescoço bom e forte para se herdar, se você vai arriscar seu pescoço. Como eu tenho feito.

Como eu disse, não coloquei neste livro nada que já não tivesse sido feito em algum lugar, ou pudesse ser feito, dada a tecnologia disponível. Baseei-me em uma ampla variedade de fontes históricas, inclusive a Romênia sob a ditadura de Ceaușescu,

Hitler e suas políticas de roubo de bebês poloneses e da poligamia consentida entre os oficiais da SS, ou a Argentina durante a ditadura militar. Usei a negação à alfabetização de escravizados americanos, usei o mormonismo inicial, usei enforcamentos coletivos na época medieval — se todo mundo puxa a corda, a culpa é compartilhada — e usei os cultos dionisíacos da Grécia antiga, em que as vítimas sacrificiais eram diaceradas manualmente. Estes são apenas alguns exemplos.

Para o vestuário, usei a ilustração que havia nos pacotes de desinfetante Old Dutch Cleanser dos anos 1940, que me traumatizava quando criança — o rosto oculto, o chapéu branco, a saia volumosa. Mas também usei a moda feminina de meados do século XIX, com as toucas que escondiam o rosto; e as leis suntuárias da época medieval, que ditavam quem podia vestir o quê. O código de cores — azul para a pureza, vermelho para o pecado e a paixão, e assim por diante — é o mesmo empregado pelos pintores cristãos da Idade Média à Renascença.

A estrutura social em Gilead às vezes é lida como se todos os homens tivessem status superior e todas as mulheres status inferior, mas isto não é verdade. É um esquema absolutista ou totalitário e não um esquema ditado estritamente por divisões de gênero, assim as esposas de homens de status elevado têm elas mesmas status elevado, embora status inferior ao de seus maridos. Os homens de status inferior têm status mais baixo do que as mulheres de status superior. Era assim que as coisas funcionavam historicamente. Só os homens de status superior tinham mais de uma mulher disponível para procriação; só eles tinham Aias. Isto também é um registro bem preciso de como eram as coisas. A primeira esposa rege o poleiro; as esposas mais jovens estão na palma de sua mão. O homem de status superior procria com todas elas, se conseguir. Os homens de status inferior têm de se arranjar com Econoesposas, que precisam realizar todas as funções que nos níveis superiores podem ser cumpridas por várias mulheres: as primeiras esposas para ocasiões sociais, as amantes e concubinas ou segundas esposas para o sexo, as criadas para cuidar da casa. Era assim no mundo de *O conto da aia*, porque aconteceu com muita frequência no mundo real.

As influências literárias de *O conto da aia* também são numerosas. O título vem de Chaucer, um de meus autores favoritos. É um "conto", mais do que uma história, porque na época em que recebeu um nome, várias centenas de anos depois dos acontecimentos, ninguém foi capaz de determinar com muita firmeza o que exatamente aconteceu e quem eram exatamente aquelas pessoas. Este é um problema frequente para os historiadores: há hiatos nos registros. E o mesmo acontece com nossa Aia.

A segunda influência, naturalmente, é a Bíblia. Ela é uma obra muito complexa, já que não começou como um livro, mas como uma coleção de pergaminhos. Só quando chegou o códice — a forma de livro que temos agora, com a lombada de um lado e uma série de páginas que viramos — foi que a "bíblia", com os livros pequenos, tornou-se um livro; e só então assumiu a semelhança de uma obra unificada. Como foi escrita em épocas diferentes — muito diferentes — e por diferentes pessoas, contém muitas mensagens contraditórias. Uma das mensagens é muito favorável às viúvas, aos órfãos, aos pobres e oprimidos. Mas também podemos encontrar outras mensagens bem diferentes, como as de triturar seus inimigos e amaldiçoá-los para que devorem seus próprios filhos, e muitos têm preferido estas mensagens.

Em *O conto da aia*, o chamado literalismo bíblico é utilizado para controlar as mulheres (e os homens de status baixo) por motivos políticos e para sustentar uma elite no poder. Aos que acham que esta é a essência do cristianismo, eu argumentaria que estão extremamente enganados. No texto, podemos encontrar o pai-nosso tal como a Aia o reinterpreta para suas próprias circunstâncias. Assim, muito me desconcerta quando as pessoas concluem que este livro é "anticristão". Qualquer religião tem um nó positivo e outro negativo — como minha velha amiga Fanny Silberman, sobrevivente de Auschwitz, costumava dizer, "Existem o bem e o mal em todos" —, e Gilead é o mal. Isto não quer dizer que não exista o bem. Cabe a você escolher.

As outras influências literárias vêm do mundo das utopias e distopias, do final do século XIX e início do XX. Uma "utopia" é literalmente a descrição de uma sociedade melhor do que a nossa. O final do século XIX gostava muito deste gênero e escreveu muitas — como muitos avanços haviam sido feitos em coisas como a medicina, a tecnologia, a produção e distribuição de bens materiais, os otimistas não imaginavam por que as coisas não poderiam continuar melhorando. Os destaques da utopia em língua inglesa foram *Notícias de lugar nenhum,* de William Morris, e *Daqui a cem anos,* de Edward Bellamy. Infelizmente, veio também a Primeira Guerra Mundial, em que a Europa se desfez, e depois a Segunda Guerra Mundial, em que ela se desfez mais um pouco e, nesse ínterim, a Alemanha de Hitler, a Itália de Mussolini e a URSS de Stalin. Todas elas se propunham utopias no início — tudo ficaria melhor —, e todas se transformaram em distopias, ou sociedades piores do que a nossa. Assim ficou muito complicado escrever utopia literária de forma plausível, e as distopias literárias ganharam terreno. Os destaques incluem *Admirável mundo novo,* de Aldous Huxley, e *1984,* de George Orwell. Se quiserem saber mais de minhas opiniões sobre tudo isso, há um capítulo em meu livro sobre ficção científica, *In Other Worlds,* que trata do assunto em detalhes tediosos.

O conto da aia é uma distopia literária — um mundo pior do que o nosso —, e a influência em sua forma é, portanto, da própria tradição utopia/distopia. Eu lia muito desse tipo de ficção quando adolescente e depois a estudei na pós-graduação, então estava destinada a experimentar a mão, mais cedo ou mais tarde, só para ver se era capaz. E assim o fiz. Foi uma coisa meio louca de se fazer nos anos 1980, porque esse tipo de ficção não estava na moda naquela época. Atualmente, as distopias são muitas, possivelmente porque muitos jovens escritores estão um tanto desanimados com a perspectiva que têm à frente.

O que nos remete aos tempos atuais. As pessoas costumam me fazer as duas seguintes perguntas:

1. Você acha que *O conto da aia* é mais relevante agora do que quando o escreveu, em meados dos anos 1980?

E outra versão da mesma pergunta:

2. Você acha que *O conto da aia* é profético?

São perguntas incitantes. À primeira, eu responderia: é difícil dizer se o livro é mais relevante ou não, mas está claro que muita gente — em particular nos Estados Unidos — *acha* que ele é mais relevante agora. Durante a última eleição presidencial, o título do livro tornou-se um meme nas redes sociais, com publicações dizendo coisas como "Alguém conte aos republicanos que *O conto da aia* não é um manual", ou "Lá vem *O conto da aia*". Por que isso? Porque os Quatro Sábios Republicanos abriram a boca e disseram o que verdadeiramente pensavam, e o que eles verdadeiramente pensavam era que as mulheres que eram "realmente" estupradas não engravidavam, porque seus corpos tinham como evitar isto e que havia uma diferença entre estupro "real" e estupro "não real", ou estupro que só parecia e era sentido como estupro, mas não era realmente. Tudo isso lembrava os julgamentos de bruxas, em que amarravam a pessoa e a jogavam na água, e se ela se afogasse, era inocente, mas se boiasse era culpada, e aí a queimavam. Morria de um jeito ou de outro, pelo visto.

De forma geral, digamos: os governos absolutistas sempre tiveram um interesse desmedido pela capacidade reprodutiva das mulheres. Na verdade, isso aconteceu em todas as sociedades humanas. Quem deve ter filhos, que filhos serão "legítimos", qual deles poderá viver e qual deverá ser morto (na Roma antiga a decisão cabia ao pai etc.), se o aborto deve ser permitido ou não, ou até que mês; se as mulheres devem ser obrigadas a ter filhos que não querem ou não podem sustentar e assim por diante. Em geral, as sociedades de caçadores-coletores tinham filhos de forma mais espaçada e abandonavam aqueles que não podiam alimentar, mas as sociedades agrícolas encorajavam a procriação, já que os filhos eram a melhor opção para trabalhar na terra e fornecer mão de obra escravizada. E depois do advento dos grandes exércitos, encorajaram *de verdade* a natalidade, uma vez que eram necessários corpos a mais para o que Napoleão chamava de "bucha de canhão". Hitler dava medalhas a mães que tinham muitos filhos — havia uma escassez de bucha de canhão, devido à Primeira Guerra Mundial — enquanto Stalin permitia o aborto como meio de controle de natalidade — eles tinham mais bocas do que podiam alimentar, graças ao fracasso da coletivização da agricultura.

Assim, a verdadeira pergunta a ser feita a respeito do interesse exagerado dos poderes constituídos pela procriação e por quem a promove, e pelo rapto de crianças e quem as rapta, é aquela comum em todas as histórias de mistério: *Cui bono?* Quem lucra com isso?

No mundo de *O conto da aia*, os bebês são escassos entre as classes superiores. Então eles são raptados daqueles que os têm e distribuídos ao pessoal do escalão superior que os quer. Existem muitos exemplos históricos em que se basear, como os generais argentinos que raptavam os filhos de mulheres suspeitas de antigovernismo e depois torturavam e matavam as mães, e as freiras na Irlanda, que raptavam os bebês de mães solteiras e, às vezes, bebês que tinham sido deixados temporariamente a seus cuidados, e os vendiam a americanos ricos e sem filhos. Não era incomum nos anos 1940 e 1950 essas mães na América do Norte ouvirem que seus filhos haviam morrido ao nascer, quando na verdade tinham sido vendidos.

E como as elites de *O conto da aia* são um bando que revira a Bíblia para descobrir coisas que podem usar em vantagem própria, é culpa da mulher se não há nenhum bebê. Existem muitos precedentes históricos para isto também.

Deste modo, será esta história mais relevante agora do que quando foi lançada? Eu diria que infelizmente é provável que sim, dado que agora há muito mais esforço coordenado para reivindicar os corpos das mulheres como propriedade do Estado. Para uma pessoa de minha idade, essas iniciativas são profundamente stalinistas, para não dizer hitlerianas. Mas talvez seja só eu. Como nota de rodapé, digamos que a instituição do alistamento militar reivindica da mesma forma os corpos masculinos como propriedade do Estado. Algo para se refletir.

A segunda pergunta: O romance é profético? Não. Nenhum romance é profético, a não ser em retrospecto. Ninguém pode prever o futuro porque existem muitas variáveis e fatores desconhecidos demais. Os melhores planos de ratos e homens com muita frequência saem tortos. Pode-se fazer uma conjectura fundamentada e uma tentativa plausível, mas é só isso.

Pronto. Agora contei a vocês muitas coisas sobre *O conto da aia*: sua ancestralidade, sua gênese, seu passado e seu presente. Quanto ao seu futuro, estará em suas mãos — nas mãos dos leitores —, porque é ali que reside o futuro de qualquer livro. O escritor o escreve, depois renuncia ao controle sobre ele e lhe dá adeus na estação de trem, e o livro parte em sua viagem a terras e mentes desconhecidas. Encontrará algumas pessoas que gostam dele e outras que não gostam. Isto acontece com qualquer livro. Que tantos tenham gostado, no decorrer de tantos anos, ainda me causa espanto.

Somos duplamente sem liberdade

>>><<<

(2015)

"Um tordo rubro engaiolado/Deixa o céu inteiro irado", escreveu William Blake. "Adequado para resistir, mas livre para cair", escreveu John Milton, em um eco às reflexões de Deus sobre a humanidade e o livre-arbítrio no terceiro livro de *Paraíso perdido*. "Liberdade, viva, viva, liberdade...!", entoou Calibã em *A tempestade*. Veja você, ele estava bêbado naquela hora e era demasiado otimista: a escolha que fazia não era pela liberdade, mas pela sujeição a um tirano.

Estamos sempre falando sobre isso, sobre essa tal de "liberdade". Mas o que queremos dizer com ela? "Existe mais de um tipo de liberdade", a tia Lydia ensina às Aias cativas em *O conto da aia*. "Liberdade para (...) e liberdade de (...). Nos tempos da anarquia, era liberdade para. Agora a vocês está sendo concedida a liberdade de. Não a subestimem."

O tordo está mais seguro na gaiola: não será devorado por gatos nem se chocará com janelas. Terá muito o que comer. Mas também não poderá voar sempre que quiser. Presumivelmente é isto que perturba os habitantes do Paraíso: eles se opõem à restrição imposta às opções de voo de um ser alado. O tordo deve viver na natureza, onde é o seu lugar: deve ter "liberdade para", o modo ativo, e não "liberdade de", o modo passivo.

Está tudo muito bem para os tordos. Viva Blake!, dizemos. Mas e quanto a nós? A gaiola segura ou a perigosa natureza selvagem? Conforto, inércia e tédio, ou atividade, risco e perigo?

Sendo humanos e, portanto, dotados de motivações díspares, queremos as duas coisas; mas, como regra, alternadamente. Às vezes o desejo do risco leva à ultrapassagem de limites e à atividade criminosa, e às vezes o desejo de segurança leva ao autoaprisionamento.

Os governos conhecem muito bem nosso desejo de segurança e gostam de brincar com nossos temores. Com que frequência ouvimos que esta ou aquela nova regra, lei ou atividade de vigilância e intromissão por parte das autoridades são para nos manter "seguros"? De todo modo, esta segurança não existe: muitos de nós morrem em desastres climáticos — tornados, inundações, nevascas —, mas os governos, nestes casos, limitam-se a apontar o dedo, a se esquivar da culpa, a expressões de solidariedade ou a uma mínima ajuda emergencial. Um número muito maior de pessoas morre em acidentes de carro ou escorregando na banheira do que pelas mãos de agentes inimigos, mas não é fácil elevar esses tipos de morte ao nível do pânico. Carros e banheiras são tão recentes em termos evolutivos que não desenvolvemos uma mitologia profunda a respeito deles. Quando combinados com seres humanos mal-intencionados, eles podem ser assustadores — ser abalroado em seu carro por um louco ou baleado em seu carro por um mafioso tem certo peso, e ser assassinado na banheira remonta ao destino de Agamemnon em Homero, com uma atualização de assassinato no chuveiro, cortesia de Alfred Hitchcock em seu filme *Psicose*. Mas carros e banheiras sem esposas enfurecidas ou sem psicopatas só ficam ali, inexpressivos.

O que verdadeiramente tememos é o evento súbito, imprevisível e violento: o equivalente a um ataque por um tigre faminto. A ameaça do tigre assustador do passado eram os comunistas: nos anos 1950 propagava-se que havia um atrás de cada arbusto nos espreitando. Hoje, são os terroristas. Para nos proteger destes, toda sorte de precauções deve ser tomada, é o que nos dizem.

E esta visão não é desprovida de mérito: tais ameaças são reais, até certo ponto. No entanto, nós nos vemos perguntando se os remédios extremos pesam mais que a doença. O quanto de nossa liberdade devemos sacrificar para nos defender do desejo dos outros de limitar esta liberdade, subjugando-nos ou nos matando, um por um?

E será este sacrifício uma defesa eficaz? Sem nossa liberdade, podemos acabar com menos segurança; na verdade podemos ficar duplamente sem liberdade, depois de entregar as chaves para aqueles que prometeram ser nossos defensores, mas que se tornaram, forçosamente, nossos carcereiros. Uma prisão pode ser definida como qualquer lugar em que você é colocado contra a sua vontade e dali não pode sair, e onde você fica inteiramente à mercê das autoridades, sejam quais forem. Estamos transformando toda a nossa sociedade numa prisão? Se for assim, quem são os prisioneiros e quem são os guardas? E quem toma as decisões?

Nós, seres humanos, temos explorado as fronteiras entre liberdade e não liberdade há muito tempo. No passado, a alternativa à liberdade não era o aprisionamento, mas a morte. Nos milênios que passamos como caçadores-coletores, não tínhamos senhas nem prisões. Todos em seu pequeno grupo conheciam e aceitavam você, mas os estranhos eram suspeitos. Ninguém era colocado na cadeia porque não existiam construções que servissem a este propósito. Se uma pessoa virava uma ameaça ao grupo — por exemplo, se ficava psicótica e expressava um desejo de comer gente —, seria dever do grupo matá-la, enquanto hoje em dia seria dever do grupo trancafiá-la, para impedir que prejudique os outros. Um sistema de justiça com uma opção de encarceramento depende de uma arquitetura sólida: não se pode jogar alguém num calabouço se não existir nenhum.

Depois do advento da agricultura, a alternativa à liberdade passou a ser não a morte, mas a escravidão. Agora era mais desejável escravizar as ameaças a seu grupo do que matá-las. Deste modo, elas podiam ser colocadas para trabalhar arando sua terra, criando assim um excedente para você e o enriquecendo. Sansão não foi atirado de um penhasco, como os troianos capturados no épico de Homero. Em vez disso, furaram seus olhos e o prenderam para trabalhar na moagem de grãos como um burro de carga.

É claro que depois de comprovada a lucratividade dos escravizados, a lei da oferta e da procura criou um próspero mercado escravagista. Você podia ser escravizado não só por estar no lado perdedor de uma guerra, mas por estar no lugar errado e na hora errada: no caminho de um grupo de caçadores de escravizados, por exemplo.

Na época medieval, todo aquele pertencente ao estrato superior queria um castelo, e todo castelo tinha um calabouço: escuro, lúgubre, frio, desesperador e infestado de ratos, ou ao menos assim é sua imagem cinematográfica. Os calabouços eram símbolos de status: todo mundo que era alguém tinha um. Eles tinham muitos usos possíveis: podia-se prender neles bruxas até que chegasse a hora de queimá-las, podia-se agrilhoar criminosos neles, embora fosse frequentemente mais econômico apenas enforcá-los, e era possível colocar no calabouço rivais ao trono até que se fabricassem provas suficientes para proclamá-los traidores e os decapitar. E os calabouços podiam ser valiosos criadores de riqueza, uma vez que prender nobres estrangeiros em troca de resgate eventualmente era lucrativo. A negociação era simples: você, o dono do calabouço, recebia uma grande soma e seu prisioneiro recebia a liberdade. Na versão oposta, você pagava a um estrangeiro dono de calabouço para sequestrar o inimigo político de sua escolha.

E assim continuou, por centenas de anos, até a era moderna. No século XIX, a liberdade e a privação da liberdade começaram a assumir as formas que conhecemos nos dias de hoje. A "liberdade" passou a ser reificada pelo Iluminismo do século XVIII: era por ela que os fazendeiros em batalha da Revolução Americana deviam estar combatendo, embora, em termos práticos, eles combatessem pela liberdade de não pagar impostos à Grã-Bretanha. Os revolucionários franceses começaram falando de liberdade, igualdade e fraternidade, um ideal nobre que incluía se libertarem dos aristocratas, mas no curto prazo a revolução terminou em lágrimas, milhares de cabeças decepadas e Napoleão.

Mas depois que Byron empunhou a liberdade, não havia como voltar atrás: a liberdade como uma ideia tinha chegado para ficar. Seu Prisioneiro de Chillon era romântico porque não tinha liberdade, o personagem dúbio Fletcher Christian tinha se amotinado contra o capitão Bligh — na versão de Byron —, como um gesto contra a tirania e uma tentativa de liberdade. E o próprio Byron perdeu a vida enquanto lutava, mais ou menos, pelos gregos em sua tentativa de recuperar a própria liberdade política. Não "Dieu et mon droit", mas "Liberdade" estava gravado no estandarte agitado por muitos revolucionários dos séculos XIX e XX: liberdade para os escravizados do sul dos Estados Unidos, liberdade para sul-americanos do domínio da Espanha, liberdade para os russos do czar, liberdade para os trabalhadores da exploração capitalista, liberdade para as mulheres do sistema patriarcal em que elas tinham os direitos de crianças, mas as responsabilidades de adultas. E, por fim, liberdade do nazismo e do comunismo da Cortina de Ferro.

Liberdade para escrever, liberdade para publicar, liberdade de expressão: todas ainda são motivo de luta em muitos países do mundo. Seus mártires são numerosos.

Com tantos tão dispostos a morrer em nome da liberdade, por que os cidadãos de muitos países ocidentais parecem dispostos a entregar suas liberdades tão duramente conquistadas sem nada mais que um mero gritinho? Em geral é por medo. E o medo pode ter muitas formas: às vezes se reduz ao medo de não ter um salário para viver. Desde que os trens operem no horário e você mesmo esteja empregado, por que fazer estardalhaço se algumas pessoas aqui e ali estão sendo penduradas pelos dedos polegares?

E na época em que começam a pendurar gente pelos polegares, aparece outro tipo de medo. Você só pode proteger seus polegares ficando abaixo da superfície do lago: não meta a cabeça para fora nem coaxe alto demais, e, assim lhe garantem, se você não fizer nada de "errado" — uma definição mutável —, nada de mau lhe acontecerá.

Até que acontece.

E como a livre imprensa já terá sido suprimida, e como qualquer judiciário independente já terá sido desarticulado, e como quaisquer escritores, cantores e artistas independentes já terão sido esmagados, não sobrará ninguém para te defender. Se há uma coisa que devemos saber a essa altura é que os sistemas absolutistas sem responsabilizações nem freios e contrapesos geram monstruosos abusos de poder. Esta parece ser uma regra infalível.

Mas tudo isso pode parecer meio antiquado. Remonta a meados do século XX, com seu brutalismo, seus ditadores vaidosos, seus espetáculos militares de massa, seus uniformes grosseiros e desafiadores. Os métodos de controle do cidadão nos governos ocidentais modernos são muito mais discretos: menos bota de ferro e mais galochas. Nossos líderes adotam conosco os métodos do agronegócio pecuarista: etiqueta na orelha, código de barras, número, classificação, registro. E abate, é claro.

É aqui que entra o sistema prisional: sem seu idealismo de vida curta — não é mais um reformatório onde criminosos devem ser recuperados, não é mais uma penitenciária onde eles devem se arrepender — passou a ser um depósito onde as pessoas são empilhadas. Em sua versão lucrativa, também passou a ser um instrumento para criar mais criminosos, tanto melhor para preencher os espaços disponíveis e extrair dinheiro de contribuintes que pagam essa conta.

Nos Estados Unidos, o número de jovens negros na população carcerária é desproporcionalmente maior; no Canadá, são os jovens dos povos indígenas. Somos incapazes de pensar em algo mais eficaz e ao mesmo tempo menos dispendioso, como uma educação de maior qualidade e uma geração de empregos que atenda ao povo? Mas talvez sirva aos poderes constituídos fomentar as condições que criam pessoas assustadoras e as deixem à solta, assim nós mesmos veremos a lógica de pagar para trancafiá-las.

A tecnologia digital facilitou ainda mais tratar as pessoas como animais domesticados criados para gerar lucro. Você não consegue mais alugar um carro ou quarto de hotel, nem comprar muita coisa sem um cartão de crédito, que deixa um rastro digital por onde passa. Dizem a você que precisa de uma carteira da previdência social, um cartão de plano de saúde, uma carteira de habilitação, um cartão de banco, um monte de senhas. Você precisa de uma "identidade", e esta identidade é digital. Todos os seus números e senhas — todos os dados que o identificam — deveriam ser privados, mas, como sabemos a essa altura, o mundo digital vaza como uma peneira, e a segurança na internet é tão boa quanto o próximo hacker genial ou ladrão de dados de dentro das instituições. O Kremlin voltou a usar máquinas de escrever por bons motivos: é muito mais fácil contrabandear um cartão de memória de uma área de segurança do que fugir com um grande maço de papéis.

E então, o que fazer? Na trilogia *Neuromancer*, de William Gibson, a maioria dos cidadãos tem a orelha etiquetada como nós, mas alguns conseguem escapar do radar em virtude de não terem nenhum registro oficial. Ou o apagaram ou o alteraram, ou evitaram ter um, antes de mais nada. Mas seria preciso muita agilidade e talvez um reservatório de habilidades básicas de sobrevivência para alguém viver sem a identidade exigida. E provavelmente embaixo de uma ponte, em uma casa, não.

A maioria de nós é duplamente sem liberdade: nossa "liberdade para" é limitada a atividades aprovadas e supervisionadas, e nossa "liberdade de" não nos mantém livres de um grande número de coisas que podem acabar nos matando, sendo nossas banheiras só o começo. Liberdade de substâncias tóxicas no ar e na água? Liberdade de inundações, secas e crises de fome? Liberdade de automóveis com defeito? Liberdade de remédios mal prescritos que estão matando centenas de milhares de pessoas por ano? Não conte com isso.

Mas nem tudo é ruim. Toda tecnologia é uma ferramenta de dois gumes, e a própria internet, que tem tantos buracos vazando dados, também permite que as palavras viajem rapidamente. É muito mais fácil revelar abusos de poder do que no passado; é mais fácil assinar petições e protestar. Mas mesmo esta liberdade tem dois gumes: a petição que você assina pode ser usada por seu governo como prova contra você.

Uma das fábulas de Esopo fala dos sapos. Eles disseram aos deuses que queriam um rei, e os deuses jogaram um tronco para ser o governante deles. Ele flutuava para cá e para lá e não fazia nada, e por um tempo eles ficaram contentes. Mas depois começaram a reclamar porque queriam um rei mais ativo. Os deuses, irritados, mandaram-lhes uma cegonha, que comeu a todos.

Nosso problema é que nossos governos ocidentais, cada vez mais, são uma combinação desagradável do Rei Tronco com Rei Cegonha. Eles são bons em garantir sua própria liberdade de espionar e controlar, mas ruins em permitir que seus cidadãos tenham a liberdade de que desfrutavam antes. Bons na elaboração de leis de espionagem, ruins em nos proteger contra as consequências delas, inclusive falsos positivos. Quem lhe disse que você é quem é? Qualquer um pode alterar seus dados.

Embora nossas tecnologias digitais tenham tornado a vida superconveniente para nós — basta dar um clique e é seu, seja lá o que for —, talvez esteja na hora de recapturarmos parte do território que cedemos. Hora de fechar as cortinas, excluir os xeretas, recapturar o conceito de privacidade. Nos desconectar.

Algum voluntário? Tudo bem. Eu achava que não. Não será fácil.

Botões ou laços?

>>><<<

(2015)

Há romancistas que alimentam seus personagens, outros não. Dickens, por exemplo, deleita-se com banquetes suntuosos, enquanto Dashiell Hammett só permite bebidas. Alguns preferem mobília, ou pinturas, ou arquitetura; outros ignoram isto em favor de instrumentos musicais, arranjos florais ou cães. Bichos de estimação e cardápios, banheiras e cortinas, prédios e jardins, tudo reflete a psique de seus donos: ou pelo menos nos livros eles o fazem.

O mesmo acontece com as roupas. Para alguns autores, um chapéu é apenas um chapéu e ponto final. Mas para outros, uma luva, uma pluma ou uma bolsa estão carregadas de significado. Onde Henry James estaria sem os guarda-roupas, em particular aqueles de suas personagens mulheres com luvas cor de lavanda? Ou Sherlock Holmes sem sua observação afiada de sapatos e mangas de veludo?

Presto atenção nas roupas quando leio ficção. Se alguém estiver usando um vestido, quero saber de que cor é, e isso é só o começo. Estará na moda ou será antiquado? Decote sedutor e generoso ou um casto laço sob o queixo? O que haverá por baixo do vestido — anágua, combinação, crinolina, barbatanas de baleia? Estará a personagem exageradamente vestida para a ocasião? Será ela talvez um homem? E se for, teremos como saber? De todo modo, o vestido faz com que ela, ou ele, fique mais atraente, ou mais irritante, ou talvez risível? E quanto aos sapatos?

E, mais importante: os detalhes da época estão corretos? Uma personagem com um vestido de casamento branco em um período em que a cor mais valorizada para as noivas era o preto irritará profundamente o leitor que entende de roupas. "Mas as cintas elásticas ainda não tinham sido inventadas!", eles exclamarão. E eles vão escrever uma carta depreciativa ao autor. Existem websites inteiros consagrados a repreender gafes da moda e anacronismos na ficção. "Só um idiota confunde uma anquinha com um peplum!", eles zombam.

Já pensei em escrever cartas neste tom, embora nunca tenha escrito. Certamente as recebi, mas não sobre moda, e sim sobre como fazer manteiga. Mas o mesmo princípio é válido aqui.

Estou certa de que desenvolvi meu interesse detalhista por roupas na ficção porque cresci sem ter muitas roupas reais. Isto foi durante a guerra, quando os tecidos eram escassos. Procure nas revistas daquela época e você verá muitos artigos sobre como transformar sua blusa usada em uma que parecesse nova virando a gola, acrescentando um alegre acabamento de festonê e outros truques semelhantes. Os tecidos eram favorecidos não pela beleza, mas pela resistência: deviam durar. Isto significava que eram encaroçados e coçavam.

No meu caso, a ausência de enfeites em meu vestuário foi ampliada pelo fato de que nossa família passava mais da metade do ano nas florestas do norte do Canadá, onde as saias teriam sido uma idiotice. Eu usava roupas herdadas do meu irmão, que em geral eram castanhas e marrons. Para a vida na cidade, eu tinha a saia xadrez desconfortável e grossa da época e o cardigã tricotado propenso a criar bolinhas, e dois vestidos para o clima mais quente. Por que alguém precisaria de mais do que isso? Um podia ser lavado enquanto o outro era usado, era o raciocínio de minha mãe, que detestava comprar roupas e evitava sempre que possível.

Porém, apesar de minha mãe, fui seduzida. Não só havia festas de aniversário em que se esperava que os pequenos convidados aparecessem vestidos como a Infanta de Castela, de babados e laços no cabelo; também havia os contos de fadas, e, em muitos, os trajes eram fundamentais para a trama. Saboreamos a cena em que Cinderela triunfa sobre seus perseguidores tirando seu disfarce de trapos e aparecendo como seu ser interior verdadeiro e lindo com a ajuda de um vestido coberto de diamantes. Nós ainda a saboreamos até hoje. É só disso que se precisa? De um vestido? Tragam as fadas-madrinhas!

Ao mesmo tempo, fui introduzida na vida do glamour hollywoodiano, refletido no mundo das bonecas de papel. Eram de estrelas do cinema dos anos 1940, como Veronica Lake. As estrelas tinham muitas roupas: terninhos com chapéus combinando que podiam ser usados para se fazer compras, vestidos mais enfeitados para eventos sociais vespertinos, vestidos de coquetel fazendo dupla com chapeuzinhos com véu — não que eu soubesse o que era um coquetel —, maiôs que eram usados com imensos chapéus de sol enquanto relaxavam ao lado de piscinas tomando drinques gelados. Às vezes as estrelas até podiam jogar tênis, mas não faziam muito isso na minha época porque as roupas para o tênis eram chatas. Elas iam principalmente a reuniões noturnas, lindíssimas em vestidos de noite cintilantes de alta-costura, luvas compridas até os cotovelos. As luvas eram particularmente complicadas de prender nas dobras de papel, mas eram necessárias. Num aperto, a cola Elmer podia ser usada para prendê-las, mas aí seria difícil retirá-las. Vários braços foram amputados inadvertidamente.

O que as estrelas de cinema faziam quando chegavam em casa de seus encontros noturnos estava além de minha compreensão, mas elas sempre precisavam de um acompanhante para fazer isso. Ele aparecia com sua roupa íntima firmemente no lugar — leves sugestões de genitália — e tinha um guarda-roupa limitado: um smoking para o jantar, alguns ternos para o dia e alguma roupa esportiva constrangedora. Em outras palavras, não era divertido vesti-los. Tirem o canto do cantor e a dança de Fred Astaire, e o que você tem além de um bando de caras idênticos usando cartolas? Os homens só voltaram aos seus dias de pavão do século XVIII com o advento do rock e dos hippies. Mas era tarde demais para minha fase de bonecas de papel.

 À medida que os anos 1940 se transformavam nos anos 1950, o New Look da Dior veio com tudo. Isto foi anunciado como O Retorno do Feminino. Lá se foram os terninhos de tweed práticos e sérios, os ombros acolchoados e quadrados, substituídos por saias bufantes infladas com crinolinas e tecidos finos como tule. A palavra *dainty*, com sentido de requintado, era usada com frequência. Músicas sobre botões e laços eram populares, os rapazes estavam de volta à casa e era preciso abrir espaço para eles, e o *baby boom* tinha começado.

 À essa altura eu já manejava uma máquina de costura e fazia minhas próprias roupas, como muitas de minha geração que economizavam o dinheiro que recebiam sendo babás e depois torravam em roupas. Costurávamos em parte porque era mais barato, mas também para podermos ter coisas que não eram iguais às dos outros: as opções naquela época eram mais limitadas. Algumas de minhas produções tinham mais sucesso que outras e vários de meus conceitos eram originais demais para ter ocorrido a uma garota mais socializada do que eu. ("Originais", na Toronto daqueles dias, significava "bizarro", assim como "diferente" era uma crítica.) Será que eu realmente tingi um tecido de algodão de laranja, estampei com trilobitas e costurei em uma saia longa franzida? Sim, eu fiz isso. Algumas de minhas colegas de escola acharam isto peculiar? Sem dúvida nenhuma.

 Era o ano de 1956, quando os tomara que caia estavam a todo vapor. Estes precisavam ter uma armação, para que o busto da roupa se projetasse independentemente do que houvesse por dentro. Podiam ocorrer contratempos. Um rock vigoroso demais podia fazer tudo pular para fora; se o vestido não estivesse bem apertado, podia girar no corpo de modo que a frente com armação passasse para as costas, como aconteceu com uma amiga minha. O pior de tudo, podia haver um espaço entre o vestido e a pessoa. Meu marido uma vez saiu com um colega e duas garotas. O outro rapaz acabou bebendo demais do frasco no porta-luvas e, na refeição no restaurante, à meia-noite, depois do baile, vomitou no decote da parceira. Lágrimas dela, gemidos dele. Assim teve fim um romance antes mesmo de florescer.

Não tentei fazer um tomara que caia — eu conhecia meus limites —, mas fiz um vestido formal de tule cor-de-rosa com um corpete cravejado de pérolas falsas. Este vestido era volumoso, mas moderadamente aceitável e, segundo minha irmã mais nova, teve uma prolongada vida após a morte como um jogo de panos de limpeza. Minha mãe não era sentimental em nada que dissesse respeito a roupas. Ela nos deixou arruinar seu vestido de noite de veludo dos anos 1930 quando brincávamos de nos produzir. Mas como *pôde*?

O que me leva a minha escrita, ou melhor, às roupas dos personagens em minha escrita. Estas sempre envolvem pesquisa — uma quantidade moderada quando se passa na história recente, mas mesmo então é melhor verificar. Se você estiver escrevendo sobre o futuro, pode parecer ter um campo aberto, mas até nele as roupas devem fazer sentido com o contexto. Quem pode esquecer da *zippicamiknick*, a combinação-calcinha com fecho ecler, presente em *Admirável mundo novo*, de Aldous Huxley? Ou da faixa vermelha da Liga Antissexo de *1984*, de Orwell?

Com o passado é outra história e as roupas estão congeladas no tempo. Quanto mais você retrocede, mais pesquisa é necessária. Por onde começar? Para o início do século XX, as revistas e catálogos que chegavam pelo correio são inestimáveis; assim como os jornais, em particular as colunas sociais, em que eram descritas as roupas de todos os convidados importantes em um casamento ou baile de gala. (Não tanto nos funerais, mas as mesmas pessoas costumavam estar presentes.) Os livros de moldes são úteis, e antigas fotografias podem ser também, mas as pinturas em geral são melhores: quando os retratos entraram na moda, os retratados costumavam querer sua elegância representada em detalhes suntuosos.

Para *Vulgo Grace*, ambientado em meados do século XIX e em grande parte na Penitenciária de Kingston, eu e minhas pesquisadoras reviramos gravuras de moda e registros escritos, e consultamos arquivistas: que tipo de botas as mulheres usavam para andar na neve? Elas usavam anáguas de flanela vermelha? E como eram os uniformes da penitenciária? Listras azuis e brancas, como por fim descobrimos, mas foi preciso cavar um pouco.

As mulheres no século XIX frequentemente ouviam lições sobre a frivolidade de dar muita atenção à indumentária em vez de praticar boas ações. Mas quanta atenção era demasiada? Era preciso prestar alguma atenção, quando se tinha uma posição a manter. Esposas respeitáveis na Inglaterra iam às corridas de cavalo em Ascot para examinar as cortesãs de alta classe elegantemente vestidas e assim copiar suas roupas. Matronas respeitáveis de Nova York — como nos conta Edith Wharton — compravam seus vestidos em Paris, depois os guardavam por uma temporada para que não fossem imorais demais por estarem na moda. Reputações eram alçadas ou derrubadas dependendo do que uma pessoa vestia.

E, nos primeiros tempos, cabeças podiam rolar. Na Bíblia, a punição por usar um véu, se você fosse escravizada, era a morte. Deus não está interessado apenas em folhas de parreira, roupas feitas de peles de animais e travestismo — ele não gostava disso —, mas também onde colocar as borlas e na mistura de lã com linho. Nisto, Deus e minha professora de economia doméstica de 1956 tinham algo em comum, como ela sempre suspeitara.

É um interesse humano muito antigo, enfeitar-se. De tatuagens a perucas, brincos, anquinhas e Victoria's Secret, temos decorado nossos corpos por muito tempo. Podemos não ser o que vestimos, mas o que vestimos é uma chave útil para saber quem pensamos que somos. Em um romance, é fundamental. Adoramos Sherlock, não só por seu intelecto, mas também por seu clássico chapéu.

Assim, se detalhes como estes interessam a você também, sinta-se vingado. E se eu um dia entender mal a cinta elástica, por favor, escreva-me aquela carta.

Gabrielle Roy

>>><<<

EM NOVE PARTES
(2016)

1. PREÂMBULO

Li meu primeiro livro de Gabrielle Roy quando tinha 16 anos. Era 1956. Eu estava em meu último ano em um colégio do subúrbio de Toronto.

A Segunda Guerra Mundial mal tinha terminado, uma década antes, mas para nós já parecia história antiga. Muitas coisas sobre aquela guerra, inclusive o Holocausto, haviam sido deliberadamente enterradas. A Guerra Fria estava a caminho; a Alemanha Ocidental era uma aliada importante e precisava ser tratada com tato. A URSS — uma parceira tão essencial na guerra — agora era a inimiga, e o Sorridente Tio Joe Stalin tinha se transformado no Grande Irmão do Mal. Todo um calhamaço de atitudes e costumes dos tempos de guerra tinham sido dispensados, junto com as cadernetas de racionamento. A cornucópia de bens de consumo do pós-guerra estava em uma alta explosiva.

No início dos anos 1950, imagens de propaganda de felicidade doméstica foram promovidas para arrancar as mulheres da força de trabalho, abrindo espaço para os homens que voltavam da guerra. O *baby boom* estava a todo vapor; e quatro filhos, uma máquina de lavar e uma casinha de dois andares eram o ideal empurrado por publicitários e também políticos. Embora *O segundo sexo,* de Simone de Beauvoir, tivesse sido publicado em

1949 e traduzido em 1953, a segunda onda do feminismo não estava à vista, ou pelo menos não por nós, estudantes secundaristas. (O livro de Beauvoir só ganhou impulso em nossa geração quando apareceu *A mística feminina,* de Betty Friedan, em 1963. Além disso, sentíamos que esses livros descreviam nossas mães e avós, e não nós.)

E os rapazes de nossa idade não se incomodavam com os problemas dos homens que vestiam terno de flanela cinza, veteranos de guerra acostumados a muito mais adrenalina do que um emprego em horário integral poderia fornecer. Esses homens já estavam sendo seduzidos para deixar de lado suas casinhas de dois andares e esposas rumo às coelhinhas da *Playboy* de Hugh Hefner, outro veterano de guerra como eles.

Por comparação, nós, adolescentes dos anos 1950, flutuávamos no que podia ser chamado de Primeira Era Betty e Veronica. A editora de quadrinhos Archie Comics ainda descrevia uma realidade que não conseguíamos identificar como nossa: professoras solteironas; diretores carecas e cômicos; e garotas que faziam fornadas de brownies em economia doméstica para que os garotos que faziam oficina técnica pudessem soltar ruídos de inham-inham e passar a mão na barriga. O sexo era Archie com um coração desenhado acima da cabeça. Isso era o máximo a que a coisa chegava porque amor e casamento andavam juntos como cavalo e carroça. Ninguém havia tido a ideia, ainda, de pedir a opinião do cavalo.

Enquanto isso, no resto do mundo, a aniquilação pela bomba atômica pairava como uma possibilidade temível e o macarthismo tinha transformado quase qualquer conversa sobre bem-estar social ou direitos dos trabalhadores em um comunismo traidor. Como a Revolução Húngara tinha acabado de ser esmagada por tanques soviéticos, todos nós sabíamos como algo como o comunismo podia ser ruim. Palavras de ordem que haviam estado na moda nos anos 1930 e 1940 agora tinham desaparecido. Não se podia dizer "classe trabalhadora" ou mesmo "paz mundial" sem atrair olhares suspeitos. No mundo dos filmes B, estavam em alta invasões de marcianos que se apoderavam de seu cérebro e o voltavam contra seus companheiros cidadãos: o espaço sideral era cheio de comunistas, mas também o espaço interno. Eles estavam em toda parte.

Assim, a obra-prima de Gabrielle Roy de 1945, o romance *Bonheur d'occasion*, deve ter parecido perigoso a educadores nervosos dos anos 1950. Não só soltava "a classe trabalhadora" já na dedicatória da edição americana de 1947, como se concentrava nas desigualdades econômicas e sociais, e seu personagem mais idealista ansiava por uma "sociedade justa". Depois de Roy, tivemos de esperar pelo discurso de liderança de Pierre Trudeau, em 1968, para ouvir esta expressão dita com orgulho de novo. (É estranho me lembrar disto agora, quando os temas da equiparação de renda do "1%" e da criação de empregos assumiram mais uma vez o centro do palco, mas era assim nos receosos anos 1950.)

2. GABRIELLE ROY NAS MÃOS DE MADAME WIACEK

A política da Guerra Fria da época pode explicar por que *La Petite Poule d'Eau*, de Gabrielle Roy, estava no currículo do meu colégio, mas não *Bonheur d'occasion*.

O romance de Roy era uma leitura obrigatória para a prova final de literatura francesa, e aquelas provas determinavam se um estudante entraria para a universidade. Nós, élèves, debruçamo-nos sobre cada palavra sob a orientação de nossa meticulosa professora, Madame Wiacek. Como seu nome pode sugerir, Madame Wiacek não era francesa, nem de Quebec; era polonesa — o francês, naquela época, era a segunda língua de poloneses instruídos.

Foi assim que uma sala de aula cheia de canadenses anglófonos com uma pronúncia horrível estudava francês por um livro escrito por uma francófona de Manitoba, sob a tutelagem frequentemente divertida de uma mulher que fugiu dos nazistas e dos russos, emigrou para o Canadá e, de algum modo, foi parar em um banal subúrbio de classe média na Toronto do pós-guerra.

O evento mais alarmante no horizonte não seria uma invasão de tropas de assalto ou comissários, mas o baile de sexta à noite, em que um bando de adolescentes dançava rock pelo ginásio sob a supervisão da professora de alemão, que era búlgara, e do professor de latim, que era de Trinidad com ascendência indiana. Esta mistura étnica de alunos e professores não era estranha: nosso colégio se imaginava escocês, embora alguns alunos fossem chineses e um grande número deles fosse armênio. Esta mescla incongruente era muito canadense e teria sido plenamente apreciada pela própria Gabrielle Roy — porque entre as muitas áreas da vida canadense que ela explorou, muito antes de esta exploração entrar na moda, estava sua multiplicidade étnica.

Abordamos o livro de Gabrielle Roy de forma intensamente francesa. Praticamos a clássica *explication du texte* — uma leitura atenta da obra em si. Desvendamos as estruturas frasais do texto, mas descobrimos pouco sobre sua autora. Também nos estudos de inglês o New Criticism era o método preferido, então a biografia mal era olhada: aprendemos alguma coisa sobre *The Mayor of Casterbridge*, mas nada sobre a vida de Thomas Hardy (talvez tenha sido bom, considerando seu pessimismo).

Esta ausência do aspecto biográfico era normal para mim na época, mas parece muito curiosa agora — especialmente porque a história de Gabrielle Roy é tão interessante quanto a história de Luzina Tousignant, a heroína de *La Petite Poule d'Eau*. Quem foi Gabrielle Roy? Como se tornou escritora? E por que sua obra era escolhida para o currículo do colegial dominado por escritores europeus, tanto no francês como no inglês? Escritores europeus homens e mortos, devo acrescentar.

Havia umas poucas mulheres entre os ingleses, mas também estavam mortas.

No entanto ali estava uma escritora canadense, ainda viva, em nosso currículo. O fato espantoso se passou sem comentários. O temido *dictée* monopolizava toda a atenção de nossa turma de francês, e questões como gênero e nacionalidade, e classe, colonialismo e as circunstâncias bizarras da vida de artistas ficavam ocultas nos bastidores, preparando-se para fazer seu aparecimento no palco na década seguinte.

Mas o bom e sábio desconhecido que escolheu Gabrielle Roy devia ter seus motivos. Como Gabrielle Roy passou pelo exame deles?

3. GABRIELLE ROY FOI MUITO FAMOSA

A resposta curta é que Gabrielle Roy foi muito famosa. Não nos falaram desta fama, mas ela era muito conhecida pela geração de professores que a escolheu.

O livro que a tornou famosa foi *Bonheur d'occasion*, seu primeiro romance. O original em francês foi publicado em Montreal em 1945, quando a Segunda Guerra Mundial estava perto do fim. Uma tradução para o inglês, intitulada *The Tin Flute*, foi publicada em 1947 e depois adotada como seleção mensal pela Literary Guild of America — nessa época, uma importante força editorial. A primeira tiragem de sucesso alcançou 700 mil exemplares, um número que seria quase impossível de se encontrar nos dias de hoje, em particular para um romance literário. Seguiu-se seu triunfo na França, onde o livro foi o primeiro romance canadense a ganhar o prestigioso Prix Femina. Também ganhou o Governor General's Award canadense.

Houve um contrato para o cinema, os direitos de tradução foram vendidos para 12 idiomas e Gabrielle Roy tornou-se uma celebridade literária — tanto que voltou a Manitoba para escapar do cerco da imprensa e de seus admiradores. A escala de seu sucesso não tinha precedentes entre escritores canadenses, ultrapassando até o sucesso de Gwethalyn Graham, cujo romance de 1944, *Earth and High Heaven*, foi o primeiro livro canadense a chegar ao topo da lista de best-sellers do *New York Times*.

4. UMA HISTÓRIA DE CINDERELA, MAIS OU MENOS

Parte do apelo de Roy era sua história de Cinderela. Mas Gabrielle Roy não teve uma fada-madrinha, ela ascendeu do jeito difícil, e a maioria dos canadenses pode ter empatia com isso, tendo eles mesmos subido com dificuldade. Além disso, o jeito difícil estava em voga na literatura: os loucos anos 1920 nos deram histórias de ricos e libertinos, como *O grande Gatsby*, mas os corruptos anos 1930 foram caracterizados por icônicos livros de gente pobre como *As vinhas da ira*, de John Steinbeck. Os plutocratas estavam fora de moda, a não ser nos romances românticos, "as massas" eram a moda. Não só o romance de Gabrielle Roy, mas sua vida, estava em sintonia com a época.

Roy nasceu em Saint Boniface, um distrito em grande parte francófono de Winnipeg. Seus pais eram ambos imigrantes de Manitoba, atraídos pelos tempos de prosperidade depois da Confederação. O pai era originalmente da comunidade acadiana de New Brunswick; a mãe era de Quebec. Politicamente, Léon Roy era um liberal, e quando os liberais de Wilfred Laurier chegaram ao poder, em 1896, ele foi empregado pelo governo federal como agente de imigração, ajudando recém-chegados estrangeiros a se estabelecerem na província. (Mas viva pelo governo, morra pelo governo: quando os conservadores ganharam as eleições em 1915, Léon Roy foi demitido, faltando seis meses para sua aposentadoria.)

Embora a família de Roy não fosse rica, nunca foi muito pobre. Antes de perder o emprego, Léon Roy conseguiu construir uma grande casa na Rue Deschambault, em um bairro recém-urbanizado de Saint Boniface. Foi esta casa que se tornou o foco da série de histórias semibiográficas de Gabrielle Roy, *Rue Deschambault*, de 1955 (traduzida para o inglês como *Street of Riches*).

Gabrielle era a mais nova de 11 filhos, dos quais oito estavam vivos. Seu ano de nascimento é 1909, o mesmo de minha mãe. Assim, na época da fama extraordinária de Roy, ela estava com mais de 40 anos. Tinha 5 quando eclodiu a Primeira Guerra Mundial, 9 quando esta terminou e 10 quando a epidemia de gripe espanhola de 1919 varreu o planeta, matando 20 milhões no mundo todo, inclusive 50 mil canadenses — o que, em uma população de 8,3 milhões de pessoas, foi um número substancial.

Durante a infância de Roy, a varíola ainda matava, assim como tuberculose, difteria, coqueluche, sarampo, tétano e pólio. A taxa de mortalidade infantil era elevada, assim como a de mortes maternas. Tanto ter um filho quanto ser um bebê era mais arriscado do que hoje em dia, e isto é digno de nota, uma vez que os bebês figuram amplamente na obra de Roy.

Também em 1919 aconteceu a Greve Geral de Winnipeg — talvez o evento isolado mais importante da história trabalhista canadense. As inclinações políticas de Roy — liberal, igualitária, solidária para com os explorados — foram formadas no início da vida, não só pelos acontecimentos que a cercaram, mas pela atitude da família com relação a elas.

A família de Roy era francófona, mas devido a um capricho legislativo ela recebeu uma educação bilíngue. Quando Manitoba foi estabelecida como província em 1870, era bilíngue. Porém, com o passar das décadas, o status do francês como idioma oficial declinou e, em 1916, quando Gabrielle Roy tinha 7 anos, Manitoba aprovou uma lei tornando o inglês a única língua de instrução nas escolas públicas. (Esta atitude provocou profundo ressentimento entre os francófonos, que a viram como uma grave traição aos princípios fundadores da província.) Mas Roy foi aluna da Académie Saint-Joseph, um colégio de freiras, por 12 anos, onde foi educada em inglês e francês. Assim não só era uma bilíngue fluente, como teve acesso à grande literatura nas duas línguas. Para uma futura romancista, aquela era uma vantagem tremenda.

O rumo tomado por Roy depois de receber o diploma do ensino fundamental era comum para jovens mulheres de sua época. Ela foi para a Escola Normal — um curso intensivo para jovens professoras — e tornou-se professora em escolas públicas rurais. As opções de emprego para mulheres jovens não eram numerosas, em particular durante os anos da Depressão, que começaram em 1929 quando Roy tinha 20 anos. Roy então obteve um emprego no magistério em uma escola de língua inglesa em Winnipeg, assim pôde morar na casa dos pais.

Ela economizou o dinheiro ganho com o ensino, mas, ao contrário de muitas jovens, não se casou na época. Foi para a Europa com a intenção de se tornar atriz profissional.

Durante seus anos de magistério, Roy havia atuado, em francês e em inglês. As companhias eram do tipo que abundava no Canadá da época — "pequenos teatros" semiamadores —, e Roy atuou com o Cercle Molière e com o Winnipeg Little Theatre. Era apaixonada pela atuação e, devido a uma recepção crítica favorável, achava que podia seguir a carreira de atriz. Vendo fotografias dela quando jovem, é fácil entender por quê: Roy tinha as maçãs do rosto pronunciadas e as feições marcadas à cinzel das beldades do cinema dos anos 1930. Ao mesmo tempo, escrevia e conseguia publicar alguns artigos em periódicos locais e nacionais.

Em 1937, ela estava pronta para decolar. Era uma atitude que canadenses e norte-americanos inclinados a qualquer carreira artística — pintura, teatro, cinema, música, literatura — vinham fazendo havia décadas. Era preciso expandir os horizontes; era preciso viajar à Europa, onde a arte era levada a sério, ou assim dizia o mito. (Como este ainda era o padrão no início dos anos 1960, quando eu mesma era uma jovem artista, posso entender muito bem.)

Apesar da hostilidade da família — como filha solteira, não era sua obrigação ficar em casa e cuidar da mãe viúva e idosa? —, Roy partiu para a Europa. Sua primeira parada foi Paris, onde só ficou duas semanas — especulo que ela tenha tido alguns problemas com seu sotaque "provinciano" e o esnobismo resultante, que os norte-americanos francófonos conhecem por experiência própria. Depois ela foi à Inglaterra. Naquela época, ainda existia o Império Britânico e era muito fácil para canadenses entrarem na Grã-Bretanha. Em Londres, Roy misturou-se com outros expatriados jovens, inclusive amigos de Manitoba. Também se matriculou na Guildhall School of Music and Drama, que tinha acrescentado "Drama" a seu nome apenas dois anos antes.

A Guildhall não era a melhor escola de teatro da Inglaterra, mas mesmo assim deve ter sido exigente para Roy. É difícil imaginar como foi a experiência para alguém com um caráter intenso e ambicioso como o de Roy. Uma coisa era o teatro amador no Canadá, mas teria sido muito difícil para Roy na Inglaterra, terra de atores, manter seu sonho de atuar. Nas duas capitais culturais do mundo — Paris, Londres —, Roy teria sido rapidamente identificada como proveniente das margens; na verdade, das margens das margens. *Manitoba* — onde ficava isso? Na verdade, *Canadá* — onde ficava *isso*? Já nos anos 1970, quando eu mesma tive essa vivência, esta era a atitude dos ingleses com iniciantes colonizados. (Não era a atitude na Escócia, na Irlanda nem no País de Gales, mas não foi para lá que Roy viajou.)

Assim, enquanto fazia as coisas de turista de sempre — as visitas aos museus, aos teatros, à área rural —, Roy voltou para sua segunda vocação: a escrita. Um talento para imitar pode vir a calhar na ficção, exatamente como no palco. Ela já possuía alguma experiência de publicação e conseguiu colocar três artigos em uma importante revista de Paris. Foi na Inglaterra, paradoxalmente, que ela se convenceu de sua vocação de escritora e de suas possibilidades de sucesso.

Então chegamos a 1939. Como muitos previram, uma segunda guerra mundial estava a caminho. Roy fez uma última visita à França, desta vez ao interior, depois navegou de volta ao Canadá em abril. Apesar de mais pressão familiar — depois de ter sua aventura, será que *agora* ela não devia ajudar a mãe idosa? —, ela não voltou a Saint Boniface. Em vez disso, foi morar em Montreal, onde começou o trabalho longo, difícil e dedicado que resultaria, cinco anos depois, no grande sucesso de *Bonheur d'occasion*.

5. MONTREAL, A CIDADE DO PECADO

Naquela época, Montreal era a única cidade canadense comparável a Nova York. Era a capital financeira do Canadá — movimentada, cosmopolita, poliglota e sofisticada, com uma arquitetura impressionante, ao mesmo tempo antiga e vitoriana, e uma cena noturna animada, frequentada por músicos de jazz de primeira linha. Também era a Cidade do Pecado, conhecida pelos seus excessos em bebida, suas muitas prostitutas e a corrupção civil.

Comparativamente, Toronto era pequena e provinciana: dominada por protestantes, reprimida e rígida com suas "leis dominicais" que ditavam coisas como quem podia beber o que e quando (quase ninguém, em quase lugar nenhum). Ottawa, embora capital do país, era considerada ainda mais obtusa do que Toronto. Vancouver na época era um porto pequeno, bem como Halifax. Winnipeg havia feito sua tentativa de glória mais para o final do século XIX — a conclusão da ferrovia transcanadense fez dela o ponto de parada para produtos ocidentais como trigo e gado —, mas a glória não durou. Calgary e Edmonton ainda eram uns calombos na ferrovia. Mas Montreal estava em pleno florescimento, embora fosse um lírio putrefato e não uma rosa imaculada.

E ali estava Gabrielle Roy, inspecionando-a com os olhos críticos de quem é de fora. Lá ela teve de trabalhar arduamente para ganhar a vida, já que era freelancer, e não empregada em um jornal como Mavis Gallant, que trabalhava para o *Montreal Standard* neste período. Nos anos da guerra, início dos anos 1940, Roy escreveu para vários periódicos, inclusive *Le Jour* e *La Revue Moderne*. Também escreveu para *Le Bulletin des Agricultures*, que, apesar de seu título e do público leitor rural, era uma revista de interesse geral. Para esta ela escreveu várias séries longas do que chamaríamos agora de "jornalismo investigativo". Roy também escrevia "reportagens" — não ficção sobre os assuntos do dia —, bem como artigos descritivos, que podiam conter impressões e observações. Além disso, contribuía com ensaios, que continham opiniões bem argumentadas.

Estes projetos levaram Roy à vida íntima da cidade, em especial de seu lado mais sórdido. Ela teve a chance de dar uma boa olhada em Montreal, especialmente em sua camada inferior, onde viu de perto a miséria abjeta e sem perspectiva. Embora ela mesma tivesse sido criada em circunstâncias modestas, nunca havia morado em bairros degradados. Sua própria família tivera que apertar o cinto algumas vezes, especialmente depois da morte do pai, mas nada comparado à vida árida que agora testemunhava.

Depois do romance *Two Solitudes,* de Hugh MacLennan, em 1945, estava em voga pensar que o Canadá fosse dividido em dois tipos de pessoas — francófonas e anglófonas — que não se comunicavam. Mas Montreal continha uma terceira solidão: a comunidade judaica. Este último grupo logo receberia um tratamento literário profundo por parte de Mordecai Richler, um adolescente que crescia no distrito de Saint Urbain enquanto Roy escrevia seu primeiro romance. E, como Richler, Roy identificou ainda outra camada de solidão, uma vez que a pobreza extrema que ela viu em primeira mão nas favelas de Saint-Henri, ao pé das colinas do rico e privilegiado Westmount, isolava tanto quanto a etnia e a religião. O grande abismo em *Bonheur d'occasion* não é só linguístico. É a divisão de classes.

6. *BONHEUR D'OCCASION*, SEU APELO E OS PONTOS FORTES

Bonheur d'occasion foi um romance que fez desvios radicais da tradição enquanto tecia outros fios familiares a leitores em francês e em inglês. Desafiou opiniões aceitas, inclusive o patriotismo, a piedade religiosa, a posição das mulheres e as expectativas do que ainda era chamado, despreocupadamente, de "a classe trabalhadora".

O livro estava à frente de seu tempo, mas não tão à frente que pudesse deixar seus leitores para trás. Era impiedoso nas observações, mas não abertamente crítico com os personagens. Descrevia tempos difíceis e pessoas duras, mas permitia a dose ocasional de empatia para suavizar seu olhar.

O título *Bonheur d'occasion* tem várias camadas de significado em francês: *bonheur* é "felicidade", mas embora *d'occasion* possa significar "usada" ou "de segunda mão", também pode significar "barganha", "chance" ou "oportunidade". Assim, uma felicidade desbotada que também é uma chance de felicidade. Isto descreve os eventos determinantes na vida dos principais personagens do romance, que agarram quaisquer oportunidades sórdidas e pequenas que o destino lhes disponibiliza.

Sensatamente, os editores em inglês concluíram que não podiam espremer todos esses significados em um título mordaz. Optaram por *The Tin Flute*, que aponta para um objeto importante no romance: a flauta de estanho é um brinquedo desejado com paixão pelo pequeno Daniel Lacasse e, embora seja barato, é caro demais para sua mãe empobrecida. Ele enfim consegue sua desejada flauta, mas só quando está morrendo no hospital do que é descrito como "leucemia", e então não tem mais interesse por ela. E assim vai, por vários dos personagens, neste livro densamente povoado.

Todos os romances vêm de sua própria época. Para *Bonheur d'occasion*, é a época da guerra. O dinheiro tilinta, mas não tilinta para todos. Os efeitos da Grande Depressão ainda são sentidos e muitas vidas ainda estão transtornadas por ela.

Roy raras vezes dá nome a seus personagens sem ter em mente um significado semioculto. Você saberá, por sites de significados de nome, que Lacasse — a família do núcleo central do romance — vem da palavra gaulesa para "carvalho", aquela árvore robusta e útil, e também pode se referir a um fabricante de caixas. Mas *casser* é o verbo para "quebrar". A família Lacasse contém alguns carvalhos, pelo menos, robustos o bastante para sobreviver apesar do que passaram, mas ainda assim estão presos numa caixa. Também estão quebrados: eles mancam em vez de correr. E mesmo assim, estão perdendo terreno.

O pai das 12 crianças Lacasse — 11 quando o livro começa, dez quando um deles morre, mas 11 de novo quando outro nasce — se chama Azarius. Não é um nome comum, mesmo no Canadá francês da época. É o nome de uma erva sedativa, mas também é o nome de um personagem bíblico. Na versão francesa da Bíblia, Azarias é o nome dado a um dos três jovens postos na fornalha feroz no Livro de Daniel.

Nas traduções inglesas, a Oração de Azarias é omitida por ser considerada apócrifa, mas aparece nas versões católicas em Daniel 3:26. Parte dela é como se segue: "E entregaste-nos nas mãos de nossos inimigos, que não obedecem à tua lei, gente odiosa e ímpia. Entregaste-nos a um rei cruel, o pior homem que há no mundo inteiro. E agora não podemos abrir a boca; vergonha e infâmia é o que experimentam os teus servos e todos os piedosos. Mas pelo teu nome não nos entregue à perdição."

Os nomes dos personagens de Gabrielle Roy têm uma tendência para a ironia, assim Azarius Lacasse não é o herói bíblico. Em vez disso, é um sonhador pouco prático que pula de um trabalho a outro, sempre com a ideia de que vai se dar bem em algum esquema novo. Passa muito tempo batendo papo com outros homens de Saint-Henri, chegando tarde e sendo demitido. Como afirma a filha mais velha, Florentine, ele nunca tem muita sorte.

Mas se estou correta sobre a derivação de seu nome, vemos o chefe da família Lacasse passar por uma provação pelo fogo nas mãos de um rei cruel e injusto. No contexto do romance, o rei injusto seriam os ricos e poderosos de Montreal — os manipuladores do sistema social que, no tempo da guerra, pedem tudo dos homens de Saint-Henri, inclusive suas vidas, mas dão em troca somente injustiça e desigualdade. Um homem de Saint-Henri que se alistou no exército apresenta o caso. Vendo-se em Westmount, lar dos ingleses ricos, ele reflete:

> Olhando as cercas altas, as calçadas sinuosas de cascalho, as fachadas suntuosas das casas, ele se pergunta: *Eles dão tudo que têm para dar?*
>
> A pedra refinada e polida brilhava como aço, dura, indecifrável. E de súbito ele sentiu a enormidade de sua presunção e de sua inocência. [...] "Nada na terra deve ser mais barato que a sua vida. Nós outros, pedra, ferro, aço, prata e ouro, somos as coisas que custam caro."

Se esses reis injustos exigem os braços, as pernas e vidas dos homens de Saint-Henri, o que exigem das mulheres? Em uma palavra: bebês. E não quaisquer bebês: bebês nascidos dentro do casamento, uma vez que a sociedade não tem nenhum desejo de sustentar orfanatos.

Em Quebec, esta foi a era de *la revanche de berceaux* — a vingança dos berços. A expressão teve origem em Quebec antes da Primeira Guerra Mundial, e a teoria era de que, se o Canadá francês conseguisse procriar mais rápido que o inglês, ultrapassaria sua população e assim vingaria a queda da Nova França e o subsequente domínio anglófono. Assim a maternidade — em particular a maternidade prolífica — era promovida e idealizada oficialmente, incentivada com insistência pela Igreja e pelas autoridades civis de Quebec. Famílias de dez, 12, 14 filhos ou mais eram elogiadas, e suas mães eram vistas como estando cumprindo seu dever para com a comunidade católica francófona.

Quem pagava com seu corpo, sua saúde e a saúde de seus filhos eram as mulheres pobres férteis — os pobres rurais, que ganharam estudo ficcional algum tempo depois, por Marie-Claire Blais, no romance de 1965 *Une Saison dans la Vie d'Emmanuel*, mas especialmente os pobres urbanos, que vivem em bairros degradados e ainda mais apinhados do que os que vivem em fazendas modestas. Os bebês nascem com cuidados e cerimônia mínimos: a assistência pública à saúde ainda não havia sido instituída e os hospitais eram temidos — em parte devido ao custo, mas também devido à humilhação. Embora os hospitais pudessem cobrar honorários dos pobres, tais pacientes eram vistos como casos de caridade. Em Saint-Henri, os bebês, mais provavelmente, nasceriam com parteiras em casa, e não em hospitais com médicos.

Nisto, como em muitos outros aspectos, a mãe da família, Rose-Anna Lacasse, é típica: ela evita os hospitais. Rose-Anna é um nome maternal, pois Rose é a *rosa mística*, uma expressão para a Virgem Maria, e Anna é Sant'Ana, mãe da Virgem. Toda a vida de Rose-Anna é centrada em sua família. Ela se desgasta como uma escravizada para colocar comida na mesa e manter um teto sobre a cabeça de sua prole, embora a família esteja sempre pendurada por um fio. Eles vivem espremidos como sardinhas, mal conseguem dar conta das despesas e são expulsos de uma moradia abaixo do padrão para outra — moradias procuradas por Rose-Anna.

Rose-Anna não recebe muita gratidão por seus esforços: é explorada pelos filhos mais velhos, em particular o vagabundo mais velho Eugène, e também tem o ressentimento deles quando lhes pede para contribuir com as despesas da família.

De vez em quando, Rose-Anna tem um colapso e despeja uma efusão de sofrimento: a família está se desfazendo, ela não tem onde procurar ajuda, o que pode ser feito? Ela não consegue prestar atenção suficiente nos filhos mais novos porque eles simplesmente são muitos. Quando enfim leva o pequeno Daniel ao hospital devido aos grandes hematomas roxos nas pernas, o médico a repreende com um sermão sobre a subnutrição. Não admira que a filha pré-adolescente Yvonne diga, quando indagada se anseia por ficar mais velha e se casar, que, pelo contrário, ela pretende ser freira. Uma vocação religiosa era praticamente a única alternativa a uma vida de criação constante de filhos — a não ser, é claro, que você pudesse pagar para frequentar a Escola Normal e tornar-se professora.

O outro personagem feminino do romance é a filha mais velha de Rose-Anna, Florentine. Mais uma vez, ela não recebeu seu nome levianamente. O principal significado desta palavra é "florescimento", e Florentine na verdade é uma linda menina de 19 anos. Mas um florentine também é uma iguaria doce achatada e quebradiça, e esses adjetivos descrevem a forma e as maneiras de Florentine: ela é muito magra e sustenta uma fachada arrogante e desdenhosa para disfarçar seu medo e sua insegurança.

Uma Florentine também pode ser uma habitante de Florença, o que sugere a famosa "Fogueira das Vaidades" de Savonarola, e a principal característica de Florentine é sua vaidade fútil. Ela existe por reflexo: o próprio reflexo em espelhos e o reflexo de si nos olhos dos outros. Ela trabalha na lanchonete da "mercearia barata", e embora dê parte de seus ganhos à mãe, usa o resto para comprar adornos: maquiagem barata, perfume barato, quinquilharias baratas. Seus devaneios envolvem seduzir os homens e depois rejeitá-los, mas ela faz isso com frequência demais e acaba se apaixonando, embora seja um amor que mistura orgulho e avareza, porque o que ela realmente quer é conquistar e possuir.

Como em *O morro dos ventos uivantes* e, de fato, como nas revistas *True Romance* populares nos anos 1940, ela tem dois pretendentes. Um deles é como Linton — um degrau acima de Florentine socialmente, um rapaz idealista e bom, mas não um homem por quem ela seja sexualmente atraída. O outro é um malandro cínico e apaixonante, quase byroniano, como Heathcliff. Aqui a trama diverge, porque em *O morro dos ventos uivantes* o malandro é dedicado à heroína, enquanto em *Bonheur d'occasion* ele consegue o que quer dela e depois foge da cidade.

Florentine descobre que seu primeiro deslize de virtude — que é descrito mais como um semiestupro — a deixou grávida. O homem envolvido tem um nome sugestivo: Jean Lévesque. No Quebec, o nome Jean sempre é uma referência a João Batista — um eremita misógino que denuncia Herodias. O nome Lévesque é "bispo". Como sabemos por outro personagem, Jean não gosta muito das mulheres. Assim, não há nenhuma esperança em relação a ele, mesmo que Florentine conseguisse localizá-lo, o que, para tornar tudo mais humilhante, ela não consegue.

Terror é a palavra usada por Roy para descrever o estado de espírito de Florentine quando descobre sua condição. Ela fica desesperada, desgraça e ruína estão bem na sua cara. Se sua gravidez for revelada, os últimos fiapos de respeito próprio da família serão destruídos. E onde ela poderia conseguir apoio? Não existia apoio social para mães solteiras naquela época. Seria quase impossível conseguir um aborto (altamente ilegal). Na verdade, a ideia nem passa pela cabeça de Florentine.

As meninas grávidas podiam ser despachadas para um "lar para mães solteiras", em geral dirigido por uma igreja; os vizinhos seriam informados que elas haviam ido visitar uma tia, mas todo mundo sabia o que isto significava. Seus bebês seriam retirados delas ao nascer e entregues para adoção ou colocados em um orfanato. A perda consequente de respeitabilidade afetaria a capacidade de uma menina de conseguir um emprego, e ela podia até terminar como uma prostituta barata do tipo que alguns homens do romance procuram com frequência. Não admira que Florentine fique transtornada.

Seduzida e abandonada, às vezes grávida, às vezes não, a lista dessas meninas fictícias nos romances do século XIX é longa, como é a lista das consequências: asilos, loucura, prostituição, fome, suicídio. Tais mulheres precisavam ser punidas. Mesmo que uma garota não tivesse de fato "se arruinado", mas tivesse sido apanhada em circunstâncias comprometedoras, o resultado seria o mesmo: Maggie Tulliver, em *O moinho à beira do rio Floss*, de George Eliot, fica tão "arruinada" quanto Tess dos d'Urbervilles, e o mesmo acontece a Lily Bart em *A casa da alegria*, de Edith Wharton.

Mas a pequena Florentine tem uma forte vontade de sobreviver e imagina uma solução para si. Sem contar a ninguém de seus apuros, procura o outro pretendente — bom, mas nada sexy — e o fisga no casamento, embora ela não o ame. Apropriadamente, seu salvador se chama Emmanuel. Ele está no exército e prestes a partir ao exterior, assim ela adquire não só um pai para o filho, mas uma pensão de esposa da guerra que lhe permitirá viver em relativo conforto. A salvação chega a ela por intermédio da guerra. Sua felicidade pode ser de segunda mão, mas pelo menos é alguma coisa. E ela compra um casaco novo.

Uma das realizações de Roy em *Bonheur d'occasion* é sua rejeição a piedades recebidas. Não serve a ela o camponês nobre e de bom coração: a mãe de Rose-Anna, que ainda tem uma vida rural, é um monstro crítico de coração frio, embora generosa com a comida. E Roy também não gosta da pobre virtuosa: aquelas pessoas passam por dificuldades demais para ter virtude. (Em certo momento, quando Rose-Anna está rezando e poderia, em um romance mais antigo, ter tido a visão de um santo, ela tem em vez disso a visão de um imenso rolo de cédulas de dólar.) A perseverança obstinada de Rose-Anna é admirável, mas ela também é uma chata monótona.

O único personagem que pode ser chamado de moralmente virtuoso é Emmanuel, que é de uma modesta classe média. Mas ele é iludido por seu idealismo, em particular quando se trata de Florentine. Ele trava amizade com ela só porque ele anda por lugares miseráveis: o pobre coitado é afligido por uma consciência social, que o leva a andar com os desesperados de Saint-Henri e se casar ali. Não é de surpreender que a família dele não fique satisfeita com o enlace.

A recusa de Roy de acreditar em visões preconcebidas em relação aos "pobres" enquanto ao mesmo tempo sugere que eles merecem um destino melhor certamente fez parte do sucesso do romance. E seu momento de publicação foi propício: a guerra estava terminando e aqueles que sobreviveram a ela estavam prontos para começar a pensar em uma distribuição mais justa da riqueza.

Mas talvez a maior contribuição que *Bonheur d'occasion* fez à sociedade tenha sido na área dos direitos das mulheres. Roy não usa a linguagem do feminismo. Na verdade, a primeira onda do feminismo sufragista naquela época estava fora de moda, e a linguagem sexualmente liberada da segunda onda ainda não havia sido inventada. Assim, Roy deve mostrar mais do que dizer, e o que ela mostra é uma situação que é ao mesmo tempo cruel e injusta. Como podem esperar que um ser humano dê à luz, alimente e sustente tantos filhos, quase sem ajuda nenhuma? Os moradores de Quebec deram uma boa olhada na política da própria província pelos olhos de Roy, bem como centenas de milhares de leitores de fora de Quebec, e eles ficaram horrorizados.

Mesmo antes da segunda onda do feminismo estourar na América do Norte inglesa, já estava a caminho, de uma forma diferente, em Quebec. A Revolução Tranquila dos anos 1960 rompeu as amarras da Igreja sobre a reprodução das mulheres. As filhas daquelas famílias de 12 filhos recusaram-se a imitar as mães. Não é por acaso que o movimento feminista em Quebec tenha sido precoce, mais forte e mais ruidoso que em qualquer outro lugar na América do Norte: havia mais contra o que reagir. Depois de ter a mais alta taxa de natalidade no continente, Quebec passou em décadas a ter a menor. Isto criou outros problemas, mas essa é outra história.

7. A SÍNDROME DO SEGUNDO ROMANCE

Nem sempre é uma bênção para um escritor ter um sucesso impressionante com o primeiro romance: as expectativas pelo segundo podem ser paralisantes. E quando um romance toca os principais aspectos de seu próprio tempo com tanta exatidão, o que fazer quando esse tempo passou? No final dos anos 1940, quando esmoreceu a empolgação com *Bonheur d'occasion*, a reação anticomunista tinha se estabelecido. Roy não podia voltar ao tema que fez sua fortuna. Os dois romances que Gabrielle Roy escreveu depois de *Bonheur d'occasion* foram romances sobre "gente pequena", mas não a gente pequena dos bairros miseráveis de Montreal.

O primeiro foi *La Petite Poule d'Eau*, um texto no qual suei em 1956. (A tradução em inglês foi intitulada *Where Nests the Water-Hen*, o que faz o livro parecer rebuscado e tennysoniano, o que decididamente ele não é.) Para a ambientação, Roy voltou-se para a região de Petite Poule d'Eau, em Manitoba, onde ela deu aulas pouco antes de partir para a Europa.

Como em *Bonheur d'occasion*, o título em francês é muito mais apropriado. *Poule* significa "galinha", e invoca a ave bíblica que reúne suas galinhas. É uma palavra maternal e descreve adequadamente Luzina Tousignant, sua heroína. E é *La Petite Poule d'Eau*, e não *La Grande Poule d'Eau*: este mundo é pequeno, e não grande.

Luzina, como Azarius, é um nome incomum. Minha conjectura é que Roy o escolheu devido ao componente *Luz*. Nossa Senhora da Luz é um epíteto da Virgem Maria, e Luzina é uma portadora da luz, pois seus esforços se concentram em levar educação a seu canto muito remoto de Manitoba para que assim os filhos possam ter uma vida melhor que a dela. (Eles têm, mas o preço que ela paga é ser abandonada por eles.)

La Petite Poule d'Eau é um livro doce, leve e nostálgico em comparação com *Bonheur d'occasion*. Pode-se ver por que os criadores de currículos de Ontário dos anos 1950 teriam decidido — à parte sua visão de justiça social — que o primeiro livro não era saudável para adolescentes. A gravidez indesejada de Florentine teria levado a cartas ultrajadas dos pais, risadinhas na sala de aula e constrangimento para Madame Wiacek.

Não que *La Petite Poule d'Eau* passe sem gestações: gestações anuais. Esta era uma perspectiva horrível para as jovens leitoras de minha geração naqueles dias, antes dos anticoncepcionais eficazes. Acabaríamos tendo bebês como gatinhos? Mas Luzina considera suas gestações com serenidade, porque elas lhe dão uma chance de viajar, expandir os horizontes e fazer compras em uma cidade.

O livro seguinte de Roy neste período foi *Alexandre Chenevert* (1954). Também trata de uma pessoa pequena, mas ele é pequeno de tantas maneiras que os leitores precisam se esforçar para achá-lo interessante. A tentativa de Roy é heroica: colocar um indivíduo constrito em uma situação constrita, depois bombardeá-lo com o ruído da modernidade do pós-guerra — anúncios para todo lado, más notícias constantes nos jornais. Alexandre não desfruta de nada — nem de seu casamento nem das férias que passa na área rural, que terminam com um tédio nervoso. Para tornar sua vida completa, ele por fim tem câncer e acaba tendo uma morte dolorosa. Só no final do livro ele tem uma visão de solidariedade humana.

Esforcei-me muito com *Alexandre Chenevert*. Talvez eu o pudesse ligar a *A morte de Ivan Ilitch*, de Tolstói, mas ele sofreria com a comparação. Ou eu poderia ligá-lo com Marshall McLuhan — a aldeia global, da qual Alexandre faz parte a contragosto, e o interesse em anúncios, explorado antes e com mais humor pelo livro de McLuhan, *Noiva mecânica*, de 1951. Mas por fim, depois de parar para aplaudir a tentativa, a empatia, a escrita, os detalhes observados atentamente, devo me voltar rapidamente para a fase seguinte da carreira de Roy. É muito mais atraente, porque se preocupa com a formação e o papel da artista.

8. RETRATOS DA ARTISTA

Nos 11 anos entre 1955 e 1966, Roy publicou três livros que abordam o processo de se tornar artista: *Rue Deschambault* (1955), traduzido como *Street of Riches*; *La Montagne Secrète* (1961), traduzido como *The Hidden Mountain*; e *La Route d'Altamont* (1966), traduzido como *The Road Past Altamont*.

O segundo livro do trio — *La Montagne Secrète* — fala do crescimento espiritual de um caçador e pintor autodidata, Pierre Cadorai, cujo tema e meio é a floresta boreal do Canadá. O modelo para o personagem foi o pintor suíço René Richard, que, como Roy, passou algum tempo nas pradarias e também no Norte, e que se tornou seu amigo quando ele já era um artista consumado e ela uma escritora consumada. Talvez não seja um salto muito grande sugerir que a figura do *coureur de bois*, admirável e aventureiro da literatura canadense francófona inicial, caçador e capturador de castores, tenha se metamorfoseado na figura do artista admirável e aventureiro, caçador e algoz da beleza, que Roy descreve.

Mais uma vez, o livro pertence ao seu tempo: Farley Mowat, com *People of the Deer* (1952) deu o pontapé inicial em um novo olhar para o Norte e temas naturais que tinham preocupado gerações anteriores de escritores e pintores. Mas Roy é menos fascinada pelo Norte, como tal, do que pela experiência estética e mística que seu herói vive nesses ambientes — e o processo pelo qual suas experiências são transformadas em arte.

Os dois livros que flanqueiam *The Hidden Mountain* pertencem a uma família literária digna de nota que podemos chamar de "Retrato da Artista Quando Jovem". Seu tema se abre em *Street of Riches* e se expande de certo modo — embora obliquamente — em *The Road Past Altamont*, pois Roy pega o fio da jornada-como-história e a transmissão de dons narrativos de uma pessoa, e uma geração, a outra.

Estes livros fazem parte de uma tradição maior: a escritora como seu próprio tema. As mulheres estavam escrevendo havia algum tempo, mas foi apenas com a popularidade do *Bildungsroman* — o romance de formação ou de educação — que começaram a escrever ficções sobre seus anos de formação de escritoras. (Nenhuma das heroínas de Jane Austen é escritora, por exemplo. E nenhuma de George Eliot.)

Frequentemente, mas nem sempre, essas ficções semiautobiográficas são disfarçadas de "livros de meninas". A avó destas meninas artísticas e literárias pode bem ser Jo, do famoso *Mulherzinhas* (1868). E uma das netas certamente é Sybylla Melvyn do romance da australiana Miles Franklin, *My Brilliant Career* (1901). Outra é Emily de L.M. Montgomery, da série *Emily of*

New Moon (1923). Emily, por sua vez, foi uma inspiração para Alice Munro, que produziu sua própria versão da gênese de uma escritora, *The Lives of Girls and Women*. As variações de Margaret Laurence podem ser encontradas em sua coletânea de contos, *A Bird in the House* (1970) e mais uma vez em *The Diviners* (1974). O relato de Mavis Gallant de sua própria formação talvez esteja contido de modo mais compacto em suas histórias de Linnet Muir. No Canadá francófono, a escritora talvez mais ocupada com o processo de se tornar escritora tenha sido Marie--Claire Blais.

Por que tantas no Canadá? Três possíveis fatores podem ter encorajado mulheres canadenses jovens e de inclinação artística a experimentar com a escrita na primeira metade do século XX. Um foi o leque estreito de opções. Dar aulas em escolas, secretariado, enfermagem, economia doméstica em suas variadas formas ou costurar: era só isso. (Alguns empregos se abriam na área jornalística, mas não nas redações dos jornais.) Outro fator foi a familiaridade do Canadá com as condições nas fronteiras e as atitudes resultantes para com as atividades artísticas. Os homens deviam tratar de aspectos práticos: agricultura, pesca, engenharia, prospecção, corte de madeira, medicina, direito. A arte — pintura, teatro amador ou um interesse por versos — era um hobby aceitável para as mulheres, desde que elas não levassem nada disso a sério. E escrever era algo que você podia fazer em casa, em seu tempo livre.

Mas o terceiro fator era a presença de mulheres escritoras, no mundo e também no Canadá, que já eram bem-sucedidas e visíveis. Na Inglaterra, havia Virginia Woolf e Katherine Mansfield; nos Estados Unidos, Edith Wharton, Margaret Mitchell, Katherine Anne Porter, Clare Boothe Luce e Pearl S. Buck, esta última vencedora do prêmio Nobel. No Canadá, L.M. Montgomery e Mazo de la Roche. E na França, Colette — uma instituição nacional e, frequentemente, tema de sua própria escrita.

Escrever talvez não fosse encorajado ativamente para meninas, mas não era considerado completamente impossível para elas, porque muitas outras mulheres tinham obtido sucesso nisso.

As histórias de amadurecimento literário em *Rue Deschambault* são ambientadas nas segunda e terceira décadas do século XX, quando Roy era uma criança pequena, depois criança mais velha, depois uma adolescente. Na superfície disto, os contos — pelo menos aqueles na primeira parte da coletânea — não falam nada da escrita, mas de vários incidentes que ocorreram na casa da família e em torno dela em Saint Boniface, onde cresceu a protagonista semiautobiográfica "Christine".

A rua é heterogênea: há dois pensionistas afro-canadenses, uma família de imigrantes italianos, um pretendente holandês desolado. Depois temos os colonos recém-chegados que o pai de Christine está ajudando: doukhobores e rutenos. Esta comunidade está longe de ser estritamente francófona. Em vez disso, ela é — como o próprio livro — frouxamente estruturada, cambiante, poliglota e repleta de histórias ao mesmo tempo felizes e trágicas. Isto é o multiculturalismo em sua forma mais generosa.

Mais para o fim do livro, em um conto de título "The Voice of the Pools", a jovem Christine, agora com 16 anos, sobe ao sótão onde passou tanto tempo lendo e olha pela janela. Nesta versão ficcionalizada (porque Roy propôs várias outras com o passar dos anos), este é o momento em que a vocação para a escrita desperta.

> Eu então vi, não o que devia me tornar posteriormente, mas o que devo estabelecer em meu caminho até lá. Pareceu-me que eu estava a um só tempo no sótão e longe — na solidão do futuro; e que, de acolá, numa distância tão grande, eu me mostrava na estrada. [...] E assim tive a ideia de escrever. O que e por quê, eu não sabia em absoluto. Eu escreveria. Foi como um amor repentino. [...] Sem ter ainda o que dizer [...] Eu queria ter algo a dizer.

Ela anuncia esta descoberta à mãe sofredora, que reage como se pode esperar: "Maman ficou aborrecida."

Como ficam as *mamans*. Mas esta Maman tem muito a dizer:

> "Escrever", ela me disse com tristeza, "é difícil. Deve ser o negócio mais exigente do mundo [...] se quiser ser verdadeira, compreende? Não será como se cortar em duas [...] uma metade tentando viver, a outra observando, pesando?"
>
> E ela prossegue: "Primeiro é necessário o dom; se você não o tem, só haverá decepção; mas, se o tiver, talvez seja igualmente terrível. [...] Pois dizemos o dom; mas talvez fosse melhor dizer o comando. E aqui está um dom muito estranho [...] não inteiramente humano. Creio que outras pessoas nunca o perdoam. Este dom é pequeno como um golpe de má sorte que afasta os outros, que nos isola de quase todo mundo..."

Ah, o *poète maudit*, condenado pelo dom venenoso. Na realidade era a época, se não da escritora condenada, pelo menos da consagrada: o sacerdote da arte, forjando a consciência não criada de sua raça, como Stephen Dedalus de Joyce. Se você é uma artista, tanto pior: nenhuma esposa útil para você, você está por conta própria. Maman não inclui gênero em sua resposta, nem Christine; mas, considerando a época da escrita, foi isto que ficou pairando, sem ser dito.

Porém, a jovem Christine não engole o alerta de Maman.

> Ainda é minha esperança ter tudo: uma vida verdadeira e calorosa, como um abrigo [...] e também tempo para capturar suas reverberações [...] tempo para me retirar um pouco ao longo da estrada, depois me colocar em dia com os outros, reunir-me a eles e gritar alegremente: "Aqui estou, e aqui está o que descobri para vocês pelo caminho! [...] Vocês esperaram por mim?... Não esperaram por mim?... Ah, esperem por mim!"

Não é uma certeza, este futuro dual e agradável. Ou ao menos não na história. Mas Gabrielle Roy conseguiu, de certo modo, ter tudo em sua vida.

9. GABRIELLE ROY: MENSAGEIRA DO FUTURO

Gabrielle Roy levava a sério os nomes de seus personagens, então deixe-me concluir com uma pequena versão sobre seu próprio nome. Roy é um rei: estabelece um alto padrão. Mas Gabrielle vem do arcanjo Gabriel, mensageiro dos mensageiros. Gabriel entrega mensagens "boas" — à Virgem Maria, a notícia de que ela terá um filho inesperado, mas não é um filho qualquer — e também mensagens "ruins": lá vem o fim do mundo.

Qual é o papel do escritor? Cada época, e na verdade cada escritor, tem algo diverso em mente. Para Roy, em *Bonheur d'occasion*, foi o anúncio do futuro ao presente. É agradável pensar nela voltando-se para o momento de pior desespero de Rose-Anna e dizendo "O futuro será melhor".

Em seus outros livros, há uma missão diferente. Ela abre as cortinas de janelas que as pessoas não suspeitavam existir — um canto remoto de Manitoba, a vida comum de um homem comum, o passado perdido, mas fervilhante de sua província natal, as muitas jornadas de um artista — e pede aos leitores que examinem. Depois — qualquer que seja a pequenez, a severidade ou a estranheza da visão — que compreendam, depois que tenham empatia. Porque o anjo Gabriel é sobretudo o anjo da comunicação, e a comunicação é uma habilidade que Roy valorizou muito.

A nota de 20 dólares canadense de 2004 tem uma citação de Gabrielle Roy no verso, em francês e em inglês: "Nous connaîtrons-nous seulement un peu nous-mêmes sans les arts?" "Podemos conhecer minimamente uns aos outros sem as artes?"

Não, não podemos. Agora, enquanto contemplamos nossa sociedade politicamente dividida, enquanto chegamos aos limites da coleta de dados e às divisões e especializações da ciência, e quando finalmente voltamos a uma visão mais holística do ser humano, a visão de Roy tem mais relevância para nós do que nunca.

Shakespeare e eu

>>><<<

UMA HISTÓRIA DE AMOR TEMPESTUOSA
(2016)

Toda vez que as pessoas me fazem aquela pergunta complicada, "Quem é seu escritor preferido?", sempre respondo "Shakespeare". Existem alguns motivos matreiros para tal: primeiro, ninguém pode realmente argumentar contra isso, pelo menos na categoria de língua inglesa. Muito do que sabemos de tramas, personagens, teatro, fadas e blasfêmias inventivas vem de Shakespeare. Segundo, se você cita um escritor vivo, os outros escritores vivos ficarão chateados, porque não falei neles, mas Shakespeare está morto. É verdade que outros escritores mortos também podem ficar chateados, mas é improvável que reclamem do fato de Shakespeare ser sua primeira opção. Terceiro, Shakespeare é ambíguo. Não só sabemos muito pouco, se é que sabemos alguma coisa, do que ele realmente pensava, sentia e no que acreditava, como as peças em si são escorregadias como enguias. Justo quando achamos que fisgamos o sentido, nossa interpretação tão custosa escapole por um buraco invisível e ficamos a coçar a cabeça.

Por esse motivo, Shakespeare é infinitamente interpretável — e de fato ele tem sido infinitamente interpretado. Tivemos um *Ricardo III* fascista, tivemos um *Macbeth* indígena canadense, tivemos *A tempestade* ambientada no Ártico, depois outra com um Próspero mulher chamado Próspera, interpretada por Helen Mirren. No século XVIII, as pessoas preferiam um *Rei Lear* em que Cordélia não morria e tudo acabava bem. Na época também fizeram uma adaptação operística de *A tempestade*, que era a versão quase sempre encenada naquele século. Usaram só um terço do texto original de Shakespeare, Calibã tinha uma irmã chamada Sycorax, Miranda tinha uma irmã chamada Dorinda e acrescentaram também um jovem a mais — assim Dorinda teria alguém com quem se casar. Ele era mantido trancado em uma caverna por Próspero porque pensava-se que, se um dia visse uma mulher, ia morrer. Tenho certeza de que todos já conhecemos homens assim.

O que quero dizer é que as pessoas vêm refazendo Shakespeare há muito tempo, em geral com resultados estranhos.

E eu também refiz Shakespeare, também com resultados estranhos. Em homenagem ao aniversário do autor — de nascimento ou morte, você pode perguntar, como eu perguntei, e a resposta é "de morte" —, agora foi criado o projeto Hogarth Shakespeare, em que mais ou menos uma dezena de escritores de muitos estilos diferentes são solicitados a escolher uma peça dele e recriá-la na forma de um romance em prosa. O romance pode ser estrita ou livremente baseado na peça, como queira o escritor.

A peça que escolhi foi *A tempestade* e o romance que escrevi se intitula *Semente de bruxa* — no original em inglês, *Hag-Seed*, um dos nomes que Próspero usa quando está amaldiçoando seu suposto monstro escravizado, Calibã.

Antes de explicar a você por que tomei algumas decisões quando escrevi *Semente de bruxa*, contarei um pouco de meus encontros anteriores com Shakespeare. Lá vamos nós retroceder ao escuro abismo do tempo de minha juventude, lá na pré-história, que aconteceu pouco depois da última Era do Gelo.

Naquela época, as poetas eram chamadas de poetisas e as garotas estudavam economia doméstica e os garotos, oficina técnica, mas ambos podiam cursar latim. Foi quando ingressei no colegial — era a Leaside High School, em uma área suburbana e branca de Toronto. E foi ali que encontrei Shakespeare pela primeira vez.

Havia um currículo estabelecido para todos os cinco anos de colegial na província de Ontário, no Canadá. Nós, canadenses, éramos regidos pela mentalidade do Império Britânico — ao qual pertencíamos havia dois séculos —, e assim o currículo de literatura inglesa trazia algumas coisas para as quais você muito provavelmente não seria capaz de arrastar a garotada de hoje. *Dois* romances de Thomas Hardy em cinco anos? Sério? Boa sorte nessa! E *O moinho à beira do rio*, um romance de George Eliot que não era nenhuma moleza. Havia muita literatura inglesa do século XIX porque não tinha sexo nela, ou ao menos não ali, explicitamente na página, embora alguns livros insinuassem acontecimentos lascivos nas margens. Mas essas partes nunca eram explicadas em sala de aula. Você devia saber delas de uma forma vaga, como devia saber que existiam homens maus escondidos nos arbustos dos parques públicos de Toronto sem saber exatamente por que eles eram maus.

Também tínhamos pelo menos uma peça de Shakespeare por ano. Qual foi a primeira? *Júlio César*: trama simples, assassinato, cenas de batalha, definitivamente nenhum sexo, dentro ou fora da página, e assim adequado para adolescentes, aos olhos de nossos educadores. Mas no decorrer dos anos também tivemos *Noite de reis*, *O mercador de Veneza*, *Hamlet*. E *Macbeth*. Parece-me que também tivemos *Romeu e Julieta* e *Sonho de uma noite de verão*, mas posso estar confundindo com a faculdade: talvez os poderes constituídos fossem inteligentes demais para apresentar a adolescentes impressionáveis a ideia de se matar por um amor juvenil. Nós tínhamos de decorar várias falas das peças que estudávamos e escrevê-las nas provas, com a pontuação perfeita, embora nem Shakespeare prestasse muita atenção à pontuação, a não ser como um meio de indicar como as falas deviam ser feitas pelos atores.

Saber decorar era uma prática difundida nas escolas do passado; depois foi abandonada, por ser considerada limitante demais para a mente em desenvolvimento. Mas observo que a memorização está voltando hoje em dia, e já não era sem tempo. Ela é muito útil na vida cotidiana. Quem não desejaria ser capaz de recitar, na sala de espera do médico, "O amanhã, o amanhã, outro amanhã/ Dia a dia se escoam de mansinho/ Até que chegue, ao fim, a última sílaba do livro da memória"?

E quando vejo as várias falcatruas políticas de hoje, sempre é tranquilizador poder dizer minha versão em voz baixa:

Ah, ele calca aos pés o mundo duro
Como um Colosso, enquanto nós, homúnculos,
Caminhamos entre as pernas do gigante
Em busca de um sepulcro desonroso.
A imaginar se este é realmente seu cabelo,
Ou apenas uma falha cópia grudada à cola.
Os homens regem seus destinos às vezes;
Mas muito menos nessa era de acúmulo de dados.
A culpa não está em nossos astros,
Mas em nós mesmos, meros escribas,
Pois carecemos de riquezas para financiar eleições,
E devemos nos conformar com o que nos lançam.
Ai de nós, que em tal transe nos encontramos!

Eu podia continuar nessa toada por semanas. Depois de ser apanhada na correnteza do pentâmetro iâmbico original, é difícil parar.

Assisti à encenação de minha primeira peça de Shakespeare naquele mesmo colégio. Nos anos 1950, havia uma companhia de teatro shakespeariana em Toronto chamada Earle Grey Players — uma pequena trupe de atores ingleses que viera para o Canadá nos anos 1940, quando as artes não eram exatamente uma prioridade nacional, e atracaram ali. Costumavam percorrer escolas, se apresentando nelas. Faziam a peça que estivesse no currículo do último ano, o que lhes garantia uma plateia atenta de estudantes roendo unha e tomados de ansiedade porque logo estariam preenchendo provas escritas sobre a peça em questão. O sr. Earle Grey fazia o papel masculino principal e a sra. Earle Grey, as protagonistas: Gertrude, Calpúrnia, Lady Macbeth. Se você fosse um jovem com inclinação para o teatro, podia ser figurante na peça — um membro da multidão, um soldado —, mas tinha de levar seu próprio figurino: uma manta xadrez para *Macbeth*, um lençol para *Júlio César*. Para a maioria de nós, esta foi nossa primeira experiência de Shakespeare fora da página — e que sorte a termos tido, embora nos divertíssemos com isso na época: fizemos sátiras em que Hamlet virava Omelete, ríamos como as bruxas de *Macbeth* e oferecíamos um ao outro sanduíches de Olhos de Tritão, e outras brincadeiras típicas de nossa mente juvenil.

É claro que tive de colocar os Earle Grey Players em um romance. Eles estão em *Olho de gato* (1989), Capítulo 44, encenando *Macbeth*. Achei que eles precisavam ser imortalizados, em parte porque eu adorava o teatro semiamador. Eles são um bom teste da viabilidade de Shakespeare como dramaturgo: ele resiste a quase qualquer representação, mesmo quando a cabeça de Macbeth (sendo um repolho embrulhado em um pano de prato) quica no poço da orquestra, como vi certa vez. O motivo para ter quicado foi que a contrarregra notou que o repolho que estavam usando para a cabeça de Macbeth estava ficando estragado e mole, então ela o substituiu por um repolho novo, duro e quicante. O que ela não sabia era que o repolho devia ser mole, assim ele cairia com um baque satisfatório e ficaria onde caiu. Também pus este episódio (naturalmente) em *Olho de gato*. Por que inventar coisas quando a vida se oferece a você tão generosamente?

Na mesma década — os anos 1950 — o Stratford Shakespearean Festival estava apenas começando na cidade de nome propício, Stratford, em Ontário, que até tinha um rio de nome Avon. Sua criação encontrou uma resistência inicial das lideranças da cidade — parece que eles pensavam que rebaixaria o tom geral do lugar, renomado na época como um importante centro de baldeação de trem e importante eixo da indústria de criação de porcos. Você não ia querer um monte de artistas mal-afamados atulhando o lugar. Mas prevaleceram os instintos artísticos e o festival agora é uma fonte relevante de renda para a cidade. Embora os porcos ainda sejam importantes também. Se você for fã da série de TV altamente recomendada por mim *Slings and Arrows*, pode reconhecer a temática de caminhão de porcos. Não que o fictício Burbage Festival seja de alguma forma equivalente ao verdadeiro Stratford Festival, mas só estou avisando.

Fazemos o possível para ir ao Stratford Festival verdadeiro todo ano. Vi algumas das melhores produções de Shakespeare ali. Um destaque foi Christopher Plummer como Próspero, em *A tempestade*, mas *Rei Lear* estrelado por Colm Feore foi igualmente bom.

Agora o festival já acontece há 63 anos, o que parece inacreditável. O primeiro diretor foi Tyrone Guthrie, as primeiras peças foram encenadas em uma tenda gigante e a apresentação inicial foi *Ricardo III*, com Alec Guinness, em 1953. O que eu não daria agora para ter visto esta produção! Mas infelizmente eu só tinha 13 anos e era obcecada por saias rodadas de feltro com telefones bordados e batons de nome Fire and Ice. Coisas como *Ricardo III* ainda estavam muito além de mim.

Logo depois disso, *Otelo* foi encenada, também na tenda grande. Eu perdi esta também, mas meu marido, Graeme Gibson — então com 19 anos —, esteve lá com o avô, que estava em seus 90 e já meio surdo. Enquanto Otelo andava na ponta dos pés para a adormecida Desdêmona, de mãos estendidas em posição pré-estrangulamento, o avô de Graeme disse, no que pensou ser um sussurro, mas que na verdade foi uma explosão sônica: **"É aí que ele acaba com ela."**

A tenda estremeceu. Otelo parou a meio passo. Embaixo do cobertor, Desdêmona tremeu visivelmente. Depois Otelo controlou a situação e a si mesmo, e passou ao estrangulamento. Isso é que é atuar!

Shakespeare pipoca aqui e ali em meu trabalho com o passar dos anos. Não só em *Olho de gato*. Tem um conto mais curto intitulado "Gertrude Talks Back" em que a pobre Gertrude responde à repreensão de Hamlet a ela na famosa cena do "olhe este retrato". Por acaso não é fácil ser a mãe de um adolescente emburrado, em particular um adolescente com tantas meias pretas sujas, ou a esposa de um marido hipócrita. E Horácio ganha uma vida após a morte prolongada em um conto de título "Versão de Horácio". Podem ser encontrados nas coletâneas *Good Bones* e *A tenda*.

E Ricardo III retorna em brados em minha coletânea de contos recente, *Colchão de pedra*. O conto é "Aparição"; o personagem central é Gavin, um poeta jovem e impetuoso nos anos 1960, agora um velho ranzinza casado com Reynolds, uma mulher muito mais nova.

Adoro Ricardo III como personagem. É uma clássica figura malandra que compartilha seus gracejos e trotes assassinos conosco, o público — o quanto ele compartilha pode ser visto se você for à reconstrução do Globe Theatre em Londres e perceber que o público fica bem perto dos atores, de modo que eles falam com VOCÊ, cara a cara, olho no olho. Como todos os trapaceiros, Ricardo é esperto demais para seu próprio bem. Assim como Gavin. Adoro Gavin também: ele é desagradável, mas ainda está vivo e esperneia, e se enfurece com a morte da luz; e como observou John Keats, Shakespeare teve tanto prazer na criação de Iago — uma pessoa muito má — como teve na criação de Imogen — uma pessoa muito boa. E eu também. As pessoas que se opõem a trabalhos literários por causa dos personagens não são pessoas com quem você vai querer se casar nem ter de dividir uma casa, porque elas não entenderam nada.

Aqui estão Gavin e Reynolds indo a uma produção de *Ricardo III* — uma produção ao ar livre, em um parque —, Reynolds com otimismo e caráter prático, Gavin com rabugice:

> O parque pululava de atividade. Crianças jogavam frisbee ao fundo, bebês choravam, cães latiam. Gavin se debruçou sobre o programa. Uma merda pretensiosa, como sempre. A peça começou atrasada: algum problema no sistema de iluminação, foi o que disseram. Os mosquitos se reuniam, Gavin os enxotava; Reynolds pegou o repelente Deep Woods Off. Algum idiota de macacão escarlate e orelhas de porco soprou um trompete para fazer com que todos calassem a boca, e depois de uma explosão menor e alguém correndo na direção do quiosque de refrigerantes — em busca do quê? Essa gente se esqueceu de quê? —, a peça começou.
>
> Houve um prelúdio mostrando um filme do esqueleto de Ricardo III sendo desenterrado de um estacionamento — um evento que de fato aconteceu, Gavin viu no noticiário da televisão. Era de fato Ricardo, completo, com provas de DNA e muitos ferimentos no crânio. O prólogo foi projetado em um pano branco que parecia um lençol, e devia ser mesmo. Com o orçamento para as artes do jeito que estava, como comentou Gavin com Reynolds em voz baixa. Reynolds lhe deu uma cotovelada.
>
> — Sua voz está mais alta do que você pensa — cochichou ela.
>
> A trilha sonora os levou a entender — por um alto-falante que estalava e em um péssimo pastiche de pentâmetro iâmbico elisabetano — que o drama que todos estavam prestes a ver se desenrolava post mortem, de dentro do crânio golpeado de Ricardo. Zoom na cavidade ocular do crânio, depois, passando por ele, ao interior da caveira. E a tela escurece.
>
> Depois disso, o lençol foi retirado e lá estava Ricardo sob os refletores, pronto para fazer cambalhotas e poses, pulos e procla-

mações. Nas costas tinha uma corcunda absurdamente grande, enfeitada de listras vermelhas e amarelas de bufão... O tamanho da corcunda era proposital, o núcleo interno da peça girava em torno dos objetos de cena, "em contraponto com o núcleo externo", Gavin bufou consigo mesmo. Eram símbolos do inconsciente de Ricardo, o que explicava o tamanho dos adereços. A ideia do diretor deve ter sido de que, se o público visse tronos, corcundas e não sei mais o quê exagerados, e se perguntasse que merda eles estavam fazendo naquela peça, não ficaria tão incomodado por não conseguir ouvir o texto.

Assim, além da corcunda gigantesca, multicolorida e metonímica, Ricardo tinha um manto majestoso com uma cauda de 5 metros, carregada por dois pajens com cabeças desproporcionais de javali, porque o brasão de Ricardo tinha um javali. Havia um tonel imenso de malvasia, onde Clarence seria afogado, e duas espadas da altura dos atores. Para asfixiar os príncipes na torre, uma pantomima encenada como a peça dentro da peça em *Hamlet*, duas almofadas imensas foram levadas em padiolas como cadáveres ou leitões assados, com capas do mesmo tecido da corcunda de Ricardo, só para ter certeza de que o público ia entender.

Nunca vi exatamente esta produção, mas se estivesse em cartaz, eu iria mais rápido que uma bala.

Agora, enfim, minha contribuição ao projeto Hogarth Shakespeare. Jo Nesbø está fazendo *Macbeth*, Jeanette Winterson fez *Conto de inverno*, Anne Tyler pegou *A megera domada* e Howard Jacobson ficou com *O mercador de Veneza*. E eu peguei *A tempestade*. Foi minha primeira opção, de longe.

Depois de escolher, tive minhas dúvidas. Revisitar uma peça de Shakespeare na forma de um romance é um desafio assustador: Shakespeare é um gigante e, sem dúvida, deu a maior contribuição para a língua, o teatro e a literatura ingleses, mais que qualquer outro escritor na história. Ele também é volúvel, multifacetado, universal em suas empatias, escorregadio e um notório metamorfo, assumindo novas formas, variações e interpretações a cada nova produção e em cada nova era. Apreender Shakespeare é como pregar gelatina na parede. O mesmo serve para reescrever Shakespeare: que sacrilégio! Qualquer um que tente *isto* merece levar chumbo grosso nas partes baixas atirado pelos puristas ultrajados de Shakespeare.

Ainda assim, não seria shakespeariano não tentar — o próprio Shakespeare foi um famoso reformulador de histórias e tramas anteriores.

Eu tinha pensado em *A tempestade* antes, e escrito sobre a peça também. Em meu livro sobre escritores e escrita — intitulado *Negociando com os mortos: a escritora escreve sobre seus escritos* — há um capítulo sobre o artista como mágico e/ou impostor chamado "Tentação: Próspero, o Mágico de Oz, Mefisto & Cia.". Todos são ilusionistas, como são os artistas.

Sobre Próspero — um mágico mais ou menos competente como o Mágico de Oz, não uma fraude como ele — digo, em parte:

> Próspero emprega suas artes — as artes mágicas, as artes da ilusão — não só para divertir, embora também faça isto, mas para os fins de aprimoramento moral e social.
>
> Dito isto, deve-se acrescentar que Próspero brinca de Deus. Se você por acaso não concordar com ele — como Calibã —, o chamará de tirano, como faz Calibã. Com uma leve torção, Próspero pode ser o Grande Inquisidor, torturando gente para seu próprio bem. Você também pode chamá-lo de usurpador — ele roubou a ilha de Calibã, assim como seu próprio irmão roubou o ducado dele; e você pode chamá-lo de um feiticeiro, como Calibã também o denomina. Nós — o público — tendemos a lhe dar o benefício da dúvida e vê-lo como um déspota benevolente. Ou tendemos na maior parte do tempo. Mas Calibã não é desprovido de discernimento:

Sem seu arco, Próspero seria incapaz de governar. É isto que lhe confere poder. Como observa Calibã, sem seu livro, ele não é nada. Assim um elemento de fraude está presente nesta figura mágica, desde o começo: no conjunto, ele é um cavalheiro ambíguo. Bom, é claro que ele é ambíguo — é um artista, afinal de contas. No final da peça, Próspero fala o Epílogo, ao mesmo tempo em seu próprio personagem e naquele do ator que o interpreta; e também naquele do autor que o criou, outro controlador tirânico nos bastidores da ação. Pense nas palavras em que Próspero, aliás o ator que o representa, aliás Shakespeare que escreveu estas falas, pede a indulgência do público: "Como quereis de todos os vossos pecados ter indulgência / permiti que sem violência me solte sua indulgência." Não foi a última vez que arco e crime foram equiparados. Próspero sabe que aprontou alguma e que esse algo o faz um tanto culpado.

Este epílogo sempre me incomodou. Por que Próspero se sentia tão culpado?

A primeira coisa que fiz quando comecei este projeto foi reler a peça. Depois li de novo. Depois procurei todos os filmes e produções filmadas dela que pude, e assisti. Depois li as notas de rodapé na versão muito útil da Oxford Classics, porque havia algumas coisas que eu realmente precisava saber. Sobre comida, para começar. O que, por exemplo, era uma "túbera"?

Sendo este ano o aniversário de quatrocentos anos da morte de Shakespeare, estou certa de que alguém aparecerá com um Livro de Receitas. O que os Macbeth serviram no banquete interrompido pelo fantasma de Banquo? Quais eram os pratos preferidos de Sir John Falstaff? (Muitos. Com muito amido.) Quando Sir Toby Belch, em *Noite de reis*, se refere a "bolos e cerveja", o que ele tinha em mente?

Talvez os bolos fossem "Maids of Honour", uma espécie de cheesecake dos Tudor. Quanto à cerveja, teria sido feita de cevada e fermentada por uma dona de cervejaria, a "ale-wife": tudo na época era artesanal.

Sempre gosto de saber o que os personagens comem — se é que comem — na ficção e no teatro. Tem muita comida mencionada em A tempestade, embora seja principalmente comida que exigiria algum preparo muito criativo.

Calibã, que os outros personagens tratam como um escravizado ou monstro, foi criado na ilha. Ele leva um estilo de vida de coleta, subsistindo — segundo ele — de peixes, caranguejos, frutas vermelhas, túberas (uma espécie de trufa com fungos subterrâneos, pelo que consegui descobrir), ninhos de gralhas — possivelmente pelos ovos —, avelãs, saguis — uma espécie de macaco, que se pode supor que ele comeu, embora também tenha feito chapéus com eles — e *scamels*, embora não saibamos exatamente o que seriam "scamels". Assim, isto é o que o deposto duque de Milão, Próspero, e sua filha, Miranda, estiveram comendo nos 12 anos que passaram na ilha. É bem básico: sem pimenta ou manteiga, por exemplo. Nem pão. Dá para entender por que Próspero queria voltar a Milão o mais rápido possível.

Há mais comida em A tempestade, embora seja ilusão mágica. Como na cena em que os patifes — o irmão usurpador de Próspero, Antônio; Alonso, o rei de Nápoles; e o irmão de Alonso, Sebastian, que quer matá-lo — são acossados por "várias formas estranhas trazendo um banquete" que os convidam a comer.

Pensamos em um "banquete" como o que os Tudor teriam reconhecido como um "festim" — uma refeição suntuosa e formal à mesa. Mas como nos informa *How to Be a Tudor*, de Ruth Goodman, originalmente um banquete era mais parecido com um coquetel: pratos leves, comidos enquanto as pessoas circulavam. Se você estivesse muito por dentro das modas, podia levar seu próprio garfo monogramado para espetar os lanchinhos.

Enquanto os personagens de Shakespeare se preparam para cair de boca, o espírito elemental, Ariel, disfarçado de uma harpia alada, aparece ao som do trovão e o banquete desaparece. Ariel repreende os pecadores por seus delitos e eles são depois enfeitiçados por Próspero e enlouquecem.

Todos nós já estivemos em festas assim. Você está com o canapé de salmão defumado a meio caminho da boca quando alguém do seu passado aparece, comenta algo terrível e passa a te deixar louca. Tenha isto em mente a respeito de banquetes.

Enquanto isso, você pode se divertir com a questão: como era o "banquete" da *Tempestade* de Shakespeare? Lembre-se: ainda não existia batatinha calabresa. E tomates também não, então nada de minipizzas. Ah, e não tinha café. Lamento. Ficamos limitados a bolos e cerveja.

Depois de fazer algumas pesquisas básicas, eu precisava tomar algumas decisões principais. Onde meu romance seria ambientado? A peça fala de ilusões, como sabemos. E sobre a vingança em oposição à misericórdia, como tantos outros momentos em Shakespeare. Mas também fala de prisões. Quando se pensa bem nisso, quase todo mundo na peça está aprisionado de um jeito ou de outro em algum momento. Por isso ambientei o romance na prisão.

A tempestade é a história de um mágico e antigo duque de Milão, lançado ao mar com a filha pequena, Miranda, depois de um golpe de seu irmão traiçoeiro e do rei de Nápoles. Quando uma estrela auspiciosa traz seus inimigos a seu alcance 12 anos depois, ele cria uma tempestade ilusória com a ajuda do espírito do ar, Ariel. Seus inimigos, seu velho ajudante Gonzalo e Ferdinand, filho de Alonso, terminam em terra e são manipulados de várias maneiras mágicas por Próspero, por intermédio de Ariel, com o resultado de que Ferdinand e Miranda se apaixonam e os inimigos são enfeitiçados, torturados e finalmente perdoados. Enquanto isso, Calibã se junta a dois delinquentes — um criado bêbado e um bufão — e o trio planeja assassinar Próspero, mas são punidos pelos duendes dele. No fim, Ariel é libertado, todos navegam para Nápoles, e Próspero sai de seu próprio papel e pede para ser libertado dele: talvez o final mais enigmático de qualquer peça de Shakespeare.

A tempestade é diabolicamente complexa, com várias lacunas na trama e alguns dos mais lindos versos brancos que Shakespeare já escreveu. Com o tempo, teve as mais díspares interpretações. Seria a ilha mágica em si? Seria uma prisão? É um local de julgamento? Próspero é sábio e gentil, ou um velhote rabugento? Miranda é meiga e pura, ou uma garota mais esperta e dura que entende de ventres, e abusa de Calibã e o difama? Será o próprio Calibã o Id freudiano? Será ele mau por natureza? Será ele o arquétipo Sombra de Próspero? Será o Homem Natural? Será uma vítima das potências coloniais? Temos todos esses Calibãs, e mais.

A tempestade também é um musical: tem mais canções, danças e música que qualquer outra peça de Shakespeare. O principal músico é Ariel, mas Calibã também tem talentos musicais.

Mas *A tempestade* é sobretudo uma peça sobre um produtor/diretor/dramaturgo criando uma peça — isto é, a ação que ocorre na ilha, completa, com efeitos especiais — que contém outra peça, uma mascarada das deusas. De todas as peças de Shakespeare, esta é a mais obviamente sobre teatro, direção e atuação.

Como fazer justiça a todos esses elementos em um romance moderno? Será isto possível? Foi o que tentei descobrir.

Semente de Bruxa é ambientado no ano de 2013, no Canadá, em uma região relativamente próxima ao verdadeiro Stratford Shakespeare Festival. Abre com o Ato 1, Cena 1 de um vídeo de *A tempestade* que foi feito em uma prisão e é assistido na tela por uma plateia invisível dentro da prisão. De repente ouve-se o barulho de uma rebelião. Fechem os portões!

Corta para o passado. Doze anos antes, Felix Phillips, diretor artístico do Makeshiweg Theatre Festival, foi destituído de sua posição por Tony, seu segundo em comando, e o amigo de Tony,

Sal O'Nally, um político. Felix esteve vivendo no exílio em uma cabana na área rural. Ele de certo modo acredita que o espírito de sua única e amada filha, Miranda — que morreu aos 3 anos — está com ele, e agora tem 15 anos. Para aliviar a solidão, assume o cargo de professor de teatro no Fletcher Correctional Institute e vem encenando peças de Shakespeare ali. (Observação: existem de fato programas penitenciários desse tipo.)

Quando uma "estrela auspiciosa" — aqui, uma personagem cintilante com muita influência — coloca os inimigos a seu alcance, Felix encena *A tempestade* em sua prisão, esperando assim aprisioná-los, encantá-los e conseguir sua vingança e seu velho cargo de volta. Ele tem a ajuda de um jovem detento hacker, que usa tecnologia digital com muita eficácia. Como nenhum prisioneiro quer fazer o papel de uma garota, Felix contrata uma atriz de verdade para representar Miranda. Enquanto isso, a Miranda espírito, fascinada com a peça, decide se juntar a ela.

Como acontece em *A tempestade*, o final da ação é projetado no futuro, enquanto os detentos alunos de teatro entregam seus relatórios sobre o que acham que vai acontecer com os personagens principais depois que embarcam para Nápoles. Dica: não é nada bom.

Pronto, aí está o resumo, do tamanho de uma túbera.

Marie-Claire Blais

>>><<<

AQUELA QUE EXPLODIU TUDO

(2016)

Li meu primeiro livro de Marie-Claire Blais em 1961. Eu tinha 21 anos e estava no quarto e último ano do Victoria College, da Universidade de Toronto. Fazia um curso chamado "Língua e Literatura Inglesas", que cobria tudo que havia sido escrito desde o anglo-saxão até T.S. Eliot. No final, como uma espécie de sobremesa, foi-nos permitida uma disciplina de romance moderno e, bem no final desta, como um espresso duplo, deram-nos dois livros de canadenses: *The Double Hook,* de Sheila Watson, e *Mad Shadows*, que era o título da tradução em inglês de *La Belle Bête*, de Marie-Claire Blais.

 Não estudamos literatura canadense no curso de língua e literatura inglesas, assim esses livros não estavam no currículo porque eram especificamente canadenses. Acho que foram escolhidos devido a sua forma anticonvencional. No caso de *The Double Hook*, com sua intercalação de sequências curtas e concisas, podia-se classificá-lo como "modernista". Mas que rótulo poderia ser aplicado a *Mad Shadows*? Ele fugia a qualquer definição. Também tinha sequências curtas intercaladas, mas o tom era bem diferente. Em vez do tom monocórdio e lacônico de Sheila Watson, Blais dava-nos um barroquismo superaquecido em que cada emoção e cada adjetivo ressoavam no volume máximo.

 Tinha na capa o desenho de um belo rosto coberto de tinta vermelha ou talvez sangue derramado, e havia algo de estranho no olhar. Este livro não falava de amor, falava de AMOR AMOR AMOR! Não falava de ódio, mas de ÓDIO ÓDIO ÓDIO! Sobretudo, falava de ciúme obsessivo, do narcisismo intenso de todos os personagens e de um desejo insano de destruição por parte de sua protagonista. Temas fortes para o quarto ano de língua e literatura inglesas!

Como descrever a trama? Uma vez que já tinha visto o filme de Jean Cocteau, *A Bela e a Fera*, eu tinha mais contexto para seu surrealismo intensificado. De todo modo, era uma versão demoníaca do antigo conto "A Bela e a Fera", de Charles Perrault. Neste conto, a Bela é tão atraente quanto seu nome sugere, e a Fera horrível quase morre de amores por ela, mas o amor enfim triunfa quando a Bela diz que se casará com a Fera. Fogos de artifício são disparados e a Fera é transformada em um lindo príncipe.

Não há uma sorte dessas no *La Belle Bête* de Marie-Claire, no qual beleza e bestialidade são uma coisa só. Um filho belo, mas idiota chamado Patrice (de "patrício", que contém a raiz da palavra "pai", assim aliado ao privilégio masculino), e uma filha inteligente, mas feia e irascível, Isabelle-Marie (que contém a palavra "belle"), moram com a mãe, uma mulher egocêntrica que privilegia apenas o filho. Ciúme é o que motiva a filha, estupidez o que cega a mãe.

Estas pessoas não pensam, elas sentem. E a filha em particular com uma intensidade abrasadora. A epígrafe é retirada de *As flores do mal*, de Baudelaire. O tema, na medida em que exista algum, trata da inutilidade do desejo, da impossibilidade de um dia ter o que se anseia. A heroína condenada deseja ser bonita para que os outros a amem, mas o mais perto a que ela chega é ter um romance com um homem cego: ela pode ser bonita, desde que não seja vista. (Teria a autora lido *Frankenstein*?) Mas quando o cego recupera, como que por milagre, a visão, foge dela apavorado. O amor não redime.

No fim, como no conto "A Bela e a Fera", fogos de artifício são disparados, mas assumem a forma de um incêndio iniciado por Isabelle-Marie. A casa arde, a mãe é incinerada, a heroína vai para os trilhos do trem — pretendendo, supomos, se matar — e o rapaz bonito, agora feio porque a irmã meteu sua cabeça em um tonel de água fervente, afoga-se à procura de seu reflexo antes bonito. Como Narciso, aquela fora a única coisa que ele amou na vida.

Fiquei fascinada com os dois livros, mas *Mad Shadows* foi especialmente intrigante para mim porque eu pretendia ser escritora e sua autora era só um mês e meio mais velha do que eu. Note-se que ela escreveu *La Belle Bête* quando tinha apenas 19 anos, e o livro foi publicado em francês quando ela estava com 20, então a autora tinha uma boa dianteira. Graças em parte a Edmund Wilson, um crítico literário americano muito influente que escrevera rapsodicamente a respeito dela, Marie-Claire Blais saltou para a proeminência literária internacional em uma idade em que nós, outros escritores, ainda nos debatíamos com nosso trabalho de aprendizes.

Naquela época, Blais às vezes era comparada com Françoise Sagan, outro prodígio juvenil, mas as duas eram radicalmente diferentes. Sagan era da escola *triste* dos escritores franceses modernos: o desencanto dava o tom. Blais, por outro lado, gostava do encantamento. Repetidas vezes seus personagens pareciam estar sob um feitiço, nas garras de uma compulsão, impelidos por forças que não entendiam. Para um personagem de Sagan, o pecado era uma recreação, mas para um personagem de Blais o pecado era real e podia ser mortal. "Sensibilidade gótica", você poderia dizer; mas na obra de Blais o gótico e o realismo são quase a mesma coisa.

Sua fala vinha daquela sensibilidade franco-canadense efervescente, em comoção — formada por décadas de repressão pela miniditadura de Duplessis e também pela Igreja, com sua política de *revanche des berceaux*, com as obrigatórias famílias de 15 filhos. Estas forças já haviam modelado *Bonheur d'occasion*, de Gabrielle Roy, e logo se manifestariam no brilhante romance de 1970 de Anne Hébert, *Kamouraska*. Em certo sentido, *Mad Shadows* e os outros romances iniciais de Blais são o último fôlego do *ancien régime*, mas em outro sentido são a primeira trombeta a soar o advento da "Revolução Tranquila". (Só foi tranquila no sentido de que ninguém decapitou ninguém. Tirando isso, foi bem barulhenta.)

Quanto a Marie-Claire Blais, ela parecia decidida a jogar tudo pelos ares. Não existiam vacas sagradas. Blais tinha tamanha reputação de ser muito intensa naqueles primeiros anos que alguns pensavam que, na verdade, ela era muito divertida — e cada vez mais, à medida que a década de 1960 avançava. Ela ridicularizava ideias prontas e enredos consagrados, e se divertia muito com a língua ao fazer isso. Simplesmente se recusou a engolir qualquer ortodoxia, e isto incluía as ortodoxias do movimento separatista quando apareceu no início da década de 1970. Seu romance de 1973, *Un Joualonais, sa joualonie* (*St. Lawrence Blues*), foi sua réplica ao ditame que exigia que todos os romances quebequenses fossem escritos em joual. E ela escreveu este em joual, mas ao mesmo tempo sorrateiramente esvaziando a ideia de que uma só língua fosse permitida em um romance.

Um sucesso espetacular com um primeiro romance pode ser um problema para o escritor. Como reproduzi-lo? Para onde ir depois? Muitos ficam paralisados nos trilhos, preocupados com um declínio e atormentados pelos inevitáveis ataques que se seguem a um primeiro sucesso, mas parece que Marie-Claire Blais nem teve tempo para respirar. Publicou livros em 1960, 1962, 1963 e 1965, depois em 1966, 1968 (dois), 1969 (dois) e 1970. Isto é uma produção prodigiosa e foi apenas sua primeira década. Ela não reduziu o passo nos 40 anos que se seguiram; enquanto isso, colecionava prêmios literários como Chapeuzinho Vermelho colhia margaridas.

Dos livros daquela primeira década, eu — e muitos outros — gosto particularmente de *Une Saison dans la Vie d'Emmanuel* (*A Season in the Life of Emmanuel*).

A figura do camponês virtuoso, labutando contra as adversidades, mas fiel à terra, foi fundamental na literatura de Quebec por algum tempo, mas aqui, mais uma vez, Marie-Claire Blais se empenhou em virar a mesa e explodir tudo. Emmanuel é um recém-nascido, mas de Salvador não tem nada. Ele é parido como um filhote de gato, depois disso a mãe vai ordenhar as vacas e a avó Antoinette, formidável, cruel e brutal, se apodera dele e lhe faz um sermão sobre como são repulsivos os recém-nascidos. Não é exatamente uma cena típica da Natividade. Depois uma horda de outras crianças vai surgindo — quantas? Quinze, dezesseis?, nunca sabemos com certeza —, e a avó joga para elas torrões de açúcar e as enxota do seu caminho como se fossem galinhas ou porcos.

Segue-se um desfile de cada violação das devoções que se possa imaginar. Pais tacanhos e contrários à alfabetização, clérigos maus, adolescentes larápios, seminários horríveis, gênios tuberculosos, suicidas pendurados em árvores, fome e frio constantes, meninas jogadas em conventos e levadas a bordéis, enquanto, acima de todos, a avó emite decretos e decide destinos como Cruela Cruel. Este banquete de subversão é criado com uma linguagem insolente e vigorosa que oscila constantemente, quase ao ponto do descontrole, mas que mantém exatas suas modulações. *A Season in the Life of Emmanuel* consolidou a fama nacional e internacional de Marie-Claire Blais e, ao mesmo tempo, ofendeu um bom número de pessoas no Quebec.

Como resumir uma carreira dessas? É simplesmente impossível. A riqueza, a variedade, a inventividade, a intensidade são incomuns na literatura de Quebec, ou numa literatura canadense, ou na verdade em qualquer literatura. Marie-Claire Blais é *sui generis* — não faz parte de nenhuma panelinha, não é devota de nenhuma religião a não ser a da arte, é uma investigadora constante. "O vento assopra onde quer, e ouves a sua voz, mas não sabes de onde vem, nem para onde vai; assim é todo aquele que é nascido do Espírito", diz Jesus (João 3:8), e assim foi com Marie-Claire Blais. Ela seguiu seu espírito e o resultado foi sua obra. É impossível imaginar nossa literatura sem ela.

Kiss of the Fur Queen

>>><<<

(2016)

Publicado em 1998, *Kiss of the Fur Queen,* de Tomson Highway, ficou no topo da lista de best-sellers por muitas semanas. Foi uma obra pioneira, porque lidava com dois temas que na época não eram muito discutidos: os abusos, físicos e sexuais, que aconteciam nos internatos criados para as crianças das Primeiras Nações, e as identidades e os estilos de vida queer entre os povos das Primeiras Nações. Este romance esteve entre os primeiros livros a abordar temas tão incendiários e reprimidos, em particular os abusos nos internatos. Essa história tem se desdobrado aos olhos do público por mais de uma década, mas pode-se dizer que Tomson Highway escreveu o primeiro capítulo.

Highway não era estranho ao pioneirismo e à inovação. Apareceu cedo na cena como dramaturgo — *The Rez Sisters* fez muito sucesso em 1986 e seguiram-se muitas outras peças, e Highway foi diretor artístico da companhia Native Earth Performing Arts entre 1986 e 1992. Estes foram empreendimentos arriscados e abriram um caminho percorrido por muitos outros.

Mas por que esse tipo de atividade parecia tão novo, tão sem precedentes nos anos 1980? Na década de 1960, mal existia alguma obra de poetas, dramaturgos ou escritores das Primeiras Nações. O pintor Norval Morrisseau ficou conhecido nos anos 1970, mas na literatura já havia passado a época de *Wacousta,* de John Richardson, e da poesia narrativa de Pauline Johnson. Nenhum artista das Primeiras Nações chegara a preencher esse hiato na produção escrita, e o sistema de internatos — dedicado a expurgar qualquer coisa "nativa" da mente dos jovens — é certamente responsável em parte. Como você pode escrever o que sabe se o que você sabe é um apagamento?

Foi genial da parte de Highway contar a história desse apagamento: como foi passar por isso, que efeitos teve naqueles que o sofreram e como — apesar do vazio doloroso e artificial — tradições e crenças mais antigas e figuras há muito familiares ainda podiam retornar à superfície da consciência. "O retorno do reprimido" é um conceito da psicanálise, mas agora — no início do século XXI — pode muito bem também ser da socioantropologia, porque são muitos os grupos e comunidades que se esforçam para desencavar o que as gerações anteriores se esforçaram tanto para enterrar. Aqueles que desenterram primeiro nem sempre recebem gratidão. Com mais frequência, podem ser criticados — por terem dito o indizível, confessado o inconfessável, violado um código de silêncio. Também por terem trazido vergonha, porque nestas situações pode ser que a culpa fique ligada aos perpetradores, mas é a vergonha que se prende às vítimas. O mesmo acontece com o estupro e aquelas crianças foram estupradas.

Kiss of the Fur Queen — com sua referência oblíqua àquela outra conhecida obra de tema gay, *O beijo da mulher aranha*, de 1985 — é o relato semibiográfico de dois irmãos da nação cree que foram tirados de sua família e enviados a padres abusivos. Era a lei que crianças tivessem de ir a escolas, e os internatos eram a única opção disponível a elas quando as comunidades não tinham escolas. Os nomes dos irmãos são trocados e começa o processo de apagamento forçado. Por sorte, eles têm um guardião: a deidade travessa muitas vezes chamada de Weesageechak (da qual o Grey Jay recebe seu apelido do norte, "whiskeyjack"). Esta deidade não tem gênero e pode assumir a forma que desejar. No romance de Highway, por exemplo, fala como uma raposa, enquanto em suas duas peças "Rez" — sendo a segunda *Dry Lips Oughta Move to Kapuskasing*, de 1989 — chama-se Nanabush: masculino em uma peça, feminino em outra.

Um dos argumentos de Highway é que o roubo ou a destruição de uma língua também é o roubo ou a destruição de toda uma forma de ver a realidade, porque na língua cree existe um artigo de gênero neutro que pode ser aplicado a seres sencientes, o que em inglês não existe.

Mais de vinte anos se passaram até que a obra de Highway chegasse verdadeiramente a sua época. Estava bem à frente de seu tempo, mas agora é mais relevante do que nunca.

Penduradas por um fio

>>><<<

(2016)

É um grande prazer falar esta manhã para um grupo de pessoas tão entusiasmadas e interessadas em educação jurídica para mulheres.

Minha intenção era lhes falar sobre o julgamento de Grace Marks, aqui em Toronto, em 1843, como descrito em meu romance *Vulgo Grace*, e sobre este julgamento no contexto dos direitos legais para mulheres naquele século e no nosso — e ao mesmo tempo usar parte da pesquisa que fiz para meu romance anterior *O conto da aia*, que atualmente está sendo gravado como série de TV, com uma ponta feita por Moi. Tudo isso seria muito divertido porque não estamos mais em 1843, estamos? Nem estamos avançando em direção ao mundo teocrata e controlador das mulheres de *O conto da aia* — estamos? Mas estamos em 19 de outubro de 2016 e as eleições nos Estados Unidos acontecerão só daqui a vinte dias; e durante a campanha vimos uma efusão de misoginia não testemunhada desde os julgamentos por bruxaria do século XVII, tudo acompanhado por um massivo esforço via internet destinado a revogar a 19ª Emenda — a emenda à Constituição dos Estados Unidos que deu às mulheres deste país o direito ao voto. Precisamos nos beliscar para saber se estamos acordados.

Este é um lembrete para nós de que podem ser arrancados a qualquer momento os direitos duramente conquistados pelas mulheres e meninas, que muitos de nós agora acreditamos estarem garantidos. Culturalmente, esses direitos estão incorporados de forma muito superficial — e por isto quero dizer que não existem há tanto tempo, historicamente, e que nem todos acreditavam fervorosamente neles na cultura. Parece que o candidato homem a presidente dos Estados Unidos, por exemplo, não acredita neles. Este é um modelo muito interessante para meninos e homens. A estatística de agressão sexual lá e também no nosso país é reveladora, exatamente como as histórias de mulheres e meninas que transbordaram no Twitter com a hashtag #notokay.

Talvez se perguntem se alguma coisa dessas já aconteceu comigo, pessoalmente. Cansada, respondo "Claro que sim". Por mais estranho que possa parecer, também fui uma adolescente e depois uma jovem mulher, o que significa que eu também já fui um alvo em potencial — de apalpadores e exibicionistas, em estações de trem e coisas assim —, mas, para minha sorte, consegui escapar dos verdadeiros estupradores, e ninguém jamais pôs uma droga de estupro em minha bebida num bar. (Essas drogas ainda não tinham sido inventadas.) Mas nem sempre fui o ícone idoso e supostamente reverenciado ou a assustadora figura de vovozinha bruxa que vocês veem hoje. Nem sempre tive um batalhão de diabinhos e duendes invisíveis para vir em meu auxílio na forma de 1,29 milhão de seguidores no Twitter. É verdade que parte deles é de bots, e alguns desses bots me enviam tuítes dizendo que sentem falta do meu pau e que gostariam de bater papo comigo, acompanhando este convite com fotos de jovens em vários estados de nudez, que obviamente não são de quem envia os tuítes.

Estamos penduradas por um fio, mesmo no Ocidente supostamente avançado. Não seria preciso muito para reverter direitos legais recentes concedidos às mulheres e nos mandar de volta a 1843, ou até antes disso. O velho ditado — atribuído ao abolicionista Wendell Phillips — está certo: O preço da liberdade é a eterna vigilância. As Aias em meu livro estão livres *do* estupro, estritamente definido. Mas não estão livres *para* fazer muita coisa, como ter um emprego, vestir-se como quiser e ler. Se todo mundo fosse livre *para* fazer o que quisesse, infelizmente as mulheres não se sairiam muito bem, uma vez que, embora sejamos maravilhosas, em geral não somos páreo para um pelotão de arruaceiros com a intenção de estupro coletivo, ou mesmo apalpação coletiva.

Como, então, equilibramos a liberdade para e a liberdade de? Onde fica a linha entre você viver a sua vida — fazer o que quer, o que hoje inclui ir a cafés da manhã patrocinados pela Women's Legal Education and Action Fund (LEAF) — e a liberdade dos outros de mexer com você? Essa é uma história muito longa e, como estamos vendo, sem dúvida termina com um "Continua...".

Quem saberia que estas eleições seriam travadas tão abaixo da cintura? Contra as mulheres. Como sempre, os narizes canadenses estarão ansiosamente apertados na janela enquanto nossos vizinhos votam, porque, como dizem, quando Washington pega um resfriado, o Canadá espirra. Todos queremos saber se está na hora de esconder a prata, para não falar das meninas mais novas. Arrume um spray de pimenta! Melhor ainda, arrumem uma antiquada cinta de borracha Playtex dos anos 1950! Mesmo para — e cito um legislador australiano — um "verme repulsivo", com a mão de um porco, isto seria um desafio! Um toque e o apalpador correria rapidinho!

Dito isto, hoje estamos comemorando o Persons Day de ontem — a realização da pessoalidade legal por pelo menos algumas mulheres neste país, meros 87 anos atrás. Esta realização foi o resultado de uma campanha muito, mas muito longa, de mãos dadas com outras campanhas duras — pelo direito das mulheres à educação de nível superior, considerada uma sobrecarga para o minúsculo cérebro feminino e um encolhimento para os órgãos reprodutivos femininos; pelo direito das mulheres de usar calças *bloomer* e andar por aí imoralmente em bicicletas — o fim da civilização! —, e pelo direito das mulheres de se livrar dos corpetes restritivos, sem os quais as colunas fracas corriam o risco de desabar e elas cairiam ao chão como uma água-viva. No sentido mais material, pelo direito das mulheres a ter e controlar o próprio dinheiro e propriedade depois que se casam, e por seu direito de ter empregos e ganhar salários.

Por todo o século XIX, a maioria das mulheres nos sistemas judiciais ocidentais era adulta em relação a responsabilidades, mas menor de idade com relação a muitos direitos. No caso de um raro divórcio — porque uma mulher era desacreditada ao se divorciar, mesmo que não fosse por culpa dela — o marido quase sempre tinha a guarda dos filhos, por mais violento e cruel que ele tivesse sido. Você não deveria assassinar sua esposa, mas, tirando isso, tinha quase rédea solta na esfera doméstica, e a esposa tinha poucos recursos. O século XIX, com seus conhecidos valores familiares vitorianos, também foi uma era de prostituição galopante e maus-tratos infantis generalizados, inclusive extremo castigo físico, trabalho infantil explorador e mortal, o hábito de drogar crianças com opioides vendidos como medicamentos patenteados e algumas teorias interessantes sobre a nutrição infantil. Por exemplo, a carne deixaria as crianças animalescas e com energia demais, as frutas estragariam seu sistema digestivo. Elas deviam ser alimentadas somente com coisas brancas: pão branco, pudim de leite branco, amido branco. Este sistema nutricional foi seguido até em lares abastados, para não falar de internatos e orfanatos, como aquele de Oliver Twist. Não admira que muitas crianças daquela época fossem pálidas, enfermiças, raquíticas e boas demais para este mundo, que elas frequentemente deixavam cedo.

Quanto aos direitos reprodutivos das mulheres, como agora são chamados, eles oficialmente não existiam. Clérigos pregavam até contra o uso de analgésicos durante o parto porque as mulheres deviam sofrer no parto: assim disse a Bíblia. O aborto era ilegal, mas amplamente praticado, de uma forma ou de outra: as mulheres solteiras da classe trabalhadora que engravidavam e não eram sustentadas pelo homem provavelmente veriam seu filho em um orfanato e elas mesmas iriam para a rua, trabalhando como prostitutas. Como as doenças sexualmente transmissíveis se espalhavam, assim como a tuberculose, elas provavelmente não viveriam muito. Aquelas mulheres que morriam de tanto tossir em óperas — Mimi, em *La Bohème*, Violetta, em *La Traviata* — tinham uma forte base na realidade.

Este é o contexto de meu romance *Vulgo Grace*, que começa nos anos 1840 — uma época para capuzes que escondiam o rosto —, quando se dava um alto valor ao recato e à propriedade de mulheres. O romance é baseado na verdadeira Grace Marks, uma jovem criada irlandesa. No verão de 1843, perto do que então era o vilarejo de Richmond Hill, no Alto Canadá — atualmente Ontário —, duas pessoas foram assassinadas: Thomas Kinnear, um rico cavalheiro escocês em seus 40 anos, e sua criada e amante Nancy Montgomery, que tinha 23 anos e na época estava grávida. Os supostos assassinos eram James McDermott, criado irlandês de Kinnear — que estava no início de seus 20 anos —, e Grace Marks, a doméstica, que tinha acabado de completar 16. Os dois fugiram em um vapor para Lewiston, nos Estados Unidos, carregando vários bens de valor, mas foram seguidos por um amigo do assassinado Kinnear e encontrados em um hotel — embora não dormissem no mesmo quarto — e levados de volta, à força, para o Canadá, onde rapidamente foram julgados pelo homicídio de Kinnear. Uma característica chocante foi que Grace apareceu no julgamento com um dos vestidos da mulher assassinada. Bom, era um vestido bonito e você não ia querer desperdiçá-lo.

Embora os dois tenham sido condenados pelo assassinato de Kinnear — McDermott pelo tiro, Grace como cúmplice —, o assassinato de Nancy Montgomery nunca foi julgado.

Porém, em vista das excelentes referências de caráter dadas a respeito de Grace por vários de seus antigos empregadores homens, e em vista de sua juventude e o apelo de que ela só havia fugido com McDermott porque ele a ameaçara de morte se ela não fosse, sua sentença foi comutada para prisão perpétua. No cadafalso, pouco antes de ser enforcado, James McDermott acusou Grace Marks de tê-lo ajudado a estrangular Nancy Montgomery. Depois de ele morrer, só restava uma pessoa que sabia a verdade e ela nunca falou.

Ela ajudou ou não? Nunca soubemos — e este foi um dos motivos para eu me interessar por Grace como tema de um romance. Além disso, o relatório do caso e as crônicas sobre ele se dividiam muito sobre a culpabilidade ou inocência de Grace. Costuma acontecer quando uma mulher e um homem se envolvem em um homicídio. Em geral os comentaristas concordaram na questão dele — ele fez —, mas se dividiram com relação a ela. Ou ela é uma inocente envolvida contra a vontade, ameaçada e coagida, ou é a instigadora — uma Jezebel profundamente má e calculista que o instigou, possivelmente com a sedução do sexo. As duas versões de Grace foram apresentadas pela imprensa, com consideráveis adereços. As opiniões pareciam se dividir por linhas sectárias: para conservadores anglicanos, Grace era culpada, porque era péssima conduta estar envolvida no assassinato de seu empregador. Para os reformadores políticos metodistas, ela era inocente — uma jovem explorada e possivelmente de cabeça fraca que temia pela própria vida. As pessoas, naquele tempo, assim como fazem hoje, projetavam nela os pressupostos de sua época sobre as mulheres — sua fraqueza, seu potencial para a depravação, a estupidez inata ou, por outro lado, sua astúcia diabólica. Como sempre acontece, em particular com mulheres em julgamento e particularmente no século XIX, todo o caráter feminino foi julgado, e em especial a suposta atividade sexual — ela dormiu ou não com McDermott? Jamais saberemos isso também. Embora não conseguissem concordar sobre a cor de seu cabelo, todos os comentaristas dizem que ela era muito bonita. Se isso não fosse verdade, o julgamento talvez não tivesse atraído tanta notoriedade.

Quanto ao motivo, apareceram várias versões. Alguns vizinhos propuseram que Grace tinha ciúmes de Nancy porque ela estava apaixonada pelo sr. Kinnear, e pôs McDermott nisso prometendo-lhe favores sexuais. Outros diziam que não, era Nancy, a amante de Kinnear, que tinha ciúme de Grace — ela era mais velha, estava grávida e logo podia ser um problema para Kinnear; enquanto a jovem e atraente Grace estava bem ali, talvez disposta a ficar no lugar dela. O que certamente é verdade, porém, é que nenhuma das duas mulheres — Grace e Nancy — tiveram muitas opções. Elas não tinham dinheiro, não tinham uma posição social elevada e eram inteiramente dependentes dos caprichos de seu empregador. Se os assassinatos não tivessem acontecido, Grace provavelmente teria sido capaz de conseguir outro emprego — havia uma demanda por criadas —, mas Nancy, se dispensada por Kinnear, não teria muitas alternativas: sabia-se que era amante dele, assim teria má reputação. Talvez ela fosse para os Estados Unidos, onde seu passado não seria conhecido.

É lá que Grace termina. Depois de passar um quarto de século na Penitenciária de Kingston, com uma estada no Manicômio de Toronto, ela foi libertada na anistia geral declarada para comemorar a Confederação e cruzou para os Estados Unidos. Perdemos seu rastro depois disso, embora as pessoas continuassem a escrever sobre ela até o final do século. Grace tinha um pouco do fascínio das mulheres acusadas de bruxaria.

O que há com as mulheres? Por que elas têm sido tão ameaçadoras para os homens, ao longo das eras? Seriam esses homens assustados como L. Frank Baum, que fez do seu Mágico de Oz uma fraude, mas deu verdadeira magia a suas bruxas? Ou como Rider Haggard, que criou uma super-heroína chamada Ela com a capacidade de eletrocutar uma pessoa? Terá sido um caso de culpa dos opressores — por saber dos erros que perpetraram historicamente, estes temem a reação dos reprimidos? Talvez por isso Hillary Clinton tenha atraído toda aquela imagética de bruxa diabólica. Talvez devêssemos renomeá-la Hillary d'Arc. Joana d'Arc lutou por seu país, teve sucesso, mas era forte demais, arrogante demais, e nenhuma mulher podia fazer essas coisas por conta própria, então ela devia ser aliada das Forças das Trevas. Queimem-na na fogueira!, o que eles fizeram.

O tempo revelará o resultado. É quase Halloween, um momento de inflexão quando, tradicionalmente, as portas entre os mundos se abrem e segredos são revelados. Depois disso vem o dia de Guy Fawkes, lembrando-nos do exército de hackers invisíveis que ficam à espreita nas sombras. E depois disso vem o 8 de Novembro, quando os votos fatais serão dados, e depois virá não sabemos o quê. A revogação da 19ª Emenda, talvez. E depois — quem pode saber, porque essas coisas pegam — talvez algum esforço igual de despersonificação no Canadá.

Mas, hoje, ainda somos pessoas. Obrigada àqueles que lutaram para conquistar esse status para as mulheres. É mais agradável ser uma pessoa do que não ser nada. E é mais útil à sociedade ser uma pessoa do que meramente um bem móvel ou um pedaço de carne. Celebre sua condição de pessoa e, enquanto faz isso, pense um pouco em ajudar aquelas jovens que estão se formando em direito — tudo para defender sua pessoalização, se as coisas apertarem. Ou se o aperto virar apalpação. Sim, em nosso país, todas as mulheres são pessoas no título, mas algumas mulheres têm uma chance melhor na efetivação dessa pessoalidade do que outras.

PARTE IV

2017 a 2019

O QUÃO ABAIXO VAI ESSA LADEIRA?

Que arte com Trump?

>>><<<

(2017)

Para que serve a arte? É uma pergunta feita com frequência em sociedades em que o dinheiro é a principal medida de valor, em geral por pessoas que não compreendem a arte — e, portanto, não gostam dela nem dos artistas que a produzem. Agora, porém, a pergunta está sendo feita pelos próprios artistas.

Nos Estados Unidos escritores e outros artistas já sentem um vento frio pelos ares. Homens fortes têm uma reputação merecida de repressão e de exigir uma deferência servil. "Engole e cala a boca" tem sido a regra deles. Durante a Guerra Fria, muitos escritores, cineastas e dramaturgos receberam visitas do FBI por suspeita de "atividades antiamericanas". Será que esta história se repetirá? Será estabelecida a autocensura? Estaremos entrando em uma era de *samizdat* nos Estados Unidos, com manuscritos circulando secretamente porque publicá-los significaria um convite a represálias? Isto parece extremo, mas considerando a história da América — e a onda de governos autoritários que varre o planeta — não está fora de cogitação.

Diante destas incertezas e temores, as comunidades criativas dos Estados Unidos estão exortando umas às outras a não se renderem sem uma boa briga: Não desista! Escreva seu livro! Faça sua arte!

Mas o que escrever ou criar? Daqui a cinquenta anos, o que será dito sobre a arte e a literatura desta época? A Grande Depressão foi imortalizada em *As vinhas da ira*, de John Steinbeck, que descreveu em detalhes como foi o *Dust Bowl*, a seca e as grandes tempestades de areia que assolaram os Estados Unidos nessa época, para quem passou por isso nas camadas mais inferiores da sociedade americana. A peça *As bruxas de Salem*, de Arthur Miller, nos deu uma metáfora adequada para o macarthismo, com sua caça às bruxas e acusações em massa. O romance *Mefisto*, de Klaus Mann, de 1936, sobre a ascensão de um ator famoso, mostrou como o poder absoluto corrompe totalmente um artista — uma história congruente com o reinado de Hitler. Que tipo de romance, poema, filme, série de televisão, videogame, pintura, música ou graphic novel refletirá adequadamente a próxima década americana?

Ainda não sabemos. Não temos como saber, afinal, nada é previsível, exceto a imprevisibilidade. Talvez seja justo dizer, porém, que o interesse de Donald Trump pelas artes, medido em uma escala de 1 a 100, fica entre o zero e o 10 negativos — mais baixo do que qualquer presidente nos últimos cinquenta anos. Alguns desses presidentes não deram a mínima para as artes, mas pelo menos achavam que seria uma boa política fingir que se interessavam. Mas não Trump. Na verdade, ele talvez nem se dê conta de que elas existam.

Na realidade, isto pode jogar a nosso favor. Stalin e Hitler tinham interesse nas artes e se consideravam especialistas e árbitros, o que foi uma notícia muito ruim para escritores e artistas cujos estilos desagradavam às autoridades. Eles eram enviados ao gulag ou condenados como degenerados. Vamos torcer para que a maioria das pessoas criativas acabem voando abaixo do radar, tão insignificantes que escapem da detecção.

Os Estados Unidos não têm gulags. Preferem expressar desagrado por chantagem nos bastidores: o telefone do roteirista não toca, como não tocou para os Dez de Hollywood, as canções dos músicos não são executadas, como as de Buffy Sainte-Marie durante a guerra do Vietnã, por conta de sua música "Universal Soldier", o livro do escritor não encontra um editor, como foi o caso, por muitos anos, de *From Eve to Dawn: A History of*

Women in the World, de Marilyn French. Podemos com certeza esperar uma mudança no clima cultural geral, com recompensas de variados tipos fluindo para aqueles dispostos a surfar na onda do barco no poder, e castigos silenciosos infligidos àqueles que se recusam. Estas represálias podem assumir a forma de tuítes nocivos do presidente dos Estados Unidos — como um recente, em que Trump escarneceu do índice de audiência de seu sucessor em *Celebrity Apprentice*, Arnold Schwarzenegger — ou de denúncias públicas vulgares, como sua rejeição a Meryl Streep após o discurso da atriz no Globo de Ouro criticando direta e indiretamente Trump por fazer bullying.

E o que acontecerá com a liberdade de expressão, este símbolo da democracia americana? Será que a própria ideia se tornará um eufemismo para discurso de ódio e bullying na internet, um martelo para bater no "politicamente correto"? É algo que já começou. Caso se intensifique, aqueles que defendem o conceito da liberdade de expressão serão então atacados pela esquerda como colaboradores do fascismo?

É claro que podemos procurar os artistas para defender nossos melhores valores! Eles não representam as características mais nobres do espírito humano? Não necessariamente. Existem pessoas criativas de muitas formas e modelos. Algumas são apenas animadores pagos, oportunistas que querem ganhar milhões. Outros têm pautas mais sinistras. Não há nada de inerentemente sagrado nos filmes, imagens, escritores e livros. *Mein Kampf* foi um livro.

Muitas pessoas criativas do passado se deixaram arrastar pelos poderosos. Na verdade, elas foram especialmente submetidas a pressões autoritárias porque, como indivíduos isolados, era muito fácil pegá-las. Nenhuma milícia armada de pintores as protege, nenhuma máfia do submundo de escritores colocará uma cabeça de cavalo em sua cama, se você a irritar. Aqueles que são atacados podem ser verbalmente defendidos por outros artistas, mas esta defesa conta pouco e um establishment impiedoso se empenha em sua destruição. A caneta é mais poderosa que a espada, mas só em retrospecto: no momento do combate, aqueles com a espada costumam vencer. Mas estes são os Estados Unidos, têm uma história longa e honrada de resistência. E sua variedade plurivocal e multifacetada será em si alguma defesa.

É claro que haverá movimentos de protesto, e artistas e escritores serão exortados a se juntar a eles. Será seu dever moral — ou assim lhes dirão — emprestar suas vozes à causa. (Os artistas sempre ouvem sermões sobre seu dever moral, um destino de que outros profissionais — por exemplo, dentistas — em geral escapam.) Mas é espinhoso dizer a pessoas criativas o que criar ou exigir que sua arte sirva a uma pauta de nobres ideais elaborada por outras pessoas. Aqueles que seguem essas instruções exortativas provavelmente produzem mera propaganda ou alegoria bidimensional — seja como for, pregam sermões tediosos. As galerias de arte dos medíocres têm as boas intenções como papel de parede.

E então? Que tipo de resposta artística genuína pode ser possível? Talvez a sátira social. Talvez alguém vá tentar o equivalente à *Modesta proposta,* de Jonathan Swift, que sugeriu o consumo de bebês como uma solução econômica para a pobreza na Irlanda. Mas a sátira, infelizmente, tende a fracassar quando a realidade supera até os exageros mais insanos da imaginação — como acontece com cada vez mais frequência hoje em dia.

A ficção científica, a fantasia e a ficção especulativa em geral têm sido usadas para registrar o protesto em tempos de pressão política. Elas contaram a verdade, mas contaram-na obliquamente, como Yevgeny Zamyatin em seu romance *Nós*, de 1924, que previu as repressões soviéticas futuras. Muitos escritores americanos optaram pela ficção científica nos anos de McCarthy porque isso lhes permitia criticar sua sociedade sem que fossem facilmente detectados pelos poderes que queriam esmagar a crítica.

Alguns produzirão "arte testemunhal", como aqueles artistas que reagiram a grandes catástrofes: guerras, terremotos, genocídios. Certamente quem escreve diários já está trabalhando, registrando acontecimentos e suas respostas a eles, como aqueles que mantiveram relatos da Peste Negra até que eles mesmos sucumbissem a ela; ou como Anne Frank, escrevendo seu diário no esconderijo do sótão; ou como Samuel Pepys, que escreveu o que aconteceu durante o Grande Incêndio de Londres. As obras de simples testemunho podem ser intensamente poderosas, como *Memoirs from the Women's Prison,* de Nawal El Saadawi, sobre o tempo que passou atrás das grades no Egito de Anwar Sadat, ou *The Four Books*, de Yan Lianke, que faz a crônica da fome e das mortes em massa na China durante o Grande Salto Adiante. Artistas e escritores americanos não foram tímidos na exploração das fissuras e rachaduras em seu próprio país. Esperemos que, se a democracia implodir e a liberdade de expressão for suprimida, alguém venha a registrar o processo à medida que se desdobra.

No curto prazo, talvez só o que possamos esperar dos artistas seja o que já esperamos. À medida que se esfacelam certezas antes sólidas, pode ser o bastante cultivar seu próprio jardim artístico — fazer o que você puder tão bem quanto puder, desde que possa fazer. Criar mundos alternativos que ofereçam ao mesmo tempo escapes e momentos de revelação, abrir janelas no mundo que nos permitam ver o exterior dele.

Com a era Trump em cima de nós, são os artistas e escritores que podem nos lembrar, em tempos de crise ou pânico, de que cada um de nós é mais do que apenas um voto, uma estatística. A política pode deformar vidas — e muitas certamente foram —, mas não somos, no fim das contas, a soma de nossos políticos. Por toda a história, houve esperança para obras de arte expressarem, em determinada época e lugar, com o poder e eloquência possíveis, o que é ser humano.

O homem ilustrado

>>><<<

INTRODUÇÃO
(2017)

O que há nas histórias de terror, nos contos fantasmagóricos, na ficção científica, na fantasia e em outros contos fantásticos que tanto cativam os jovens leitores? Será que é nessa idade que nos tornamos conscientes de nossos monstros interiores? Será uma espécie de nostalgia coletiva por contos folclóricos e magia? Será uma forma de exorcismo psíquico? Será uma maneira de fazermos pirraça com a Morte?

Na década de 1950, bibliófilos adolescentes ainda não eram chamados de "jovens adultos", mas de todo modo esquisitices nos atraíam. Os adultos evidentemente sabiam de nossos gostos: em um programa de um livro por mês para os secundaristas, dos quais eu era integrante em 1953, quando tinha 13 anos, nossa primeira seleção foi um clássico, o agora meio esquecido thriller de terror *O cérebro de Donovan*. O cérebro em questão era alimentado com comida para cérebro e mantido em um aquário grande por cientistas muito otimistas que esperavam que ele fosse resolver os problemas do universo. Em vez disso, o cérebro planejava dominar o mundo. Pior, tinha poderes elétricos. Naquela época, havia muitos cérebros malévolos à solta.

Não é de surpreender, considerando minhas predileções, que eu tenha devorado o clássico de 1951 de Ray Bradbury, *O homem ilustrado*, nessa época. Será que comprei na farmácia por 25 cents — que eu ganhava por hora como babá? Peguei emprestado na biblioteca? Dei com ele enquanto cuidava dos filhos dos outros? Não consigo me lembrar. Mas li. O título e a ilustração da capa bastariam para me pegar. Na época, ninguém que você conhecesse teria alguma tatuagem, e a ideia de alguém com o corpo totalmente tatuado — e ainda por cima tatuado com imagens que ganhavam vida e contavam suas histórias — era bizarra o suficiente para merecer minha atenção de adolescente.

O início dos anos 1950 foi o ponto alto de Ray Bradbury. Na década de 1940, a publicação em brochura transformou a leitura nos Estados Unidos da mesma forma que os e-books a alteraram no início do século XXI: oferecendo preço baixo e conveniência. Um livro em brochura, ou livro de bolso, custava um décimo de uma edição em capa dura, e nem precisávamos entrar em uma intimidante livraria para conseguirmos um exemplar; compravam-se brochuras em drogarias, onde também se compravam gibis e revistas. A indústria da brochura obtinha lucro imprimindo e vendendo em grande quantidade — daí a expressão *mercado de massa* — e usava capas terríveis para atrair o tipo de leitor que podia temer um livro que parecesse pomposo e "literário" demais. Toda capa prometia sexo e escândalo, ou sexo e morte, ou sexo e alienígenas, ou sexo e terror: a taxa de rotatividade das mulheres louras em roupas colantes era alta. Ray Bradbury jamais se dedicou muito à parte do sexo: o terror, a morte e os alienígenas faziam mais a linha dele.

A demanda por brochuras era muito alta, as estantes de brochuras gritavam por um fluxo de material novo, e os editores de brochuras reciclavam clássicos e autores literários com capas que os faziam parecer histórias de crimes reais ou romances açucarados. Foi assim que, ainda adolescente, li Hemingway, Faulkner, James A. Michener e muitos outros autores altamente prestigiados, e, como eu, outras centenas de milhares de pessoas fizeram o mesmo.

Alguns autores literários resistiam a ser publicados neste formato — temiam que sua arte fosse degradada —, mas não Bradbury. Embora *O homem ilustrado* tenha sido lançado com capa dura pela Doubleday com um desenho artístico modernista, saiu no ano seguinte em uma brochura da Bantam com uma capa ao estilo terror, com olhos esbugalhados. Bradbury tinha construído sua carreira em revistas e no rádio, assim entendeu a publicação em brochura do mercado de massa como um meio valioso de alcançar um número maior de leitores. Um livro pode aparecer primeiro em capa dura, mas gente como eu — jovens — quase inevitavelmente lia em brochura, como lemos Huxley, Orwell e H.G. Wells, todos aqueles que o próprio Ray Bradbury havia lido. Mas seu primeiro amor era o terror, e sua escrita inicial pesava no lado das trevas, mesmo quando não falava de não mortos macabros. Não havia muitos finais felizes em sua obra.

Qualquer escritor que mergulhe tão profundamente no terror como Ray Bradbury tem uma relação complexa com a mortalidade, e não surpreende saber que quando criança Bradbury tinha medo de morrer a qualquer momento. "Quando penso nisso agora", diz ele em seu pequeno ensaio "Take Me Home", "percebo que provação eu devo ter sido para meus amigos e familiares. Era um frenesi seguido de euforia, depois entusiasmo seguido de histeria, e assim sucessivamente. Eu sempre estava gritando e correndo de um lado para o outro, porque tinha medo que a vida acabasse naquela mesma tarde."

Mas o outro lado da moeda da mortalidade é a imortalidade. Aos 12 anos, Bradbury teve um encontro impactante com um mágico de palco chamado Mr. Electrico, um dos números de um circo itinerante. Mr. Electrico tinha um único número: sentava-se em uma cadeira eletrificada, eletrificando assim uma espada que ele segurava, com a qual eletrificava os espectadores, deixando-os de cabelo em pé e com faíscas saindo das orelhas.

Ele eletrificou o jovem Bradbury desta maneira, enquanto gritava: "Viva para sempre!"

No dia seguinte, o garoto precisou comparecer a um funeral, um contato próximo com a morte de verdade que o levou a procurar Mr. Electrico mais uma vez para descobrir como funcionava aquela coisa de "viver para sempre". O velho circense lhe mostrou o que costumava se chamar *freak show* — completo, com um homem tatuado que mais tarde se metamorfosearia na figura título de *O homem ilustrado* —, e depois lhe disse que ele, Ray, possuía a alma do melhor amigo de Mr. Electrico, falecido na Primeira Guerra Mundial. Isto deve ter impressionado o jovem Ray, porque logo depois de seu batismo pela eletricidade nas mãos de Mr. Electrico ele começou a escrever; e só parou quando morreu.

Como é possível viver para sempre? Por intermédio de outras pessoas, ao que parecia: aqueles cujas almas apareceram em seu corpo. E através de outras vozes, as vozes que falavam por meio de você. E, pelas palavras escritas, o código para aquelas vozes. No final de *Fahrenheit 451*, o herói descobre — em um mundo onde livros foram destruídos — um grupo de pessoas que passaram a ser os livros desaparecidos ao memorizá-los: uma encarnação perfeita para o nó de mistérios apresentado ao jovem Ray por Mr. Electrico.

Logo após a morte de Ray Bradbury, eu conversei com um poeta. "Ele foi o primeiro autor que li na vida", disse esse homem. "Quando tinha 12 ou 13 anos. Li cada livro dele… eu os procurava. E lia de cabo a rabo." Eu disse que achava que muitos escritores — e muitos leitores — tiveram a mesma experiência, e que eles eram escritores e leitores dos mais diversos tipos: escritores e leitores de poesia e de prosa, de todas as idades e todos os gêneros de literatura, de aventuras *pulp* ao experimentalismo mais erudito.

A que se deve a grande popularidade de Bradbury? É — uma pergunta difícil, mas que críticos e entrevistadores sempre fizeram — onde localizá-lo no mapa categorizante da literatura, ou mesmo em livrarias, nas quais os livros agora devem ser exibidos na estante segundo seu "gênero"?

Distinções como esta teriam irritado Ray Bradbury. Ele se criou na "era de ouro" da ficção científica e dos contos fantásticos — em geral, como era considerada a década de 1930 — e estruturou sua carreira, inicialmente, com base na principal plataforma que existia na época e por várias décadas depois dela: um mercado extenso de revistas populares para contos. Embora tenha acabado sendo publicado na respeitada *New Yorker*, ele começou em 1938 publicando em uma revista amadora de fãs, depois em sua própria revista, a *Futura Fantasies*. Depois publicou em revistas *pulp*, inclusive *Super Science Stories* e *Weird Tales*.

Era possível ganhar a vida desse jeito se a pessoa escrevesse muito, e se escrevesse diferentes tipos de contos, e Bradbury conseguiu ganhar a vida. Escrevia todo dia e uma vez se comprometeu a escrever um conto por semana — uma proeza que ele realizou. Sua renda foi acrescida com adaptações para gibis, depois para o cinema e versões para a TV. Ele ascendeu a publicações mais refinadas, inclusive a *Playboy* e a *Esquire*, e também publicou livros. Escrever era ao mesmo tempo sua vocação — ele era chamado a isto e escrevia intuitivamente — e seu meio de vida, e Bradbury tinha orgulho dos dois aspectos. Ele se esquivava de classificações e currais de gênero o máximo que podia: para Bradbury, ele era um contador de histórias, um escritor de ficção, e as histórias de ficção não precisavam ter rótulos herméticos.

A expressão *ficção científica* o deixava nervoso: ele não queria ser enclausurado em uma caixa. Achava que a ficção científica tratava de coisas que de fato podiam acontecer, enquanto ele escrevia principalmente sobre o impossível. Ele, por sua vez, deixava nervosos os puristas linha-dura da ficção científica, uma vez que usava a parafernália deles — naves espaciais, outros planetas, truques envolvendo teoria física — para o que chamava de "fantasia". Marte, como ele trata, não é um lugar descrito com precisão científica nem muita coerência, mas um estado mental, e ele o recicla para o que precisar no momento. As naves espaciais não são milagres da tecnologia, mas meios de transporte psíquicos, servindo ao mesmo propósito da casa levada pelo tornado de Dorothy em O maravilhoso Mágico de Oz, ou da improvável aeronave caixão voador da Trilogia cósmica criada por C.S. Lewis, ou do transe do xamã tradicional: são meios que nos levam ao Além.

Em sua melhor obra, Bradbury enterra uma raiz bem no cerne sombrio e gótico da América do Norte. Não é por acaso que ele descendia de Mary Bradbury, condenada como bruxa em 1692, durante os notórios julgamentos das bruxas de Salem por, entre outras coisas, assumir a forma de um javali azul. (Ela não foi enforcada, porque sua execução foi adiada até que a loucura passou.) Os julgamentos de Salem são um tropo seminal na história norte-americana, um tropo que se repetiu várias vezes de formas diversas — literárias e políticas — ao longo dos anos. Em seu cerne está a ideia da duplicidade da vida: você não é quem é, mas tem um gêmeo secreto e provavelmente do mal. Mais importante, os vizinhos não são quem pensamos que são. Podiam ser bruxas, no século XVII, ou pessoas que falsamente nos acusarão de bruxaria, ou traidores, no século XVIII, na época da Revolução, ou comunistas, no século XX, ou pessoas que nos matarão a pedradas, em "The Lottery", de Shirley Jackson, ou terroristas, no século XXI.

Todos que conheceram Bradbury testemunharam seu entusiasmo, a receptividade, a generosidade para com os outros. Para o mundo, ele representava uma combinação de menino ávido e cheio de espanto e tio bonzinho. Mas sua imaginação certamente foi sequestrada na primeira infância por alguma força mais sombria — principalmente Edgar Allan Poe, que ele leu avidamente aos 8 anos.

Em "William Wilson", Poe opõe indivíduos gêmeos, e quase podemos dizer que Bradbury os encenou: o eu brilhante, todo luz solar, varandas e limonada, e o escuro, aquele que pode imaginar um cachorro travesso desenterrando um cadáver e o levando para casa para visitar seu dono, um garotinho preso ao leito. Bradbury é cheio de surpresas, mas elas quase nunca são boas para seus personagens. Em quem se pode confiar? Em quase ninguém. Ou pelo menos em ninguém que alegue ter uma normalidade no estilo Norman Rockwell, fadada a ser mera fachada.

Mas a nostalgia pela mesma normalidade rockwelliana é muito real na obra de Bradbury, com os detalhes carinhosamente representados. Ele nasceu em 1920 em Waukegan, Illinois, e são esta cidade e esta época — os anos 1920 e 1930 de sua juventude — que aparecem repetidas vezes em sua obra, às vezes na Terra, às vezes em Marte. Você não pode voltar para casa, disse Thomas Wolfe — outro nostálgico americano —, mas pode recuperar o passado escrevendo sobre ele, como Wolfe e Bradbury fizeram. Entretanto, na obra de Bradbury o encanto dura até bater a meia-noite e seus amigos e familiares da cidade natal se revelarem marcianos que estão prestes a te matar. A sombra do relógio preto de "A Máscara da Morte Vermelha" de Poe nunca está longe do mundo de Bradbury: o tempo é o inimigo.

O homem ilustrado — como o anterior de Bradbury, *As crônicas marcianas* (1950) — é uma coletânea de contos publicados anteriormente e reunidos de uma forma maleável por um conceito estruturado. No caso de *O homem ilustrado*, este conceito é o personagem-título, um refugiado de um *freak show*. Ele foi tatuado por uma mulher mágica que viajava no tempo e conferiu às imagens em sua pele a capacidade de prever o futuro, o que permite a Bradbury misturar histórias "futuristas" contendo coisas que ainda não tinham sido inventadas, como esposas robóticas, com outras histórias que poderiam acontecer em um futuro muito próximo e não conteriam engenhocas que ainda não existissem na época. As tatuagens do homem são como os contos de Scheherazade para a Morte, seu rei assassino: enquanto elas narrarem as histórias, o homem tatuado permanece vivo. As coisas não terminam bem para o homem, como não terminaram para Scheherazade: a última tatuagem prevê sua própria morte. Na verdade esta é — no geral — uma coletânea agourenta.

Quando tento lembrar qual desses contos me impressionou mais quando adolescente, há um destaque claro: "A savana." Neste conto — agora um clássico — duas crianças, maliciosamente nomeadas Peter e Wendy, ganham um quarto de brincar que pode retratar em suas quatro paredes o ambiente que as crianças programarem. Seu preferido é uma savana africana, com leões ao fundo. Os pais ficam preocupados porque as crianças passaram a preferir esta área de brincar fantasiosa à vida real e a eles. Decidem dar um fim à savana. Mas então — como esses fac-símiles tendem a fazer na obra de Bradbury — a savana toma consciência da intenção deles e dá cabo dos dois.

Dos outros contos, alguns são leves, alguns mais impressionantes, outros reprises de temas anteriores que ainda o interessavam, alguns precursores de coisas literárias por vir, para ele e para outros. *Mulheres perfeitas* certamente é prenunciado por seu conto "Marionetes S.A." em que duas esposas, para enganar e escapar dos parceiros, conseguem réplicas robôs delas mesmas que — desnecessário dizer — saem do controle. "Os exilados" antedata *Fahrenheit 451* e canaliza uma das ansiedades de Bradbury — justificada por aqueles tempos de repressão e ameaças macarthistas —, tendo relação com a proibição e a destruição da literatura. "O visitante" faz eco a um conto anterior, "O marciano" — em ambos, um indivíduo com talentos especiais (mudança de forma, telepatia) é destruído pelos desejos frenéticos daqueles que querem o que ele tem. (Será um comentário a escritores e fandons? Talvez.) "A cidade", como o conto "A terceira expedição" em *As crônicas marcianas*, é uma daquelas armadilhas sedutoras para astronautas viajantes que nós, crianças, aprendemos a temer com Bradbury, sendo também um uso engenhoso da guerra biológica. "O outro pé" é um olhar severo ao racismo, no qual Marte é colonizada de novo, desta vez por pessoas negras que estão preparadas para dar uma recepção segregacionista muito bacana aos últimos habitantes de uma Terra destruída, que estão prestes a chegar a Marte e que, por acaso, são brancos. Em "Os balões de fogo", os marcianos aparecem de novo, desta vez como belas formas de energia pura que, sem ter corpos, não precisam da forma terrestre de salvação missionária.

Só a partir desta amostra, você pode ver que Bradbury era uma mente em ebulição. Sua ampla gama de interesses, sua curiosidade ilimitada, a versatilidade, a inventividade e o fascínio pela natureza humana, com todos os defeitos, estão em plena exposição em *O homem ilustrado* — como estão em sua produtividade espantosa. É impossível pensar na literatura norte-americana da segunda metade do século XX sem pensar em Ray Bradbury. Qualquer um que escreva contos fantásticos agora — e incluo distopias, que no presente estão florescendo — tem uma dívida considerável para com ele.

Serei eu uma má feminista?

>>><<<

(2018)

Parece que sou uma "Má Feminista". Posso acrescentar isso às outras coisas de que tenho sido acusada desde 1972, como escalar para a fama usando uma pirâmide de cabeças de homens decapitados (uma publicação de esquerda), de ser uma dominatrix empenhada na subjugação dos homens (esta uma publicação de direita, completa, tinha até uma ilustração me retratando de botas e chicote), de ser uma pessoa medonha capaz de aniquilar — com seus poderes mágicos de Bruxa Branca — todos os seus críticos nas mesas de jantar em Toronto. Sou tão assustadora! E agora, ao que parece, estou liderando uma Guerra às Mulheres, como a Má Feminista misógina e leniente com estupros que sou.

Como seria uma Boa Feminista, aos olhos de minhas acusadoras?

Minha posição fundamental é de que as mulheres são seres humanos, com toda a gama de comportamentos santos e demoníacos que isto envolve, inclusive criminosos. Elas não são anjos, incapazes de fazer o mal. Se fossem, não precisaríamos de um sistema judiciário para tais acusações, uma vez que todas elas seriam verdadeiras.

Nem acredito que as mulheres sejam como crianças, incapazes de livre-arbítrio ou de tomar decisões morais. Se fossem, estaríamos de volta ao século XIX e as mulheres não deveriam ter propriedades, cartões de crédito, acesso à educação de nível superior, controle sobre a própria reprodução ou direito de votar. Existem grupos poderosos na América do Norte pressionando esta pauta de retrocesso, mas em geral não são considerados feministas.

Além disso, acredito que, para existirem direitos civis e humanos para as mulheres, devem existir direitos civis e humanos, e ponto final; inclusive o direito à justiça fundamental, assim como, para que as mulheres tenham o direito de votar, é preciso existir o direito ao voto. Será que as Boas Feministas acreditam que só as mulheres devem ter esses direitos? Certamente não. Isto significaria assumir o reverso da moeda: o antigo estado de coisas em que os homens eram os únicos a desfrutar desses direitos.

Assim, vamos supor que minhas acusadoras Boas Feministas e a Má Feminista que sou concordemos nos argumentos anteriores. Onde divergimos? E como entrei nessa polêmica com as Boas Feministas?

Em novembro de 2016, assinei — por questão de princípios, como assinei muitas outras petições — uma Carta Aberta chamada UBC Accountable, que apela por responsabilidade da Universidade da Colúmbia Britânica por sua falta de isenção no tratamento de um de seus ex-funcionários, Steven Galloway, ex-diretor do departamento de escrita criativa, bem como seu tratamento em relação às queixosas envolvidas no caso. Especificamente, vários anos atrás, a universidade divulgou na mídia nacional que havia um inquérito, mesmo antes de o acusado ter permissão de conhecer os detalhes da acusação. Antes que ele conseguisse ter acesso a eles, teve de assinar um acordo de confidencialidade. O público — eu inclusive — ficou com a impressão de que este homem era um estuprador serial violento e todo mundo ficou livre para atacá-lo publicamente, uma vez que, segundo o acordo que assinara, ele não podia falar nada para se defender. Seguiu-se uma saraivada de insultos.

Mas depois de um inquérito de meses feito por uma juíza, com várias testemunhas e interrogatórios, a juíza disse que não houve agressão sexual, segundo uma declaração liberada pelo sr. Galloway por intermédio de seu advogado. O funcionário foi demitido mesmo assim. Todo mundo ficou surpreso, inclusive eu. Sua associação de docentes entrou com um processo, que ainda continua e, até que acabe, o público ainda não pode ter acesso ao relatório da juíza ou a sua fundamentação a partir das provas apresentadas. O veredito de inocente desagradou a algumas pessoas. Elas continuaram a atacar Galloway. Foi a essa altura que os detalhes do processo falho da UBC começaram a circular e a carta aberta UBC Accountable passou a existir.

Uma pessoa justa suspenderia o veredito de culpado até que o relatório e as provas estivessem disponíveis para análise. Somos adultos: podemos tomar nossas decisões, de um jeito ou de outro. Os signatários da carta UBC Accountable sempre assumiram esta posição. Meus críticos não, porque eles já haviam se decidido. Serão essas Boas Feministas pessoas justas? Se não forem, só estão alimentando a antiga narrativa que sustenta que mulheres são incapazes de justiça ou de julgamento fundamentado, e estão dando aos adversários das mulheres mais um motivo para lhes negar posições de tomada de decisão no mundo.

Uma divagação: conversa de bruxa. Outro argumento contra mim é que comparei os procedimentos da universidade com os julgamentos das bruxas de Salem, em que, para uma pessoa ser culpada, bastava ser acusada, uma vez que as provas eram submetidas a determinadas regras que impediam a comprovação de inocência. Minhas acusadoras Boas Feministas se opõem a esta comparação. Elas pensam que eu as estava comparando com as caçadoras de bruxas adolescentes de Salem e as chamando de garotinhas histéricas. Eu aludia, em vez disso, à estrutura aplicada nos próprios julgamentos.

No momento, existem três tipos de linguagem de "bruxa". (1) Chamar alguém de bruxa, como aplicado amplamente a Hillary Clinton durante a recente eleição. (2) "Caça às bruxas", usado para declarar que alguém procura por algo que não existe. (3) A estrutura dos julgamentos das bruxas de Salem, em que você era culpada porque era acusada. Eu me referia a este terceiro uso.

Esta estrutura — culpada porque foi acusada — foi aplicada em muitos outros episódios da história humana, ultrapassando Salem. Tende a aumentar durante a fase "Virtude e Terror" de revoluções — algo deu errado e deve haver um expurgo, como na Revolução Francesa, nos expurgos de Stalin na URSS, no período da Guarda Vermelha na China, no reinado dos generais na Argentina e nos primeiros dias da Revolução Iraniana. A lista é longa e esquerda e direita foram complacentes. Até que se acabe o "Virtude e Terror", muitos já terão caído pelo caminho. Observe que não estou dizendo que não existam traidores ou qualquer que seja o grupo alvo; simplesmente que, em momentos assim, as regras habituais da justiça são ignoradas.

Estas coisas sempre são feitas em nome da implementação de um mundo melhor. Às vezes até mesmo levam a uma melhoria, por algum tempo. Às vezes são usadas como desculpa para novas formas de opressão. Como na justiça com as próprias mãos, a condenação sem um julgamento começa como uma resposta a uma falta de justiça — ou o sistema é corrupto, como na França pré-revolucionária, ou não existe sistema, como no Velho Oeste —, assim as pessoas tomam as coisas nas próprias mãos. Mas esse tipo de justiçamento compreensível e temporário pode se metamorfosear em um hábito de linchamento culturalmente solidificado, em que o modo de justiça disponível é jogado pela janela e estruturas de poder extrajudiciais são implantadas e mantidas. A Cosa Nostra, por exemplo, começou como uma resistência à tirania política.

O movimento #MeToo é um sintoma de um sistema judiciário falido. Com demasiada frequência, as mulheres e outros que se queixam de abuso sexual não conseguem um tratamento justo por parte das instituições — inclusive estruturas empresariais —, então estão usando uma nova ferramenta: a internet. Estrelas caíram dos céus. Isto tem sido muito eficaz e tem sido visto como um chamado em massa pelo despertar. Mas e depois? O sistema judiciário pode ser corrigido ou nossa sociedade pode descartá-lo. As instituições, as empresas e os locais de trabalho podem limpar a casa ou podem esperar que mais estrelas caiam, e também muitos asteroides.

Se o sistema judiciário é ignorado porque parece tão ineficaz, o que tomará seu lugar? Quem serão os novos agentes do poder? Não serão as Más Feministas como eu. Não somos aceitáveis nem pela direita nem pela esquerda. Em épocas de extremos, vencem os extremistas. A ideologia deles torna-se uma religião, qualquer um que não se deixe manipular por sua visão é tido como um apóstata, um herege ou um traidor, e os moderados no meio são aniquilados. Escritores de ficção são particularmente suspeitos, porque eles escrevem sobre seres humanos, e as pessoas são moralmente ambíguas. O objetivo da ideologia é eliminar a ambiguidade.

A carta UBC Accountable também é um sintoma — um sintoma do fracasso da Universidade da Colúmbia Britânica e de seu processo falho. Isto devia ser uma questão abordada pelas Canadian Civil Liberties ou pelas B.C. Civil Liberties. Talvez estas organizações agora se mexam. Já que a carta agora se tornou uma questão de censura — com chamados sendo feitos para apagar o site e as palavras ponderadas de muitos escritores —, talvez a PEN Canada, a PEN International, o Canadian Journalists for Free Expression (CJFE) e o Index on Censorship também possam ter uma opinião.

A carta disse desde o início que a UBC falhou com o acusado e com as queixosas. Eu acrescentaria que ela falhou com os contribuintes, que financiam a UBC com algo em torno de 600 milhões de dólares por ano. Gostaríamos de saber como nosso dinheiro foi gasto neste caso. Os doadores da UBC — e ela recebe *bilhões* de dólares em doações privadas — também têm o direito de saber.

Em toda essa situação, os escritores foram colocados uns contra os outros, em particular porque a carta foi distorcida por seus atacantes e difamada como uma Guerra às Mulheres. Mas, nesta época, apelo a todos — a Boas Feministas e Más Feministas como eu — a deixar de lado sua briga improdutiva e dirigir os holofotes para onde deveriam estar o tempo todo: à UBC. Duas das queixosas agora se pronunciaram contra o processo da UBC neste caso. Por isso, devemos agradecer a elas.

Depois que a UBC começar um inquérito independente sobre seus próprios atos — como aquele realizado recentemente na Universidade Wilfrid Laurier — e prometer tornar o inquérito público, o site UBC Accountable terá servido a seu propósito. Este propósito nunca foi o de esmagar as mulheres. Por que responsabilidade e transparência têm sido enquadradas como a antítese aos direitos das mulheres?

Perdemos Ursula Le Guin quando mais precisávamos dela

>>><<<

(2018)

Quando finalmente tive a brilhante e renomada escritora Ursula K. Le Guin só para mim em um palco em Portland, alguns anos atrás, fiz-lhe a pergunta que sempre desejei fazer: "Para onde vão aqueles que abandonam Omelas?" Pergunta espinhosa! Ela mudou de assunto.

Omelas é uma das "experiências mentais" ficcionais de Le Guin: uma cidade perfeita onde todos têm uma estadia maravilhosa, mas todos também sabem que o destino da cidade repousa sobre uma única criança que é mantida em um calabouço, horrivelmente maltratada. Sem esta criança, a cidade sucumbirá. Pense na escravidão no mundo da Grécia e da Roma antigas, pense no sul antes da Guerra de Secessão, pense nas pessoas sob regimes coloniais, pense na Inglaterra do século XIX. Esta criança sofredora em Omelas é parente próxima das crianças paupérrimas, mas ameaçadoras que se agarram às saias do Fantasma dos Natais Presentes de *Um conto de Natal*, de Charles Dickens. Seus nomes são Ignorância e Desejo, e elas são muito pertinentes hoje.

Uma cidade rica sustentada pelos maltratados — é disso que aqueles que saem de Omelas estão se afastando. Minha pergunta, portanto, era: onde no mundo podemos encontrar uma sociedade em que a felicidade de alguns não dependa da infelicidade de outros? Como construir Omelas, sem a criança torturada?

Nem Ursula K. Le Guin nem eu sabíamos, mas era uma pergunta que Le Guin passou a vida toda tentando responder, e os mundos que ela criou com tanta habilidade em sua tentativa são muitos, variados e fascinantes. Como uma anarquista, ela teria desejado uma sociedade autogovernada, com igualdade racial e de gênero. Ela teria desejado respeito por formas de vida além da humana. Teria desejado uma sociedade acolhedora para as crianças, ao contrário daquela que impõe o parto, mas não cuida das mães nem dos filhos. Ou assim eu deduzo a partir de seus escritos.

Le Guin nasceu em 1929: ela foi criança durante a Grande Depressão e adolescente na Segunda Guerra Mundial, cursando a universidade logo depois da guerra, naquele momento que parecia tão repleto do espírito de renovação. Ela foi para Radcliffe, um espaço liminar na época: era Harvard mas não era, onde mulheres tinham permissão de alguma participação, mas não pleno acesso. Ela teria passado pelo salão de jantar, onde — segundo lhe disseram — os alunos homens costumavam atirar pãezinhos em qualquer mulher que se atrevesse a erguer a cabeça. (Depois que se tornou escritora — uma escritora de ficção científica, entre outras coisas —, os homens continuavam com a prática de exclusão de jogar pãezinhos nas mulheres para defender seu clubinho. Ela tomou conhecimento e não achou engraçado.)

Depois de Radcliffe ela fez pós-graduação, estudando as literaturas francesa e italiana. Foi ensinada a pensar como um homem, como costumavam dizer: com profundidade, curiosidade e rigor. Mas, depois de se casar e deixar a academia, viu-se em uma sociedade que a tratava — e a todas as mulheres, do ponto de vista jurídico — como uma menina irresponsável de 13 anos. Para aquelas que haviam sido ensinadas a ser adultas, aquilo foi como tentar lacrar um vulcão dentro de uma lata. Foi esta geração de mulheres americanas que impulsionou grande parte da segunda onda do feminismo no final dos anos 1960 e 1970, quando esta lata em particular explodiu. Esta foi uma época de grande atividade para Le Guin, a escritora.

Mas o pensamento e o ativismo político eram apenas um aspecto da vida e da obra multifacetadas desta mulher extraordinariamente talentosa. A trilogia de Terramar, por exemplo, é uma exploração memorável da relação entre vida e morte: sem a escuridão, não há luz, e a mortalidade permite que exista tudo que é vivo. A escuridão inclui os lados ocultos e menos agradáveis de nosso ser — nossos medos, nosso orgulho, nossa inveja. Ged, seu herói, deve enfrentar seu eu sombrio antes que este o devore. Só então ele se tornará inteiro. Neste processo, ele deve lutar com a sabedoria de dragões, ambígua, e não como a nossa sabedoria, mas ainda assim uma sabedoria.

Recentemente, estava conversando com uma mulher muito mais jovem que estava de luto pela perda de uma amiga. "Leia a trilogia de Terramar", sugeri. "Vai ajudar." Ela leu, e ajudou.

Mas agora Ursula K. Le Guin morreu.

Quando soube disto, tive uma visão absurda baseada na cena de *O feiticeiro de Terramar*, em que o mago Ged tenta invocar o espírito de uma criança de volta da terra dos mortos. Lá estava Ursula, descendo calmamente uma colina de areia sussurrante sob as estrelas imutáveis, e lá estava eu, transtornada e correndo atrás dela, chamando: "Não! Volte! Precisamos de você aqui e agora!"

Em particular agora, na terra do assédio normalizado, do retrocesso nos direitos das mulheres em tantos fronts, mas especialmente na assistência médica e na contracepção, e do esforço de arrancar as mulheres do local de trabalho por aqueles que, tendo fracassado na competição de habilidade e superioridade intelectual, usaram seus pênis como armas.

Ela vira uma explosão semelhante de raiva feminina no início dos anos 1970, na época da segunda onda do movimento feminista. Sabia de onde vinha a indignação: raiva reprimida. Nos anos 1960 e 1970, a raiva vinha de muitos lados, mas em geral por ser tratada como inferior — muito inferior —, embora seu trabalho e sua contribuição tenham sido ótimos ou, ainda, excelentes. Um dos primeiros bordões da época foi "Trabalho doméstico é trabalho". Uma das citações que mais provocaram ressentimento veio do movimento pelos direitos civis: "A única posição para uma mulher dentro do Movimento é deitada."

A raiva era algo que intrigou Le Guin por muito tempo. Em seu ensaio de 2014, "About Anger", ela escreve:

> A raiva é uma ferramenta útil, talvez indispensável para mobilizar a resistência à injustiça. Mas creio que é uma arma — uma ferramenta útil apenas no combate e na defesa pessoal. [...] A raiva aponta poderosamente para a negação de direitos, mas o exercício dos direitos não pode viver e prosperar na raiva. Ele vive e prospera na busca obstinada pela justiça. [...] Valorizada como um fim em si mesma, ela perde seu objetivo. Impulsiona não o ativismo positivo, mas o retrocesso, a obsessão, a vingança, a hipocrisia.

O objetivo de longo prazo, a busca obstinada pela justiça — isto tomou grande parte de seus pensamentos e de seu tempo.

Não podemos chamar Ursula K. Le Guin de volta da terra das estrelas imutáveis, mas felizmente ela nos deixou uma obra multifacetada, sua sabedoria conquistada a duras penas e seu otimismo fundamental. Sua voz sensata, inteligente, habilidosa e lírica é mais necessária do que nunca hoje em dia.

Por isso, e por ela, devemos ser gratos.

Três cartas de tarô

>>><<<

(2018)

É um grande prazer dar a *lectio magistralis* deste ano. Adoro Florença e estou muito feliz por estar aqui, mas este convite gentil também foi causa de algum desconcerto de minha parte. Disseram-me que eu podia falar com vocês sobre o que quisesse, desde que tivesse alguma relação com a escrita. Mas o que posso dizer sobre a escrita em geral que outros já não tenham dito, ou que eu mesma já não tenha falado, o que, pelo menos no meu caso, não equivale a grande coisa? Pois o que se pode dizer com alguma autoridade sobre a escrita em geral? Nenhuma sugestão.

Por exemplo: a escrita é uma linha de marcações pretas em uma página, ou na parede do banheiro, colocada nesses locais por um número incontável de pessoas. Escrever é um modo de registrar a voz humana, mas não é o único. Escrever está saindo de moda, ou não está, dependendo de com quem você está falando. Escrever é com mais frequência uma forma de contar histórias, e as narrativas são uma das primeiras invenções humanas, e indiscutivelmente a mais importante delas. Aprendemos com muito mais facilidade por meio de histórias do que, por exemplo, por gráficos e tabelas. A escrita foi criada na Mesopotâmia como uma forma de manter no templo inventários de mercadorias, como o trigo. Antigamente a escrita era temida como um segredo conhecido apenas por escribas e magos, e ainda traz um sopro de alerta: recentemente ganhei uma caneca de café onde se lê PALAVRAS, e embaixo "manusear com cuidado". A escrita foi forjada e usada para destruir pessoas, como no caso de Mary, Rainha dos Escoceses. A escrita também foi usada para salvar pessoas ameaçadas de execução: veja só, o perdão lavrado e assinado chegando bem a tempo! A escrita foi usada para chantagear e extorquir; também foi usada para trazer esperança e alegria. A escrita à mão foi ensinada amplamente no século XIX porque o capitalismo precisava de muitos escriturários que soubessem ler e escrever a fim de manter um registro da riqueza e de quem devia o que a quem.

Ah, mas vocês não estavam falando sobre escrita com *e* minúsculo. E sim sobre Escrita, em maiúscula! Queriam dizer a escrita *literária*, ou pelo menos as obras escritas com certo grau de elevação. Queriam dizer, provavelmente, o tipo de escrita que eu mesma tenho a fama de cometer de vez em quando. Digo "cometer" propositalmente — uma pessoa comete um ato, mas também comete um crime, e a escrita no sentido literário é um ato, mas também pode ser vista como um crime. Muitos foram presos ou enviados à morte meramente por causa de sua escrita. O sacrilégio e a traição estavam entre os veredictos, enquanto entre os críticos literários — eles mesmos escritores, não vamos nos esquecer — o mau gosto e o mal escrito estiveram entre as acusações.

Cuidado ao escrever, poderíamos falar! Talvez devêssemos ser mais discretos e nunca registrar nada no papel. Mas no meu caso é tarde demais para isso.

Como os seres humanos são marcadores de símbolos e gostam de organizar seus símbolos de formas compreensíveis, agora tentarei olhar alguns aspectos da escrita por três cartas do tarô: La Papesse, ou A Papisa; A Roda da Fortuna; e La Balance, ou A Justiça.

E como os seres humanos são contadores de histórias, e têm sido há dezenas de milhares de anos, começarei com três histórias: a primeira: "Como Me Tornei (meio que) uma Escritora." A segunda: "Como Uma Vez Usei um Baralho de Tarô em um Curso Rudimentar de Escrita de Ficção em Edmonton, Alberta, no Canadá, no Período de 1969/1970." E a terceira: "Como Ganhei um Baralho de Tarô Visconti-Sforza em Milão, Itália, em 2017."

A PRIMEIRA HISTÓRIA: "COMO ME TORNEI (MEIO QUE) UMA ESCRITORA" •

Eis o contexto. No final da década de 1950 e início da de 1960 — um planeta distante que posso descrever bem a vocês, estando viva e já meio adulta na época — não existiam celulares. Mais do que isso: não existiam computadores pessoais, nem redes sociais, nem internet. Não havia nem mesmo aparelhos de fax. As máquinas de escrever elétricas tinham sido inventadas pouco tempo antes; eu só compraria uma em 1967. Não existia meia-calça. Não havia caffè lattes, ou não na América do Norte: os lattes ainda não tinham feito um ataque furtivo, vindos da Europa, e se infiltrado na corrente sanguínea coletiva. Havia muito poucas mulheres — se é que havia alguma — dedicadas aos estudos de ciências exatas, isto é, Ciências, Tecnologia, Engenharia e Matemática.

Se você estudasse medicina e fosse mulher, era mais provável que fosse enfermeira. Se estudasse direito — improvável —, seria uma escrevente. Se fosse uma mulher na política — pelo menos na América do Norte —, seria uma aberração e tratada como tal.

A maioria dos romancistas e poetas nos anos 1950 e início dos 1960 eram homens. Só existia uma escola de escrita criativa na época. Ficava em Iowa. Não existiam essas escolas em Toronto, no Canadá, que foi onde comecei a ser escritora. Quaisquer habilidades que eu possa ter adquirido durante minha trajetória longa e peculiar foi autodidata, com a ajuda — e é um prazer reconhecer — de meus amigos, primeiros leitores, agentes e editores. Mas levei algum tempo para adquirir essas habilidades: primeiro tinha de escrever alguma coisa. E muito do que escrevi no início era bem ruim. Assim como acontece com a maioria dos escritores.

Em 1957, depois de já ter assimilado parte dos textos fundamentais que têm sido tão úteis para mim desde então — a Bíblia, a *Ilíada*, a *Odisseia*, a *Eneida*, qualquer conto folclórico do mundo todo em que eu conseguisse pôr as mãos, *As mil e uma noites*, muitos e ótimos romances policiais e de ficção científica, uma pilha imensa de gibis, muito Shakespeare e romances do século XIX (mas ainda não Dante, Cervantes ou grande coisa de Chaucer) —, entrei para a universidade. A área de humanas passava por uma espécie de boom naquela época, ou pelo menos era mais respeitada do que é agora. Na verdade, tinha preenchido — em alguns círculos — um espaço vazio que antes era ocupado pela religião. Humanas pareciam oferecer elevação espiritual, ou enriquecimento pessoal, ou aprimoramento nebuloso. Deviam ser — de um jeito que nunca foi muito bem definido — algo moralmente Bom para Você.

Existe um lado negativo nesta visão, como em tudo que é humano. A União Soviética, nos anos 1920 e 1930 e posteriormente, levou esse tipo de análise moralizante a um extremo — alguns poetas e escritores não podiam nem mesmo ser publicados lá, tendo sido declarados "degenerados" e, assim, prejudiciais à sociedade. E tão perigosa era considerada a grande poeta russa Anna Akhmatova que ela foi proibida de publicar na URSS por décadas. Seu assombroso poema "Réquiem" — sobre como era viver o terror e os expurgos de Stalin nos anos 1930 — foi composto em fragmentos, que foram então memorizados pelos amigos fiéis de Akhmatova. Qualquer registro por escrito era queimado: ser apanhada com a prova poderia muito bem significar a morte para Akhmatova. Quando Stalin enfim estava morto e a glasnost finalmente chegara, os fragmentos do poema foram reunidos e ele foi publicado.

Imagine arriscar sua vida para preservar um poema, uma obra de ficção ou um registro do que aconteceu! Mas as pessoas fazem isso. Muito recentemente, um livro de contos sobre a vida em um regime muito repressor foi contrabandeado da Coreia do Norte. Intitula-se *A acusação*. O autor usou um pseudônimo — Bandi, que significa "pirilampo". Pense nisso. Um inseto mínimo, emitindo pulsos frágeis de luz na escuridão.

Isto é o escritor como testemunha, como mensageiro — um papel que o tempo consagrou. Lembro-me desse uso da voz no Livro de Jó — considerado um dos mais antigos na coletânea que conhecemos como a Bíblia. A voz é aquela do mensageiro que chega a Jó, descrevendo as catástrofes que destruíram seus filhos. Ele diz: "E só eu escapei para trazer-te a nova." Esta é uma das coisas que a literatura imaginativa pode fazer em tempos de provações e problemas — ela pode dar testemunho.

Porém, quando o excesso de escrutínios morais na arte é exercido por forças externas a ela que alegam estar agindo para proteger a sociedade, temos invariavelmente a censura, e até coisas como o julgamento por obscenidade do romance inovador de Flaubert, *Madame Bovary*. Esta mesma visão moral da literatura — nada que escandalize deve ser publicado — era típica da era vitoriana — uma era que combinou sua altivez virtuosa com a maior população de cortesãs, prostitutas de rua e crianças vendidas no mercado sexual que Londres já viu. Mas nunca nos livramos disto, desta ideia de que os romances, poemas e obras de arte em geral têm de ser julgados de acordo com o princípio de serem ou não Bons para Você, pelos padrões de quem faz o julgamento.

Em nossa época, é mais provável que esse tipo de moralização se manifeste como um exame das obras artísticas que as enquadre meramente como um subconjunto da indústria do entretenimento, ou como algum tipo de secreção — como uma pérola em torno de um grão irritante de areia —, ou um detrito, como uma pele de cobra largada ou uma coleção de unhas cortadas produzida pela cultura maior, e digna de estudos só como um sintoma de todas as coisas que deram errado com a psique de quem escreveu, ou com sua visão de mundo, ou sua posição socioeconômica, ou sua filosofia, ou estética, ou seus preconceitos.

Não dizem mais que é a contemplação do objeto artístico que é boa para nós: é a destruição crítica dele. Que alívio — outro objeto cultural maculado é consignado à lata de lixo da história, enquanto nós, seres mais esclarecidos, continuamos pela Estrada dos Tijolos Amarelos para a Cidade das Esmeraldas de Oz, onde todo mundo é feliz e bem-comportado ou — como teria colocado santo Agostinho, inventor do sexo como pecado original — a Cidade de Deus. Em nossa época, essa nossa tendência magnânima ao julgamento (da qual eu mesma não estou isenta, apresso-me a acrescentar) anda em sintonia com uma saturação de pornografia violenta nunca antes vista e, na verdade, impossível em épocas anteriores. Os seres humanos e as sociedades humanas não são nada além de contraditórios, como podem ter percebido.

Mas me desviei do assunto. Lá estava eu, então, em 1957, aos 17 anos. Toronto em 1948 — o ano em que me mudei para lá — tinha uma população de cerca de 680 mil habitantes. Era conhecida como "Toronto, a Boa", ou às vezes "Toronto, a Azul", em referência a suas *blue laws* — não se podia beber em estabelecimentos onde as pessoas podiam ver você da rua, por exemplo, e nunca aos domingos. Aos domingos o entretenimento era ir aos pátios de ferrovias para ver os trens sendo manobrados.

As coisas hoje de algum modo foram para o lado oposto: Toronto agora é considerada a cidade mais multicultural do mundo. Quem em 1948 poderia pensar que uma coisa dessas iria acontecer? A palavra *multicultural* sequer tinha sido inventada na época! Em 1961, quando eu era uma jovem escritora, o conselho que aqueles poucos baluartes nas artes me deram foi, basicamente, "Saia de Toronto". Ou eles expandiam: "Saia do Canadá." O Canadá da época tinha poucos escritores publicados, nenhuma indústria do cinema e nenhuma indústria musical. As artes eram algo que a gente importava, supondo-se que você tivesse interesse nelas. O que exportávamos era a madeira. O Canadá era considerado solo estéril para a mente criativa e empreendedora e, na verdade, para quase qualquer forma de empreendimento, exceto nos setores madeireiro, de mineração e de pesca. Como um dos poucos especialistas reconhecidos que produziram nesta época disse, memoravelmente: "Os estadunidenses gostam de ganhar dinheiro. Os canadenses gostam de contá-lo."

Este especialista era Northrop Frye, graças a quem fui para a pós-graduação em Harvard em vez de ir para Paris, onde eu pretendia trabalhar como garçonete, morar em um sótão, escrever obras-primas em meu tempo livre, fumar cigarros — Gitanes, por opção, mas sem esperanças, porque eu era alérgica a eles —, beber absinto — também sem esperanças, porque quando alcoolizada eu vomito, uma coisa nada poética de se fazer —, pegar tuberculose, a doença romântica favorita, como nas óperas. Eu sabia das óperas graças ao rádio e às transmissões ao vivo da Metropolitan Opera Company de Nova York.

Escolhi Harvard e completei a pós-graduação em língua inglesa em detrimento de Paris e de morrer de tuberculose porque Frye acreditava que eu provavelmente conseguiria escrever mais como estudante do que como garçonete — na época chamávamos garçonetes de *waitress*, e não de "*servers*" —, e ele tinha razão, como descobri mais tarde, quando realmente me tornei garçonete. Retirar a comida semiconsumida de desconhecidos é uma boa técnica para perder peso, aliás. Perdi 5 quilos. Mas esta é outra história.

Durante todo esse tempo, eu escrevia. Finalmente publiquei meu primeiro romance, em 1969. O que me leva para:

A SEGUNDA HISTÓRIA: "COMO UMA VEZ USEI UM BARALHO DE TARÔ EM UM CURSO RUDIMENTAR DE ESCRITA DE FICÇÃO EM EDMONTON, ALBERTA, NO CANADÁ, NO PERÍODO DE 1969/1970"

Se você ainda não era nascido em 1970, não se preocupe: muita gente não era.

Morei em Edmonton, Alberta, entre os anos de 1968 e 1970. Eu deveria estar terminando minha tese de doutorado em Harvard sobre literatura vitoriana, que tratava de figuras femininas com poderes sobrenaturais e sua relação com a concepção da natureza segundo Wordsworth e Darwin, porém em algum momento desses dois anos deixei-me envolver pelo cinema e comecei a escrever roteiros. Nunca concluí minha tese sobre mulheres sobrenaturais.

Havia na época um curso rudimentar sobre escrita de ficção na Universidade de Edmonton e fui convidada a ministrar aulas lá, uma vez que eu já era uma poeta publicada. Os alunos eram de graduação e morriam de medo da página em branco. Para ajudá-los e dar-lhes algo em que pudessem focar sua atenção, levei meu baralho de tarô à aula e lhes pedi que escolhessem um dos arcanos maiores (as cartas com imagens e nomes) ou um dos arcanos menores (as cartas com figuras — o Rei, a Rainha, o Príncipe ou Cavaleiro e o Valete dos quatro naipes que, no tarô, como nos baralhos comuns, são Copas, Espada, Paus e Ouros). Felizmente, o baralho de tarô contém várias cartas de mulheres poderosas assim como de homens, então havia muitas opções para todos.

Isto funcionou muito bem como um meio de destravá-los para que começassem a escrever, assim como o recurso da narração de contos folclóricos como ponto de partida para histórias. Um dos alunos escreveu uma versão muito boa da variante de "O estranho pássaro" da história do Barba-Azul do ponto de vista do ovo mágico, que trai duas das irmãs heroínas sujando-se de sangue, mas não a terceira irmã, que o coloca numa prateleira antes de entrar na câmara sangrenta.

Por que eu sabia das cartas de tarô? Elas estavam em voga na época de T.S. Eliot, que as menciona em seu poema clássico "The Waste Land". Um romancista menor da época — Charles Williams, membro do círculo de Tolkien — chegou a escrever um romance baseado nelas intitulado *The Greater Trumps*. Portanto eu havia aprendido tarô estudando a literatura do século XX. Durante um tempo, eu tive um baralho de tarô de Marselha e tinha por hábito ler a sorte com ele, até que essa prática começou a ficar meio precisa demais para ser confortável.

Eu também havia aprendido astrologia e quiromancia, nas seguintes circunstâncias: eu morava em uma casa de Edmonton que era dividida em duas, e na outra metade morava uma historiadora de arte holandesa chamada Jetske Sybyzma, que estudava Hieronymus Bosch. Era teoria dela — desde então reconhecida — que as pinturas dele continham símbolos astrológicos, e assim ela estudou astrologia e livros sobre astrologia para interpretar esses símbolos. Com a astrologia veio a quiromancia, uma vez que este sistema também era ligado com os planetas, e a posição de mãos, dedos e anéis em retratos da Renascença podia nos contar muito sobre o retratado.

Durante as noites longas, escuras e frias de Edmonton, quando era arriscado se aventurar do lado de fora por causa do gelo, e também da névoa de gelo — cristais de gelo que podiam entrar em seus pulmões e os cortar —, como um jeito de passar o tempo, Jetske me ensinou o que sabia sobre leitura de mãos e a feitura de horóscopos. O baralho de tarô também é ligado com esses sistemas astrológicos. O que me leva para:

A TERCEIRA HISTÓRIA: "COMO GANHEI UM BARALHO DE TARÔ VISCONTI-SFORZA EM MILÃO, ITÁLIA, EM 2017"

Mais para o final de 2017, compareci ao Noir in Festival, dedicado a filmes e romances noir, e que acontece em Milão e Como. Ali recebi o prêmio Raymond Chandler, o que me deixou muito feliz, porque a obra de Raymond Chandler estava entre os romances policiais que eu lia quando jovem. Durante nossa visita a Como, fomos de teleférico à cidade de Brunate e vimos — na igreja de lá — a famosa pintura da papisa, já identificada de mil maneiras, mas que se supõe ser ligada à história de santa Guilhermina — a fundadora de uma seita religiosa de igualdade de gêneros que profetizou o advento de uma papisa.

Esta profecia, compreensivelmente, não era popular na Igreja oficial, e em particular com a Inquisição. Guilhermina se refugiou no alto da montanha Brunate, e como disse nosso guia: os inquisidores tiveram preguiça demais para subir até lá, então nunca a apanharam; mas posteriormente eles desenterraram seus ossos e os queimaram na fogueira.

O baralho de tarô Visconti-Sforza foi encomendado mais de cem anos depois, e dizem que a segunda carta do baralho — La Papesse, a Papisa, que teve seu nome alterado em algumas versões do tarô para a Sacerdotisa — foi incluída em homenagem à santa Guilhermina e sua seita. Quem pode saber com certeza? Mas é o que conta a história.

Depois de nossa visita a Brunate e nossa conversa sobre a Papisa, o representante da editora — Matteo Columbo, que é ele mesmo uma espécie de mágico — deu-me de presente um lindo baralho de tarô Visconti-Sforza, que contém os desenhos em que foram baseadas todas as versões posteriores do baralho.

Escolhi três cartas para representar três aspectos do romance. Elas corresponderão aproximadamente ao início, ao meio e ao fim.

A primeira carta é a Papisa, ou Sacerdotisa. Quando lemos a sorte, ela significa o obscuro, mistérios, forças ocultas em ação e segredos. Chamo sua atenção para isso em relação à escrita de romances — porque cada romance é, de certo modo, um romance de mistério. Se não existirem segredos no início do livro — e se o autor mostra a mão cedo demais ("mostrar a mão" é outra metáfora para os jogos de cartas) —, nós, leitores, não ficamos intrigados o bastante para ler.

Queremos saber mais. Esperamos certa quantidade de despiste do autor: esperamos descobrir que as coisas e pessoas não são como fomos levados a acreditar inicialmente. Esperamos que o oculto seja revelado no fim da história, e se não for, podemos ficar muito irritados.

A carta da Papisa, ou Sacerdotisa, é regida, em termos astrológicos, pela lua, que na época medieval adquirira uma reputação um tanto dúbia. Pode significar intuição, mas pode também significar mudança, volatilidade e ilusão. A carta da Lua no tarô mostra — entre outras coisas — reflexos na água. Existe a lua e existe o reflexo da lua. O reflexo é uma ilusão: não se pode pegar a lua mergulhando no lago.

E os romances também são reflexos e ilusões. Como escritor, você deve se esforçar ao máximo para que sua ilusão seja convincente. Não estou desmerecendo a escrita de romances ao dizer isto. Alguma verdade pode aparecer — e costuma aparecer — pelos reflexos e pelas ilusões. Como Emily Dickinson recomendou que os poetas fizessem, os romances contam a verdade, mas contam-na obliquamente. Ela também disse: "A Verdade há de deslumbrar aos poucos." Luar e encobrimento, e não o brilho da lua cheia todo de uma só vez. Este é um bom conselho para romancistas.

Minha próxima carta do tarô também é regida pela lua. Chama-se: A Roda da Fortuna. Eu a escolhi para representar o meio do romance.

Como uma história sempre consiste em uma sequência de eventos — acontece isto, depois aquilo, depois aquilo outro —, e esses acontecimentos ocorrem em certa ordem, a composição de um romance sempre deve envolver considerações de tempo. Como certa vez disse Leon Edel, o biógrafo de Henry James, "Se é um romance, terá um relógio".

Ou, podemos acrescentar, qualquer outra forma de marcar a passagem do tempo. Os relógios de sol registram o tempo de forma circular, marcando o círculo criado pelo sol. Os relógios — a versão analógica — são circulares: os ponteiros rodam e depois, no dia seguinte, rodam de novo. As fases da lua marcam o tempo — lua nova, crescente, lua cheia, minguante, e depois a sequência se repete. Os calendários em sua forma habitual de papel são, porém, lineares — março de 2018 é arrancado e descartado e, embora todo ano repita os meses e o ciclo das estações, os anos em si não se repetirão. Nunca veremos 1812 de novo, a não ser em filmes históricos e nas fantasias de viagem no tempo da ficção científica.

Se o tempo é linear, onde fica o começo e onde fica o fim? Uma pergunta que é inútil se o tempo for circular.

Como o romancista conceberá o tempo? Como o organizará dentro da narrativa? A forma de códice, à qual a maioria dos romances está incorporada, é linear — isto é, as páginas são numeradas em sequência —, mas como se lida com o tempo dentro deste arranjo linear não precisa ser linear. O elemento tempo pode, por exemplo, se assemelhar a um círculo — no fim, o personagem central descobre que volta a uma situação semelhante àquela na qual começou, mas não necessariamente terá a mesma idade no fim, a não ser que seja uma história que contenha características sobrenaturais ou anormais. Ou o tempo pode ser organizado para contar histórias paralelas que aconteceram simultaneamente, mas que depois se entrecruzam. Ou podemos nos ver lidando com vários flashbacks.

A história — o que acontece — e a estrutura — como contar ao leitor o que acontece — podem ser iguais, ou podem ser diferentes. Se forem iguais, a história começará no início e prosseguirá até chegar ao fim, quando para. Se diferentes, o ponto de entrada não será o mesmo do início da história. Por exemplo, na *Ilíada*, o ponto de entrada encontra Aquiles amuado em sua tenda, depois disso sabemos por que ele está amuado em sua tenda, e em seguida por que ele saiu da tenda e o que ele fez então.

Em *Um conto de Natal*, de Charles Dickens, o ponto de entrada é o velho avarento Scrooge passando por um momento infeliz na Véspera de Natal, durante a qual ele é visitado pelo fantasma de seu sócio morto, e depois disso são exibidos três tempos separados — o passado de Scrooge, seu presente e seu possível futuro —, e cada um deles conta aos leitores mais sobre a vida dele, conforme conta a Scrooge mais sobre ele mesmo. O tempo então para e retrocede, e ele tem permissão de viver o dia de Natal novamente, desta vez com muito mais felicidade.

No romance de Emily Brontë, *O morro dos ventos uivantes*, o ponto de entrada (o começo da história) está situado bem adiante no romance (a sequência de acontecimentos). A protagonista, Catherine, morreu há muito tempo; seu adorador obcecado e moralmente dúbio, Heathcliff, está na meia-idade; e a história dos dois — a história que estamos prestes a ouvir — é contada pelas vozes de outras duas pessoas: um cavalheiro, que quer alugar uma propriedade de Heathcliff, e Nelly, a antiga criada na casa dos personagens centrais, que sabe muito da história, mas não tudo.

Estas são várias das muitas maneiras em que o tempo em um romance pode ser organizado.

À guisa de experimentação, vamos tentar algumas variações de uma história conhecida, *Chapeuzinho Vermelho*.

1. Versão linear simples: Era uma vez uma garotinha cuja mãe fez para ela um bonito manto vermelho com capuz, e assim a garotinha era chamada de Chapeuzinho Vermelho. Um dia, a mãe lhe disse:
   — Preparei um cesto de comida para sua avó, que está doente e que mora do outro lado da floresta. Você deve levar para ela, mas tenha cuidado para não se perder no caminho, porque existem lobos que moram na floresta...
   E o resto você conhece.
2. *In medias res:* Chapeuzinho Vermelho estava tão feliz! Os passarinhos cantavam, o sol brilhava e as flores silvestres tinham brotado! Que boa ideia — colher um buquê para sua avó! Mas ao contrário das instruções que recebera antes de a história começar, Chapeuzinho Vermelho saiu do caminho e, de repente, de trás de uma árvore, apareceu um cavalheiro educado, mas decididamente peludo, com dentes muito brancos e pontudos.
   — Bom dia, garotinha — disse ele. — O que está fazendo?
   — Estou colhendo um buquê para minha avó, que mora do outro lado da floresta — disse Chapeuzinho Vermelho.
   E o resto você já sabe.
3. Retrospectiva, com flashbacks: Quando pensa no passado, a avó de Chapeuzinho Vermelho estremece sempre que se lembra do dia horrível que passou dentro da barriga do lobo. Estava muito escuro ali e era decididamente ácido, e havia vários sacos plásticos que o lobo tinha comido por engano, assim como restos de vários sanduíches de presunto.
   A avó preferia sanduíches de agrião. Mas a pior parte de sua provação foi ter de ouvir, calada, enquanto o lobo vestia sua camisola e sua touca, depois fazia uma imitação dela. Que imitação ruim! E tudo para enganar sua amada neta, a Chapeuzinho Vermelho! Mas então, por sorte, apareceu...
   E você conhece o resto.

Ou podemos adotar uma visão mais sinistra — a perspectiva adotada como regra em thrillers policiais — e começar pelo cadáver. Mas o cadáver de quem? Em uma versão da história, a avó e o lobo batem as botas, mas em outra versão é apenas o lobo. Por que não contar a história das duas formas e deixar que o leitor escolha? Muitos fizeram isso, inclusive os autores de *Write Your Own Adventure Stories*, e também Charlotte Brontë em seu romance *Villette*. Neste caso, não há uma só ordem dos acontecimentos, elas são duas.

Ou, no caso de vários narradores, existem várias ordens dos acontecimentos. Este é o esquema proposto pelo filme de Kurosawa, *Rashomon*, tão famoso que o título passou a ser usado entre escritores para classificar esse tipo de abordagem de vários fios em que cada relato contradiz os outros. "Ah. Ele está usando um *Rashomon*", eles costumam dizer, assentindo sabiamente.

Algumas estruturas ficcionais parecem quebra-cabeças — muitas peças são exibidas até seu fim, quando então elas se encaixam habilidosamente. Outras parecem o jogo infantil de Detetive — o escritor espalha umas pistas, o leitor tenta localizá-las. Mas, quaisquer que sejam a história e a estrutura, sempre há — em qualquer ato narrativo, e em qualquer ato de ficção — uma interação assumida entre o fiandeiro da história e aquele que a desenrola e a interpreta — o ouvinte ou leitor.

A carta do tarô A Roda da Fortuna tem relação com o tempo. Existe um programa de televisão famoso nos Estados Unidos chamado *Wheel of Fortune*, e o programa de TV e a carta do tarô derivam seu nome e simbolismo da deusa romana Fortuna, ou a deusa da sorte. Os romanos rezavam à Fortuna na esperança de que ela os favorecesse e lhes trouxesse riqueza material. Ela era famosa, porém, por ser volúvel e imprevisível, como os apostadores sabem bem. É ela — também conhecida como Dama da Sorte — que é invocada no número de apostas animadas de música e dança da comédia musical dos anos 1950 *Guys and Dolls* chamado "Luck, Be a Lady Tonight", em que um personagem está jogando um dado. Ele implora à Dama da Sorte que aja como uma dama e fique com ele, em vez de vagar por aí como faz com tanta frequência.

A volubilidade da deusa Fortuna é a característica destacada na música de abertura da cantata de Carl Orff, *Carmina Burana*. As palavras em latim começam da seguinte forma:

> *O Fortuna / Velut luna / Statu variabilis / Semper crescis / Aut decrescis; / Vita detestabilis / Nunc obdurat / Et tunc curat / Ludo mentis aciem, / Egestatem, Potestatem / Dissolvit ut glaciem. / Sors immanis / Et inanis, / Rota tu volubilis / Status malus / Vana salus / Semper dissolubilis...*

> Ó, Fortuna, és volúvel como a lua, sempre crescendo e minguando; esta vida infeliz primeiro destrói, depois cura por capricho; pobreza e poder derretem como gelo. Destino, seu monstro de vazio, sua roda que gira malévola — a felicidade é vã e sempre se esvai.

A Dama da Sorte e sua, às vezes, malévola Roda da Fortuna foram incorporadas ao simbolismo medieval e do início da Renascença, e, por fim, nas cartas de tarô para a leitura da sorte. A Fortuna era conhecida de Shakespeare, por exemplo. Precisei passar algum tempo recentemente pensando nesta deusa porque ela tem um papel importante em *A tempestade*. A figura central, o mago Próspero — sabemos por seu nome que ele é o queridinho da Fortuna —, viu sua sorte desaparecer por 12 anos, desde que foi usurpado pelo irmão traiçoeiro, deixado à deriva em um barco furado e, por fim, acabando em uma ilha. Ali ele ficaria, a não ser pelos atos de — estou citando — "uma estrela auspiciosa", que está ligada à deusa Fortuna — aqui conhecida como "Fortuna Pródiga". É graças à influência dela com que os inimigos de

Próspero são trazidos ao alcance de seus poderes mágicos e ele é capaz de encenar a ilusão da tempestade com que começa a peça.

Imergi neste material porque — como parte do Hogarth Shakespeare Project — eu estava escrevendo uma versão moderna, em romance, da peça, que desde então tem sido publicada como *Semente de bruxa*: um dos nomes ruins pelo qual é chamada a criatura terrena, Calibã.

Cada elemento da peça precisava ser representado em meu romance — mas o que eu ia fazer com a "Estrela Auspiciosa" e a "Fortuna Pródiga"? A ação não podia começar sem elas, ou ela, mas na peça original elas não são personagens. Minha solução foi providenciar uma mulher influente de nome Estelle, que usa joias cintilantes e tem maneiras brilhantes — que remete ao elemento "estrela" — e veste peças de guarda-roupa com rodas, flores e frutas, uma vez que os emblemas da Fortuna são a roda e a cornucópia, ou o Chifre da Abundância, que é o que você espera que a Fortuna lhe traga. Deve-se a Estelle, agindo nos bastidores, que os inimigos de meu herói sejam levados ao seu alcance.

Em baralhos de tarô mais simples, como os do Tarô de Marselha, a Roda da Fortuna perdeu sua deusa, mas nos baralhos do Tarô Visconti-Sforza mais antigos ela está plenamente presente. Ela aparece girando sua roda e, ao girar, as pessoas são erguidas do lado esquerdo dela (portanto na mão direita da Fortuna). Um indivíduo temporariamente afortunado aparece no alto usando uma coroa, mas outros — que estiveram no topo — estão sendo lançados para a esquerda da Fortuna ou esmagados sob a roda em sua base.

É daí que vem o termo *revolução*. Uma revolução implica um giro da roda — onde os que estão na base sobem ao topo e aqueles do topo são depostos. Esse tipo de giro da roda não promete igualdade, sem dúvida — apenas uma grande mudança de lugar, com sorte para alguns e a falta dela para outros. E, como cada símbolo humano tem uma versão negativa, a roda também se torna um dispositivo de tortura medieval particularmente desagradável conhecido como… "A Roda".

As sociedades humanas estão em mudança constante, assim não existe essa coisa de estar do lado errado da história — se a história significa quem está no poder político e quem não está, e quem está na moda intelectual e quem não está, porque esse tipo de história não tem lados. A história não é uma progressão linear inevitável. Ela não começa no Gênesis e vai até o Apocalipse, no fim do qual a Cidade de Deus aparece e tudo fica bem para sempre. Não existe inevitabilidade no curso do poder e da moda humanos: o que parece o lado certo da história hoje pode muito bem ser moldado como o lado errado amanhã, e então depois o lado certo dela de novo depois de amanhã.

Na escrita de romances, o romancista assume o lugar da deusa Fortuna. É ela ou ele quem organiza o tempo e gira a roda, elevando alguns personagens à felicidade, depondo outros ou até os matando. Talvez o tempo no romance seja sempre uma combinação de roda e estrada: a roda gira, e as fortunas — no amor e na vida — são feitas e desfeitas, mas nesse tempo todo a roda está percorrendo uma estrada e o tempo também progride de uma forma linear. Quando você está escrevendo um romance, precisa olhar o relógio e o calendário — houve tempo para X entrar furtivamente na estufa e matar Y? Mas você também precisa ficar de olho na lua que, como já sabemos, significa a ilusão.

A Fortuna é como a lua: *Semper crescis, aut decrescis.* Sempre crescendo e minguando.

Minha terceira carta é A Justiça, ou Balança. Eu a escolhi para representar o final do romance.

Não se pode esperar muita justiça da deusa Fortuna e sua roda volúvel, mas o tarô contém um conceito desse tipo, representado por uma carta chamada La Balance — a balança com dois pratos — ou Justicia, a deusa da justiça. Mais uma vez, esta é uma deusa romana — a figura familiar que às vezes vemos na frente de tribunais, portando uma espada em uma das mãos para significar a punição e uma balança de pratos na outra, significando o peso das provas e, portanto, um veredito justo. Como podemos esperar, a deusa da justiça é regida pelo signo astrológico de Libra, cujo símbolo também é a balança. Às vezes Justicia tem uma venda nos olhos, para mostrar que não favorece ninguém e não pode ser subornada. Mas no baralho do tarô Visconti-Sforza ela não usa a venda. Ela enxerga tudo.

A deusa da justiça data dos tempos romanos — foi assim que ela entrou no tarô —, mas sua balança de pratos é muito mais antiga. No Egito antigo, depois de morrer você ia para o Além, onde seu coração era pesado em comparação à pena da deusa da verdade ou da ação correta. Se descobrissem que seu coração era insuficiente, era jogado a um crocodilo sobrenatural e devorado. Você podia trapacear tendo um feitiço inscrito em seu sarcófago — outro uso útil da escrita —, mas o deus Thot, que tinha a cabeça de um íbis e era o deus dos escribas, podia estar de prontidão com uma lista escrita de todas as suas boas e más ações.

Na leitura da sorte pelo tarô, esta carta significa uma resolução positiva para você, se você mesmo agiu com gentileza e justiça. Se não, precisa prestar atenção — porque La Balance sempre busca um equilíbrio entre como você agiu com os outros e como o destino age com você. A ação desta carta não é nada parecida com a da Roda da Fortuna: é bem o contrário. Ela diz que existe um padrão moral e que você faz parte dele. É uma carta relacionada não com as coisas em processo — o meio de um romance, digamos —, mas com os resultados — resoluções e finais.

A sequência de cartas agora mostra o padrão de romances. Para o começo de um romance, a Papisa, ou Sacerdotisa, com seus segredos e sugestões; para o meio, a Roda da Fortuna, com seu desenrolar do tempo e acontecimentos e a sorte sempre mutável dos personagens; e para o final, a Justiça, ou Balança, quando — assim esperamos — os personagens receberão os destinos que merecem — destinos bons para personagens bons, destinos ruins para os maus.

Isto certamente é o que desejamos quando crianças e os contos folclóricos, em regra, obedecem a isso satisfeitos. Cinderela, sendo uma personagem boa, recebe uma fortuna muito melhor na forma de um homem rico e bom que anda a cavalo e tem fetiche por pés — bom, pelo menos é melhor do que reacender brasas —, e Chapeuzinho Vermelho é resgatada do lobo. Como ficaríamos infelizes se as coisas funcionassem ao contrário, e Chapeuzinho Vermelho passasse simplesmente a ser uma refeição saborosa do lobo!

Mas vivemos em uma época irônica, Caro Leitor. Às vezes os finais de nossos romances não são tão simples. Na verdade, na maior parte do tempo eles não são simples. Existem muitas outras cartas no baralho — A Torre, por exemplo, que é catastrófica, ou o Enforcado, que promete a iluminação, mas só se você passar algum tempo pendurado de cabeça para baixo em uma árvore. Ou o Mago, uma carta boa para se ter, se você for artista. Podemos meditar sobre algumas destas outras cartas como guias possíveis para a escrita de um romance.

Mas quaisquer que sejam as cartas escolhidas, a deusa da justiça com sua balança sempre estará presente em algum lugar em nossa mente, dizendo-nos, se não que os acontecimentos em nosso romance se desenrolaram como deveriam, pelo menos como deviam ter se desenrolado. Como regra, sabemos quando as coisas são justas e quando não são. Desejamos que sejam justas, mas elas nem sempre são. Isto, infelizmente, é a vida real. Ou, em um romance, a ilusão da vida real.

E agora é hora de guardar meu baralho e colocá-lo no bolso de meu casaco de mágica. Será o Mago do tarô um mero ilusionista? Às vezes, sim. Os romancistas têm seus truques. Eles tiram coelhos da cartola com muita frequência. Mas em um nível mais profundo, o Mago fala da transformação positiva. E assim, esperamos, é o romance. "Seu livro mudou a minha vida", as pessoas costumam dizer a romancistas. A essa altura, é melhor não perguntar como. Esta é uma pergunta que cabe ao leitor responder.

Pois o escritor deve agora passar à composição de um novo romance e assim voltar ao começo — à carta da Sacerdotisa e seu novo lote de segredos, sugestões e intuições. Como o deus Hermes, é ela quem abre as portas. O que virá agora? Ansiamos por saber, mas com uma história, só podemos descobrir seguindo a via da Roda — sempre em rotação, sempre girando — para a floresta que, como sempre, contém lobos, e fortunas que sobem e descem, e ilusões, mas que podem ter alguma justiça no final.

Um Estado escravagista?

>>><<<

(2018)

Ninguém gosta do aborto, mesmo quando feito com segurança e legalmente. Não é o que qualquer mulher escolheria como diversão numa noite de sábado. Mas ninguém gosta de mulheres sangrando até morrer no chão do banheiro por abortos ilegais também. O que fazer?

Talvez um jeito diferente de abordar a questão seja perguntar: em que tipo de país você quer viver? Em um país em que todo indivíduo é livre para tomar decisões relacionadas com sua saúde e seu corpo, ou em um país em que metade da população é livre e a outra metade é escravizada?

As mulheres que não podem tomar suas próprias decisões sobre ter ou não filhos são escravizadas porque o Estado reclama a propriedade de seus corpos e o direito de ditar o uso que deve ser feito destes corpos. A única circunstância semelhante para os homens é o alistamento militar. Em ambos os casos, existe risco para a vida do indivíduo, mas um alistado no exército pelo menos recebe comida, roupas e alojamento. Até criminosos na prisão têm direito a essas coisas. Se o Estado está obrigando mulheres a parirem, por que não deve pagar por cuidados pré-natais, pelo próprio parto, por cuidados pós-natais e — para bebês que não são vendidos a famílias ricas — pelo custo de criar a criança?

E se o Estado gosta tanto de bebês, por que não honra as mulheres que têm mais filhos, respeitando-as e tirando-as da pobreza? Se as mulheres estão fornecendo um serviço necessário ao Estado — mesmo a contragosto —, certamente devem ser pagas por seu trabalho. Se o objetivo é mais bebês, tenho certeza de que muitas mulheres ajudariam se adequadamente recompensadas. Caso contrário, estão inclinadas a seguir a lei natural: mamíferos com placenta abortarão diante da escassez de recursos.

Mas duvido que o Estado esteja disposto a ir tão longe a ponto de prover os recursos necessários. Em vez disso, só quer reforçar o truque barato de sempre: obrigar as mulheres a ter filhos e depois fazer com que elas paguem. E paguem. E paguem. Como eu disse, escravidão.

Se a pessoa escolhe ter um filho, é claro que a questão é diferente. Um filho é uma dádiva, concedida pela própria vida. Mas para que algo seja uma dádiva precisa ser dado livremente e recebido livremente. Uma dádiva também pode ser rejeitada. Uma dádiva que não pode ser rejeitada não é uma dádiva, mas um sintoma de tirania.

Dizemos que as mulheres "dão à luz". E as mães que escolheram ser mães dão à luz, e sentem isso como uma dádiva. Mas se elas não escolheram, o nascimento não é uma dádiva que elas receberam. É uma extorsão que sofrem contra sua vontade.

Ninguém está obrigando as mulheres a abortar. Nem deveriam forçá-las a suportar o parto. Force o parto se quiser, Argentina, mas pelo menos chame esta imposição pelo que ela é. É escravidão: a pretensão a possuir e controlar o corpo dos outros e lucrar com esta pretensão.

Oryx e Crake

>>><<<

**INTRODUÇÃO
(2018)**

"*Oryx e Crake*? Mas o que isto significa?", perguntaram meus editores quando lhes contei o título do romance que tinha terminado havia pouco. "Oryx e Crake são os nomes de duas bioformas que estão extintas na época do romance", falei. "Eles também são os nomes dos personagens centrais." "Mas quando o romance começa, eles estão mortos", disseram os editores. "O ponto é este", respondi. "Ou um deles." (Outro ponto, que não mencionei, é que este título soa muito como sapos coaxando em um lago. Tente pronunciar três vezes, assim: *Oryx oryx oryx. Crake crake crake.* Viu?)

Como os editores ainda não estavam convencidos, eu disse a eles que *R*, *Y*, *X* e *K* eram letras poderosas e que nenhum título que contivesse todas elas podia ser desprovido de virtudes. Se eles acreditaram em mim? É difícil saber. Mas *Oryx e Crake* continua a ser o nome do romance até hoje.

É também um dos dois romances escritos por mim que mais provavelmente é ensinado em escolas a adolescentes. Evidentemente, os professores reagiram ao poder das letras mágicas. Ou a alguma coisa.

Além do mais, *Oryx e Crake* é o primeiro de meus romances — e, na época, o único — a ter um narrador homem do início ao fim. Sim, eu estava cansada de me perguntarem por que eu "sempre" escrevia sobre mulheres. Não escrevia sempre. Mas este livro era um monólito. Fiel aos axiomas da crítica literária genderizada, assim que o livro foi lançado, perguntaram-me por que eu não usei uma narradora mulher. Pinguém é nerfeito.

Aqui está como tudo isso aconteceu. Comecei a escrever *Oryx e Crake* em março de 2001. Estava na Austrália e tinha terminado uma turnê de lançamento ali de *O assassino cego*, meu romance anterior. Depois passei algum tempo observando pássaros na floresta tropical de monções de Arnhem Land, onde também visitei vários complexos de cavernas nos quais os povos aborígines haviam vivido em harmonia com seu ambiente, em uma cultura inalterada, por 40 ou 50 mil anos.

Depois disso, nosso grupo de observadores foi até a hospedaria Cassowary House administrada por Philip Gregory, perto de Cairns. Como observadores de pássaros e naturalistas tinham o hábito de fazer mesmo então — e vinham fazendo havia décadas —, acabamos por discutir a alta taxa de extinções que acontecia no mundo natural devido ao fato de os seres humanos estarem alterando aquele mundo a um ritmo acelerado. Por quanto tempo ainda existiriam casuares — aquelas aves extraordinárias e incapazes de voar que pareciam dinossauros azuis, roxos e cor-de-rosa e podiam estripar você com uma garra só? Várias delas andavam pelos terrenos da Cassowary House, comendo bananas cortadas e devorando qualquer torta que fosse deixada insensatamente no peitoril da janela para esfriar. Por quanto tempo os sanãs-de-pescoço-vermelho que corriam pelos arbustos seriam capazes de sobreviver? Não muito, era a opinião geral entre nós.

E o *Homo sapiens sapiens*? Será que nossa espécie continuaria a destruir o sistema biológico do qual tinha surgido — e que ainda a sustentava —, garantindo assim sua rápida marcha para o esquecimento? Ela pararia, consideraria seu estilo imprudente e conseguiria revertê-lo? Seria capaz de se reinventar e escapar do beco sem saída em que suas próprias invenções a tinham enfiado? Ou — depois de desenvolver os meios biotecnológicos de destruir a si mesma, talvez por um supervírus geneticamente modificado, e tendo descoberto também os meios de alterar o genoma humano — decidiria se substituir pela versão mais dócil, menos gananciosa e menos predatória da mesma, projetada por algum filantropo ou indivíduo tresloucado inclinado à melhoria do mundo? Haveria um profeta e/ou cientista louco à espreita entre nós que estaria se preparando para apertar o botão de Reset?

Foi enquanto observava os sanás-de-pescoço-vermelho da sacada da Cassowary House que o plano de *Oryx e Crake* apareceu para mim quase em sua totalidade. Comecei a tomar notas naquela mesma noite. Estava cansada demais para iniciar outro romance tão cedo depois do último, mas quando uma história clama com tanta insistência, não se pode adiá-la.

Todo romance tem um grande prelúdio na vida do escritor — o que ela ou ele viu, experimentou, leu e ponderou —, e *Oryx e Crake* não é exceção. Estive considerando cenários distópicos hipotéticos, e também a extinção de espécies, por muito tempo. Vários de meus parentes são cientistas, e o principal tema na ceia de Natal da família — enquanto o peru é dissecado, e depois retalhado —, provavelmente, serão parasitas intestinais ou hormônios sexuais em camundongos — ou, mais recentemente, a invenção da técnica CRISPR de edição genética, já sendo considerada para o tipo de empreendimento comercial de "soluções mágicas" que aparece em *Oryx e Crake*. Minha leitura recreativa eram obras de divulgação científica, como as de Stephen Jay Gould, ou revistas do tipo *Scientific American*, em parte para que eu fosse capaz de acompanhar as conversas da família.

Durante anos estive recortando pequenos artigos das últimas páginas dos jornais e notando com alarme que tendências ridicularizadas dez anos antes como fantasias paranoicas haviam se tornado primeiro possibilidades, depois realidades. E o mesmo aconteceu com *Oryx e Crake*: o crescimento de órgãos humanos em porcos, só uma possibilidade quando escrevi o livro, agora é uma realidade. ChickieNobs foi uma invenção na época, mas a "carne de laboratório" agora está entre nós. A função autocurativa do ronronar dos gatos — cuja pesquisa estava apenas nos primórdios quando eu escrevia o livro — agora é amplamente aceita. E outras descobertas e invenções estão a caminho.

Mas o que chegará lá primeiro — o admirável mundo novo da biotecnologia, da IA e da energia solar ou o colapso da sociedade de alta tecnologia que as produz e possibilita? As regras da biologia são tão inexoráveis quanto as da física: fique sem comida e água e você morre. Nenhum animal pode exaurir sua base de recursos e esperar sobreviver. As civilizações humanas estão sujeitas às mesmas leis, e as catástrofes causadas pela mudança climática já estão — em parte — fazendo um grande estrago entre nós.

Como *O conto da aia*, o livro *Oryx e Crake* é ficção especulativa — da linhagem genealógica de *1984*, de Orwell —, e não uma ficção científica tradicional na linha de *Guerra dos mundos*, de H.G. Wells. Não contém nenhuma viagem espacial intergaláctica, nem teletransporte, nem marcianos. Como em *O conto da aia*, não inventa nada que já não tenha sido inventado ou começado a se inventar. Todo romance começa com um "e se?", depois estabelece seus axiomas. O "e se?" de *Oryx e Crake* é simplesmente: e se continuarmos pelo caminho que já estamos percorrendo? O quão abaixo vai essa ladeira? Quais são nossas possibilidades de salvação? Quem terá a determinação de nos fazer parar? Seremos capazes de nos reformular pela bioengenharia para evitarmos o choque dos trens que, ao que parece, já colocamos em movimento?

* * *

Oryx e Crake é uma brincadeira alegre e divertida em que quase toda a raça humana foi aniquilada, e antes disso se dividiu em duas partes: uma tecnocracia e uma anarquia. Mas existe um raio de esperança: um grupo de quase humanos que foi geneticamente modificado para nunca vir a sofrer das doenças que infestam o *Homo sapiens sapiens*. Em outras palavras, eles são pessoas projetadas.

Essas pessoas projetadas, ou crakers — como são conhecidos no livro, têm vários acessórios que eu não me importaria de ter. Repelente de insetos embutido, filtro solar automático e a capacidade de digerir folhas, como os coelhos. Eles não precisam de roupas, nem de agricultura, nem do território para cultivar alimentos e material tecidos e, portanto, não têm guerras territoriais.

Eles também têm várias características que na verdade seriam uma espécie de aprimoramento, mas a maioria de nós não ia gostar delas. Uma delas é o acasalamento sazonal — como na maioria dos outros mamíferos —, durante o qual certas partes do corpo ficam azuis, como ocorre com os babuínos, assim não existe rejeição amorosa nem estupro. Todo mundo faz sexo e, para dar um pequeno toque romântico, os crakers machos fazem movimentos de corte cantando e dançando. Muitos animais fazem isto, sendo meu preferido a traça: se a dança da traça macho é aceita pela fêmea, ele lhe entrega um pacote de esperma e fim da história. Quando contei isso ao meu contador, ele disse "Tenho umas clientes que matariam por isso".

Os crakers machos também presenteiam com flores — assim como os pinguins machos presenteiam as fêmeas com uma pedra. Pensei em acrescentar uma característica do pássaro-jardineiro, depois de observar alguns na Austrália, mas ia ficar muito complexo e envolvia rivalidade entre machos — algo que Crake deseja eliminar —, assim foi abandonado. Os crakers machos não roubam pregadores de roupa de plástico azul uns dos outros como os pássaros-jardineiros. Mas os crakers fazem sexo em grupo, como os felinos, assim não existem ansiedades sobre quem é o verdadeiro pai.

Os crakers são pacíficos, gentis, vegetarianos e bondosos. Infelizmente, há um primitivo *Homo sapiens sapiens* — cujo nome é Jimmy — que os acha profundamente tediosos. Como animais contadores de histórias, nós, seres humanos, somos fatalmente viciados em drama.

"Tempestades perfeitas" ocorrem quando várias forças diferentes confluem, e assim é com as tempestades perfeitas da história humana. Como disse o romancista Alistair MacLeod, os escritores escrevem sobre aquilo que os preocupa, e o mundo de *Oryx e Crake* é o que me preocupa no momento. Não é apenas uma questão de nossas inovações de Frankenstein — a maioria das invenções são ferramentas neutras, derivando suas cargas morais negativas e positivas do uso que fazemos delas, e vários desses usos têm sido dignos de aplausos, mas é verdade que até as invenções "boas" podem ter consequências imprevistas. Reduzir a taxa de mortalidade sem aumentar a oferta de alimentos nos trará fome, crises sociais e guerras, sempre.

Os romances não dão respostas: eles deixam isso para os manuais. Os romances, em vez disso, fazem perguntas.

A primeira pergunta em *Oryx e Crake* provavelmente é: "Podemos confiar em nós mesmos?" Porque não importa o quanto a tecnologia seja avançada, no fundo o *Homo sapiens sapiens* continua a ser o mesmo há dezenas de milhares de anos — as mesmas emoções, as mesmas preocupações, os mesmos bom, mau e feio. Somos uma miscelânea, nós, humanos.

Mas vamos supor que consigamos eliminar o mau e o feio, como faríamos isso? E o resultado ainda seria humano? E se tais criaturas carecessem de agressividade e de instinto assassino, como os Houyhnhnms, os virtuosos cavalos de Jonathan Swift em *As viagens de Gulliver*, eles seriam rapidamente extintos, como tantos povos das Primeiras Nações depois de seu contato com europeus dos séculos XVI e XVII? Será suficiente que alguns de nós sejamos pessoas boas e razoavelmente decentes, como o próprio Gulliver — e como Jimmy em *Oryx e Crake*? Jimmy tem "bom coração". Será que nossos bons corações serão suficientes para nos salvar, ou outra coisa será necessária?

Para proteger o modelo novo, mais bonito e eticamente melhor de nós que estamos nos tornando cada vez mais capazes de criar, e também para preservar a biosfera que nós mesmos tão rapidamente estamos destruindo, não teríamos de nos livrar de nosso modelo atual de ser humano? É de pensar que sim.

Crake também pensa que sim. E ele faz isso.

Saudações, terráqueos! O que são esses direitos humanos de que vocês tanto falam?

>>><<<

(2018)

Saudações, terráqueos!

É um grande prazer estar aqui com todos vocês, embora eu precise admitir que muitos de seus métodos ainda me parecem bizarros, apesar da extensa pesquisa que fiz sobre vocês.

Venho de um planeta que fica em uma galáxia distante, muito distante, e em outro gênero. O nome de meu planeta é impronunciável para vocês, uma vez que vocês não têm as estruturas vocais necessárias — o que nos levou a vê-los por muitos milênios como uma forma de vida sem inteligência —, mas traduzi este nome, muito aproximadamente, como "Mashupzyx". Parece ser uma regra entre vocês que os nomes de planetas alienígenas devam conter as letras *Z*, *Y* e *X*, e deste modo eu apliquei esta regra em minha tradução.

Nossas formas físicas em Mashupzyx seriam perturbadoras e possivelmente até alarmantes para vocês — sem dúvida vocês nos veriam como uma mistura de lula, lesma gigante marinha e um conjunto de saleiro e pimenteiro. Então, para acalmar seus nervos, assumi a forma de uma humana do sexo feminino, baixa, idosa e de cabelo arrepiado do país do Canadá. Pensei que assim seria mais reconfortante para vocês do que o pterodáctilo, o mastodonte, o crocodilo marinho, a górgona, a barata gigante ou o rato imenso de Sumatra que experimentei antes. Percebi que, se eu aparecesse diante de vocês como qualquer um deles e começasse um discurso, todos poderiam fugir correndo do auditório, e logo haveria helicópteros militares, armas de raio, drones lança-chamas, tochas e forcados, balas de prata e sabe-se lá o que mais! Teria sido um caos!

Mas, para me defender, eu teria de ordenar a destruição de todos vocês, e sentiria pelo menos algum remorso por isso, uma vez que vocês produziram alguns músicos muito bons durante seu breve período de existência. Em Mashupzyx, somos apreciadores de Mozart. Se vocês nos virem entrando em modo destrutivo, assumindo a forma de baratas gigantes ou crocodilos voadores, toquem Mozart.

Vocês podem ver que fiz minha pesquisa sobre o povo da Terra e seus hábitos letais. Estou ciente de sua xenofobia e seu alarmismo, e também de sua capacidade para o caos, porque temos uma extensa biblioteca de seus filmes e programas de televisão em Mashupzyx. Nestes filmes e programas de televisão, vocês frequentemente fogem aos gritos — tenho de observar que a palavra *monstro* é excessivamente usada entre vocês. E então, depois da fase dos gritos, vocês pegam em armas. Eu quis evitar algo assim.

Dessa forma, considerando tudo, senti que o disfarce de velhinha seria o mais indicado. Até pensei em vestir um avental florido para dar um toque a mais. Vocês, pessoas humanas, em geral acham as velhas senhoras inofensivas — embora irritantes — e esperam que elas sorriam com benevolência para vocês e depois lhes deem biscoitos, assim como conselhos sensatos que vocês frivolamente desconsideram, isto é, quando não estão acusando as velhinhas de provocar a peste bubônica e fritando-as em fogueiras como bruxas.

Mas vamos deixar para lá o episódio das bruxas. Certamente vocês jamais fariam isso hoje em dia! Talvez atirar em algumas pessoas em sinagogas, ou traficar humanos de 10 anos, ou arrancar centenas de crianças de 2 anos de seus pais e prendê-las em jaulas, ou… mas vamos focar no que é positivo!

Aqui estou eu, então, com meu traje de senhorinha, pronta para explorar a resposta à pergunta: o que são esses direitos humanos de que vocês falam tanto? Não é uma pergunta que faça algum sentido para nós em Mashupzyx, porque em nosso planeta não precisamos de coisas como *direitos* especialmente delineados. Todos nós, apesar de não sermos de forma alguma idênticos, somos iguais nos sentidos social e jurídico, ao contrário do que ocorre com vocês — pelo que infelizmente parece. Vocês precisam desses itens de "direitos humanos" declarados pelo simples motivo de que muitos de vocês não os têm.

Alguns de vocês acreditam que esta desigualdade é uma coisa ruim. Outros na verdade *desfrutam* da ideia de outras pessoas terem menos e que sejam consideradas de menor *valor* do que eles mesmos!

A humanidade tem um lado mais sombrio.

Mas não podemos sequer começar a perguntar sobre a ausência desses direitos humanos sem antes termos feito uma pergunta ainda mais básica, a saber: o que são esses *humanos*?

Há várias respostas para tal, dependendo de a quem você pergunta.

Perguntei primeiro a uma pessoa chamada "Hamlet". Alguns pensam que esse indivíduo Hamlet não existiu de verdade, mas ele parece ser mais conhecido e respeitado do que muitas pessoas ditas reais, portanto eu o tomo como uma espécie de autoridade sobre seres humanos. Ele teve isto a dizer:

> Que obra-prima são os homens! Que elevação na sua inteligência! Quanto são infinitas as suas faculdades! Como a sua forma é imponente e admirável, como os seus atos aproximam os homens dos anjos, e a sua razão os aproxima de Deus! São a maravilha do mundo, os reis da criação animada, e contudo o que vale a meus olhos essa quintessência do pó? Aborreço os homens e

as mulheres, embora os seus sorrisos incrédulos, senhores, digam o contrário.

Então a humanidade é vista por Hamlet como possuidora de muitas qualidades: inteligente, capaz de raciocínio, graciosa, um executor de virtudes angelicais e obras poderosas, e com uma visão geral do mundo, que é divina. Não só isso, mas o "homem" é belo e está no topo da hierarquia do reino animal. (Hamlet não diz nada sobre a inferioridade dos dentes humanos; mas também, ele não é dentista.) Porém, apesar de todas essas qualidades, os humanos são essencialmente mero pó. Assim, ele não os acha muito satisfatórios.

Qualquer um que leia a história do mundo — o destino dos milhões de mortos, por exemplo, na soma total das guerras mundiais, a Primeira e a Segunda, da Coreia, do Vietnã, do Camboja, de Ruanda, do Afeganistão, do Iraque, da Síria e assim por diante — ficaria inclinado a concordar com a visão mais sombria de Hamlet. Os seres humanos têm uma tendência alarmante a chacinar outros de sua espécie. Só formigas e ratos, e em menor extensão, uma espécie de chimpanzé, exibem tal interesse por agressão territorial coletiva e na redução dos companheiros membros de sua espécie a condições de não vivos. Nós, habitantes de Mashupzyx, lamentamos por vocês. Vocês causam muita dor e sofrimento uns aos outros, e parece que muitos de vocês nunca experimentaram muita diversão.

Este é um jeito de ver a humanidade. Também investiguei as respostas daquelas pessoas que vocês chamam de "cientistas". Sua especialidade parece ser a verdade na forma de conhecimento factual baseado em evidências. Eles gostam de criar hipóteses, testá-las com experiências reprodutíveis e derivar teorias a partir delas. As teorias são diferentes das leis da natureza, ao que parece: se é encontrada uma exceção a uma teoria, outras experiências devem ser feitas, e a teoria pode ser refutada ou alterada. As leis da natureza, porém, são imutáveis: não pode existir exceção a uma lei da natureza. Muitos entre vocês não entendem isso e declaram como "leis da natureza" ideias que não são, de forma alguma, leis da natureza. E isto incluiria a dita explicação de "lei da natureza" de por que o tipo humano mulher deve ser tratado de forma pior do que o tipo homem.

O que nos traz ao gracejo de Hamlet no final de sua fala: Aborreço os homens e as mulheres, embora os seus sorrisos incrédulos, senhores, digam o contrário. Levei um tempo para entender isso com minha cabeça temporária de velhinha. (Em Mashupzyx, não temos cabeças desse jeito.) Quando fala de "homens", Hamlet está falando das qualidades humanas de modo geral, mas quando ele passa ao que vocês humanos chamam de "gênero", ou às vezes "identidade sexual", ele está insinuando atividade copulatória.

Este parece ser um hábito difundido entre vocês, terráqueos: vocês não conseguem pensar nas mulheres sem pensar em sexo, em geral de alguma forma cômica ou degradante. A palavra *mulher* provoca sorrisos nos amigos de Hamlet. Cutuca, cutuca, pisca, pisca, como uma certa classe de pessoa macho inglesa costumava dizer sobre qualquer coisa relacionada com as condutas de uma natureza amorosa.

Mas em Mashupzyx não temos gênero feminino, da forma como vocês definem. Como eu disse, somos mais semelhantes a uma mistura de polvo, lesma gigante marinha e um conjunto de saleiro e pimenteiro. Temos vários apêndices, e vários deles em cada um de nós contêm grânulos de polinização cruzada — são esses apêndices que parecem saleiros e pimenteiros. Quando desejamos procriar, entrelaçamo-nos nos muitos braços do outro e aplicamos ou o apêndice "sal" ou o "pimenta" no apêndice correspondente do outro indivíduo. Vários indivíduos podem participar desta atividade simultaneamente. Poupa tempo. E ninguém precisa sentir ciúmes ou ir embora. Quando se trata da procriação, é uma espécie de — como seria chamado em seu mundo — dança folclórica. Todos são bem-vindos!

Os biólogos observaram que os humanos são mais estreitamente aparentados do chimpanzé comum (*Pan troglodytes*) — compartilhando 98% ou mais de sua pegada genética — e basearam muitas hipóteses nisto. Os grupos de chimpanzés parecem ser dominados por machos agressivos, a não ser quando não são, e têm sido conhecidos pelo uso de ferramentas, por mandar nas fêmeas e fazer a guerra. Patriarcal, vocês podem dizer. Mas existe outra espécie de chimpanzé — o bonobo (*Pan paniscus*) — que é igualmente um parente próximo. Os bonobos governam por meio de grupos matriarcais, resolvem tensões fazendo amor e mordem os dedos de machos problemáticos. Parece que os seres humanos têm algumas opções de parentes animais próximos, e, portanto, nem tudo neles é biologicamente predeterminado.

Na tradição ocidental — a que vocês mesmos pertencem — o modelo patriarcal do chimpanzé tem predominado nos últimos tempos, quero dizer os últimos 4 ou 5 mil anos. Talvez se deva a seu método de procriar, que vocês decidiram muitos milhares de anos atrás, que aqueles que vocês consideraram "mulheres" eram inferiores a seu outro tipo, não merecendo ter um tratamento igual. Mas, paradoxalmente, em tempos ainda mais primitivos — a época anterior a essa —, as mulheres eram respeitadas por esta mesma capacidade de fazer nascer. O que mudou? Quando as mulheres passaram a ser consideradas inferiores?

Aqueles entre vocês que são chamados de "antropólogos" estiveram muito ocupados a esse respeito. A imutável justificativa da "lei da natureza", "é porque é", foi descartada algum tempo atrás, a não ser em bolsões de resistência, como em determinadas regiões dos Estados Unidos e também na Rússia, e também em… mas a lista seria constrangedora de tão longa, agora que parei para pensar nisso. Mas era correto descartar esta justificativa. Não, Caros Humanos: as mulheres não são mais burras por natureza. Elas não têm menos resistência por natureza. Elas não são necessariamente menos racionais nem mais emotivas — elas cometem, por exemplo, bem menos crimes passionais e menos suicídios que os homens, duas coisas que têm sua origem no excesso de emotividade.

Os homens vertem menos lágrimas, é verdade, mas vertem mais sangue. Assim, no contraste seco-molhado, podemos dizer que os homens são mais molhados. E em Mashupzyx, é o que dizemos.

Também é verdade que os homens, na era dos caçadores-coletores — sem jamais terem conhecido o que é gravidez —, tinham a tarefa de caçar as gazelas, quando elas *precisavam mesmo* ser caçadas, uma vez que as mulheres em gestação avançada não são boas corredoras, mas a maior parte da comida para a família e a comunidade era proporcionada pelas habilidades botânicas e a expertise das mulheres na coleta, uma vez que gazelas não crescem em árvores.

E é por isso que os homens não pegam suas meias no chão depois de as tirarem: os homens simplesmente não enxergam as meias, tendo evoluído para notar apenas animais em movimento. Enquanto isso, as mulheres podem tranquilamente distinguir as meias do fundo formado pelo carpete do chão, tendo evoluído para colher cogumelos — com o que as meias descartadas se assemelham na forma e, às vezes, na textura e no aroma. Pelo menos, foi o que concluímos em Mashupzyx.

Se as meias pudessem ser equipadas com luzes solares mínimas que piscassem, os homens conseguiriam enxergá-las e, é claro — sendo altruístas, sem egoísmo algum —, as pegariam no chão e colocariam no cesto de roupa suja, e mais uma grande causa de infelicidade humana teria sido eliminada!

De volta à desigualdade de gênero. Os antropólogos agora estão nos dizendo que foram capazes de identificar quando o tratamento desigual às mulheres começou: na Era do Bronze, o que coincide com o cultivo do trigo e do surgimento da guerra organizada. Eles estiveram desenterrando ossos deste período e estão descobrindo que os homens comiam carne e trigo, mas as mulheres comiam apenas trigo, e assim desenvolviam deficiências ósseas. E, portanto, ficavam menores e mais fracas, se comparadas com seus ancestrais caçadores-coletores.

Infelizmente, terráqueos — era um círculo vicioso. Os governantes promoveram o cultivo do trigo porque amadurecia todo de uma vez, e assim era fácil ser tributado. Mas para cultivar trigo vocês precisam de terras aráveis. Invadir seus vizinhos e tomar as terras aráveis *deles* passou a ser tentador, mas para isso vocês precisavam de um exército, e para manter um exército precisavam de uma substância nutritiva que pudesse ser armazenada em grande quantidade, como o trigo.

As armas pesadas e a armadura de bronze da infantaria e de atiradores de lança em bigas daqueles tempos — os gregos antigos, os guerreiros troianos e assim por diante — exigem muita força na parte superior do corpo, o que os homens têm mais. Porém, entre os citas nômades e cavaleiros, bem mais a leste e ao norte, os arcos leves eram a arma preferida, e estes podem muito bem ser manejados por mulheres. Entre os citas existiam mulheres guerreiras, que usavam calças — que horror! — e atiravam flechas, e eram heroínas militares respeitadas. (Sim, é verdade: estiveram escavando as tumbas dos citas.) Assim surgiu o mito das amazonas, Ártemis, a deusa lua com seu arco de prata, Susan, a arqueira habilidosa nos livros de Nárnia, e Katniss Everdeen em *Jogos vorazes*.

Nada importunava mais a imaginação do homem grego clássico do que as amazonas. As amazonas eram a um só tempo seu maior sonho — uma mulher igual aos homens, e assim digna de seu verdadeiro amor! Teseu casou-se com uma delas! — e seu pior pesadelo — uma mulher igual aos homens! E se elas vencerem? Em qualquer coisa? Mas, especialmente, e se vencerem na guerra?

Mas estou divagando.

Quando vocês conquistavam muitas terras, precisavam de pessoas para trabalhar nessas terras, como crianças camponesas — produzidas por mulheres — ou escravizados, fossem estes roubados, derrotados em batalha ou nascidos na escravidão. As mulheres, as crianças e os escravizados foram todos condenados a ter menos direitos que os homens porque eram inferiores por natureza. Bom, é algo que vocês ficariam tentados a dizer, não é? Se aquelas pessoas pudessem votar, elas teriam votado para sair da escravidão. E como o sistema mediterrâneo antigo dependia da escravidão, vocês não podiam ter isso.

Assim veio a ideia de que algumas pessoas tinham — por natureza — menos direitos do que outras porque eram inferiores por natureza. Mas não existem tais leis na natureza. Nós, de Mashupzyx, fizemos uma investigação completa a esse respeito. Como eu disse, uma lei da natureza não admite exceções: se houver uma exceção, a lei não será mais uma lei. Vocês, humanos, têm uma expressão, "a exceção prova a regra", mas isto não se sustenta para leis da natureza demonstráveis e baseadas em evidências. Existiram muitas mulheres inteligentes e habilidosas, assim como muitos escravizados inteligentes e habilidosos, para justificar a inferioridade como uma *verdadeira* lei da natureza. Os homens precisaram revirar seus cérebros em busca de outros motivos para que vários tipos de pessoas fossem inferiores: talvez fossem desonestas e ignóbeis. Mas não é desonesto e ignóbil trapacear em suas próprias leis da natureza?

Nós, mashupzyxianos, temos duas perguntas que gostamos de fazer sobre qualquer coisa. Uma delas é: É verdade? E a outra é: É justo? Se não é verdade que algumas pessoas são inferiores por natureza a outras, será justo que elas devam ser tratadas como se fossem?

Depois de muitos milênios tratando algumas pessoas como de natureza inferior, mas ainda assim aos poucos ampliando suas concessões — ou a participação na cidadania plena —, de reis a nobres, de nobres a senhores de terra homens, de senhores de terra homens a habitantes homens, vocês, seres humanos — ou alguns de vocês —, enfim meteram na cabeça que os direitos humanos devem ser universais.

Esta atitude surgiu depois dos horrores de duas guerras mundiais e das revelações sobre os campos de concentração e genocídios realizados pelo regime nazista nos anos 1930 e 1940. A Declaração Universal dos Direitos Humanos foi proclamada em 1948 nas Nações Unidas — outra de suas tentativas esporádicas de limitar as próprias propensões ao derramamento de sangue.

Aqui estão algumas palavras humanas sobre isso, retiradas do website da Comissão Australiana de Direitos Humanos. (A propósito, tenho de dizer que a internet e os sites foram inestimáveis para nós, mashupzyxianos, em nossa tentativa de entender vocês. Alguns de nós fizeram um estudo da política, que inicialmente confundimos com vídeos de gatinhos. Creio que agora resolvemos isso, mas por um tempo estivemos seguindo algo chamado Grumpy Cat, com a impressão de que era o presidente de um de seus maiores países.)

Para resumir: a Declaração Universal dos Direitos Humanos. Cito:

> A Declaração Universal dos Direitos Humanos começa pelo reconhecimento de que "a dignidade inerente de todos os membros da família humana é a fundação da liberdade, da justiça e da paz no mundo".
>
> Ela declara que os direitos humanos são universais e devem ser desfrutados por todas as pessoas, não importa quem sejam nem onde vivam.
>
> A Declaração Universal inclui direitos políticos e civis, como o direito à vida, à liberdade, à livre expressão e à privacidade.

Também inclui direitos econômicos, sociais e culturais, como o direito a previdência social, saúde e educação.

Vocês podem encontrar o texto completo da Declaração Universal no site, se forem capazes de tirar os olhos dos vídeos de gatinhos. Também podem encontrar a Convenção sobre a Eliminação de Todas as Formas de Discriminação Contra as Mulheres, de 1981 — uma confirmação atrasada das opiniões de Olympe de Gouges, que, esperançosa, apresentou uma Declaração dos Direitos das Mulheres durante a Revolução Francesa, foi acusada de traição contra o Estado e decapitada por sua presunção. Depois disso a Revolução excluiu as mulheres da atividade política.

E vocês também podem encontrar a Declaração das Nações Unidas sobre os Direitos dos Povos Indígenas, de 2007. Assim verão, pouco a pouco, que vocês aqui na Terra pelo menos fizeram gestos em direção ao feliz estado de igualdade de que desfrutamos em Mashupzyx. Meus parabéns!

Mas, terráqueos, preciso dar alguns avisos. Em primeiro lugar, todas essas Declarações e Convenções são ideais. Mesmo em países que as assinaram, elas não foram plenamente implementadas. Para que elas não continuem como meras palavras, mais esforços precisam ser feitos. E observem: quanto mais desigualdade há, mais abusos.

Segundo, os direitos não caem do céu. Eles não são uma dádiva divina. Pessoas lutaram por eles por séculos, e contra eles também. Este é um cabo de guerra contínuo. Jamais acaba. Caim sempre está pegando uma pedra; Abel sempre está sendo morto. Ganância, inveja, busca pelo poder... quando foi que o *Homo sapiens sapiens* ficou sem eles? Uma sociedade estável tem pelo menos alguns meios de lutar com estas propensões. Uma sociedade instável desenvolve os demônios interiores.

Terceiro, forças organizadas e bem financiadas estão agora em operação contra esses frágeis direitos humanos. Existem alguns entre vocês que estão entediados com a brandura de quase democracias e ansiosos para ressuscitar os totalitarismos do século XX. Sobre isto eu diria: cuidado. Pode parecer uma boa ideia no começo, com todas as passeatas e cosplay e a sensação de que vocês estão servindo a um Líder Destemido que lhes dirá a verdade, ao contrário de alguns daqueles do passado; mas essas coisas nunca terminaram bem, em particular para os cidadãos.

Os totalitarismos agem todos da mesma forma, não importa como se chamem. Seu objetivo é o poder total e inconteste e seus meios incluem contar mentiras (e quanto maiores, melhor), o silenciamento da imprensa independente — por exemplo, estrangulando e depois desmembrando jornalistas — bem como o aprisionamento ou assassinato de quaisquer artistas e escritores que por acaso não concordem com eles, livrar-se de um judiciário independente, assim fazendo a execução da lei simplesmente uma arma do governo, exercendo leis injustas que este tenha elaborado, o uso de meios extrajudiciais de repressão, como assassinatos, a incitação de turbas e ataques violentos a grupos identificáveis, e a organização de denúncias que pretendem destruir rivais, solidificar o poder e manter a população em um estado de medo. Depois que a máquina da denúncia está a todo vapor, ela acelera rapidamente: para não ser o próximo a ser denunciado, você fica tentado a se tornar denunciador. E muitos sucumbiram a esta tentação no passado.

Por que esses regimes surgem? Como eles tomam o poder?

Eles surgem inicialmente em períodos de caos — em geral econômico — e por um senso de injustiça na população, ou uma parcela grande dela. Tempos assim favorecem a ascensão da anarquia, com violência de turbas, linchamentos e tribunais populares, conseguidos tipicamente — quando as pessoas não conseguem mais viver no caos — por chefes militares e homens fortes. Estes reúnem seguidores dirigindo a raiva a um grupo alvo, como leprosos, bruxas, tutsis, pacientes de AIDS, mexicanos, refugiados e grupos do tipo.

Os opositores devem ser esmagados, é desnecessário enfatizar. E o terreno neutro deve ser eliminado: aqueles que se colocam nele representam a justiça, a decência, a moderação e o bom senso, e quando é necessária a crença radical e irracional, dizem os homens fortes, não podemos ter nada disso. Impelidos pelo medo de serem expostos como hipócritas, impuros ou indignos, extremistas se pressionam a extremos cada vez maiores.

Será que preciso lhes dizer que os extremistas usam as ferramentas estimadas pela própria democracia contra ela? O voto, por exemplo. O voto é muito útil quando você pode manipular as pessoas a votar em seu Líder — e depois que a pessoa eleita usa seu poder para cooptar ou subverter o sistema de voto livre, vem a próxima rodada.

Os extremistas também tentarão mexer com o que é conhecido como liberdade de expressão — o direito de verbalizar opiniões políticas sem ser preso, o direito da imprensa de investigar e publicar a verdade sem represálias. No momento, nos Estados Unidos, são os da direita que estão alardeando a "liberdade de expressão" — que na verdade não significa o direito de dizer tudo que você quer, por mais inverídico que seja, onde você quiser dizer, e não protege você de outro direito — o direito do indivíduo de defender seu bom nome contra mentiras prejudiciais.

Mas a esquerda tem tolamente mordido a isca lançada pela direita e está ocupada tentando calar certas manifestações de discurso que não lhe agradam. Deve-se ter cuidado ao forjar essas armas: é certo que serão usadas contra vocês. Vocês concordam com a mordaça política da ciência climática e da pesquisa de toxicidade? Vocês desprezam o jornalismo e as políticas baseados em evidências? Aplaudem o esmagamento de jornais e o espancamento e assassinato de jornalistas? Vocês gritam "viva!" quando a imprensa é chamada — como fez Stalin — de "inimiga do povo"? Se for assim, façam fila aqui, aqui perto da placa "ditadura". A fila se forma ou para a esquerda, ou para a direita. Mas, como dizem a respeito dos mortos, todas terminam na mesma caixa.

Mas nós não usamos caixas desse tipo em nosso planeta. Nossas cerimônias fúnebres consistem em... mas deixarei isto para outra ocasião. Vamos apenas dizer que envolve certa quantidade de mashupzyxitofagia. Não se desperdiça uma oportunidade. Nenhum de nós nunca está exatamente morto. Só... disperso.

Para terminar em um tom esperançoso — os mashupzyxianos adoram dar esperanças —, vocês não estão vivendo numa ditadura totalitária agora — ou ainda não. Por favor, evitem-na.

Terráqueos, vocês não precisam descer ao caminho divisionista da suspeita e do ódio. Podem em vez disso identificar-se como companheiros seres humanos e tentar entender e enfrentar seus problemas humanos comuns juntos.

E vocês têm alguns grandes problemas por resolver! Por exemplo, a não ser que regulem a temperatura e a composição química de seu planeta, todos vocês estarão cagando plástico muito em breve, seus oceanos morrerão e, depois disso, vocês não conseguirão respirar, e será o Adeus, *Homo sapiens sapiens*. Lamentaremos ver vocês partirem. Vocês têm alguns pontos positivos. Gostamos de Mozart. Mas podemos salvar as partituras e tocar nós mesmos a música.

Mas não precisa ser assim. A escolha é de vocês.

Meu tempo aqui acabou e minha missão com vocês foi cumprida; porque, como a essa altura vocês adivinharam, esta nunca foi uma viagem apenas para investigação. Desejamos o bem a vocês — se tivéssemos dedos, eles estariam cruzados — e estaremos de prontidão no espaço sideral para fazer uma coisa ou outra, não sabemos o quê, caso vocês realmente criem uma grande confusão. Talvez elas envolvam armas de raios.

Mas torcemos para que vocês sejam capazes de pensar em algumas boas soluções por conta própria. Afinal de contas, vocês são muito inteligentes.

Agora devo me livrar de meu disfarce de pessoa feminina baixa e idosa, brilhar com uma luz incandescente, brotar múltiplos apêndices que parecem pseudópodes e disparar para a estratosfera... para um planeta em uma galáxia distante, muito distante, e em outro gênero.

Terráqueos, comportem-se! Divirtam-se quando for possível! Evitem os totalitarismos! Desfrutem de vídeos de gatinhos! Leiam os direitos humanos! Comam muita couve! Livrem-se do plástico descartável!

Até logo... até a próxima vez.

Payback: a dívida e o lado sombrio da riqueza

>>><<<

INTRODUÇÃO À NOVA EDIÇÃO
(2019)

Embora minhas Conferências Massey, reunidas sob o título *Payback: a dívida e o lado sombrio da riqueza*, tenham sido consideradas proféticas quando lançadas no outono de 2008, eu não havia previsto a publicação delas para aquela época, que acabou sendo a do grande colapso financeiro. Lá se foram meus poderes proféticos. Mas eis aqui como cheguei a esta reputação imerecida, neste caso.

No início de 2000, passei alguns anos me esquivando de vários convites para dar as prestigiosas Conferências Massey da rádio CBC, que foram inauguradas em 1961 para proporcionar um fórum radiofônico em que "importantes pensadores contemporâneos podiam abordar questões fundamentais para o nosso tempo". Essas conferências dão muito trabalho! Primeiro você deve redigi-las. Depois deve transformá-las em livro, que de algum modo deve ser mais longo do que as próprias conferências. Em seguida deve ministrar as conferências, uma a uma, em cinco cidades diferentes e bem espaçadas pelo Canadá, parando por tempo suficiente para trocar a roupa íntima, porque o clima no outono pode variar. Por fim, você deve editar as conferências para que caibam no tempo de uma transmissão de rádio.

Esta rotina de incha e desincha representa desafios, não só para as habilidades da pessoa, mas para o seu próprio ego — se as conferências agora devem ser mais curtas, tendo anteriormente sido mais longas, até que ponto pode-se confiar na infalibilidade de cada uma de suas palavras de ouro?

Assim, sempre que convidada a participar das Conferências Massey, eu declinava educadamente. "Muito obrigada, mas estarei lavando o cabelo", eu dizia, em resumo. "E estarei lavando no próximo ano também, e também no ano depois desse, e..." Aqui devo explicar a metáfora. Sou dos anos 1950 e era esta a justificativa que costumávamos dar para nos esquivarmos de um encontro a que não queríamos comparecer.

E assim o tempo passou — um tempo em que eu sempre estava lavando o cabelo quando surgia o assunto de eu fazer as Conferências Massey. Mas então naquele momento o Destino interferiu. As Conferências Massey eram tradicionalmente publicadas pela House of Anansi Press, uma pequena editora em que investi algum dinheiro nos anos 1960, quando foi fundada, cujo conselho subsequentemente ocupei enquanto editava alguns livros de lá e para a qual escrevi um volume de título *Survival*, como parte do esforço contínuo de alavancar suas finanças. A Anansi agora é uma editora de médio porte e muito respeitada, mas em 2002 estava em maus lençóis. Um tempo antes tinha sido comprada por uma editora canadense maior, a Stoddart, mas agora a própria Stoddart estava para descer pelo ralo e a Anansi escorreria para o esquecimento junto com ela.

Em cima da hora, um homem chamado Scott Griffin — que precisava ser arrancado de seu uniforme de Superman quando criança — apareceu de súbito e comprou a Anansi, retirando-a do Pântano do Desânimo, levando seu corpo desmaiado para a margem e restaurando sua respiração vital com uma criteriosa injeção de dinheiro vivo. Mas enquanto isso o círculo de convites das Conferências Massey prudentemente tinha decidido retirar a série de palestras da Anansi e a outorgou a uma empresa maior e com mais alcance.

Muitas foram as queixas e os desanimadores os lamentos! Será que eu não podia *fazer* alguma coisa? Uma poção para remover verrugas, uma maldição ou feitiço, uma invocação à lua? Alguma coisa com uma víbora? Nem na época nem agora eu tinha poderes sobrenaturais, mas fiz o melhor que pude. Sentei-me e fiz a irritada, em meu melhor ataque de birra de Anne de Green Gables, com essa decisão:

Se vocês tirarem as Conferências Massey da House of Anansi, eu nunca, jamais, nunquinha participarei delas, nunca! (Bati o pé.)

Eles não tiraram as Conferências Massey da Anansi. Provavelmente não teve nada a ver comigo, mas você pode imaginar o que viria a seguir. E veio.

#&$%@!, exclamei. *Agora vou ter mesmo de dar a (expletivo deletado) das Conferências Massey!*

Foi um ótimo exemplo do tema que em breve me veria explorando: eles tinham me feito um favor. Eu devia a eles. Precisava pagar.

Assim eu disse que participaria das Conferências Massey, sem saber sobre o que falaria. Eu me inquietei, procrastinei, ponderei, fraca e cansada, sobre muitos volumes singulares e curiosos de sabedoria esquecida.

Por fim me vi girando em torno de um conjunto de questões destinadas a surgir a qualquer um que tivesse estudado extensamente escritores do século XIX. Heathcliff vai embora pobre e volta rico: como? (Não de um jeito bom, concluiremos.) Chad Newsome, de *Os embaixadores*, deixará sua amante francesa talentosa e refinada e voltará a administrar o vulgar mas lucrativo negócio da família na Nova Inglaterra? (Adivinhamos que sim.) Será que Madame Bovary teria se safado do adultério se fosse melhor na contabilidade e não se endividasse? (Sem dúvida, dizemos nós.) Todo romance do século XIX pode nos iludir no início com histórias de amor e romance, mas no cerne de cada um deles está uma conta bancária. Ou a falta dela.

Quando anunciei ao ansioso conselho da Massey que tinha escolhido meu tema e era a Dívida, fiquei sabendo que eles empalideceram e se retraíram.

Eles pensaram que eu escreveria sobre economia. Ficaram aliviados quando expliquei que não, meu tema era simplesmente o modo como os seres humanos têm pensado sobre o que é devido, quem deve e como precisa ser pago — o equilíbrio da balança, na religião, na literatura, no submundo do crime, na tragédia de vingança e na natureza, uma área em que infelizmente nós estouramos em muito o limite de nossa conta.

O comitê do convite enxugou as gotas de suor da testa, e eu submeti um esboço e caí de cabeça no buraco de coelho da pesquisa. Havia muito tempo. Era só 2007 e as palestras seriam dadas no outono de 2009.

E então o Destino atacou de novo. No início de 2008, o pessoal da Massey me procurou disfarçado de suplicantes. Seu palestrante de 2008 não conseguiria estar pronto a tempo, então será que eu, *por favor, por favor, por favor*, poderia dar minhas palestras um ano antes?

Era fevereiro. Eu precisaria ter o texto do livro pronto em junho, assim poderia ser publicado a tempo para outubro, quando a turnê de conferências começaria. Era um grande desafio.

"Me arranjem uns pesquisadores", eu disse, arregaçando as mangas. Para que servem as mangas, se não para arregaçá-las?

Cinco meses e muitas horas martelando o teclado depois, estávamos mais ou menos prontos. Mais suor enxugado em testas.

E então o Destino atacou pela terceira vez. Justo quando o livro era lançado e a turnê de conferências começava — em Newfoundland —, o Grande Colapso e Crise Financeira aconteceram. E o meu livro era o único — ao que parece — que havia falado no assunto. "Como você sabia?", perguntaram vários gestores de fundos hedge, admirados. Inútil responder que eu não sabia: lá estavam as provas, na forma de um livro.

Não tenho uma bola de cristal. Se eu realmente previsse o futuro, teria acuado o mercado de ações muito tempo antes.

Memória do fogo

>>><<<

INTRODUÇÃO
(2019)

Conheci Eduardo Galeano em 1981, em uma conferência da Anistia Internacional em Toronto com o título "O Escritor e os Direitos Humanos". Ainda tenho o pôster, que traz um cavalo alado.

Para explicar o contexto: a Guerra Fria ainda continuava e só terminaria com a queda do Muro de Berlim em 1989. O período da Guarda Vermelha da China, durante o qual 300 mil pessoas morreram, só havia ocorrido 14 anos antes. O reinado de Pol Pot no Camboja, que matou um quarto da população, tinha terminado apenas dois anos antes.

Na América Latina, a instabilidade e a violência eram a regra, e não a exceção. A Argentina ainda estava sob o regime de extrema direita dos generais, que "desapareceram" com cerca de 30 mil pessoas: eles as sequestravam, torturavam, jogavam de aviões no mar. Se fossem mulheres, eles as estupravam e, se estivessem grávidas, davam seus filhos às famílias de companheiros generais antes de jogar as mulheres de aviões. Em El Salvador, a guerra civil grassava, com muitas atrocidades. No Chile, o golpe de Estado de 1973 liderado por Pinochet e apoiado pelos Estados Unidos fora seguido por um período de extrema violência — tortura, mortes e desaparecimentos. No Peru, o comunista Sendero Luminoso tinha lançado sua violenta campanha apenas um ano antes.

Eu mesma havia ingressado na Anistia Internacional na época da Crise de Outubro no Canadá, em 1970. A crise começou quando membros da Frente de Libertação do Quebec (FLQ) sequestraram James Cross, comissário de Comércio britânico em Montreal, e mais tarde sequestraram e mataram Pierre Laporte, ministro do Trabalho. Como membro da Anistia, não era possível ignorar as muitas violações flagrantes de direitos que estavam acontecendo, ou não saber do tratamento especial dado a escritores e artistas. Meu interesse nessas questões não era teórico: era evidente que regimes inclinados à repressão — fossem da esquerda ou da direita — tinham um interesse particular em silenciar vozes independentes. Isto significava artistas e veículos da mídia, como o rádio, a televisão e os jornais.

Mais tarde me envolvi na construção do PEN Centre anglo--canadense — com um interesse específico no programa Writers in Prison que ajudava escritores que tinham sido presos devido a algo que escreveram —, mas isto ainda seria no futuro. Em 1981, meu foco era a Anistia.

A conferência foi o que se podia esperar dela, considerando a época: séria, preocupada, urgente, mas estranhamente onírica: ali estávamos nós, no Canadá, onde ninguém era atirado de aviões, falando do que escritores podiam ou não fazer diante desses horrores. Susan Sontag estava lá: graças ao poeta emigrado russo Joseph Brodsky, ela acabara de descobrir que Stalin não era Papai Noel — um fato já conhecido de muitos dos presentes — e queria que enviássemos um telegrama a Fidel Castro começando assim: "Seu assassino." (A verdade é que esta não é a melhor maneira de tirar gente da cadeia em regimes absolutistas.)

No meio de todo esse turbilhão, havia Galeano — frio, calmo, observador. Havia algumas cadeiras vazias no palco, cada uma delas representando uma pessoa desaparecida: uma delas era para o melhor amigo de Galeano. Não consigo me lembrar do que ele disse, mas deve ter causado impressão em mim, porque li *Memória do fogo* quando apareceu a tradução em inglês, em 1986. Fiquei imensamente impressionada com ele — tanto que me vi usando uma citação de seu primeiro volume, *Os nascimentos*, como epígrafe de meu romance de 1988, *Olho de gato*. Diz o que se segue:

> Quando os Tukunas cortaram sua cabeça, a velha recolheu em suas mãos o próprio sangue e o soprou para o sol.
> — A alma também entra em ti! — gritou.
> Desde então, o que mata recebe no corpo, embora não queira nem saiba, a alma de sua vítima.

Este é um tema que perpassa toda a trilogia *Memória do fogo*: o assassino e o assassinado, o opressor e o oprimido, o conquistador e o conquistado, o escravizador e o escravizado, o torturador e o torturado — esses parceiros são inseparáveis e nenhum dos dois consegue escapar da lembrança do que aconteceu entre eles, e no final aqueles que perpetraram crimes e atrocidades sofrerão por causa de seus atos de alguma maneira.

Memória do fogo é uma espécie de história — a História das Américas, tão rica, violenta, exuberante, sugestiva, excessiva e com múltiplas camadas. É "história" no sentido de que os eventos contados realmente aconteceram. Mas não é história padrão. Mais parece coreografia ou música: vinhetas curtas, refrães sucintos, fatos incorporados como gestos verbais bordados. Como este mundo era diverso, ou é, enquanto se desdobra através do tempo. Como são cruéis e com frequência estúpidos os comportamentos daqueles que aparecem nele: colonizadores severos, quilombolas desafiadores, caçadores de escravizados fugitivos. Nem os animais são omitidos: crocodilos espreitam, disfarçados de troncos; aranhas fêmeas devoram seus parceiros, sem pressa e com prazer.

Não existe nada como a trilogia *Memória do fogo*. Ler estes livros é ser levado em uma viagem eletrizante por um Túnel de Horrores semialucinatório, de séculos de idade e construído com maestria. Ele é mal iluminado, escabroso e colorido demais, mas também profundamente convincente. As pessoas realmente fizeram essas coisas? Elas realmente ainda as fazem?

Bem-vindo ao irreal mundo real. Você aprenderá muito, com frequência ficará deslumbrado e, embora possa ficar chocado ou horrorizado — como Eduardo Galeano certamente intencionava —, jamais ficará entediado.

Diga. A. Verdade.

>>><<<

(2019)

Agradeço muito por me recompensarem com essa honraria única que é a Medalha Burke da CHS. Sinto-me excepcionalmente lisonjeada! Fico ainda mais feliz porque a Sociedade Histórica da Trinity College Dublin é uma sociedade de debates! Já fui integrante de uma sociedade de debates universitária — não uma com um status tão antigo quanto esta — no ermo tomado de neve de Toronto, no Canadá.

Algumas palavras de sabedoria são esperadas de mim nesta ocasião, sendo uma falácia amplamente aceita a de que todas as pessoas ficam mais sábias quando envelhecem. Então aqui estão alguns substitutos de palavras de sabedoria em que pensei para vocês.

Eis minha primeira observação: emoções não justificam os atos. Algumas pessoas parecem ter perdido isso de vista. "Temos muita raiva", dizem elas. Algo muito sincero. Mas este sentimento, embora sincero, não justifica em si o que você pode fazer como resultado. Se a raiva fosse justificativa suficiente, todos os homens que matam esposas ou namoradas em crises de fúria ciumenta não seriam condenados por homicídio. A raiva pode motivar uma ação, mas não serve de desculpa para ela.

Em alguns países, os chamados crimes passionais cometidos por homens recebem sentenças menores. E a raiva em si já foi altamente genderizada. Nos anos 1950, dizia-se "Ah, ela é só uma mulher raivosa" como forma de humilhação. Ou, mais revelador, "Ela só está com raiva por não ser homem".

Eis meu segundo grupo de palavras. É sobre a verdade. Em nossa era de fake news e de bots de internet, pode ser difícil encontrar a verdade. Não existe "verdade verdadeira"?, perguntam. Não será meramente uma questão de em que bolha fechada você deseja se abrigar? Mas todo esse artifício on-line não significa que não existam fatos em uma situação. E a expressão "diga a verdade aos poderosos" nada significa se a verdade não existir. Apoio a mídia tradicional porque ela — na maioria das vezes — verifica os fatos, e se estes órgãos entendem mal e publicam algo inverídico ou prejudicial, podem ser processados — ao contrário de websites suspeitos que aparecem e desaparecem como vagalumes. Há um movimento em marcha para exigir que o Facebook envie uma retificação a todos os usuários que receberam fake news. Apoio este movimento. Retificações funcionam. Na maioria das vezes.

Quando foi lançado meu último romance, *Os testamentos*, um crítico achou-o antiquado: como era exótica essa noção de que expor segredos podres de dentro de um regime pudesse ajudar a derrubá-lo. Nos Estados Unidos, a verdade parece não fazer diferença alguma nas pesquisas de opinião. Porém, as coisas mudaram subitamente com o surgimento de algumas vozes fazendo denúncias alarmantes e perturbadoras. E as pessoas começaram *sim* a ouvir essas vozes porque elas pareciam dizer a verdade.

Se vocês escolhem a carreira de jornalista, ou de escritor de não ficção, ou mesmo de um escritor de ficção que situa sua história no mundo real, por favor, ouçam os conselhos de Jodi Kantor, Megan Twohey e Ronan Farrow, que escrevem sobre homens poderosos expostos por denúncias de mulheres — homens como Harvey Weinstein. Façam suas pesquisas. Verifiquem tudo duas vezes. Certifiquem-se de que os fatos sejam verídicos. Caso contrário vocês correm o risco de fracassar, como a experiente jornalista Sabrina Erdely, cuja matéria na *Rolling Stone* sobre um estupro não foi checada e acabou custando à publicação mais de 4,5 milhões de dólares em danos morais porque o que foi publicado não era a verdade. Só porque você acha que uma coisa deve ser verdade, ou porque suas intenções são boas, porque se encaixa em sua ideologia e seria muito conveniente no esquema geral das coisas que *fosse* verdade, não significa que *seja* verdade. Você precisa estar preparado para fundamentar seus fatos porque se disser algo que não seja popular certamente será atacado. Ou, para citar George Orwell: "Se liberdade significa alguma coisa, significa o direito de dizer às pessoas o que elas não querem ouvir." E para citá-lo de novo: Diga. A. Verdade.

Minha terceira pepita de sabedoria é sobre o poder. Um verso de um poema meu é citado com frequência: "Uma palavra depois de uma palavra depois de uma palavra / É poder." Sim, até certo ponto. Mas o que é o poder? Em si e por si, o poder é moralmente neutro. Não há nada que diga que ele seja bom, não há nada que diga que seja ruim. A eletricidade pode acender nossas lâmpadas, ou pode incendiar nossa casa, e o mesmo ocorre com o poder humano. E o poder sobre si é diferente do poder sobre os outros. E nem sempre temos condições de saber o resultado final de nossos atos — supondo-se que tenhamos algum poder para agir. Em geral as causas têm efeitos imprevisíveis. Para citar Samuel Beckett: "É assim que acontece na droga desta Terra." Depois que você adquire poder — estou supondo que adquirirá algum, porque sou uma grande otimista —, confio que o usará bem. Ou tão bem quanto possível, nas circunstâncias.

Esta é uma sociedade de debates. Funciona com palavras. Palavras depois de palavras depois de palavras, faladas — assim esperamos — de forma poderosa. Línguas de gramática complexa

— línguas que nos permitem falar de tempos há muito passados antes de termos nascido, e de futuros que podem existir depois de nossa morte — talvez sejam nossa primeira tecnologia verdadeiramente humana. Recebemos a linguagem de nossos ancestrais humanos, o que remonta ao passado mais distante que podemos conceber. Usem a linguagem recebida com veracidade, com justiça. E, se assim fizerem, também a estarão usando com poder, no melhor sentido.

Nossas palavras agora estão em suas mãos.

PARTE V

>><<

2020 a 2021

PENSAMENTO E MEMÓRIA

Crescendo na Quarentenalândia

>>><<<

(2020)

Existem dois tipos de pesadelo. O primeiro é o sonho ruim que você já teve muitas vezes. Você se vê em um local muito familiar e sinistro: o porão arrepiante, o hotel assassino, a floresta escura. Mas como é um pesadelo que você já teve, seu foco é admiravelmente afiado: a estaca pontiaguda funcionou contra o monstro da última vez, então vamos tentar de novo.

No segundo pesadelo, tudo que deve ser familiar é estranho. Você se perde, não sabe para onde ir e não sabe o que fazer.

Parece que no momento estamos vivendo nos dois tipos, mas qual ressoará mais em nós dependerá de nossa idade. O segundo pesadelo é um bem adequado para os jovens, que nunca viveram nada parecido. O que está acontecendo?, eles exclamam. Estão acabando com a nossa vida! Nada será normal de novo! Não aguento mais isso!

Mas, para os de mais idade como eu, é o primeiro pesadelo que está infestando nosso sono mais uma vez: já passamos por isso ou, se não passamos, estivemos em algum lugar sinistramente parecido.

Qualquer criança criada no Canadá nos anos 1940, em uma época antes das vacinas para uma horda de doenças fatais, estava familiarizada com as placas de quarentena. Elas eram amarelas e apareciam na porta da frente das casas. Diziam coisas como DIFTERIA, FEBRE ESCARLATINA e COQUELUCHE. Os leiteiros — ainda existiam leiteiros naquela época, às vezes em carroças puxadas por cavalos — e os padeiros, idem, e até os sorveteiros, e certamente os carteiros (e sim, eram todos homens) tinham de deixar as coisas na soleira das portas. Nós, crianças, ficávamos do lado de fora na neve — para mim, sempre era inverno nas cidades, porque no resto do tempo minha família ficava na floresta — olhando as placas misteriosas e nos perguntando que coisas horríveis estavam acontecendo dentro daquelas casas. As crianças eram muito suscetíveis a essas doenças, especialmente a difteria — eu tive quatro primos pequenos que morreram dela —, então de vez em quando um colega de turma desaparecia, às vezes voltando, às vezes não.

De forma alguma você deveria frequentar piscinas públicas no verão, diziam-nos, porque podia haver um surto de poliomielite. Nas caravanas circenses da época havia *freak shows*, e com muita frequência uma das atrações seria A Garota do Pulmão de Ferro, que ficava presa dentro de um tubo metálico e que não podia se mexer, mesmo para respirar: o Pulmão de Ferro respirava por ela, com um arfar que era amplificado pelo sistema de alto-falantes.

Quanto às doenças menores como catapora, amigdalite, caxumba e o tipo comum de sarampo, simplesmente esperavam que as crianças pegassem, e elas pegavam. Quando você adoecia ficava, necessariamente, em casa e na cama, e quando estava melhorando se arriscava ao tédio. Não havia TV nem videogames, o que você recebia em vez disso, além de refrigerante de gengibre e suco de uva, era uma pilha de revistas velhas, um álbum de recortes, tesoura e cola. Você cortava as fotos mais interessantes e colava no álbum. Um anúncio de Lysol mostrava uma mulher da cintura para cima, na água, envolta pelas palavras "DÚVIDA, INIBIÇÕES, IGNORÂNCIA, RECEIOS", e com a legenda: "Tarde Demais para Chorar de Angústia!"

EU: "Por que ela está chorando de angústia?"
MAMÃE: "Preciso pendurar a roupa lavada."

Os anúncios de revistas mostravam germes escondendo-se em toda parte, em particular nas pias e privadas, equipados com chifres diabólicos e carinhas malignas e cruéis. Sabonete, pasta de dentes, enxaguante bucal, soda cáustica e água sanitária eram o que você precisava, e em grandes quantidades. Os germes causavam muitas doenças, mas eles também causavam tragédias pessoais como a halitose — "Sempre uma dama de honra, nunca uma noiva", lamentava o anúncio porque a linda mulher no lindo vestido e de cara triste tinha Mau Hálito — e CC, que significava "cheiro do corpo". O horror! Era pior que uma doença! À medida que a década de 1940 foi mudando para a de 1950 e a adolescência caiu sobre nós, ficávamos cheirando as axilas e investindo o dinheiro que ganhávamos como babás em desodorantes e colônias com aroma floral, porque Nem Sua Melhor Amiga Contaria a Você.

E havia os pés. O que podia ser feito com os pés? Vários talcos podiam ser usados. Mas, a julgar pelo aroma geral na sala de aula, frequentemente não eram.

A pior coisa nos desagradáveis germes que causavam todas aquelas doenças, para não falar nos cheiros, era que eles eram invisíveis. Nada é mais assustador do que um inimigo que você não consegue ver.

Os inimigos invisíveis têm uma longa história. Em 1693, o líder religioso da Nova Inglaterra Cotton Mather publicou *As maravilhas do mundo invisível*, uma defesa de sua crença em bruxaria e demônios. Pouco depois do fim do século XVII, ele também apoiou a introdução de inoculação contra a varíola na Nova Inglaterra. Demônios = invisíveis. Causa da varíola também = invisível. Tudo se encaixa! A inoculação quase fez com que ele fosse linchado, já que envolvia esfregar material de um infectado em um corte em seu braço, o que era vigorosamente contraintuitivo para seus conterrâneos da época.

A partir da inoculação surgiu, por fim, a vacinação, e então a caçada foi para identificar os patógenos responsáveis por cada uma das doenças fatais que infestavam a humanidade. O microscópio possibilitou muitas coisas e, uma por uma, foram desenvolvidas vacinas para doenças comuns. As pessoas então nasciam em um mundo que parecia seguro de germes, ou pelo menos muito mais seguro do que antes. Em vez de esperar contrair certo número de doenças como algo natural, as gerações mais novas agora se consideravam isentas. E aí veio o HIV e a confiança foi abalada, mas só por um tempo. Tratamentos foram desenvolvidos, vidas foram prolongadas e o perigo também recuou ao nível do ruído de fundo.

Mas, no grande panorama das coisas, as pestes foram um fator recorrente na história humana. Bactérias e vírus mataram muito mais gente do que as guerras. Estima-se que a taxa de mortalidade para a Peste Negra na Europa tenha sido de 50%; a taxa de mortalidade para patógenos introduzidos por europeus a habitantes das Américas, que não tinham imunidade a eles, é estimada em 80 a 90%. Milhões e milhões morreram de gripe espanhola. Da perspectiva de um vírus ou uma bactéria, você não é um indivíduo fascinante com uma história de vida memorável. É meramente uma matriz disponível em que um micróbio pode gerar mais micróbios.

Nos interlúdios entre as pandemias, gostamos de pensar que tudo acabou. Os epidemiologistas nunca pensam assim. Estão sempre esperando pela próxima.

Em 2003, publiquei *Oryx e Crake*, que gira em torno de uma pandemia letal, embora uma criada pelo homem. (Em certo sentido, todas são criadas pelo homem: se não domesticássemos animais e não comêssemos algumas espécies de animais silvestres, nossa chance de contrair novos vírus interespécies cairia muito.)

Será que sempre fui destinada a escrever um livro desses? É possível. Meus pais passaram pela gripe espanhola em 1919 e suas lembranças da época eram nítidas. Nos anos 1950, quando eu devia fazer o dever de casa do colégio, estava lendo ficção científica, como *A guerra dos mundos,* de H.G. Wells, em que os marcianos invasores são derrotados não pela guerra, mas pelos micróbios do planeta Terra, para os quais eles não tinham imunidade. Ou estava lendo fantasia, como *A espada na pedra,* de T.H. White, em que o bom mago Merlin derrota a bruxa má Madame Mim em uma batalha de mudança de forma transmutando-se em vários germes de doenças, que derrubam o dragão monstruoso de Mim. Ao mesmo tempo, eu lia o clássico de Hans Zinsser, *Rats, Lice and History,* sobre como os surtos de doenças nos afetam.

Assim, quando estávamos estudando o poema de Byron "The Destruction of Sennacherib", em que um exército assírio é destruído da noite para o dia, não me perguntei qual Anjo do Senhor fora enviado. Em vez disso, fiquei pensando "Que doença?". Quando o clássico filme de Ingmar Bergman *O sétimo selo* chegou às telas do Canadá, em 1958, completo, com cenas medonhas da Peste Negra, eu estava mais do que preparada para ele.

Oryx e Crake não atraiu nenhuma crítica de biólogos me dizendo para não ser tola porque uma coisa dessas jamais poderia acontecer. Eles sabiam que podia. Porque, de uma forma ou de outra, já havia acontecido.

Então aqui estamos nós de novo, pensei quando começou a pandemia atual: afogados na Dúvida, na Ignorância e nos Receios, cercados por germes cruéis invisíveis que podem estar à espreita em qualquer lugar, só que desta vez eles não são retratados como diabinhos com chifres, mas como pompons adornados, coloridos e atraentes. Porém, como aquelas coisas excêntricas que pareciam uma graça no início, mas podem tomar posse de seu corpo nos filmes de ficção científica, esses pompons podem matar.

O que fazer? Em meu livro de 2008, *Payback*, reuni as seis reações que as pessoas tiveram à Peste Negra enquanto ela se desenrolava. São estas:

1. Protegeram-se.
2. Desistiram e foram se divertir, o que poderia incluir a embriaguez e o roubo.
3. Ajudaram os outros.
4. Culpavam outros. (Leprosos, ciganos, bruxas e judeus, todos foram culpados por espalhar a peste.)
5. Relataram o momento.
6. Seguiram a vida.

Não se trata de um ou outro. Não sugiro o nº 2 ou o nº 4 — desistir e jogar a culpa não são úteis —, mas proteger-se, deste modo ajudando os outros, ou relatar o momento, testemunhando, mantendo um diário, ou seguir com sua vida como puder com a ajuda de sistemas de suporte on-line — estes são possíveis agora de uma forma que não eram no século XIV.

Assim, cole uma placa virtual de quarentena em sua porta, não deixe que estranhos entrem, considere-se um potencial vetor da peste, veja *Invasores de corpos* (de novo) ou *O sétimo selo* (de novo). E pegue tesoura e cola, analógicas ou digitais, ou caneta e papel, também digitais. Se você mesmo não adoeceu, a pandemia pode ter lhe dado um presente. Este presente é o tempo. Sempre pretendeu escrever um romance ou aprender sapateado? Agora é a sua chance.

E anime-se! A humanidade já passou por isso. Um dia haverá um Outro Lado. Só precisamos passar por esta parte, entre o Antes e o Depois. Como sabem os romancistas, o meio do livro é a parte mais difícil de elaborar. Mas pode ser feito.

The Equivalents

>>><<<

(2020)

No outono de 1961, quando eu tinha 21 anos, ingressei no Radcliffe College da Universidade de Harvard como estudante de pós-graduação. O que eu estava fazendo lá? Não queria ser professora; queria ser escritora. Mas todo mundo sabia que não era possível se sustentar desse jeito, então me disfarcei com tweed e parti para adquirir algumas credenciais. Um poeta havia me dito que você precisa ser um motorista de caminhão para entender a vida, mas não havia muita esperança para mim, então tinha de ser o magistério.

Morei em um grande alojamento de madeira de três andares para alunas de pós-graduação na Appian Way, que mais tarde usei quase como um modelo para a casa do Comandante em *O conto da aia*. Intrusos, tarados e bisbilhoteiros se agarravam ao prédio como cracas em uma baleia. Você erguia os olhos de sua mesa e encontrava um par de pés masculinos bem no peitoril da janela. Havia um telefone comunitário e qualquer chamada recebida provavelmente seria um trote obsceno. Essas atenções eram vistas pelas autoridades como incômodos menores, como mosquitos. Você não devia dar atenção.

Havia muitas coisas às quais não se devia dar atenção. O departamento de inglês não contratava mulheres por questão de princípios, mas ficava muito feliz em ensinar a elas. Não que isso fosse mencionado em conversas educadas. A visão que prevalecia era de que era louvável instruir mulheres o bastante para que elas pudessem ter uma conversa inteligente com os colegas de empresa do marido, mas qualquer coisa além disso as deixaria "neuróticas". (Freud era uma grande influência nos anos 1950 quando se tratava de enjaular as mulheres em seus lares e corpos, e "neurótica" era semelhante a "leprosa".)

Sendo assim, as mulheres da pós-graduação eram neuróticas por definição e estavam em Harvard porque eram toleradas. Na verdade, todas as mulheres dedicadas à vida pública nos Estados Unidos estavam ali porque eram toleradas. Nos anos 1950, as mulheres eram informadas, de várias maneiras, de que seu papel agora era dar apoio. Precisavam se livrar de seus macacões de Rosie, a Rebitadora, da época da guerra e de seus salários independentes, deviam ser indefesas e fofas como Lucille Ball e satisfazer sua feminilidade tendo filhos, renunciando ao raciocínio e delegando aos maridos. Os homens que não aspiravam ser machos alfa bem-sucedidos eram homens fracassados, e as mulheres que não queriam os bem-sucedidos eram mulheres fracassadas também. E assim continuava a história.

Esta lavagem cerebral teve seu impacto mais pesado na geração anterior à minha — aquelas mulheres que nos anos 1950 eram jovens mães. Meu próprio grupo conseguiu esquivar-se desta bala, fomos adolescentes roqueiras, e depois as mais boêmias frequentavam cafés para apresentações de música folk e poesia. Para nós, ser dona de casa não era um destino inevitável. Em vez disso, podíamos colocar em prática o amor livre e ser artistas dedicadas — mas de algum modo não se podia ser ao mesmo tempo uma dona de casa e uma artista dedicada. Ou podia? Esta narrativa em particular estava em fluxo.

Foi nesta conjuntura, quando a imagem das mulheres que havia sido tão rigidamente introduzida nos anos 1950 estava oscilando, que Mary Ingraham Bunting, diretora do Radcliffe College, conseguiu criar o Radcliffe Institute for Independent Study. O instituto tinha como alvo mulheres talentosas cujas carreiras tivessem sido prejudicadas pelo casamento e pelos filhos, e que podiam se beneficiar de um recomeço. O instituto — que Bunting chamava de "meu experimento complicado" — dava a essas mulheres algum tempo, algum dinheiro e um teto todo seu. Sobretudo, dava-lhes a companhia umas das outras: companheiras humanas que podiam entender o que elas combatiam e levá-las a sério.

The Equivalents é a história fascinante deste experimento complicado. O instituto acolheu seu primeiro grupo de 23 integrantes em setembro de 1961. As expectativas eram baixas e as acomodações, modestas. Ninguém previu que este empreendimento subestimado se tornaria uma importante sementeira para a explosiva segunda onda do feminismo que veio a público no final da década de 1960.

O livro é lido como um romance, e um romance intenso: as personagens incluem Sylvia Plath e Anne Sexton, ambas se tornariam escritoras fundamentais de sua época, ambas morreriam por suicídio; Maxine Kumin, que no futuro ganharia um prêmio Pulitzer; Robert Lowell, que deu aulas a Plath e Sexton, e já era saudado como o fundador da poesia "confessional"; Tillie Olsen, cuja estada no instituto resultaria em seu livro mais conhecido, *Silêncios*, sobre as forças que impediam as mulheres de criar; e Betty Friedan, que logo publicaria *A mística feminina*, que ia inflamar hordas de mulheres insatisfeitas que tentaram, sem conseguir, ser esposas perfeitas.

Quem sabia que Friedan e Bunting já foram colaboradoras? Friedan estava no planejamento do instituto e Bunting ajudou Friedan a desenvolver *A mística feminina*, embora por fim Bunting tenha se provado gentil demais para Friedan, e Friedan ruidosa demais para Bunting. A primeira queria reorganizar a mobília, a última chegou bem perto de querer atear fogo à casa.

Como foi que a sra. Bunting recebeu o aceno afirmativo e relutante do antiquado clube masculino de Harvard? Resposta curta: ela estava familiarizada com o território e, como as sereias, sabia o que cantar. A Guerra Fria estava no espaço e os soviéticos superavam os Estados Unidos intelectualmente, em parte porque estavam fazendo uso do poder de mulheres talentosas. Os Estados Unidos não deveriam mobilizar suas próprias mulheres inteligentes? Duas dúzias de mulheres doando algum dinheiro e espaço de escritório não parecia muito uma mobilização, mas por acaso elas deram início a uma reação em cadeia.

As primeiras inscritas no instituto combatiam sua própria dupla identidade. Eram donas de casa e assim descartáveis, mas também eram talentosas — poetas e escritoras de ficção publicadas, pintoras e escultoras reconhecidas. Um homem podia ser um gênio e instável e também amplamente reverenciado, como era Robert Lowell; mas, para uma mulher, "gênio" provavelmente seria entendido como "biruta" e também "uma mãe ruim" — um rótulo muito mais arrasador do que o de "um pai ruim". *The Equivalents* explora as forças contraditórias em operação nas mulheres desta geração ponte: cheias de vitalidade e ambiciosas demais para a casa de bonecas da década de 1950, mas precoces demais para o feminismo a todo vapor dos anos 1970.

The Equivalents mergulha fundo na vida complexa dessas mulheres. Usando cartas, material gravado do período, entrevistas e biografias, Maggie Doherty explora suas amizades, rivalidades e ciúmes, seus casamentos, suas crises, suas angústias e medos, e também seus momentos de euforia e triunfo. A relação entre Sexton e sua amiga, a poeta Kumin, é especialmente emocionante, mas no fim não impediria Sexton de sair da terra dos vivos.

Doherty transmite as eletricidades e enredos deste primeiro experimento, mas não se esquiva de suas limitações. Ao seguir a história pelos anos 1960, ela inclui Alice Walker e suas atividades "mulheristas" em nome das mulheres negras, cujos problemas eram bem diferentes dos das mulheres brancas de classe média que povoavam de modo geral o instituto. A mística feminina denunciada por Friedan nunca se aplicou a elas. Olsen, como comunista da classe trabalhadora, era uma *outsider* diferente.

A maioria das mulheres deste grupo não se identificava como "feministas" do tipo que apareceu no final da década de 1960. Embora sua obra tenha sido apoderada por agitadoras mais jovens, elas queriam ser artistas, e não militantes. À medida que a década rolava, com o movimento pelos direitos civis, os protestos contra a guerra e a chegada do ativismo lésbico, apareceram divisões — não só entre novas e diferentes formas de feminismo, mas entre amigas antes íntimas que tinham formado vínculos no instituto. "Os poetas em sua juventude começam em júbilo", disse Wordsworth. "Mas no fim caem em desalento e loucura." Loucura para algumas, e certamente desalento para outras. O que foi feito daquelas primeiras esperanças, aquelas amizades de almas gêmeas?

The Equivalents é um relato observador, reflexivo e vigoroso de uma década, vista pela lente do instituto. Doherty esforça-se para fazer o leitor entender as condições — materiais, espirituais e intelectuais — em que essas mulheres lutaram para se definir e canalizar sua arte. O passado sempre é outro país, mas podemos visitá-lo como turistas, e é útil ter uma guia tão minuciosa.

Doherty encerra com uma comparação daquela época com a de hoje. O que mudou para as mulheres em sessenta anos, o que continua na mesma e o que piorou? Será que toda aquela luta, angústia e turbilhão criativo foi a troco de nada? Ela não pensa assim, nem eu. Uma vez morei naquele país distante e sou grata à autora de *The Equivalents* por me lembrar de que não tenho o desejo de voltar.

As inseparáveis

>>><<<

INTRODUÇÃO
(2020)

Que emoção saber que Simone de Beauvoir, avó da segunda onda do feminismo, escreveu um romance que nunca foi publicado! Em francês, teve o título de *Les Inséparables* e a revista *Les Libraires* o descreveu como uma história que "acompanha com emoção e clareza a amizade apaixonada entre duas jovens rebeldes". É claro que eu queria ler, mas então me pediram para escrever uma introdução à tradução para o inglês.

Minha reação inicial foi de pânico. Isto era algo que me levava para o passado: quando jovem, eu morria de medo de Simone de Beauvoir. Frequentei a universidade no final dos anos 1950 e início dos 1960, quando, entre as *cognoscenti* de gola rulê preta e muito delineador — certamente não muito numerosas na Toronto daquela época —, os existencialistas franceses eram venerados como semideuses. Camus, tão reverenciado! Com que avidez líamos seus romances sombrios! Beckett, quão adorado! Suas peças, em particular *Esperando Godot*, eram as favoritas dos clubes de teatro universitários. Ionesco e o teatro do absurdo, tão intrigante! Ainda assim suas peças eram encenadas com muita frequência entre nós (e algumas, como *O rinoceronte* — uma metáfora para os golpes fascistas —, são cada vez mais pertinentes).

Sartre, tão desconcertantemente inteligente, embora não o que se possa chamar de homem bonito. Quem nunca citou

"O inferno são os outros"? Será que tínhamos noção de que o corolário teria de ser "O paraíso é a solidão"? Não, não tínhamos. Nós lhe perdoamos por ter bajulado o stalinismo por tantos anos? Sim, perdoamos, mais ou menos, porque ele denunciou a invasão da Hungria pela URSS em 1956 e escreveu uma introdução incandescente para o livro *La Question*, de Henri Alleg (1958), um relato da tortura brutal de Alleg nas mãos dos militares franceses durante a Guerra da Argélia — um livro proibido na França pelo governo, mas disponível a nós que vivíamos no meio do nada, porque o li em 1961.

Mas entre todos esses luminares existencialistas assustadores só havia uma figura feminina: Simone de Beauvoir. Como deve ter sido assustadoramente difícil, eu pensava, aguentar-se entre olímpicos superintelectuais parisienses com seus cérebros de aço! Era uma época em que as mulheres que aspiravam a mais do que a personificação dos papéis de gênero atribuídos a elas sentiam que precisavam se comportar como os machões — de um jeito frio, declaradamente egoísta — enquanto se apoderavam da iniciativa, até mesmo da iniciativa sexual. Um *bon mot* aqui, um tapa numa mão-boba ali, um namorico sem compromisso, ou dois, ou vinte, seguidos por cigarros, como nos filmes... eu jamais teria ficado à altura, atrapalhada como estava com as exigências muito menores do clube de debates da faculdade. Além disso, o cigarro me fazia tossir. Como aqueles deselegantes trajes da época da guerra com durabilidade e ombreiras, este teria sido um preço alto demais para se pagar por um lugar à mesa nos cafés.

Por que Simone de Beauvoir me assustava tanto? Para você, é fácil perguntar: você tem o benefício da distância — os mortos são menos intrinsecamente assustadores do que os vivos, em particular se eles forem minimizados por seus biógrafos, sempre atentos aos defeitos dos biografados —, enquanto para mim Beauvoir era uma contemporânea gigante. Lá estava eu com 20 anos na provinciana Toronto, sonhando em fugir para Paris para compor obras-primas em um sótão enquanto trabalhava de garçonete, e lá estavam os existencialistas, o centro das atenções no Le Dôme Café, em Montparnasse, escrevendo para a revista *Les Temps Modernes* e zombando de gente sem graça como eu. Eu podia imaginar o que eles diriam. "Burguesa", eles começariam, batendo as cinzas de seus Gitanes. Pior: canadense. "*Quelques arpents de neige*", eles citariam Voltaire. Pior ainda uma canadense do interior. E do pior interior do Canadá: o inglês. O desprezo indiferente! O desdém sofisticado! Não existe esnobismo como o francês, especialmente na esquerda. (A esquerda de meados do século XX, quero dizer; tenho certeza de que uma coisa dessas não aconteceria agora.)

Mas então fiquei um pouco mais velha e fui mesmo a Paris, onde não fui rejeitada por existencialistas — não consegui esbarrar em nenhum, porque eu não tinha dinheiro para comer em cafés parisienses —, e logo depois disso estava em Vancouver, onde enfim li *O segundo sexo* de cabo a rabo, no banheiro, para que ninguém me visse fazendo isso. (O ano era de 1964, e a segunda onda do feminismo ainda não tinha chegado ao interior da América do Norte.)

A essa altura, parte do meu medo foi substituída pela compaixão. Que criação rigorosa foi imposta à jovem Simone. Como deve ter se sentido limitada, em seu corpo supervisionado, nas roupas de babados para meninas, no rígido comportamento social prescrito. Parecia que havia vantagens em ser uma canadense do meio do mato, afinal: livre de freiras censoras e parentes exigentes da alta sociedade, eu podia andar por aí de calças — melhor do que saias, quando se levava os mosquitos em consideração — e remar minha própria canoa e depois, no colégio, comparecer a bailes e me divertir em cinemas drive-in com namorados de reputação duvidosa. Esse comportamento sem restrições e, na verdade, nada feminino, nunca teria sido permitido à jovem Simone. O rigor era para seu próprio bem, ou assim teriam lhe dito. Se violasse as regras de sua classe, a ruína esperaria por ela e a desgraça seria o quinhão de sua família.

Vale a pena lembrar que a França só permitiu que as mulheres votassem em 1944, e mesmo assim só por uma lei assinada por de Gaulle no exílio. Isso foi quase 25 anos depois de a maioria das canadenses terem conquistado o direito. Assim, Beauvoir cresceu ouvindo que as mulheres de fato eram indignas de ter o que dizer na vida pública da nação. Ela teria 36 anos quando pôde votar, e só em tese, uma vez que os alemães ainda controlavam a França naquela época.

Ao chegar à idade adulta nos anos 1920, Simone de Beauvoir reagiu fortemente contra sua reprimida formação de espartilho. Eu, tendo tido uma vida muito menos restrita, não senti que as condições descritas em O segundo sexo se aplicassem a todas as mulheres. Parte do livro soava verdadeira para mim, certamente. Mas não todo ele.

Além disso, havia um hiato geracional: eu nasci em 1939, enquanto Simone de Beauvoir nasceu em 1908, um ano antes de minha mãe. Elas eram do mesmo grupo, embora com um mundo de distância. Minha mãe foi criada na Nova Escócia rural, onde era uma moleca, andava a cavalo e era uma patinadora de velocidade. (Tente imaginar Simone de Beauvoir patinando e você vai conseguir compreender a diferença.) Ambas passaram pela Primeira Guerra Mundial quando crianças e pela Segunda Guerra quando adultas, embora a França estivesse no centro das duas e o Canadá — apesar de suas perdas militares na guerra que foram desproporcionalmente grandes em relação à população — nunca tenha sido bombardeado nem ocupado. A dureza, a implacabilidade, o olhar inabalável aos cantos mais feios da existência que encontramos em Beauvoir tinham relação com as provações da França. Suportar essas duas guerras, com suas privações, seus perigos, suas angústias, as disputas políticas internas e as traições: esta passagem pelo inferno teria cobrado seu preço.

Assim, faltava a minha mãe o olhar duro, tendo em vez disso um pragmatismo animado, o arregace-as-mangas e não-reclame, o que teria parecido ofensivamente ingênuo a qualquer parisiense de meados do século. Vencida pela opressão da existência? Encarando uma grande pedra de Sísifo que deve empurrar montanha acima, para vê-la rolar para baixo de novo? Atormentada pela tensão existencial entre a justiça e a liberdade? Lutando por autenticidade interior ou por significado? Preocupada com quantos homens precisa ir para a cama a fim de limpar a mancha de *haute bourgeoisie* de si para sempre? "Dê uma boa caminhada ao ar livre", teria dito minha mãe, "e você se sentirá muito melhor." Quando eu ficava excessivamente intelectual e/ou taciturna, era este o conselho que ela me dava.

Minha mãe não teria ficado muito interessada nas partes mais abstratas e filosóficas de *O segundo sexo*, mas gosto de acreditar que teria ficado intrigada com muitos outros escritos de Simone de Beauvoir. Desta distância, é indiscutível que a obra de maior frescor e mais imediata de Beauvoir vem diretamente de sua própria experiência. Repetidas vezes ela é atraída à infância, à juventude, a sua vida de jovem adulta — explorando a própria formação, os sentimentos complexos, as sensações da época. O exemplo mais conhecido talvez seja o primeiro volume de sua autobiografia, *Memórias de uma moça bem-comportada* (1958), mas o mesmo material aparece em contos e romances. De certo modo, ela era assombrada por si mesma. De quem era esse passo invisível, mas pesado, subindo inexoravelmente a escada escura? Em geral revelava-se ser dela mesma. O fantasma de seu eu anterior, ou os eus, sempre estava presente.

E agora temos uma espécie de manancial: *As inseparáveis*, inédito até agora. Conta o que talvez seja a experiência mais influente da vida de Beauvoir: sua relação com "Zaza" — a Andrée do romance —, uma amizade intensa e multifacetada que terminou com a morte trágica e precoce de Zaza.

Beauvoir escreveu este livro em 1954, cinco anos depois de publicar *O segundo sexo*, e cometeu o erro de mostrá-lo a Sartre. Ele julgava a maioria das obras por padrões políticos e não conseguiu compreender seu significado: para um marxista materialista o livro era estranho, por ser intensamente descritivo das condições físicas e sociais de suas duas personagens. Naquela época os únicos meios de produção levados a sério tinham relação com fábricas e agricultura, e não com o trabalho não remunerado e subvalorizado das mulheres. Sartre desprezou esta obra, julgando-a inconsequente. Beauvoir escreveu em suas memórias que seu livro "parecia não ter necessidade interior e não prendia o interesse do leitor". Esta *parece* ter sido uma citação de Sartre, com que Beauvoir *parece* ter concordado na época.

Bom, Caro Leitor, Monsieur Sartre estava errado, pelo menos da perspectiva desta Cara Leitora. Suponho que, se você tiver interesse por abstrações como a Perfeição da Humanidade e Justiça e Igualdade Totais, não vai gostar muito de romances, uma vez que todos os romances tratam de pessoas individuais e suas circunstâncias; e você não vai gostar particularmente de romances escritos por sua amante sobre acontecimentos que tiveram lugar antes de você ter se manifestado na vida dela, e que retratem um Outro importante, talentoso e adorado que por acaso é uma mulher. A vida interior de duas garotas da burguesia? Mas que coisa banal. Puff. Já chega desse *pathos* em pequena escala, Simone. Volte sua mente afiada para questões mais sérias.

Ah, mas Monsieur Sartre, respondemos do século XXI, estas *são* questões sérias. Sem Zaza, sem a devoção apaixonada entre as duas, sem o encorajamento que Zaza deu às ambições intelectuais de Beauvoir e a seu desejo de se libertar das convenções da época, sem o ponto de vista de Simone de Beauvoir sobre as expectativas esmagadoras depositadas em Zaza como mulher por sua família e sua sociedade — expectativas que, na visão de Beauvoir, literalmente arrancaram a vida de Zaza, apesar de seu intelecto, de sua força, sua sagacidade, sua vontade —, será que teria existido *O segundo sexo*? E sem este livro fundamental, o que mais não teria acontecido depois?

Além disso, quantas versões de Zaza estão vivendo na Terra neste momento — mulheres brilhantes, talentosas, algumas oprimidas pelas leis de seus países, outras pela pobreza e discriminação em países supostamente com mais igualdade entre os gêneros? *As inseparáveis* é um livro do seu tempo e lugar — todos os romances são —, mas os transcende também.

Leia e chore, Caro Leitor. A própria autora chora, no início: é assim que a história começa, com lágrimas. Parece que, apesar de sua fachada ameaçadora, Beauvoir nunca parou de chorar pela Zaza perdida. Talvez ela mesma tenha se esforçado muito para se tornar quem era como uma espécie de memorial: Beauvoir se expressa ao máximo porque Zaza não pode.

Nós

>>><<<

INTRODUÇÃO

(2020)

Só fui ler o extraordinário romance *Nós*, de Yevgeny Zamyatin, nos anos 1990. Muitos anos depois de eu ter escrito *O conto da aia*. Como posso ter perdido uma das distopias mais importantes do século XX, e uma distopia que teve influência direta em *1984* de George Orwell — que por sua vez teve uma influência direta em mim?

Talvez eu tenha deixado passar porque era uma leitora de Orwell, mas não estudiosa dele, e uma leitora de ficção científica, mas não estudiosa da ficção científica. Quando enfim dei com *Nós*, fiquei maravilhada. E agora, lendo-o de novo nesta nova e intensa tradução de Bela Shayevich, estou maravilhada de novo.

Tanta coisa em *Nós* parecia profética: a tentativa de abolir o indivíduo pela fusão de todos os cidadãos com o Estado, a vigilância de quase todo ato e pensamento, em parte pelas orelhas cor-de-rosa, gigantescas e encantadoras que, trêmulas, ouvem cada declaração, a "liquidação" de dissidentes — nos escritos de Lenin de 1918, "liquidação" é metafórico, mas em *Nós* é literal, porque aqueles a serem liquidados são de fato transformados em líquido —, a construção de um muro de fronteira que serve não só para evitar a invasão, mas para manter os cidadãos do lado de dentro e a criação de um Benfeitor épico, onisciente e sábio nos moldes do Grande Irmão que pode ser simplesmente uma imagem ou um simulacro — todos esses detalhes prefiguraram coisas que estavam por vir. Os campos de extermínio de Hitler ainda não tinham números tatuados em seus prisioneiros e, nessa época, ainda não havíamos nos transformado em puro alimento para algoritmos. Stalin ainda estava para forjar o culto a sua própria personalidade, o Muro de Berlim estava décadas no futuro, o grampo eletrônico não tinha sido criado ainda, os julgamentos de fachada de Stalin e seus expurgos em massa aconteceriam só dali a uma década — no entanto, aqui está o plano geral das ditaduras e dos capitalismos de vigilância posteriores, traçados em *Nós* como que numa planta baixa.

Zamyatin escreveu *Nós* entre 1920 e 1921, enquanto a guerra civil que se seguiu à Revolução de Outubro dos bolcheviques ainda estava em andamento. O próprio Zamyatin, tendo sido integrante do movimento antes de 1905, era um Velho Bolchevique (um grupo marcado para ser liquidado por Stalin nos anos 1930 porque se prendia a seus ideais comunistas democráticos iniciais em vez de embarcar na autocracia do camarada Stalin) — mas agora que os bolcheviques estavam vencendo a guerra civil, Zamyatin não gostava do rumo que as coisas estavam tomando. Os comitês comunitários originais tornavam-se meros carimbadores para a elite do poder, que tinha emergido sob Lenin e seria solidificada por Stalin. Era isto a igualdade? Era este o florescimento dos dons e talentos individuais que foram tão romanticamente propostos pelo partido no início?

Em um breve artigo de 1921, "Tenho Medo", Zamyatin proclamou "A verdadeira literatura só pode existir quando é criada não por funcionários diligentes e confiáveis, mas por loucos, eremitas, heréticos, sonhadores, rebeldes e céticos". Nisto ele era um filho do movimento romântico, como fora a própria revolução. Mas os "funcionários diligentes e confiáveis", tendo visto para que lado soprava o vento leninista-stalinista, já estavam ocupados emitindo decretos de censura sobre temas e estilos preferíveis, e arrancando a erva daninha heterodoxa. Este é sempre um exercício perigoso em um totalitarismo, uma vez que ervas daninhas e flores são propensas a trocar de posição no piscar de um olho autocrata.

Nós pode ser interpretado em parte como uma utopia: o objetivo do Estado Único é a felicidade universal, e esse Estado argumenta que, como você não pode ser ao mesmo tempo feliz e livre, a liberdade precisa desaparecer. Os "direitos" sobre os quais as pessoas estavam criando estardalhaço no século XIX (e sobre os quais continuam a fazer estardalhaço agora) são considerados ridículos: se o Estado Único tem tudo sob controle e age pela maior felicidade possível de todos, quem precisa de direitos?

Nós segue uma longa linha de utopias do século XIX que também propuseram receitas para a felicidade universal. Tantas utopias literárias foram escritas naquele século que Gilbert e Sullivan criaram uma paródia operística delas que se intitulava *Utopia, Limited*. Alguns destaques são *A raça futura que nos suplantará*, de Bulwer-Lytton (uma raça humana superior vive embaixo da Noruega, com uma tecnologia avançada, asas infláveis, raciocínio em detrimento da paixão e mulheres que são maiores e mais fortes do que os homens); *Notícias de lugar nenhum*, de William Morris (romance socialista e igualitarista, com artes e ofícios, roupas artísticas e belas mulheres no estilo pré-rafaelita); e *A Crystal Age*, de W.H. Hudson, em que as pessoas não só têm beleza e roupas artísticas, mas são representadas como sendo felizes, como os shakers, por não terem interesse nenhum pelo sexo.

O século XIX era obcecado pelo "problema da mulher" e pela "nova mulher", e nenhuma utopia — e, portanto, nenhuma distopia — pôde deixar de mexer com convenções existentes relacionadas com o gênero. Nem a URSS. Suas primeiras tentativas de abolir a família, criar as crianças coletivamente, permitir o divórcio imediato e, em algumas cidades, decretar crime que uma mulher se recusasse a ter sexo com um homem comunista (valeu a tentativa, rapazes!) geraram uma infelicidade tão farsesca e caótica que Stalin a fez retroceder furiosamente nos anos 1930.

Mas Zamyatin escrevia no período inicial de fermentação, e é este conjunto de atitudes e políticas que *Nós* satiriza. Embora as pessoas morem em casas literalmente de vidro, com todos os seus atos transparentes, elas fecham as cortinas recatadamente na hora do sexo, agendado antecipadamente via bilhete cor-de-rosa e devidamente registrado por uma mulher mais velha na portaria de cada edifício, segundo os regulamentos. Mas embora todo mundo faça sexo, só as mulheres que atendem a determinadas especificações físicas podem ter filhos: a eugenia era considerada "progressista" nesta época.

Como o romance de 1908 de Jack London, *O tacão de ferro* — uma distopia com esperanças de um futuro utópico —, e também *1984*, de Orwell, as forças propulsoras da dissidência em *Nós* são as mulheres. D-503, o protagonista, começa como um membro dedicado do Estado Único, preparando-se para enviar um foguete ao universo com o objetivo de partilhar a receita para a felicidade perfeita do Estado Único com mundos desconhecidos. Os personagens distópicos tendem a escrever diários e D-503 destina o seu diário para o universo. Mas logo a trama se adensa e também a prosa de D. Será que ele esteve mergulhando em Edgar Allan Poe em seus momentos mais lúgubres? Ou nos românticos góticos alemães? Ou em Baudelaire? É possível. Ou assim o fez seu autor.

O motivo desta perturbação emocional é o sexo. Se ao menos D pudesse se ater a seus encontros sexuais programados e aos bilhetes cor-de-rosa! Mas ele não consegue. Entra em cena I-330, uma dissidente angulosa, individualista, secretamente boêmia e dada ao álcool, que o seduz a um ninho de amor oculto e o leva a questionar o Estado Único. Ela forma um forte contraste com O-90, uma mulher roliça e submissa que foi proibida de ter filhos porque é baixa demais e que é a parceira sexual registrada de D. O símbolo O pode representar um círculo — completo e fechado — ou um zero vazio, e Zamyatin escolhe ambos. No início pensamos que O-90 é uma nulidade, mas quando engravida apesar do veto oficial, ela nos surpreende.

Muito se escreveu sobre as diferenças entre as culturas do Eu e as culturas do Nós. Em uma cultura do Eu, como a dos Estados Unidos, a individualidade e a escolha pessoal são quase uma religião. Não por acaso. A América foi criada por puritanos, e no protestantismo o que importa é a alma individual face a face com Deus, e não pertencer a uma Igreja universal. Os puritanos tinham por hábito escrever diários, registrando cada minúcia espiritual: é preciso acreditar no alto valor de sua alma para fazer isso. "Encontre sua voz" é um mantra nas escolas de escrita da América do Norte, e isto significa sua voz única e singular. "Liberdade de expressão" significa que você pode dizer o que quiser.

Nas culturas do Nós, ao contrário, por que você precisaria desse tipo de voz? O que é valorizado é pertencer a um grupo: deve-se agir segundo os interesses da harmonia social. "Liberdade de expressão" significa que você pode dizer o que quiser, mas o que você quer dizer naturalmente deve ser limitado pelos efeitos que pode ter nos outros, e quem decidirá isto? O "nós" decidirá. Mas e quando um "nós" se transforma em uma turba? A descrição de D de todos saindo para uma caminhada em passo unificado será um sonho ou um pesadelo? Quando o "nós" harmonioso demais e unificado demais se torna um comício nazista? Esta é a encruzilhada cultural em que nos vemos hoje em dia.

Qualquer ser humano certamente é as duas coisas: um Eu, especial, distinto; e um Nós, parte de uma família, um país, uma cultura. No melhor dos mundos, o Nós — o grupo — valoriza o Eu por sua singularidade, e o Eu se reconhece pelas relações que tem com os outros. Se o equilíbrio é compreendido e respeitado — ou assim gostaríamos de acreditar —, não há necessidade de conflito.

Mas o Estado Único perturbou o equilíbrio: tentou eliminar o eu, que ainda assim persiste, teimosamente. Daí os tormentos do pobre D-503. As discussões que D tem consigo mesmo são as discussões de Zamyatin com a conformidade emergente e o sufocamento de vozes do início da URSS. O que estava acontecendo com a visão luminosa sustentada pelas utopias do século XIX e, na verdade, pelo próprio comunismo? O que deu tão errado?

Quando Orwell escreveu *1984*, os expurgos e liquidações de Stalin já haviam acontecido, Hitler tinha surgido e desaparecido, sabia-se até que ponto uma pessoa podia ser reduzida e distorcida pela tortura. Sendo assim sua visão é muito mais sombria que a de Zamyatin. As duas heroínas de Zamyatin são firmes, como as de Jack London, enquanto a Julia de Orwell capitula e trai quase imediatamente. O personagem S-4711 de Zamyatin é um agente do serviço secreto, mas seu número entrega seu alter ego: 4711 é o nome de uma colônia que teve origem na cidade alemã de Colônia, que, no ano de 1288, encenou uma revolta democrática de sucesso contra as autoridades da Igreja e do Estado, e tornou-se uma Cidade Imperial Livre. Sim, S-4711 na verdade é um dissidente, inclinado à revolta. Já em *1984*, O'Brien finge ser um dissidente, mas na verdade é membro da polícia do Estado.

Zamyatin sustenta a possibilidade de fuga: para além do Muro há um mundo natural em que existem seres humanos livres e "bárbaros", cobertos por — poderia ser por peles? Para Orwell, ninguém de *1984* pode deixar aquele mundo, embora ele permita um futuro distante em que a sociedade repressora não existe mais.

Nós foi escrito em um momento particular da história — o momento em que a utopia prometida pelo comunismo estava descambando para a distopia. Quando, em nome de fazer todo mundo feliz, hereges seriam acusados de crime de pensamento, discordar de um autocrata seria igualado à deslealdade para com a revolução, julgamentos de fachada proliferavam e a liquidação estava na ordem do dia. Como Zamyatin pôde ver o futuro com tanta clareza? Ele não viu, naturalmente. Viu o presente, e o que já estava à espreita nas sombras.

"Os rumos dos homens prenunciarão determinados fins, para os quais, se perseverarmos, devem levar", diz Ebenezer Scrooge em *Um conto de Natal*. "Mas se os rumos se separam, os fins mudarão." *Nós* foi um alerta para seu tempo e seu espaço — que não foi acatado porque não foi ouvido: os "funcionários diligentes e confiáveis" e a censura que promoveram a Zamyatin cuidaram disso. Os rumos não se separaram. Milhões e milhões morreram.

Será também um alerta para nosso tempo e nosso lugar? Se for, que alerta será? Estaremos ouvindo?

A escrita de *Os testamentos*

>>><<<

(2020)

Saudações! É uma grande honra ter sido convidada a falar na Conferência Belle van Zuylen deste ano. Lamento muito não poder estar aí pessoalmente, mas, como todos nós ultimamente, estou me virando com o que temos disponível. Só espero que vocês não fiquem entediados demais, porque é bem estressante ver as pessoas falando por muito tempo em uma tela, mas farei o máximo dadas as circunstâncias.

As circunstâncias — sempre um fator limitante para qualquer um, em qualquer lugar: as circunstâncias. Descobrir Belle van Zuylen levou-me a enxergar que pessoa extraordinária e modelo para as mulheres ela foi, mas também como as circunstâncias a formaram. Se não tivesse nascido em uma família aristocrática e abastada, ela não teria recebido educação formal. Se não tivesse recebido educação formal, não teria sido escritora, nem teria travado relações com as mentes mais privilegiadas do Iluminismo do final do século XVIII, nem teria sido liberal em sua perspectiva — *liberal* no sentido que a palavra tinha antigamente —, nem teria tido uma atitude crítica para com os elementos mais retrógrados da nobreza europeia, tampouco teria sustentado uma visão em geral favorável às reformas propostas durante a Revolução Francesa.

Mas se ela estivesse na França na época dessa revolução, e em particular durante o Período do Terror, que levou muitas cabeças a rolar, sua própria cabeça poderia ter sido decepada, uma vez que ser de uma família aristocrática abastada, ter tido uma ampla educação e ser conhecida como Isabelle de Charrière por casamento — um sobrenome definitivamente de alta classe — teria sido uma porta aberta para a pena de morte. E suas visões liberais não a teriam salvado: Olympe de Gouges, a autora da *Declaração dos Direitos da Mulher e da Cidadã* (1791), que reivindicava para as mulheres uma pequena parcela dos direitos que os homens revolucionários reclamavam para si em 1789, acabou sendo acusada de sedição e traição, e decapitada na guilhotina.

Após sua morte, Olympe foi usada como uma advertência para outras mulheres: "A impudente Olympe de Gouges, que foi a primeira mulher a criar clubes políticos de mulheres, que abandonou os cuidados do lar para intrometer-se nos assuntos da República, e cuja cabeça caiu sob a lâmina vingativa da lei", como afirmou aos muxoxos um certo homem, no modo *mansplaining*, a um grupo de mulheres arrogantes. Na verdade, Olympe de Gouges não criou nenhum clube político de mulheres, ela apenas os inspirou depois de sua morte; mas quando se trata de assuntos partidários, e sob a pressão do pânico moral, uma insistência na verdade exata é considerada pedantismo. *Impudente* é a palavra-chave aqui: vem do latim "pudere", que significa envergonhar-se, daí impudente significa, entre outras coisas, desavergonhada e imodesta — termos quase sempre utilizados para classificar as mulheres, mas não os homens. As reivindicações de Madame de Gouges foram vistas como imodestas e desavergonhadas, como um vestido ousado que expusesse o corpo. E esse tipo de retórica persistiu por todo o século XIX sempre que mulheres impudentes erguiam as mãos para defender a igualdade de direitos.

Por que tamanha reação negativa? Infelizmente, Jean-Jacques Rousseau — um dos mentores intelectuais da Revolução Francesa, e muito lido por Belle van Zuylen — tinha uma visão das mulheres que as confinava à esfera doméstica e ao serviço das necessidades dos outros, uma concepção que não estaria deslocada na Alemanha nazista. Portanto, a conclamação de Madame de Gouges por um pouco mais de igualdade podia ser considerada comprometedora para as fundações do admirável mundo novo que a revolução acreditava estar construindo. Apesar de seu papel fundamental durante a revolução, depois dela as mulheres foram necessárias para gerar e criar a geração seguinte de franceses republicanos homens, e era só para isso que elas serviam. Do contrário, cortem as cabeças. (Este padrão foi repetido quase com exatidão durante a Revolução Russa e, na verdade, depois da Segunda Guerra Mundial, na Inglaterra e na América do Norte. Agradecemos por sua ajuda, senhoras; agora corram de volta a seus ninhos e fiquem ali, porque é lá que é o seu lugar. E por favor, sem impudência.)

Diz-se que Belle van Zuylen teria afirmado que os aristocratas franceses não aprenderam nada com a Revolução Francesa, mas aqueles refugiados políticos aristocratas que ela conheceu na Suíça aprenderam pelo menos uma coisa: se cabeças aristocratas estavam rolando, e se você por acaso era aristocrata, fuja! Fuja correndo! Suas boas intenções e até suas boas ações — supondo-se que você tenha alguma no balanço geral das coisas — não o salvarão porque nesses tempos não é quem você pensa ser como indivíduo nem as boas ações que você acredita ter feito que contarão a seu favor ou contra você. É quem os outros pensam que você é — aqueles que agora puxam as cordinhas ou descem a lâmina —, e será "sentença primeiro e veredito depois" — a referência é à Rainha de Copas sanguinária e tirânica de *Alice no país das maravilhas* —, uma vez que, durante qualquer pânico moral, ser acusada é ser condenada e, portanto, punida. Os fatos deixam de importar, e o processo judicial, se houver, torna-se uma questão de carimbos. Este é um padrão que a humanidade tem repetido muitas vezes no curso de sua história.

Quando há uma crise, seja real ou imaginária, os culpados — sejam reais ou imaginários — devem ser encontrados e eliminados.

Sorte de Belle van Zuylen estar morando na Suíça durante todo aquele tumulto perigoso. Ela morreu em 1805, um ano depois de Napoleão coroar-se imperador, abolindo assim a República que a Revolução tinha estabelecido e indicando o fim — pelo menos temporariamente — dos ideais iluministas. As coisas de fato pioraram para os direitos das mulheres quando Napoleão entrou em cena. O governo pós-revolução descriminalizara o aborto, mas Napoleão voltou a criminalizá-lo. Ele também legalizou novamente a escravidão, algo que a revolução tinha abolido, e seus deputados cometeram atrocidades sádicas em massa no Haiti e em Guadalupe, que rivalizam com qualquer coisa que o século XX tenha inventado nesta linha.

Imagino o que Belle van Zuylen pensava a respeito de Napoleão durante o ano em que o esteve observando. Ela não teria testemunhado o pior dele — as maiores chacinas e horrores ainda estavam por vir —, mas deve ter ficado bastante desestimulada ao ver o colapso de seus ideais humanistas.

Sempre olhei com suspeita para a expressão *o lado errado da história*. A história não progride por uma estrada de mão única claramente marcada para a cidade dourada da Utopia. Ela é sinuosa, ela retrocede, depende muito das circunstâncias. O Grande Salto à Frente pode virar o Grande Salto Para Trás com uma rapidez impressionante, dependendo do suprimento de alimentos, do advento de uma pandemia, ou da sede de poder de um déspota ganancioso. A história não é um deus, embora tenha sido venerada como tal por várias facções no passado. A história nada mais é do que seres humanos fazendo coisas. "De onde Margaret Atwood tira essas merdas tão estranhas?", perguntou queixosamente no Twitter (atual X) um leitor consternado de *O conto da aia*. Mas não fui eu que inventei essas merdas estranhas. Foram os seres humanos, e eles inventaram um monte de merdas muito mais estranhas do que qualquer coisa que eu tenha colocado em O conto da aia ou em Os testamentos. Os romancistas precisam abrandar o horror. Se colocassem todas as merdas estranhas que realmente acontecem, ninguém, a não ser um psicopata, seria capaz de ler.

O que nos leva à escrita de Os testamentos, tema da palestra de hoje. Os testamentos foi publicado em setembro de 2019 e é uma sequência do meu romance O conto da aia.

Escrevi O conto da aia no início dos anos 1980, no começo do retrocesso de direita e da ofensiva contra alguns movimentos anteriores. Um deles era o New Deal — elaborado durante a Depressão e sob o qual a América viu não só o início de uma recuperação pré-guerra da Depressão e depois uma época de boom pós-guerra no final dos anos 1940 e na década de 1950, mas também um movimento de equalização na renda. Não de igualdade, mas de equalização. Os anos Reagan começaram a inverter isto — removendo regulações, tirando os freios e distribuindo dinheiro para cima, e não para os lados e para baixo. O "efeito de gotejamento", o *trickle-down*, deveria supostamente repartir a riqueza, mas não repartiu. Não foi bem um gotejamento, em vez disso, foi uma represa.

Este foi apenas um aspecto do retrocesso. O outro foi a ascensão da direita religiosa e sua determinação de reverter as mudanças forjadas pela segunda onda do feminismo nos anos 1970. Aquelas pessoas queriam, especificamente, controlar os corpos das mulheres. Bem-vindo de volta, Napoleão, e uma série de outros que tentaram fazer o mesmo, inclusive Nicolae Ceaușescu na Romênia, que decretou que as mulheres em idade reprodutiva tinham de ter quatro filhos, ou justificar por que não o tinham. Algo que foi acompanhado de testes de gravidez mensais obrigatórios e penalidades, o que resultou em suicídios de mulheres e orfanatos superlotados, porque muitas mulheres não tinham os meios para alimentar tantos filhos. Nos Estados Unidos, a principal pressão foi para criminalizar qualquer forma de controle de natalidade. Mas isto não veio acompanhado de uma assistência àquelas que na verdade estavam sendo forçadas a criar filhos contra a própria vontade. Até os vikings eram mais evoluídos: você entrava no Valhalla se morresse em batalha ou no parto. Até são Paulo, aquele velho misógino e cabeludo, sustentava que as mulheres podiam ser redimidas pelo parto. Mas não a direita religiosa americana.

Assim, *O conto da aia* foi escrito em resposta a perguntas que eu me fazia sobre o que aconteceria se aquelas pessoas chegassem ao poder e o que elas fariam. E elas fariam muito do que diziam que fariam. As mulheres deveriam ficar em casa, e o jeito de garantir isso seria privá-las de empregos e de dinheiro. Elas deviam servir às necessidades dos homens, como Rousseau disse. Caso contrário, não tinham utilidade nenhuma.

O conto da aia parecia inconcebível em 1985, até para mim.

Mas nunca diga nunca. O tempo passou. A Cortina de Ferro caiu. O triunfo do capitalismo foi anunciado. No início da década de 1990, o fim da história foi proclamado, um tanto quanto prematuramente. Com o ataque às Torres Gêmeas, em Nova York, em 11 de setembro de 2001, a história alavancou para ação de novo, desta vez tomando um rumo diferente. Em 2008, a economia mundial sofreu um colapso devido a políticas econômicas imprudentes. Esse tipo de evento assustador leva a um desejo de maior segurança e proteção por parte dos cidadãos. Subitamente a política de direita tinha um pouco mais de apelo. O caos e as ameaças precedem os ditadores: o ditador ou o governo totalitário se propõe como uma resposta a perigos claros e presentes.

Estes elementos têm o hábito de gerar mais caos e ameaças como forma de assustar e enfurecer as pessoas, colocando em outros a culpa pelo caos e pelas ameaças — em pessoas que precisam ser reprimidas ou eliminadas — e se apresentando como a resposta ao problema. Só nós podemos consertar isso, dizem eles. Temos um plano. Vamos restaurar a ordem certa da sociedade. As coisas ficarão melhores sob nossa liderança. Quem não está conosco, está contra nós. É uma mensagem persuasiva. Tem seu apelo, em particular se você estiver assustado ou com raiva.

Era esta a mensagem sendo espalhada por megafones no verão de 2016, quando comecei a escrever *Os testamentos*. Também foi o momento em que começamos a gravar a série de televisão de *O conto da aia* para a Hulu/MGM, em que fiz uma ponta como agente da lei. Foi um momento muito peculiar de minha vida — ver-me dentro de uma história que eu mesma tinha criado, atuando como parte de uma personagem contra quem, na vida real, eu me oporia fortemente. Ou pelo menos acho que teria me oposto fortemente. Mas que forma uma oposição dessas pode assumir? Em um totalitarismo verdadeiro, aqueles que se opõem fortemente, e que são encontrados, são fuzilados.

Desde o lançamento de *O conto da aia*, leitores têm me perguntado o que aconteceu com a personagem central no fim. "Não sei", eu respondia. "Talvez ela tenha ido embora. Talvez tenha sido capturada. O que você acha?" Se eu escreveria uma sequência? "Não", eu dizia. "Eu não seria capaz de recriar aquela voz narrativa."

Mas então lá estava eu, em 2016, embarcando em uma sequência. Ainda não consigo recriar aquela voz narrativa. Em um curso de escrita on-line que gravei vários anos atrás, eu disse que sempre se podia considerar uma história segundo as diferentes perspectivas daqueles que participam dela. E também não é preciso começar do começo. *Chapeuzinho Vermelho*, por exemplo, podia começar com "Era escuro dentro do lobo".

E é assim que começa *O conto da aia* — é escuro dentro do lobo, sendo o lobo o regime de Gilead —, e também é assim que começa *Os testamentos*. É escuro dentro do lobo, mas desta vez o lobo é a Tia Lydia, que chefia as Tias, encarregada de manter em ordem as mulheres e meninas de Gilead, e a escuridão dentro do lobo é o segredo — e também a caixa dos segredos dos outros — dentro da cabeça de Tia Lydia.

No final de *O conto da aia*, visitamos um simpósio acadêmico dado duzentos anos depois de o regime de Gilead ter acabado — e assim ficamos sabendo que ele de fato acabou. É isto que é feito do passado depois que ele passa: é transformado em um livro de história, ou torna-se uma peça, um romance histórico, um filme ou uma série de televisão; ou se torna uma exposição em um museu, ou uma estátua, ou uma pintura; ou se torna tema de estudos acadêmicos, simpósios sendo ministrados sobre ele, e acontecem discussões animadas.

Material para o presente, em outras palavras. Como observou Thomas King, a história não é o que aconteceu, são as histórias que contamos sobre o que aconteceu. Como interpretamos e apresentamos o que aconteceu. Interpretação e apresentação essas que sempre acontecem no agora do orador ou intérprete, porque onde mais poderiam acontecer? Portanto, o passado que conhecemos está sempre mudando. Algumas partes dele estão enterradas, mas são desenterradas de novo. Algumas são moldadas positivamente, e depois moldadas negativamente. Estátuas de figuras admiradas e importantes são erigidas, depois são derrubadas. Eu mesma vi várias estátuas sendo derrubadas, inclusive as da antiga União Soviética, a do xá do Irã e, atualmente, aquelas de vários generais confederados nos Estados Unidos.

Assim, *Os testamentos* começa pela revelação de uma estátua. É uma estátua de Tia Lydia. É claro que fica em um local obscuro — afinal, ela é uma mulher, e as mulheres em geral não ganham estátuas em Gilead —, mas ainda assim é uma estátua.

Não lhes contarei o que foi feito dela na época do simpósio seguinte sobre estudos gileadianos no final de *Os testamentos*, exceto para dizer que é isto que acontece com estátuas quando regimes antigos e detestados são derrubados e uma nova ordem é estabelecida. Quantas estátuas gregas e romanas de deuses foram mutiladas por cristãos, depois que eles tomaram o poder? Muitas.

Os primeiros movimentos dos totalitarismos são fascinantes — seus instigadores nunca se apresentam como conspiradores do mal que vão destruir sua vida, mas como arautos de uma sociedade nova e melhor —, e sua ruína é igualmente fascinante. A rapidez com que o Muro de Berlim veio abaixo foi espantosa. Poucos eram aqueles que esperavam por isso. Assim, em 2016, em uma época em que estávamos testemunhando uma virada para os autoritarismos, na Europa e em outros lugares, eu quis explorar, pelo menos na ficção, uma guinada para o outro lado; uma guinada para a liberdade, não para longe dela. Será que os totalitarismos entram em colapso a partir de dentro, depois de se tornarem corruptos e não cumprirem um futuro dourado? Eles entram em colapso por guerra civil, ou por invasão externa, ou pela resistência a eles por parte de seus cidadãos, ou por disputas de poder entre as próprias elites? Não existem receitas universais à prova de falhas, mas alguns ou todos esses fatores podem ter seu papel.

Obcecada como era pela Segunda Guerra Mundial, eu também era obcecada pelo colaboracionismo. Entre os cidadãos de países invadidos pela Alemanha, existiam os colaboradores. Na URSS, alguns que passaram a perceber que o regime era falho e corrupto e tinha traído a própria história original ainda assim permaneceram nele e o apoiaram. Por quê?

Os motivos para o colaboracionismo são vários: uma pessoa pode ser um adepto leal e permanecer em um regime corrupto na esperança de conduzi-lo de volta a seu caminho original e certamente virtuoso. Uma pessoa pode ter muito medo: colaborar ou ir para a cova é, em geral, a opção vigente. Uma pessoa pode ser muito ambiciosa: se só houver um jogo na cidade, é melhor você jogar se quiser progredir e, assim, se beneficiar materialmente. Ou uma pessoa pode sentir que pode fazer muito mais estando dentro de um regime do que tentando se opor a ele de fora. Penso no massagista de Himmler, Kersten, que levava Himmler até a mesa de massagem, curava suas dores misteriosas, depois o convencia a salvar pessoas da Gestapo. "Se não fosse por mim", essas pessoas dizem a si mesmas, "teria sido muito pior. Nas circunstâncias, eu agi bem." E sempre há alguma verdade nisso, embora as circunstâncias possam ser muito limitantes e a esfera de ação possível talvez seja extremamente pequena. Isto é, se você desejar continuar vivo.

Manuscritos redigidos em segredo e depois escondidos ou contrabandeados para fora também me fascinam há muito tempo. Eles são numerosos — do diário de Anne Frank ao romance-reportagem *Kaputt*, de Curzio Malaparte. Por que as pessoas arriscam a vida para agir como anjos registradores? Por quê? Elas realmente têm fé no fato de que nós, no futuro — quando for nosso presente —, receberemos sua mensagem, e a entenderemos, e nos importaremos? Parece que essas pessoas têm essa fé.

É minha própria fé que, enquanto houver um regime tirânico, haverá um movimento de resistência contra ele. E é o que acontece em *O conto da aia* e em *Os testamentos*. O movimento de resistência contra Gilead chama-se Mayday, o pedido de socorro utilizado por navios e aviões em situação de perigo na Segunda Guerra Mundial. Vem do francês *m'aider* — ajude-me. Note que este também é o pedido da mosca com uma cabeça humana mínima no filme de terror *A mosca*. "Socorro!", grita ela, suplicando com uma vozinha minúscula de zumbido. Será assim que parece o pedido de socorro quando chega a nós depois de um imenso hiato de tempo? Mas seria possível voltar no tempo e realmente ajudar aquele que apela a nós? Não. Mas podemos ouvir, e podemos reconhecer a mensagem.

Além de nos levar à escuridão no interior do lobo da mente de Tia Lydia, *Os testamentos* também é narrado por duas mulheres muito mais novas — a primeira foi criada em Gilead e não conhece outra realidade, a segunda foi criada do outro lado da fronteira, no Canadá. Sou velha o bastante para ter conhecido e falado com vários membros reais da resistência da Segunda Guerra Mundial que conseguiram não ser capturados e fuzilados — pessoas da Polônia, da França e também da Holanda —, e como tenho certeza de que vocês sabem, vários eram muito jovens na época — tinham menos de 20 anos. E assim também é em *Os testamentos*.

O tempo que levei para escrever a maior parte do livro se estendeu de 2016 a 2019. A história se desenrolava à medida que a realidade se alterava em volta de mim, e também se desenrolava enquanto a série de televisão era rodada. A primeira temporada começou em abril de 2017, quando eu já havia talvez escrito um quarto do romance. A segunda temporada foi lançada em 2018 e a terceira, em 2019. As gravações da quarta temporada foram adiadas por conta da pandemia de covid-19, mas começarão dentro de algumas semanas. Portanto, a escrita do livro prosseguiu em paralelo com a série de televisão, mas para minha sorte 16 anos no futuro: eu sabia o que seria feito dos personagens antes que os roteiristas de televisão soubessem. Também tinha a vantagem de ler o roteiro em seus vários estágios. "Você não pode matar esse personagem!", eu dizia. "Ele ainda está vivo no futuro — isto é, no romance que estou escrevendo. Preciso dele!" Foi uma experiência curiosa — viver no futuro de um bando de pessoas que na verdade não existem, ou ao menos não no significado habitual da palavra.

E estamos todos tendo experiências curiosas agora, neste ano sem precedentes.

A certa altura, esta nossa época poderá ser tema de um simpósio acadêmico. Este não seria um resultado terrível: pressupõe que ainda haverá gente no futuro, que essas pessoas ainda terão atenção para dedicar à reinterpretação da história e que a liberdade de expressão e de atividade intelectual ainda existirá de alguma forma. Não é a pior das esperanças: pelo menos não seremos destruídos por robôs, ou por colapso planetário, ou por um vírus que é 100% letal e que, na verdade, não conseguimos conter.

Escrevo livros sobre possíveis futuros desagradáveis na esperança de que não permitamos que esses futuros virem realidade. Levando-se em conta as atuais circunstâncias, estamos indo moderadamente bem, mais ou menos, ou alguns de nós estão. Só espero que a onda de autoritarismo político que estamos testemunhando recue, e que nossas circunstâncias coletivas não piorem. Existe medo e existe esperança: as duas coisas não andam separadas.

Em que circunstâncias desejamos viver? Talvez esta seja a verdadeira pergunta que devemos nos fazer. É escuro dentro do lobo, sim; mas existe luz fora do lobo. E então, como vamos chegar lá?

The Bedside Book of Birds

>>><<<

PREFÁCIO
(2020)

Em 2001, quando Graeme Gibson já colecionava histórias e imagens de pássaros havia mais de dez anos, nós dois fomos a uma festa à fantasia viking vestidos de Corvos de Odin. Os nomes desses corvos eram Huginn e Muninn — Pensamento e Memória —, e eles voavam pelo mundo durante o dia, voltando ao anoitecer para se empoleirar nos ombros de Odin e lhe contar o que tinham visto. Por isso Odin era tão sábio: ele escutava os pássaros.

Para nos fantasiar de corvos, nos vestimos de preto, com luvas pretas e bicos de cartolina preta. Eu era a Memória, e Graeme, o Pensamento. Ele disse que não podia ser a Memória porque a dele não era boa, por isso mantinha diários tão cuidadosos: eles eram uma estratégia contra o esquecimento. Ele dependia desses diários para as histórias sobre seus encontros com aves que incluiu em *The Bedside Book of Birds*: fatos registrados por ele no momento em que aconteciam, vicejantes de realidade.

A história de Graeme com a observação de pássaros foi longa e apaixonada. Era uma atividade que compartilhávamos, mas, se observar pássaros fosse uma religião, eu teria sido a comungante blasé que cresceu nela e realizava os rituais porque era o que as pessoas faziam, e Graeme teria sido o recém-convertido, encantado com a luz ofuscante no caminho para Damasco. Cada novo pássaro era uma revelação para ele. Ele não se interessava muito em fazer listas dos pássaros que tinha visto, embora as tenha feito como um auxílio para a memória. Em vez disso, era a experiência do pássaro singular e particular que o fascinava: este, aqui, e agora. Um búteo-de-cauda-vermelha! Olha só isso! Nada podia ser mais magnífico!

Nesses momentos, quando eu os via pelos olhos dele, até pássaros comuns me pareciam novidade. Nossa vida juntos era em parte impulsionada pelo entusiasmo dele. Esse entusiasmo levou-o para atividades de conservação, depois a organizar grupos de excursão para observação de pássaros, depois a ser cofundador do Pelee Island Bird Observatory e colaborador da Nature Canada e da BirdLife International.

Ao lado disso veio também a criação de seu livro *The Bedside Book of Birds*. Ele não estava escrevendo um guia de campo sobre classificação e identificação, nem um manual sobre como observar pássaros, nem um livro que fosse um registro pessoal de um grande observador. O que ele queria era examinar as muitas formas como os pássaros influenciaram a vida das pessoas, ao longo de muitos séculos e por todas as culturas. Os seres humanos vêm retratando pássaros desde o princípio do ser humano. Os pássaros foram criadores do mundo como um ovo, ajudantes, mensageiros e guias. Eles foram os símbolos de esperança e aspiração, e também foram presenças demoníacas e arautos da perdição. Já se disse que os anjos conseguiram suas asas com os pássaros, mas os demônios pegaram suas garras. Com os pássaros, nem tudo é puro canto de cotovia.

Aonde quer que fosse e o que quer que estivesse lendo, Graeme colecionava: mitos sobre aves, contos folclóricos sobre pássaros, pinturas, desenhos e esculturas retratando pássaros, poemas e trechos de obras de ficção de pássaros, relatos de biólogos e viajantes. Uma miscelânea é uma espécie de álbum de recortes, e o álbum que ele estava montando era muito grande.

A parte mais dolorosa de seu trabalho era recortar a um tamanho administrável.

Embora nenhum editor tenha se interessado quando ele propôs o livro nos anos 1990 — era um patinho feio, uma espécie de carta de amor, e não podia ser classificado facilmente —, quando ele enfim surgiu, em 2005, foi um grande sucesso, para certo espanto de Graeme. Ele teve a sorte de contar com um desenhista excelente, C.S. Richardson, e sorte também porque o papel ecologicamente correto — sem dano às florestas primárias — que ele insistiu em usar pegava muito bem as cores. O resultado foi um prazer para os olhos, bem como um entretenimento para a mente e um estimulante para a alma. Sendo Graeme quem era, ele prontamente abriu mão dos lucros: os pássaros foram um presente para ele, e os presentes devem ser passados adiante.

Graeme jamais perdeu seu prazer com os pássaros. No último ano de sua vida — quando, durante a progressão de sua demência vascular, ele não conseguia mais ler nem escrever —, ele ainda gostava de observar os pássaros indo e vindo, vivendo suas vidas vibrantes. Nosso alimentador de jardim e nossa banheira para pássaros só atraía pardais, tordos, gralhas e de vez em quando um pombo, mas ele não se importava: cada ave era digna de atenção. "Não sei mais os nomes deles", disse ele a um amigo nosso. "Mas eles não sabem meu nome também."

Perpetual Motion e *Gentleman Death*

>>><<<

INTRODUÇÃO

(2020)

Na primeira vez em que me sentei para conversar com Graeme Gibson, em 1970, li sua mão, como tinha o hábito de fazer com estranhos naqueles tempos mais ousados. "Tudo está conectado a tudo", eu disse sabiamente. "O seu eu intelectual e o seu eu criativo estão alinhados com a sua linha da vida e a linha do seu destino. Tudo é um." E assim era, e assim seria.

Fugindo da cidade e das complexidades de um casamento em frangalhos, Graeme tinha se mudado naquele ano para uma fazenda alugada perto de Beeton, Ontário. Eu o visitava de vez em quando, depois de vez em muito. Ambos trabalhávamos na pequena editora recém-fundada House of Anansi Press — "trabalhávamos" é forma de dizer, porque era uma editora de jovens escritores, e ninguém recebia muito. Eu estava editando o livro de Graeme, *Eleven Canadian Novelists* — entrevistas de rádio com escritores que ele tinha feito para o programa *Anthology*, da rádio CBC, de Robert Weaver. Era meu trabalho decifrar as transcrições: tinham sido datilografadas por uma mulher que por acaso era meio surda, então eu tinha que adivinhar o que os escritores realmente estavam dizendo.

Quando não estávamos ocupados em tarefas editoriais, tentávamos organizar uma vida juntos. O proprietário da fazenda de Beeton queria vendê-la para nós, mas alguém tinha cortado um pedaço da viga mestra do velho celeiro e metido acima da lareira — o que significava que o celeiro logo ia desmoronar —, então procuramos outro lugar. Não tínhamos muito dinheiro, mas enfim encontramos algo pelo qual podíamos pagar: uma fazenda de 1835, inabitada, sem isolamento térmico e, sem que soubéssemos no ato da compra, mal-assombrada.

Depois de levantarmos o piso arriado e encontrarmos uma grande pilha de esterco bem curtido no celeiro, adequado para a criação de uma horta, acomodamo-nos para escrever, mais ou menos. Graeme na época estava organizando o Writers' Union do Canadá e assumia várias tarefas literárias aqui e ali para ter algo parecido com uma renda, e nos fins de semana e feriados em geral ficávamos com a casa cheia de gente faminta: os filhos adolescentes dele, seus amigos, e amigos nossos fugindo da cidade em busca de descanso, e todos receberam a companhia em meados dos anos 1970 de nossa filha recém-nascida. Tínhamos dois fogões: um à lenha, em que um caldeirão de alguma coisa estava eternamente fervendo; e um elétrico, com um forno adequado para ressuscitar cordeiros meio mortos. Tínhamos uma espécie de máquina de lavar, mas não tínhamos secadora. Várias de nossas conservas explodiram no porão. Não vou entrar no assunto do chucrute, só digo que devíamos ter preparado ao ar livre.

No meio desse caos intermitente, Graeme escrevia, um pouco mais do que eu fazia na época. Seu primeiro romance, *Five Legs* (1969), tinha se saído surpreendentemente bem para uma obra tão experimental; o segundo, *Communion* (1971), foi bem recebido pela crítica, embora não muito popular, mas no final ele acaba matando Felix, o jovem que havia aparecido em *Five Legs*. Então ele começou a pensar sobre qual seria o seu próximo ponto focal. Durante este período, vários protorromances surgiram e sumiram: eram iniciados em uma chama de otimismo, depois engavetados quando não conseguiam envolvê-lo plenamente. Graeme era um homem de tudo ou nada.

Graeme era uma pessoa não só de entusiasmos, mas também de imperativos morais. Ele decidiu que como tínhamos 40 hectares de terra coberta de mato, era nosso dever cultivar. Não queria ser um urbanoide refestelando-se ociosamente no campo; queria a experiência de imersão. Desnecessário dizer que nenhum de nós sabia como administrar uma fazenda. Frequentando leilões, ele adquiriu uma enfardadeira e um rastelo de segunda mão para usar no velho trator que tinha vindo com a propriedade. O que cultivamos em nossos hectares ondulados foi alfafa. Graeme mais tarde diria que a agricultura era dirigir até algo quebrar, depois dirigir até achar a peça para consertar, depois dirigir...

Também acumulamos uma variedade de seres não humanos. "Que animais devemos ter?", perguntara Graeme a um velho fazendeiro depois que nos instalamos. "Nenhum", foi a resposta. E depois de uma pausa: "Se vocês tiverem uma criação, vão acabar com uma 'morreção'." E assim foi, e assim seria. Coisas morrem. Às vezes nós as comemos.

Tivemos galinhas, para as quais Graeme construiu um galinheiro e um espaço cercado; um cavalo velho, que a poeta Paulette Jiles nos convenceu a resgatar; alguns patos porque tínhamos um lago, e o que é um lago sem patos? Outro cavalo, para servir de companhia ao primeiro; algumas vacas saltadoras cujas fugas eram a diversão da vizinhança; e dois gansos que foram pisoteados pelas vacas e depois comidos; e depois — por quê? — algumas ovelhas, que tinham uma mania de morrer por infestação de tênias ou quase se afogar no lago; e, para completar esta Arca de Noé, dois pavões.

Os pavões haviam sido por meu aniversário. Eles acrescentaram gritos sobrenaturais ao ambiente, que a essa altura era bem gótico. Eu não descreveria nossa tentativa de criar galinhas em uma incubadora — é preciso ter a temperatura exata, e não tivemos, e o que saiu dali foram Frankenpintos — nem a história triste do pavão macho, que foi privado de sua fêmea por uma doninha bebedora de sangue, enlouqueceu e virou um assassino em massa de galinhas.

Assim começou *Perpetual Motion*, a história de agricultura pioneira de Graeme ambientada em uma casa estranhamente parecida com aquela em que morávamos e em um terreno estranhamente parecido com o nosso. O protagonista, Robert Fraser, é um homem de entusiasmos, como Graeme, e suas frustrações e obsessões lunáticas têm pelo menos uma relação de parentesco com as de Graeme. Assim como os borrachudos, trovões e vacas teimosas que o atormentavam.

Mas embora parte desses incidentes e detalhes sejam imediatamente reconhecíveis por mim, nem tudo no livro vem da experiência pessoal. Graeme passou um pente-fino em dicionários de coloquialismos e usos anticonvencionais para garantir que seus personagens estivessem usando palavras que realmente seriam usadas, mesmo que o gosto moderno achasse algumas delas desagradáveis. Ele consultou histórias locais — o que estava acontecendo em Shelburne, Ontário, e suas cercanias no início e em meados do século XIX? Como eram as pessoas que haviam colonizado a região — aquelas das quais muitos em Ontário descendiam, inclusive Graeme? Nem sempre muito respeitáveis, o romance nos conta.

A escavação dos ossos de animais gigantes extintos e a exibição deles foi uma atividade muito divulgada no século XIX, e o sul de Ontário era um local onde se encontravam muitos mamutes, como Graeme descobriu. Assim não é anacrônico que Robert Fraser desenterre um esqueleto desses nem que ele tenha esperanças de lucrar com ele. O interesse público era elevado, assim como controverso: tais animais eram um desafio à narrativa bíblica predominante. Seriam essas feras dragões que haviam perecido no Dilúvio de Noé, e se não, o que eram? Os ossos de mamute escavados por Fraser dão o tom do romance; o caminho do mamute seria seguido por nós, humanos presunçosos, era o subtexto.

Depois tem a história da máquina de movimento perpétuo, aquele Santo Graal sedutor, mas impossível, procurado por muitos inventores naquela época, e as grandes revoadas de pombos-passageiros — tão prejudiciais às lavouras — e o dinheiro que podia ser ganho com o abate deles. A busca pelo movimento perpétuo e a extinção dos pombos-passageiros foram baseadas na esperança aparentemente incurável do homem de que existe de fato um almoço grátis eternamente disponível nesta terra. A fartura da natureza — aqui na forma dos pombos — nunca se esgotará. A primeira lei da termodinâmica pode ser trapaceada. É uma ilusão, mas que persiste até os dias de hoje.

É difícil descrever o estilo gibsoniano. Hesitações na fala e no pensamento, ideias dúbias, expletivos e balbucios, os tiques e truques da comunicação verbal e os fracassos na comunicação: estes estão presentes em maior ou menor extensão em todas as ficções de Graeme. A farsa, as disposições absurdas, a estupidez humana, a nobreza, a futilidade e a tragédia nunca se distanciam, embora sejam temperadas por uma espécie de ânimo louco. A última palavra em *Perpetual Motion* é *lua*, um símbolo ocidental de ilusão e engano. Mas, apesar da explosão de sua máquina ensandecida, Robert Fraser não desiste; continua a "busca desolada" por algo que — por mais que ele tente e embora ele possa parecer plausível em sua tentativa de convencer os outros — não existe.

Graeme quase não terminou *Perpetual Motion* porque a três quartos do caminho ele quase morreu. Em meados de novembro de 1979, eu estava em Windsor, Ontário, em um evento literário, e quando voltei a meu quarto de hotel havia um recado esperando por mim. Era de nosso amigo e vizinho Peter Pearson — o cineasta —, que estava montando guarda no hospital em Alliston, Ontário. Graeme estava na sala de cirurgia. Teve uma úlcera duodenal rompida que, se tivesse ficado mais algumas horas sem atendimento, teria dado cabo dele. Oito semanas depois, embora ainda bambo, ele estava de volta aos trilhos ficcionais. Trabalhou no romance durante os dois ou três meses que passou na Escócia enquanto eu segurava as pontas na fazenda com ajudantes. Logo depois disso, mudamo-nos para a cidade, uma decisão para a qual a quase morte e a condição enfraquecida de Graeme foram apenas parte dos motivos. *Perpetual Motion* foi terminado e lançado em 1982, com traduções para o francês, o espanhol, o alemão e, pelo que me lembro, o polonês.

A quase morte de Graeme foi um aviso do que estava para acontecer em sua vida durante a década de 1980. Seu pai, o brigadeiro T.G. Gibson, morreu em meados daquela década, e seu irmão mais novo, Alan Gibson — diretor de cinema e TV na Inglaterra — faleceu em 1987. (Sua mãe tinha morrido antes, em meados dos anos 1960.) Estas perdas, sua experiência de quase morte e o fato de que no curso natural dos acontecimentos ele próprio seria o próximo da família a partir — um fato do qual ele estava mais do que consciente — foram o ímpeto por trás do seu quarto e último romance, *Gentleman Death* (1993).

É um livro curioso; mas que livro dele não é? Começa com um romance sendo escrito com certo desânimo por um romancista um tanto bem-sucedido e estranhamente parecido com Graeme. O romance fictício comicamente insatisfatório traz mais do que uma semelhança passageira com alguns daqueles que o próprio Graeme deixou de lado. O romancista da vida real se chama Robert Fraser, como o protagonista de *Perpetual Motion*, e claramente é descendente dele. Será que a escrita do romance tem o mesmo lugar na vida mental de Robert Fraser Segundo do que a busca pela máquina de movimento perpétuo teve na vida de Robert Fraser Primeiro? Será também uma ilusão, uma tentativa de agarrar-se à lua? É possível.

O romance de Robert Fraser entra e sai da vida de Robert Fraser, e suas lembranças e sonhos fundamentam os dois. As lembranças de sua infância durante a Segunda Guerra Mundial são certamente de Graeme. As dificuldades da mãe quando é deixada para cuidar de dois meninos no início dos anos 1940, as depressões dela depois de visitar soldados mutilados pela guerra no hospital, os temores dele relacionados com o pai no exterior à medida que os pais de seus amigos são mortos um depois do outro — nós, da família, lembramo-nos dele descrevendo esses eventos praticamente nas mesmas palavras usadas por Robert Fraser. A doença e a morte de seu irmão amado, sua tristeza e a perda — isto também está no livro. Seus conflitos com o pai, depois os cuidados com ele à medida que envelhece, se fragiliza e começa a ver pessoas onde não tem ninguém — tudo isso aconteceu como descrito. A tentativa intrigada de Robert de se entender com a mortalidade, sua experiência com fantasmas e seus sonhos com os que partiram, seu reconhecimento da cabeça da morte por trás do próprio rosto — isto também era de Graeme. Eles também compartilham amplamente experiências humanas, embora cada um de nós as encontre de uma forma única.

Não quero dar spoiler, mas o protagonista de Graeme encontra uma espécie de equilíbrio. Viver no passado, por mais infeliz que ele tenha sido, é uma proteção contra o conhecimento de nossa própria mortalidade, uma vez que em nosso passado nós mesmos sempre estamos vivos, não importa quantos outros tenham morrido a nossa volta; e viver no presente é aceitar nossa morte inevitável. Entretanto, se você não está vivo para o presente, como pode viver plenamente sua vida? O Cavalheiro Morte espera por todos nós, não fora de nós, mas dentro; nosso partícipe secreto, e em certo sentido nosso amigo, o que seria da vida se fôssemos condenados a viver para sempre? "Aqui está, enfim, essa coisa distinta", dizem que Henry James falou em seu leito de morte, uma citação com a qual Graeme estava familiarizado. Robert Fraser não é inteiramente Graeme, é claro; mas, como eu disse quando o conheci, sua vida criativa e sua vida real eram uma só.

Apanhados na correnteza do tempo

>>><<<

(2020)

Posso afirmar com alguma certeza — depois de consultar meu arremedo de diário — que meu poema "Demasiadamente" foi escrito na terceira semana de agosto de 2017, em uma rua tranquila de Stratford, Ontário, no Canadá, ou com um lápis ou uma esferográfica (eu teria de verificar isso) em um papel que pode ter sido qualquer coisa, desde um antigo envelope a uma lista de compras ou página de caderno, eu teria de verificar isso também, mas suponho que tenha sido em um caderno. A língua é o inglês canadense do início do século XXI, o que responde pela expressão *less of a shit*, que nunca teria sido usada, por exemplo, em *In Memoriam,* de Alfred Tennyson, embora algo semelhante possa ter aparecido em uma das narrativas menos vernaculares de Geoffrey Chaucer — *lesse of a shitte*, talvez. Este poema foi então retirado de uma gaveta, sua caligrafia mais ou menos decifrada por mim e digitado como um documento em dezembro de 2017. Sei desta parte pela identificação de data e hora no documento digital.

 O poema foi composto em grande parte como o descrito em seu começo. Na verdade eu estava andando pela calçada, bem devagar. Meus joelhos estavam em más condições porque eu tinha passado recentemente sete horas em uma posição torta no banco traseiro de um carro com uma criança de um ano e meio e um monte de bagagem empilhada em cima de mim. (Melhoraram agora, obrigada. Pelo menos os joelhos.) Na verdade eu carregava meio copo de café delivery com uma tampa de plástico lamentável. (Agora temos opções melhores, graças aos justificáveis protestos contra a poluição por plásticos.) A caminhada lenta leva à ruminação, que leva à poesia. Os bancos de parque são meus amigos e não estava chovendo. Seguiu-se a escrita.

Por que eu andava sozinha, e não com Graeme — com quem caminhei muitas centenas de quilômetros, desde 1971, em lugares tão diversos como a Escócia, as ilhas Orkney, Cuba, Norfolk, a floresta mista do meio-norte do Canadá, o sul da França, o Ártico canadense e os Territórios a Noroeste? Caminhar tinha sido uma de nossas principais alegrias — isto e a canoagem — até que os joelhos dele começaram a ceder, antes dos meus. Então ele ficava na pousada em Stratford em que nos hospedávamos havia alguns anos, e eu saía para comprar mantimentos, abastecendo-me de cafeína no caminho.

Estávamos em Stratford para nossa visita anual para ver um misto de Shakespeare, musicais e surpresas. Será que dei uma palestra? É provável, uma vez que tinha acabado de lançar *Semente de bruxa*, ambientado, não por coincidência, em um festival que guarda uma semelhança muito mais do que passageira com o de Stratford, Ontário. Assistir a Shakespeare, pesquisar Shakespeare, escrever sobre Shakespeare — tudo isso é um curto salto para refletirmos sobre as palavras obsoletas, as palavras que estão desaparecendo, a flexibilidade da linguagem, de toda a linguagem — *gay* costumava significar *alegre*, e no passado se aplicava ao *demi-monde* —, e a partir daí, a refletirmos sobre o próprio turbilhão do tempo. Somos apanhados na correnteza do tempo. Ele se move. E deixa coisas para trás.

O que estava acontecendo então era o seguinte: pouco antes, Graeme tinha recebido um diagnóstico de demência, em 2012, então já lidávamos com isso havia cinco anos. Em agosto de 2017, o relógio andava devagar, mas continuava se movendo. Sabíamos o quê, mas não sabíamos o quando.

Conversamos muito sobre isso. Tentamos não passar muito tempo sob um manto de desânimo.

Conseguimos fazer muitas coisas que queríamos e esprememos felicidade suficiente de cada hora. Graeme foi pré-pranteado: todos os poemas sobre ele no livro *Poemas tardios* foram escritos antes de ele morrer de fato.

Ao mesmo tempo, estávamos ocupados com a série de *O conto da aia* da Hulu/MGM — tinha sido lançada em abril de 2017 —, o que estava sendo um fenômeno de audiência. Suas vitórias nos Emmy Awards ainda estavam no futuro, bem como o lançamento da excelente minissérie baseada em *Vulgo Grace* — mas as duas coisas ainda ocupavam minha mente. As duas também ficaram na contraluz pelo brilho sinistro lançado pelas eleições presidenciais de 2016, que vivi como aqueles filmes de pesadelo em que você espera que uma garota salte de um bolo e no lugar dela aparece o Coringa. Se Hillary Clinton tivesse vencido as eleições, a série de *O conto da aia* não seria mais do que um tiro de raspão. Na situação que se viu, a audiência não só era muito grande, como a série despertava medo no público. Porém, àquela altura, poucos esperavam que os esforços para solapar os fundamentos da democracia americana — uma mídia funcional independente, separada do ramo executivo, e militares que deviam sua lealdade ao país, como atesta a Constituição, e não a um rei, junta ou ditador — iriam tão longe quanto chegaram em novembro de 2020.

Vulgo Grace, baseada em um duplo homicídio real de meados do século XIX, também ressoava de forma sinistra, não só com o agarrador-de-xotas-no-comando, mas também com o movimento #MeToo. A minissérie foi lançada em setembro, as alegações contra Harvey Weinstein vieram à tona em outubro. Mas nada disso ainda tinha acontecido, enquanto eu mancava pela rua, meditando na palavra "*dearly*", "demasiadamente" em inglês, que já caía em desuso.

O que mais eu fazia em agosto de 2017? Comecei meu romance *Os testamentos* cerca de um ano antes — antes das eleições, mas durante os preparativos para ela. Já sabíamos, em 1985, que o mundo de Gilead chegara a um fim, mas não sabíamos como. Eu estava na fase inicial, ou "de fermentação", de exploração das possibilidades, embora tivesse enviado uma sinopse a meus editores em fevereiro.

Não dá para trabalhar tranquilamente em um romance enquanto se assiste a duas peças por dia. Você pode, porém, escrever poesia, e foi o que fiz.

Aqui, então, está "Demasiadamente": um poema que é parte de seu próprio *zeitgeist*, enquanto alega não fazer parte dele. Não é exatamente um *memento mori*, é mais um *memento vita*.

Para citar Ursula K. Le Guin (cujo obituário eu escreveria pouco tempo depois, mas isso também ainda não tinha acontecido), "Só na escuridão, a luz. Só na morte, a vida".

Os poemas — como todo o resto — foram criados em uma época específica (2000 a.C., 800 d.C., o século XIV, 1858, a Primeira Guerra Mundial e daí em diante). Eles também são escritos em um lugar (Mesopotâmia, Grã-Bretanha, França, Japão, Rússia) e, além disso, em um local onde o autor por acaso esteja (em um escritório, no gramado, na cama, em uma trincheira, em um bar, em um avião). Em geral são compostos oralmente, depois escritos em uma superfície (argila, papiro, pergaminho, papel, tela digital), com algum implemento de escrita (estilete, pincel, pena, caneta-tinteiro, lápis, esferográfica, computador) e em uma língua específica (egípcio antigo, inglês antigo, catalão, chinês, espanhol, haida).

As crenças sobre o que um poema deve ser (um louvor aos deuses, a exaltação dos encantos de um ser amado, a celebração do heroísmo na guerra, elogio a duques e duquesas, crítica à elite no poder, meditação sobre a natureza, suas criaturas e a botânica, convocação do povo a se rebelar, saudação do Grande Salto à Frente, maldizer o seu ex e/ou o patriarcado) variam amplamente. Os modos como o poema deve realizar essa sua tarefa (em linguagem exaltada, com acompanhamento musical, em versos rimados, em verso livre, em sonetos, com tropos retirados do cabedal de palavras, com um número judicioso de dialetos, coloquialismos e obscenidades, de improviso em um evento) são igualmente numerosos e sujeitos à moda.

O público pretendido pode ir de suas companheiras sacerdotisas da deusa, ao rei e à corte do momento, a seu grupo autocrítico de trabalhadores intelectuais, a seus companheiros trovadores, à sociedade da moda, a seus companheiros beatniks, a sua turma de escrita criativa, aos seus fãs virtuais, aos seus — como disse Emily Dickinson — "ninguéns". Quem pode ser exilado, fuzilado ou censurado por apenas dizer o que diz também variou amplamente de uma época a outra e de um lugar a outro. Em uma ditadura, pesada é a fronte do bardo que a traz vincada: as palavras erradas no lugar errado podem meter você em um monte de problemas.

Assim é com todo poema: os poemas estão incorporados à sua época e seu lugar. Eles não podem renunciar a suas raízes. Mas, com sorte, podem também transcendê-las. O que tudo isso significa, porém, é que os leitores que surgem mais tarde podem apreciá-los, mas sem dúvida não do jeito exato que foi pretendido. Os hinos à Grande e Terrível Deusa Inanna da Mesopotâmia são fascinantes — pelo menos para mim —, mas não levam a medula a derreter em meus ossos como podem ter feito com um ouvinte do passado. Eu não acredito que Inanna possa aparecer a qualquer momento e aplainar algumas montanhas, embora eu sempre possa estar enganada a respeito disso.

Apesar do modo como os românticos falavam da fama atemporal e de escrever para as eras, não existe um "para sempre" quando se trata disso. Reputações e estilos ascendem e caem, livros são rejeitados e queimados, depois desenterrados e reciclados, e o cantor para a eternidade de hoje provavelmente acabará como o incendiário de depois de amanhã, como o incendiário de depois de amanhã pode ser arrancado das chamas, enaltecido e posto em um pedestal. Existe um motivo para a Roda da Fortuna no baralho de tarô ser, de fato, uma roda. Tudo que vai, volta, pelo menos às vezes. Não é chamada de Estrada Reta e Inevitável para a Fortuna. Isso não existe.

Tendo dado esta advertência de antemão, citarei o carteiro do filme homônimo, que roubava os poemas de Neruda e os atribuía a si mesmo para fazer uma serenata para a amada. "A poesia não pertence a quem a escreve", diz ele. "Pertence àqueles que precisam dela." De fato, depois que o poema saiu das mãos de quem o escreveu, e depois de esta pessoa possivelmente ter partido do tempo e do espaço e estar vagando como átomos, a quem mais pode pertencer um poema?

Por quem os sinos dobram? Por você, Caro Leitor. Para quem é o poema? Também para você.

DEMASIADAMENTE[4]

É uma palavra antiga, desaparecendo agora.
Fiz demasiadamente.
Desejei demasiadamente.
Eu amei demasiadamente.

Abro caminho pela calçada
atentamente, porque meus joelhos arruinados
não valem mais merda nenhuma, mas não importa
você nem imagina, mas é assim
uma vez que há outras coisas, mais importantes —
espere só, você vai ver —

---

[4] A tradução do poema "Dearly" é de Stephanie Borges para a coletânea de Margaret Atwood, *Poemas tardios*. Rio de Janeiro: Rocco, 2022. [N. da T.]

Segurando meio café
num copo de papel —
me arrependo demasiadamente —
por aceitar a tampa de plástico —
tentando lembrar o que as palavras significavam.

Demasiadamente.
Como era usada?
Demasiadamente queridos.
Profundamente prezados, aqui nos reunimos.
Imensamente amados, aqui nos reunimos
nesse álbum esquecido de fotografias
que encontrei recentemente.

Desbotando agora,
em sépia, em preto e branco, coloridas,
todo mundo tão mais jovem.
As polaroides.
O que é uma polaroide?, pergunta o recém-nascido.
Recém-nascido há uma década.

Como explicar?
Você tirava a foto e então ela aparecia na superfície.
Na superfície de quê?
É esse olhar desnorteado que vejo tanto.
Tão difícil descrever
os mínimos detalhes —
todos eles ternamente reunidos —
de como nós costumávamos viver.
Nós embrulhávamos o lixo
no jornal com um cordão.
O que é o jornal?
Veja bem o que quero dizer.

O cordão, pelo menos, ainda existe de todo tipo.
Ele amarra as coisas juntas.
Um cordão de pérolas.
É como eles diriam.

Como acompanhar hoje em dia?
Cada um que brilha, cada um sozinho,
cada um que se foi.
Guardei alguns deles na gaveta de papéis,
aqueles dias, desbotando agora.
Miçangas podem ser usadas para contar.
Como nos rosários.
Mas não gosto de pedras ao redor do pescoço.

Ao longo dessa rua há muitas flores,
desbotando porque é agosto
e há muito pó, o outono está chegando.
Em breve os crisântemos vão florir,
as flores dos mortos na França.
Não acho que seja mórbido.
É só a realidade.

Tão difícil descrever os mínimos detalhes das flores.
Este é o estame, um masculino nada a ver com homens.
Este é o pistilo, nada a ver com pistolas.
São os mínimos detalhes que atrapalham os tradutores
e a mim também, tentando descrever.
Veja aonde quero chegar.
Você pode vagar para longe. Pode se perder.
Palavras podem fazer isso.

Demasiadamente amados, reunidos aqui
nesta gaveta fechada,

desbotando agora, eu sinto a sua falta.
Eu sinto saudades dos que partiram mais cedo.
Eu sinto saudades dos que ainda estão aqui.
Sinto imensamente a falta de vocês.
Lamento profundamente por vocês.

Lamentar: *eis outra palavra*
que não se ouve muito hoje em dia.
Lamento imensamente.[5]

---

5 Original:
DEARLY // It's an old word, fading now. / Dearly did I wish. / Dearly did I long for. / I loved him dearly. // I make my way along the sidewalk / mindfully, because of my wrecked knees / about which I give less of a shit / than you may imagine / since there are other things, more important — / wait for it, you'll see — // bearing half a coffee / in a paper cup with — / dearly do I regret it — / a plastic lid — trying to remember what words once meant. // Dearly. / How was it used? / Dearly beloved. / Dearly beloved, we are gathered. / Dearly beloved, we are gathered here / in this forgotten photo album / I came across recently. // Fading now, / the sepias, the black and whites, the colour prints, / everyone so much younger. / The Polaroids. / What is a Polaroid? asks the newborn. / Newborn a decade ago. // How to explain? / You took the picture and then it came out the top. / The top of what? / It's that baffled look I see a lot. / So hard to describe / the smallest details of how — / all these dearly gathered together — / of how we used to live. / We wrapped up garbage / in newspaper tied with string. / What is newspaper? / You see what I mean. // String though, we still have string. / It links things together. / A string of pearls. / That's what they would say. // How to keep track of the days? / Each one shining, each one alone, / each one then gone. / I've kept some of them in a drawer on paper, / those days, fading now. / Beads can be used for counting. / As in rosaries. / But I don't like stones around my neck. // Along this street there are many flowers, / fading now because it is August / and dusty, and heading into fall. / Soon the chrysanthemums will bloom, / flowers of the dead, in France. / Don't think this is morbid. / It's just reality. // So hard to describe the smallest details of flowers. / This is a stamen, nothing to do with men. / This is a pistil, nothing to do with guns. / It's the smallest details that foil translators / and myself too, trying to describe. / See what I mean. / You can wander away. You can get lost. / Words can do that. // Dearly beloved, gathered here together / in this closed drawer, / fading now, I miss you. / I miss the missing, those who left earlier. / I miss even those who are still here. / I miss you all dearly. / Dearly do I sorrow for you. // Sorrow: that's another word / you don't hear much any more. / I sorrow dearly.

Big Science

>>><<<

(2021)

"*Here come the planes. They're American planes!*"
Os musicólogos e os menos jovens reconhecerão estes versos da letra de "O Superman", que são do improvável sucesso de Laurie Anderson de 1981 gravado com sintetizador de voz. Esta música, se é que pode ser chamada assim — experimente cantarolá-la no chuveiro —, levaria ao lançamento do primeiro álbum de Anderson, *Big Science*, em 1982.

Big Science agora está sendo relançado em um momento muito oportuno: os Estados Unidos da América estão se reinventando de novo. É uma missão de autorresgate, e bem a tempo: a democracia, temos sido levados a acreditar, foi salva das garras da autocracia, talvez. Um New Deal, que permitirá uma distribuição mais justa da riqueza e um planeta afinal habitável, está a caminho, possivelmente. A questão do racismo, que data de séculos, está sendo abordada, o que já é uma esperança. Vamos torcer para que esses helicópteros não caiam.

Eu não entendi, em 1981, que "O Superman" falava sobre a missão de resgatar estadunidenses em batalha durante a revolução iraniana e a crise dos reféns, em que 52 diplomatas dos Estados Unidos ficaram retidos pelo Irã por mais de um ano. A própria Anderson afirmara que a música tinha relação direta com a Operação Garra de Águia, uma operação militar de resgate que fracassou: um fracasso que incluiu um desastre de helicóptero. Esta catástrofe demonstrou que o super-homem industrial-militar estadunidense não é invencível e que a automação e a eletrônica mencionadas na música nem sempre venceriam. O desastre de helicóptero, disse Anderson, foi a inspiração inicial para a música ou projeto de performance. Quando "O Superman" virou um sucesso, primeiro no Reino Unido, depois em outros lugares, Anderson alega ter ficado espantada. Quais eram as chances? Bem poucas, teríamos dito à época.

Você sempre consegue se lembrar do que estava fazendo em determinados momentos-chave da vida. Estes momentos são diferentes para todos. Alguns de meus momentos foram ligados a tragédias públicas: quando Kennedy foi assassinado, eu trabalhava em uma empresa de pesquisa de mercado no centro de Toronto; quando aconteceu o 11 de Setembro, eu estava no aeroporto de Toronto, achando que ia pegar um avião para Nova York. Alguns de meus momentos foram relacionados ao clima: testemunhando furacões, apanhada em tempestades de gelo. E alguns foram musicais. Eu tinha 4 anos, sentada em uma poltrona em Sault Ste. Marie costurando, inepta, meu ursinho de pelúcia em suas roupas, quando ouvi pela primeira vez "Mairzy Doats" no rádio. "Blue Moon" chegou a mim cantada por uma banda ao vivo, enquanto eu deslizava por uma pista de dança no colégio naquela agarração preferida daqueles tempos. Bob Dylan se revelou para mim em 1964, de cabelos cacheados e voz harmônica, em um palco de Boston com uma Joan Baez descalça, a rainha dos fãs do folk.

Corte rápido. Agora era 1981. O tempo tinha passado. De forma nem um pouco surpreendente, eu estava mais velha. Surpreendentemente — ou teria sido uma surpresa para mim em 1964 —, agora eu tinha um parceiro e uma filha, para não falar de dois gatos e uma casa. Ronald Reagan tinha acabado de ser eleito presidente e a manhã que ele prometia aos Estados Unidos seria muito diferente da nova era de hippismo e feminismo que vivemos por toda a década de 1970.

E ali estávamos, 1981. Tínhamos o rádio ligado enquanto preparávamos o jantar, quando um som sinistro chegou pulsando pelas ondas do aparelho.

"O que foi isso?", perguntei. Não era o tipo de música, nem mesmo som, que comumente se ouve no rádio; nem em lugar nenhum, pensando bem. O mais perto disso foi quando, nos tempos das gravadoras e do vinil, nós, adolescentes, costumávamos tocar discos de 45 rotações em 33 porque era engraçado. Uma soprano podia ser reduzida a um lento grunhido de barítono que parecia um zumbi, e costumava ser.

O que eu acabara de ouvir, porém, não era engraçado. "Aqui é a sua mãe", disse uma alegre voz com sotaque do Meio-Oeste em uma secretária eletrônica. "Você vem para casa?" Mas não é a sua mãe. É "a mão, a mão que toma". É um construto. É algo saído de um filme de ficção científica, como *Invasores de corpos*: parece humano, mas não é, o que é ao mesmo tempo arrepiante e sinistro. Pior, é sua única esperança, depois de mamãe, papai, Deus, a justiça e a força terem se provado ausentes.

O "isso" que me deixou hipnotizada era "O Superman". Como você pode ver, nunca me esqueci. Não é parecido com nada e Laurie Anderson também não era parecida com ninguém.

Ou ninguém que você imaginaria ser uma cantora pop. Até seu single estourar, ela foi uma artista performática de vanguarda e inventora, formada inicialmente em artes plásticas, e que colaborava com artistas com as mesmas inclinações, como William Burroughs e John Cage. Os anos 1970 — lembrados não só pelas gravatas largas, os casacos compridos e as botas de cano longo, e o visual étnico, mas também pela ativa segunda onda do feminismo — foram um período de muita vitalidade para eventos performáticos. Estes eram evanescentes por natureza, destacando o processo e não o produto. Tinham raízes que remontavam ao dadaísmo do início do século XX, ao Grupo Zero, uma tentativa no final dos anos 1950 de se criar algo novo a partir dos escombros da Segunda Guerra Mundial, e ao movimento Fluxus, ativo nos anos 1960 e 1970.

O grande projeto de Anderson em *Big Science* foi um exame crítico e angustiado dos Estados Unidos, embora não exatamente de fora. Ela nasceu em 1947, portanto tinha 10 anos em 1957, idade suficiente para ter testemunhado a onda de novos objetos materiais que inundou os lares americanos naquela década. Tinha 15 anos em 1962, durante o período altamente ativo dos movimentos pelos direitos civis, e 20 anos em 1967, quando a inquietação universitária e os protestos contra a Guerra do Vietnã estavam a todo vapor. A subversão das normas, para uma pessoa dessa idade, deve ter parecido normal.

No entanto, embora Nova York tenha se tornado o seu acampamento-base cultural, Anderson não era uma garota da cidade grande. Ela fora criada em Illinois, o coração do coração da América. Sua voz passava do alegre e maternal para o dialeto caipira "*howdy, stranger*" de forma natural. Era uma refugiada, não para os Estados Unidos, mas dentro dos Estados Unidos: Estados Unidos de mamãe-e-tortas-de-maçã, Estados Unidos do passado que eram rapidamente transformados por invenções materiais, por vias expressas, shoppings e bancos drive-in citados na música "Big Science" como pontos de referência na estrada para a cidade. O que podemos demolir agora? Quanto da matriz natural sobraria? Estaria a veneração da tecnologia pelos Estados Unidos prestes a destruí-los? E, mais amplamente, no que consistia nossa humanidade?

À medida que o século XX se metamorfoseava no XXI, que as consequências da destruição do mundo natural ficaram arrasadoramente claras, que o analógico foi suplantado pelo digital, que as possibilidades de vigilância aumentaram cem vezes e que a impiedosa mente de colmeia dos Borgs se fazia real pela internet, as questões angustiadas e inquietantes levantadas por Anderson assumiram uma aura profética. Você não quer mais ser humano? Você é um ser humano agora? O que é isso mesmo? Ou você deve apenas se permitir ser envolvido pelos longos braços petroquímicos e eletrônicos de sua falsa mãe?

Big Science nunca foi mais pertinente do que agora. Ouça. Confronte as questões urgentes. Arrepie-se.

Barry Lopez

>>><<<

(2021)

Conheci Barry Lopez décadas atrás, em uma viagem ao Alasca. "Bem-vindos ao Alasca", diziam as pessoas, "onde as mulheres são homens e os homens são animais." Podia ser uma piada, mas havia naquilo um fundo de verdade, e uma verdade que era meio familiar para mim. Fui criada no norte e o Alasca fica no norte. Mulheres duronas.

Mas se você vai ser um animal, é importante saber qual animal vai ser. Uma coisa é ser uma doninha, outra é ser um lobo. Se você escolhe lobo, o mais provável é que tenha de agradecer a Barry. Fiéis a sua alcateia, inteligentes, engenhosos, orientados para a sobrevivência e também bonitos: como não gostar? Bem, existe o abate por helicópteros, o que não acontece com as doninhas. Tem isso.

Graeme e eu já éramos grandes fãs do trabalho de Barry. *Of Wolves and Men* (1978) foi inovador, como *Arctic Dreams* (1986). Conhecer Barry foi como entrar em uma esfera em que se falava uma língua que vinha desaparecendo — a língua de nossa conexão inseparável com o mundo natural —, entretanto ali havia um orador que a renovava. Barry era um profeta no deserto, não que ele o teria chamado de deserto. Um orador solitário na época — ele deve ter se perguntado com frequência se alguém estava verdadeiramente escutando o que dizia —, ele agora é um orador fundamental. Embora muitos de seus contemporâneos nos anos 1970 e 1980 talvez não tenham compreendido a urgência de sua mensagem, os jovens participantes desses movimentos internacionais como o Extinction Rebellion captaram-na muito bem. Cada sopro de ar que inalamos vem da Natureza, mate-a e estaremos nos matando. Os oceanos são os pulmões do planeta, e os oceanos do norte são fundamentais para esse sistema, um sistema que fez da Terra um planeta habitável por eras.

Agora que a Sexta Grande Extinção, criada pelo homem, é uma ameaça concreta, e o Ártico está derretendo, a centralidade da escrita de Barry é evidente por si mesma. Perdemos nossa ligação com a matriz que nos sustenta, por nossa conta e risco, e este risco está se aproximando com mais rapidez do que se previu. Esperemos que Barry Lopez não se prove um cantor do que foi amado e se perdeu. A amada "bola de gude azul", a amada natureza selvagem — se elas forem irreparavelmente perdidas, assim também nós estaremos. Ler a obra de Barry — relê-la — serve para nos lembrar do quanto essa perda pode ser grande — e do quanto seria incomensuravelmente burra.

Obrigada, Barry.

A trilogia do mar

>>><<<

INTRODUÇÃO
(2021)

Os oceanos são o coração vivo e os pulmões de nosso planeta. Eles produzem a maior parte do oxigênio em nossa atmosfera e, por suas correntes circulantes, controlam o clima. Sem oceanos saudáveis, nós, primatas terrestres de médio porte que respiramos ar, morreremos.

A reedição dos três primeiros livros da bióloga marinha Rachel Carson — *Sob o mar-vento*, *O mar que nos cerca* e *Beira-mar* — marca um novo e difundido reconhecimento desses fatos. Quando Carson escreveu estes livros, no final dos anos 1930, nos anos 1940 e 1950, várias coisas que agora são realidades em nosso mundo ainda não tinham acontecido. Havia sinais de alerta, mas estes eram apenas vislumbres. Poucos tinham consciência de que entrávamos na era da Sexta Grande Extinção. A crise climática que surgia ainda não tinha causado impacto na consciência pública. A pesca industrial em larga escala só estava no começo, e os cardumes de bacalhau dos Grandes Bancos de Newfoundland ainda não tinham despencado devido ao excesso de pesca. Outras populações de peixes não estavam sendo dizimadas devido à devastadora pesca acessória. Os biossistemas regenerativos das plataformas continentais ainda não tinham sido destruídos pela pesca de arrasto. Os recifes de corais ainda não estavam branqueando. "Redes fantasmas" feitas de cordas plásticas ainda não flutuavam à deriva nos oceanos, emaranhando e matando peixes, golfinhos e baleias. Nenhum país tinha criado áreas de proteção marinhas, pois que necessidade havia para uma coisa dessas? O mar não era uma fonte sempre renovável de recursos, ali para a humanidade usar? Você não precisava prestar atenção a seus ecossistemas, por que faria isso? O mar podia se cuidar sozinho. Era grande demais para acabar. Como escreveu Lord Byron:

> *Rola, Oceano profundo e azul sombrio, rola!*
> *Remam dez mil frotas sobre ti, em vão;*
> *De ruínas o homem marca a terra, mas se evola*
> *Na praia o seu domínio…*

Isto pode ter sido verdade no século XIX, na era dos veleiros de madeira. Mas hoje, na era do petróleo, dos plásticos, pesticidas e da pesca industrial desenfreada, não é mais verdade. Se Carson estivesse viva hoje, seria a primeira a enfatizar os perigos de matarmos os oceanos.

Rachel Carson é uma figura fulcral do século XX. Aqueles de nós que se importam com manter o planeta viável para suas muitas formas de vida — nossa espécie incluída — não estariam onde estamos sem ela, e aqueles milhões que atualmente sofrem com os efeitos da poluição, da crise climática e suas fomes, incêndios e inundações associados, e as guerras por recursos também não estariam onde estão se mais detentores do poder tivessem lhe dado ouvidos e agido de acordo com suas ideias.

Por "fulcral" quero dizer que as pessoas pensavam de um jeito antes de seu livro essencial de 1962, *Primavera silenciosa*, e depois dele passaram a pensar de outro jeito. Ela manteve sua posição e defendeu as conclusões baseadas em evidências. Como agora estamos vivendo uma nova era de negação da ciência e uma recusa a enfrentar os fatos — não só os relativos ao aquecimento climático e aos efeitos de novos inseticidas e herbicidas que estão matando a biosfera, mas os relativos a preocupações humanas mais imediatas, como vacinação e contagem de votos —, as reações hostis e ignorantes às suas revelações não deveriam nos surpreender.

Primavera silenciosa foi o quarto livro de Carson. O primeiro, *Sob o mar-vento*, foi lançado em 1941 — um ano pouco propício para a publicação de qualquer coisa que não tratasse da política da época, uma vez que a Segunda Guerra Mundial estava a caminho e os Estados Unidos estavam prestes a entrar ativamente nela. *Sob o mar-vento* — um exercício lírico e encantador no gênero de escrita sobre a natureza centrada nos animais, do qual foram pioneiros Ernest Thompson Seton com *Wild Animals I Have Known* e Henry Williamson com *Tarka the Otter* e *Salar the Salmon* — provavelmente hoje seria vendido como literatura infantil ou para jovens adultos, embora o público pretendido de Carson fosse mais amplo. Ela objetivava aumentar a consciência sobre a interligação da vida por meio das histórias de vida de três organismos: um pilrito-das-praias, uma cavalinha e uma enguia.

As histórias que as pessoas contam sobre outras formas de vida ou objetos são inevitavelmente antropomórficas — até *The Life of a Pencil* e a história de Hans Christian Andersen sobre uma árvore de Natal são assim —, então de nada serve desprezar Carson neste aspecto. Depois que você embarca em tramas de indivíduos com pontos de vista, o resultado será humanizá-los, quer você vista seus personagens animais com uniforme de marinheiro, como Beatrix Potter, ou os deixe nadar nus, como a enguia de Carson. O lado positivo é que esta técnica ajuda os leitores a terem empatia com outras formas de vida. O lado negativo é que as enguias não têm nomes humanos, nem as lontras ou os lobos, assim alguma criação de Coelhinho da Páscoa inevitavelmente vai acontecer. Mas o prazer nos muitos mistérios e dádivas do mar são dignos da leitura, embora uma história dessas, se escrita hoje em dia, tivesse de incluir perigos criados pelo homem que os organismos agora enfrentam: destruição de seu habitat, poluição, ameaça de extinção. Anguilla, a Enguia, sem dúvida teria de lutar com um saco plástico, e a migração de Silverbar, o pilrito-das-praias, seria mais parecida com aquela do maçarico-esquimó, no trágico romance de Fred Bodsworth, *The Last of the Curlews*.

O livro seguinte de Carson, *O mar que nos cerca*, lançado em 1951, um ano depois de a austeridade do pós-guerra finalmente acabar, alcançou um sucesso imenso. Não é um relato ficcionalizado, mas factual, combinando história e pré-história, geologia e biologia em um hino secular e celebratório dos oceanos. Muitos ficaram ávidos para acompanhar sua autora sob as ondas, nas profundidades ultramarinas. Lembram-se do capitão Nemo, de *Vinte mil léguas submarinas*, de Júlio Verne? Talvez não, mas em 1951 muitos leitores se lembravam. No fundo do mar havia um reino de aventura e assombro, e como era emocionante ser levado em uma excursão por uma guia tão bem informada e entusiasmada! Não há sereias, mas, por outro lado, há maravilhas ainda maiores. Foi este livro que pôs Rachel Carson no mapa nacional e internacional.

Beira-mar, o terceiro da trilogia do mar de Carson, chegou em 1955. Este é o livro com o qual mais me identifiquei na época, quando tinha 15 anos. Fala de catar conchas, algo que eu mesma tinha feito muito no litoral da baía de Fundy durante visitas a meus parentes na Nova Escócia nos verões pós-guerra do final dos anos 1940 e início dos 1950. As poças de maré, as cavernas, a flora, as estrelas-do-mar e os gastrópodes daquela praia eram iguais àqueles do outro lado da baía, então o primeiro terço de *Beira-mar* falava de criaturas que eu mesma tinha visto. Ainda não consigo passar por uma poça rochosa em uma maré baixa sem olhar para ver o que pode estar ali.

Em todos os três livros há um mantra subjacente: *Olhe. Veja. Observe. Aprenda. Admire-se. Questione. Conclua.* Rachel Carson ensinou as pessoas a olhar para o mar, e a pensar no mar, de uma forma nova. Ela usa os mesmos hábitos mentais às observações da vida dos pássaros — à minguante vida dos pássaros que ela notava — que acabaram dando em *Primavera silenciosa*. Sem seu trabalho sobre os oceanos, ela não teria desenvolvido as ferramentas que lhe permitiram a investigação dos efeitos dos pesticidas. E sem a fama e a plataforma que sua trilogia do mar lhe trouxeram, ninguém teria dado ouvidos a sua mensagem alarmante, depois de ela ter se manifestado. E, se ninguém tivesse dado ouvidos, não existiriam mais águias, nem falcões-peregrinos, nem — por fim — rouxinóis na floresta.

Rachel Carson é uma das principais avós dos movimentos ambientalistas de hoje. Nós, seres humanos, temos uma imensa dívida para com ela, e se chegarmos ao século XXII como espécie, será em parte graças a ela. É um imenso prazer receber esta nova edição de sua trilogia do mar. Obrigada, santa Rachel, onde quer que você esteja.

Agradecimentos

>>><<<

Quero agradecer primeiro aos meus muitos leitores destes artigos e escritos ocasionais ao longo dos anos, e pelas respostas que chegaram a mim.

Agradeço a minha irmã e primeira editora, Ruth Atwood, que ajudou na primeira e na segunda depurações — arando persistentemente os campos de minha verborragia, podando um número impraticável de artigos curtos até o livro chegar a um tamanho razoável. E a Lucia Cino, que localizou os originais e as versões impressas, encontrando coisas que — francamente — eu me esquecera de que havia escrito. Durante a pandemia de covid-19, esta não foi a mais fácil das tarefas, uma vez que as bibliotecas estavam fechadas — inclusive a Thomas Fisher Rare Book Library da Universidade de Toronto, que guarda muitos dos originais. Agradeço aos funcionários das bibliotecas por serem prestativos para muito além de seu dever.

Obrigada aos editores das diversas revistas e jornais com que trabalhei por vários anos e a meus editores de livros dos dois lados do Atlântico, cuja consideração e entusiasmo foram tão encorajadores. Este grupo inclui Becky Hardie, da Penguin Random House UK, Louise Dennys e Martha Kanya-Forstner, da Penguin Random House Canada, Lee Boudreaux e LuAnn Walther, da Penguin Random House US. Heather Sangster, da Strong Finish, de novo agiu como preparadora de originais demoníaca, que pega cada lêndea, inclusive aquelas que ainda não eclodiram. Jess Atwood Gibson tenta me salvar de mim mesma, nem sempre com sucesso.

Agradeço a minhas agentes agora aposentadas, Phoebe Larmore e Vivienne Schuster; à incansável Karolina Sutton, da

Curtis Brown; e a Caitlin Leydon, Claire Nozieres, Sophie Baker, Jodi Fabbri e Katie Harrison, que tão habilidosamente lidaram com os direitos para língua estrangeira.

Obrigada também àqueles que impediram que eu me perdesse no tempo e me lembravam de que dia era, inclusive Lucia Cino, da O.W. Toad Limited, e Penny Kavanaugh; a V.J. Bauer, responsável pelo design e administração do website; e a Mike Stoyan e Sheldon Shoib, a Donald Bennett, Bob Clark e Dave Cole.

A Coleen Quinn, que garantiu que eu saísse da Writing Burrow e pegasse a estrada; a Xiaolan Zhao e Vicky Dong; a Matthew Gibson, que conserta coisas; e aos Shock Doctors, por manterem as luzes acesas, e a Evelyn Heskin, Ted Humphreys, Deanna Adams e Randy Gardner, que ajudaram a tornar habitável a Writing Burrow.

E, como sempre, a Graeme Gibson, que esteve conosco na maior parte dos anos em que estes artigos foram escritos. Ele sempre ria das minhas piadas.

Créditos

>>><<<

Gostaríamos de dar o crédito às seguintes fontes do trabalho contidas neste volume:

PARTE I: 2004 A 2009 | E AGORA, O QUE VAI ACONTECER?

"O romance científico". Apresentado na Kesterton Lecture, Faculdade de Jornalismo e Comunicação, Universidade Carleton, Ottawa, Ontário, 22 de janeiro de 2004.

"*Congelados no tempo*: Introdução". Publicado primeiro como introdução a *Frozen in Time: The Fate of the Franklin Expedition* (Vancouver: Greystone Books, 2004), 1-8.

"*From Eve to Dawn*". Publicado primeiro como a crítica literária "From Eve to Dawn" de Marilyn French, *Times* (RU), 21 de agosto de 2004. Subsequentemente publicado como prefácio a *From Eve to Dawn: A History of Women*, vol. 1, de Marilyn French (Nova York: Feminist Press, 2008), ix-xiv.

"Polônia". Publicado primeiro como "Polonia: In Response to 'What Advice Would You Give the Young?'", em *Dropped Threads 3: Beyond the Small Circle*, org. Marjorie Anderson (Toronto: Vintage Canada, 2006), 9-18.

"Somebody's Daughter". Escrito em 2005 para o programa Literatura para a Vida da Unesco e publicado pela primeira vez em *The Alphabet of Hope: Writers for Literacy* (Paris: United Nations Educational, Scientific and Cultural Organization, 2007), 13-16.

"Cinco visitas ao cabedal das palavras". Apresentado como Bill Duthie Memorial Lecture, Vancouver International Writers Festival, Vancouver, Colúmbia Britânica, 13 de outubro de 2005. Publicado primeiro em *Writing Life: Celebrated Canadian and International Authors on Writing and Life*, org. Constance Rooke (Toronto: McClelland & Stewart, 2006), 10-23.

"*Ecos da mente*". Publicado primeiro como a crítica literária "In the Heart of the Heartland", *New York Review*, 21 de dezembro de 2006.

"Charcos". Discurso apresentado no Charles Sauriol Environmental Dinner em comemoração à liderança dos naturalistas canadenses na proteção dos charcos, Toronto e região da Conservation Foundation, Toronto, Ontário, 9 de novembro de 2006.

"Árvores da vida, árvores da morte". Apresentado como palestra em homenagem ao centenário da Faculdade de Silvicultura, Universidade de Toronto, Toronto, Ontário, 5 de abril de 2007.

"Ryszard Kapuściński". Publicado primeiro como a crítica literária "A Sense of Wonder", *Guardian*, 9 de junho de 2007.

"*Anne de Green Gables*". Publicado primeiro como o posfácio à reedição da New Canadian Library de *Anne of Green Gables*, de L.M. Montgomery (Toronto: New Canadian Library/McClelland & Stewart, 2008), 355-61. Subsequentemente publicado como "Nobody Ever Did Want Me", *Guardian*, 29 de março de 2008.

"Alice Munro: uma apreciação". Publicado primeiro como a introdução a *Carried Away: A Selection of Stories* de Alice Munro (Nova York e Toronto: Everyman's Library/Alfred A. Knopf, 2006), ix-xx. Uma versão editada foi subsequentemente publicada como "Alice Munro: An Appreciation by Margaret Atwood", *Guardian*, 11 de outubro de 2008.

"Balanços do passado". Publicado primeiro em *Payback: Debt and the Shadow Side of Wealth*, série CBC Massey Lectures (Toronto: House of Anansi Press, 2008), 1-40. [Ed. bras.: *Payback: A dívida e o lado sombrio da riqueza*. Rio de Janeiro: Rocco, 2022.] Criada em 1961, a série anual CBC Massey Lectures é copatrocinada por Massey College da Universidade de Toronto, CBC Radio e House of Anansi Press.

"Scrooge: uma introdução". Publicado primeiro como a introdução a *A Christmas Carol and Other Christmas Books* de Charles Dickens, ilustrado por Arthur Rackham (Londres, Nova York e Toronto: Everyman's Library/Alfred A. Knopf, 2009), ix-xiii.

"Uma vida de escrita". Publicado primeiro como "A Writer's Life", *Guardian*, janeiro de 2009.

PARTE II: 2010 A 2013 | A ARTE É NOSSA NATUREZA

"O escritor como agente político? Sério?" Publicado primeiro em uma edição especial comemorativa do *Index on Censorship* como "Don't Tell Us What to

Write", *Index on Censorship* 39, n° 4 (impresso, 1° de dezembro de 2010; on-line, 16 de dezembro de 2010): 58-63.

"A escrita e o ambiente". Discurso no International PEN Congress, Tóquio, 26 de setembro de 2010.

"Alice Munro". Publicado primeiro como "Munro the Icon", *Guardian*, 30 de maio de 2009.

"*A dádiva*: Introdução". Publicado primeiro como prefácio à reedição da Canons de *The Gift: How the Creative Spirit Transforms the World*, de Lewis Hyde (Edimburgo: Canongate Canons, 2012), vii-xi.

"*Tragam os corpos*". Publicado primeiro como a crítica literária "*Bring Up the Bodies* by Hilary Mantel — Review", *Guardian*, 4 de maio de 2012.

"Aniversário de Rachel Carson". Publicado primeiro como a crítica literária "Margaret Atwood: Rachel Carson's *Silent Spring*, 50 Years On", *Guardian*, 7 de dezembro de 2010.

"O mercado de futuros: histórias que contamos sobre o porvir". Apresentado como a Grace A. Tanner Lecture in Human Values, Universidade do Sul de Utah, Cedar City, Utah, 2 de abril de 2013. Subsequentemente publicado pela Grace A. Tanner Lecture in Human Values (2013): 1-24.

"Por que escrevi *MaddAddão*". Publicado primeiro para Wattpad, 30 de agosto de 2013.

"*Sete narrativas góticas*: Introdução". Publicado primeiro como introdução a *Seven Gothic Tales* de Isak Dinesen (Londres: The Folio Society, 2013), xi-xvi. Subsequentemente publicado como "Margaret Atwood on the Show-Stopping Isak Dinesen", *Guardian*, 29 de novembro de 2013.

"*Doutor Sono*". Publicado primeiro como a crítica literária "Shine On", *New York Times*, 13 de setembro de 2013.

"Doris Lessing". Publicado primeiro como a crítica literária "Doris Lessing: A Model for Every Writer Coming Back from the Beyond", *Guardian*, 18 de novembro de 2013.

"Como mudar o mundo?" Publicado primeiro em tradução holandesa em *Nexus* 63 (primavera de 2013), este ensaio é uma reflexão sobre o tema do painel de debates na Nexus Conference, Stadsschouwburg Amsterdam, Nexus Institute, Amsterdã, 2 de dezembro de 2012.

PARTE III: 2014 A 2016 | QUEM SERÁ O MESTRE

"Na Tradutolândia". Apresentado como W.G. Sebald Lecture on Literary Translation, British Centre for Literary Translation, Universidade de East Anglia, Norwich, RU, 18 de fevereiro de 2014.

"Sobre a beleza". Publicado primeiro como "Truth and Beauty", *Harper's Bazaar* (ed. RU), outubro de 2014, 302-5.

"O verão dos estromatólitos". Publicado primeiro em *That Summer: Great Writers on Life-Changing Summers*, uma série on-line disponível em *Biographile* (on-line), o agora finado website da Penguin Random House focalizado em biografias, memórias e verdade na ficção, junho de 2014.

"Kafka: três encontros". Apresentado como parte da série de documentários e dramas *In the Shadow of Kafka*, reexaminando a vida e o legado de Franz Kafka, BBC Radio 3, 11 de maio de 2015.

"A biblioteca do futuro". Discurso apresentado no inaugural Future Library Handover Day, Oslo, 26 de maio de 2015, para "Scribbler Moon", o primeiro original solicitado pela Future Library. Este projeto público de arte pretende coletar uma obra original de um escritor popular todo ano entre 2014 e 2114. Estes cem originais permanecerão sem ser lidos e publicados até 2114, quando serão impressos em edição limitada usando papel produzido a partir de mil árvores especialmente plantadas para o projeto. Subsequentemente publicado on-line em https://www.futurelibrary.no/#/years/2014.

"Reflexões sobre *O conto da aia*". Aula magna ministrada na Tennessee Tech University, Cookeville, Tennessee, 3 de novembro de 2015.

"Somos duplamente sem liberdade". Publicado primeiro como "Margaret Atwood: We Are Double-Plus Unfree", *Guardian*, 18 de setembro de 2015. Subsequentemente publicado como *Freedom*, série da Vintage Minis (Londres: Vintage Classics/Penguin Random House RU, 2018).

"Botões ou laços?" Publicado primeiro como "The Handmaid's Tulle: From Sherlock's Deerstalker to the Zippicamiknicks of 'Brave New World', Ficcional Clothes Must Always Fit, Says Margaret Atwood", *Daily Telegraph*, 14 de fevereiro de 2015, 4-5.

"Gabrielle Roy: em nove partes". Publicado primeiro em *Legacy: How French Canadians Have Shaped North America*, org. André Pratte e Jonathan Kay (Toronto: Signal Books/McClelland & Stewart/Penguin Random House Canada, 2016), 233-56. Copyright © 2016 Generic Productions Inc. Reimpresso com permissão de Signal Books/McClelland & Stewart, uma divisão da Penguin Random House Canada Limited. Todos os direitos reservados.

"Shakespeare e eu: uma história de amor tempestuosa". Apresentado como palestra magna para a American Library Association Annual Conference and Exhibition, Orlando, Flórida, 25 de junho de 2016.

"Marie-Claire Blais: aquela que explodiu tudo". Publicado primeiro em francês como "Celle qui a tout fait sauter". Original em inglês traduzido para o francês por Anne-Marie Régimbald, *Liberté*, nº 312 (verão de 2016), 37-38.

"*Kiss of the Fur Queen*". Extraído primeiro de "Ranking the Top Canadian Books of the Past 25 Years: Margaret Atwood on *Kiss of the Fur Queen*", *Maclean's*, 14 de outubro de 2016. Subsequentemente publicado em *The 25 Most Influential Canadian Books of the Past 25 Years*, LRC 25th Anniversary Edition, *Literary Review of Canada*, novembro de 2016.

"Penduradas por um fio". Apresentado como discurso magno em uma angariação de fundos para o Women's Legal Education and Action Fund (LEAF) Persons Day Breakfast Gala, Sheraton Centre, Toronto, 19 de outubro de 2016. O LEAF National é uma organização que ajuda a instruir jovens advogadas e também age como interventor em alguns casos judiciais. É inteiramente distinto do West Coast LEAF e tem algumas posições políticas diferentes.

PARTE IV: 2017 A 2019 | O QUÃO ABAIXO VAI ESSA LADEIRA?

"Que arte com Trump?" Publicado primeiro em *The Nation*, 18 de janeiro de 2017.

"*O homem ilustrado*: Introdução". Partes desta introdução foram publicadas primeiro como o elogio "Margaret Atwood on Ray Bradbury", *Guardian*, 8 de junho de 2012. Subsequentemente publicado como a introdução de *The Illustrated Man*, de Ray Bradbury, ilustrado por Marc Burckhardt (Londres: The Folio Society, 2017).

"Serei eu uma má feminista?" Publicado primeiro no *Globe and Mail*, 13 de janeiro de 2018.

"Perdemos Ursula Le Guin quando mais precisávamos dela". Partes deste artigo foram publicadas primeiro como "We Lost Ursula Le Guin When We Needed Her Most", *Washington Post*, 24 de janeiro de 2018, e "Ursula K Le Guin, by Margaret Atwood: 'One of the Literary Greats of the 20th Century'", *Guardian*, 24 de janeiro de 2018.

"Três cartas de tarô". Apresentado primeiro como uma *lectio magistralis* para o Premio Gregor von Rezzori-Città di Firenze da Santa Maddalena Foundation (um prêmio pela melhor obra de ficção traduzida para o italiano no ano anterior), Festival degli Scrittori, Florença, 4 de maio de 2018. Subsequentemente publicado em inglês e italiano em *XII Edizione: 3-4-5 Maggio 2018* (Florença: The Santa Maddalena Foundation, 2018), 2-41.

"Um Estado escravagista?" Publicado primeiro como o prólogo ("Prologo") a *Somos Belén* de Ana Correa (Buenos Aires: Planeta, 2019), 9-12.

"*Oryx e Crake*: Introdução". Publicado primeiro como a introdução a *Oryx and Crake*, ilustrado por Harriet Lee-Merrion (Londres: The Folio Society, 2019), xiii-xvii.

"Saudações, terráqueos! O que são esses direitos humanos de que vocês tanto falam?" Apresentado como a 25th Nexus Lecture, Amsterdã, 10 de novembro de 2018. Subsequentemente publicado no periódico *Nexus 81* (2019): 14-26 e em *The World as It Is in the Eyes of Margaret Atwood, Wole Soyinka, and Ai Weiwei*, vol. 2 da série Cultura Animi (Amsterdã: Nexus Institute, 2019), 19-23.

"*Payback: a dívida e o lado sombrio da riqueza*: Introdução à nova edição". Publicado primeiro como introdução à edição revisada de *Payback: Debt and the Shadow Side of Wealth*, série CBC Massey Lectures (Toronto: House of Anansi Press, 2019), ix-xiv. Criada em 1961, a série anual da CBC Massey Lectures é copatrocinada por Massey College da Universidade de Toronto, CBC Radio e House of Anansi Press.

"*Memória do fogo*: Introdução". Escrito como introdução a uma reedição de Eduardo Galeano, a trilogia *Memory of Fire* (Nova York: Bold Type Books, uma editora do Hachette Book Group).

"Diga. A. Verdade". Apresentado como o discurso de aceitação da medalha Burke for Outstanding Contribution to Discourse through the Arts, College Historical Society of Trinity College Dublin, Dublin, 1º de novembro de 2019.

PARTE V: 2020 A 2021 | PENSAMENTO E MEMÓRIA

"Crescendo na Quarentenalândia". Publicado primeiro como "Growing Up in Quarantineland: Childhood Nightmares in the Age of Germs Prepared Me for Coronavirus", *Globe and Mail*, 28 de março de 2020.

"*The Equivalents*". Publicado primeiro como a crítica literária "Margaret Atwood Reviews *The Equivalents*, About the Artists Who Seeded Second-Wave Feminism", *Globe and Mail*, 22 de maio de 2020.

"*As inseparáveis*: Introdução". Publicado primeiro como a introdução à tradução para o inglês de *Inseparable*, de Simone de Beauvoir, trad. de Sarah Smith (Nova York: Ecco/HarperCollins, 2021). Publicado subsequentemente como "Read It and Weep: Margaret Atwood on the Intimidating, Haunting Intellect of Simone de Beauvoir", *Literary Hub*, 8 de setembro de 2021.

"*Nós*: Introdução". Publicado primeiro como a introdução à nova tradução da Canons para o inglês de *We*, de Yevgeny Zamyatin, trad. de Bela Shayevich (Edimburgo: Canongate Books, 2020), 1-7. Publicado subsequentemente como "Margaret Atwood: The Forgotten Dystopia That Inspired George Orwell — and Me", *Telegraph*, 14 de novembro de 2020.

"A escrita de *Os testamentos*". Apresentado na 12th Belle van Zuylen Lecture, International Literature Festival Utrecht (ILFU), Utrecht, 1º de outubro de 2020, via livestream de Toronto.

"*The Bedside Book of Birds*: Prefácio". Publicado primeiro como o novo prefácio à reedição de *The Bedside Book of Birds: An Avian Miscellany* de Graeme Gibson (Toronto: Doubleday Canada, 2021), xii-xv.

"*Perpetual Motion* e *Gentleman Death*: Introdução". Publicado primeiro como a nova introdução à reedição de *Perpetual Motion/Gentleman Death: Two Novels* de Graeme Gibson (Toronto: McClelland & Stewart, 2020), 1-9. Extrato subsequente como "Margaret Atwood Introduces Graeme Gibson's *Perpetual Motion* and *Gentleman Death*", *Globe and Mail*, 26 de agosto de 2020; atualizado em 28 de agosto de 2020.

"Apanhados na correnteza do tempo". Publicado primeiro como "Caught in Time's Current: Margaret Atwood on Grief, Poetry, and the Past Four Years", *Guardian*, 7 de novembro de 2020.

"*Big Science*". Publicado primeiro como "'It Has Never Been More Pertinent' — Margaret Atwood on the Chilling Genius of Laurie Anderson's *Big Science*", *Guardian*, 8 de abril de 2021; atualizado em 9 de abril de 2021.

"Barry Lopez". Publicado primeiro como "Thank You, Barry: Margaret Atwood", *Orion Magazine*, 29 de dezembro de 2020.

"A trilogia do mar: Introdução". Publicado primeiro como a introdução à reedição da Canons de *The Sea Around Us* de Rachel Carson (Edimburgo: Canongate Books, 2021).

Impressão e Acabamento:
BARTIRA GRÁFICA